Nelson Pereira da Costa

Gestão de RESTAURANTE

Uma Abordagem do Investimento até a Análise do Resultado

EDITORA CIÊNCIA MODERNA

Gestão de Restaurante – Uma Abordagem do Investimento até a Análise do Resultado
Copyright© Editora Ciência Moderna Ltda., 2016

Todos os direitos para a língua portuguesa reservados pela EDITORA CIÊNCIA MODERNA LTDA.
De acordo com a Lei 9.610, de 19/2/1998, nenhuma parte deste livro poderá ser reproduzida, transmitida e gravada, por qualquer meio eletrônico, mecânico, por fotocópia e outros, sem a prévia autorização, por escrito, da Editora.

Editor: Paulo André P. Marques
Produção Editorial: Dilene Sandes Pessanha
Capa: Daniel Jara
Diagramação: Daniel Jara

Várias **Marcas Registradas** aparecem no decorrer deste livro. Mais do que simplesmente listar esses nomes e informar quem possui seus direitos de exploração, ou ainda imprimir os logotipos das mesmas, o editor declara estar utilizando tais nomes apenas para fins editoriais, em benefício exclusivo do dono da Marca Registrada, sem intenção de infringir as regras de sua utilização. Qualquer semelhança em nomes próprios e acontecimentos será mera coincidência.

FICHA CATALOGRAFICA

COSTA, Nelson Pereira da.

Gestão de Restaurante – Uma Abordagem do Investimento até a Análise do Resultado

Rio de Janeiro: Editora Ciência Moderna Ltda., 2016.

1. Empreendedorismo 2. Administração Empresarial – Gerência 3. Êxito nos Negócios
I — Título

ISBN: 978-85-399-0841-7

CDD 658.4

Editora Ciência Moderna Ltda.
R. Alice Figueiredo, 46 – Riachuelo
Rio de Janeiro, RJ – Brasil   CEP: 20.950-150
Tel: (21) 2201-6662/ Fax: (21) 2201-6896
E-MAIL: LCM@LCM.COM.BR
WWW.LCM.COM.BR

08/16

A

Anderson Jorge

Meu filho que sempre teve muitas dificuldades

em administrar seus negócios, mas que perseverou

em alcançar seus objetivos de vida, com trabalho,

dedicação, determinação e estudo, requisitos básicos de

um empreendedor de sucesso.

Prefácio

Ter um Curso de Gastronomia não capacita um empreendedor a dirigir um Restaurante. É preciso agregar conhecimentos de Administração, Finanças, Contabilidade, Marketing e Comunicação, por exemplo. A pesquisa bibliográfica que fiz, na busca de livros que ensinassem Gestão de Restaurante, encontrei, na grande maioria, títulos de "receitas de bolo", tendo uma grande decepção.

A comida que seja gostosa e atraente é muito valorizada. Mas, não podemos deixar de lado a saúde e a nutrição. Hoje, os consumidores buscam selos de qualidade e informações sobre a origem dos alimentos. A procura de um maior nível de qualidade de vida, leva as pessoas a consumirem alimentos de marcas famosas, pela garantia assegurada que representam e pelos valores que agregam aos seus produtos. Como os consumidores estão, cada vez mais, esclarecidos, eles começaram a ler os rótulos das embalagens, quando observam os índices de caloria, gordura, açúcar e outros valores protéicos.

Vale também observar que a razão maior de levar adiante esta obra, que é uma continuidade do livro, anteriormente escrito, *Alimentos Congelados: Um Projeto para Empreendedores,* foi o fato de ter, no último ano, me tornado um analista econômico-financeiro do restaurante de um dos meus filhos, tendo, com isso, a chance de vivenciar as dificuldades e desafios, do dia a dia, de um pequeno varejo de alimentos que além de ser um restaurante, ainda precisa fazer serviços de bufê e de fabricar alimentos congelados para bares e quiosques, cuja finalidade é otimizar todos os seus recursos existentes na empresa. As experiências e observações vivenciadas me deram uma visão mais atualizada da possibilidade de evitar erros e desvios.

A competitividade e a sobrevivência das empresas dependerão cada vez mais da sua capacidade em estabelecer e manter relações de parceria com consumidores e fornecedores que complementem as suas atividades.

Acredito que este livro, ***Gestão de Restaurante***, servirá de Manual para dar apoio gerencial na administração de um restaurante, pois se apresenta com uma metodologia bastante didática, tendo diversos exemplos numéricos, bem como muitas ilustrações. Sua estrutura é composta de 14 capítulos, tendo como objetivos:

Capítulo 1 – Projeto: Mostrar os conceitos e elementos básicos que fundamentam o livro e quais são os principais objetivos do negócio a ser implantado.

Capítulo 2 – Dados e Informações: Mostrar a importância de ter dados e informações relevantes para se tomar decisões inteligentes.

Capítulo 3 – Pesquisa de Mercado: Mostrar que a pesquisa de mercado ajuda a dar rumo ao projeto, bem como determinar que a ideia inicial do projeto é viável ou não.

Capítulo 4 – Empreendimento em Alimentos: Mostrar que um empreendimento precisa considerar: o mercado, o capital, o consumo, o consumidor, o produto e o plano de negócios.

Capítulo 5 – Investimento, Crédito e Financiamento: Mostrar a necessidade que tem o empreendedor de distinguir as figuras dos meios financeiros.

Capítulo 6 – Recursos: Mostrar quais e quantos são os recursos necessários para que o negócio tenha sucesso e continuidade.

Capítulo 7 – Produto: Mostrar a composição de um produto e como é feito. Também abordar a importância da marca, embalagem e da ficha técnica do produto.

Capítulo 8 – Legislação, Política e Procedimento: Mostrar a importância dos conhecimentos de documentação e legislação do setor onde se vai trabalhar, bem como mostrar as diferenças conceituais entre política e procedimento.

Capítulo 9 – Produção, Qualidade e Segurança: Mostrar os fatores que dão curso a produção, como: função, tipo, processo, produtividade, tecnologia, movimentação de materiais, manutenção. Também mostrar que, em se tratando de alimentos, é de extrema importância conhecer segurança e higiene, que são os principais catalisadores da qualidade alimentar.

Capítulo 10 – Cozinha: Mostrar que a cozinha é o coração do restaurante.

Capítulo 11 – Compra e Logística: Mostrar a função do comprador como uma das mais importantes na fabricação de alimentos. Mostrar que, hoje, a logística não é apenas uma distribuição física, mas também uma função organizacional que se envolve com embalagem, armazenamento, transporte e preservação ambiental.

Capítulo 12 – Custo, Preço e Lucro: Mostrar que o lucro só pode ser apurado em função do custo, que deve ser muito bem calculado, como: depreciação; rateio; ponto e faturamento de equilíbrio e maximização do lucro. Mostrar as fórmulas de se calcular o preço de venda de um produto, em função do custo e da margem de lucro.

Capítulo 13 – Controles Contábeis: Mostrar as principais contas e controles contábeis, pois, sem tais controles, não conheceremos o rumo do negócio.

Capítulo 14 – Indicadores de Gestão: Mostrar as principais ferramentas de análise e avaliação do restaurante.

Gostaria de manifestar meus agradecimentos a todos aqueles que ajudaram a levar adiante este livro e, em particular, aos meus dois filhos, Alexandre e Anderson, que com seus conhecimentos de sistemas de informação e gastronomia, respectivamente, deram uma maior performance ao projeto. Também agradecer a todos os autores que li sobre Gastronomia e Cozinha Industrial.

Nelson Pereira da costa

Apresentação

Este livro tem o propósito de atender as dificuldades daqueles que querem empreender um Restaurante, mas não sabem, exatamente, como. Assim, considera-se altamente necessário e relevante o presente livro, já que o mesmo pretende ser um Manual para dar apoio gerencial, para empresários já estabelecidos e para novos empreendedores que queiram investir no Mercado Gastronômico.

O futuro será cada vez mais desafiador para as empresas. As novas práticas de gestão empresarial têm enfatizado os recursos em modelos participativos de administração. Como consequência, as empresas não têm outra alternativa para a sobrevivência, senão através de estratégias que lhes permitam atingir níveis elevados de produtividade, competitividade e excelência. A questão fundamental é que tais empresas começam a perceber que já não é possível ser competitivo atuando isoladamente, isto é, verticalizando todas as etapas de operação do negócio, como numa economia de escala.

Se você acredita que sempre é possível melhorar qualquer processo, então, este livro lhe será muito útil, pois foi elaborado por pessoas com larga experiência profissional e acadêmica, contendo inúmeros exemplos, gráficos, fórmulas, planilhas, que o ajudarão a iluminar o caminho para o sucesso.

A objetividade, a conceituação, a atualização e a concisão são marcas de ***Gestão de Restaurante***, livro que ajudará o leitor a entender que, sem conhecimento de Administração, será improvável ter sucesso na direção de um empreendimento. O autor trás aquilo que é importante e relevante saber, por meio dos seguintes títulos de seus Capítulos:

- Projeto
- Dados e Informações
- Pesquisa de Mercado
- Empreendimento em Alimentos
- Investimento, Crédito e Financiamento
- Recursos
- Produto, Comercialização e Vendas
- Legislação, Política e Procedimento
- Produção, Qualidade e Segurança

- Cozinha
- Compra, Armazenamento e Logística
- Custo, Preço e Lucro
- Controles Contábeis
- Indicadores de Gestão

Nelson Pereira da Costa possui uma experiência muito grande como administrador e professor. Trabalhou muitos anos em Administração, tendo desenvolvido seu profissionalismo em grandes empresas, sendo uma delas uma grande fábrica, onde foi Administrador de Contratos da Diretoria de Vendas, cargo que o obrigou a conhecer da Recepção até a Expedição.

Foi professor de algumas instituições de ensino superior, chegando em duas delas à Coordenação do Curso de Administração. Participou como sócio-gerente de uma sociedade fabril de roupas, onde assumiu a direção de várias funções organizacionais, adquirindo, com isso, grande conhecimento da gestão de recursos de uma pequena empresa.

Possui os seguintes livros publicados: *Marketing para Empreendedores; Básico de Administração; Tempo: Aprenda a Administrar; Comunicação Empresarial; Análise do Resultado Empresaria e Documentos Empresariais.* Tem, também, os seguintes livros editados: *Gestão do Empreendimento; Administração de Vendas no Empreendimento; Problemas do Empreendedor; Antologia do Empreendedor Vol. I; Antologia do Empreendedor Vol. II; Antologia do Empreendedor Vol. III; Alimentos Congelados: Um Projeto para Empreendedores; Sistemas de Informação do Empreendimento; Ferramentas de Solução do Empreendedor.*

Como formação o autor apresenta os seguintes mais importantes cursos: Telecomunicações (CEFET): Administração (SUAM); Marketing (FGV); Formação de Oficiais da Reserva do Exército (CPOR); Formação de Professores do Ensino Industrial (CETEG); Pós-Graduação em Metodologia do Ensino Superior (UGF); Mestrado em Administração (UFF).

Canal de Comunicação: nelson_pecos@yahoo.com.br

Sumário

1 PROJETO 1

OBJETIVOS DO CAPÍTULO 1

1.1 IDEIA INICIAL 1

1.2 GERÊNCIA 2

1.3 OPORTUNIDADE 3

1.4 VIABILIDADE DO PROJETO 4

1.5 TEMPOS DO PROJETO 5

1.6 OBJETIVO E META 6

1.7 NEGÓCIO 7

1.8 FLUXOGRAMA DE IMPLANTAÇÃO/VIABILIZAÇÃO DO PROJETO 8

2 - DADO e INFORMAÇÃO 11

OBJETIVOS DO CAPÍTULO 11

2.1 ARQUIVO 11

2.2 DADOS 12

2.3 COLETA DE DADOS 13

2.4 BANCO DE DADOS 13

2.5 TIPOS DE BANCO DE DADOS 14

2.6 CADASTRO 15

2.7 INFORMAÇÃO 20

2.8 CLASSIFICAÇÃO DA INFORMAÇÃO 21

2.9 SISTEMA EMPRESA 22

2.10 SISTEMA INTEGRADO DE GESTÃO 25

2.11 SISTEMA DE INFORMAÇÕES GERENCIAIS 26

3 PESQUISA de MERCADO 29

OBJETIVOS DO CAPÍTULO 29

3.1 MERCADO 29

3.2 CLASSIFICAÇÃO DOS MERCADOS 30

3.3 PESQUISA 32

3.4 PROCESSO DE PESQUISA 33

XII • Gestão de Restaurante

3.5 PESQUISA DE MERCADO 33

3.6 FORMULÁRIO DE PESQUISA 35

3.7 QUESTIONÁRIO DE PESQUISA 39

3.8 PESQUISA DE MERCADO 41

3.9 PESQUISA DE IMAGEM 42

3.10 RELATÓRIO DE PESQUISA 42

3.11 RELATÓRIO DE PESQUISA DE MERCADO 43

3.12 RELATÓRIO DE VISITA... 46

4 EMPREENDIMENTO em ALIMENTOS 49

OBJETIVOS DO CAPÍTULO... 49

4.1 EMPREENDIMENTO 49

4.2 EMPREENDEDOR 51

4.3 PROBLEMAS DO EMPREENDEDOR 52

4.4 METODOLOGIA DO EMPREENDIMENTO 54

4.5 EMPRESÁRIO 57

4.6 ANÁLISE PRELIMINAR DO EMPREENDIMENTO 57

4.7 FUNÇÕES ADMINISTRATIVAS 59

4.8 FUNÇÕES ORGANIZACIONAIS 62

4.9 ALIMENTO 63

4.10 CLASSIFICAÇÃO DOS ALIMENTOS 64

4.11 CONSUMO DE ALIMENTOS 66

4.12 CLIENTE CONSUMIDOR 67

4.13 VAREJO DE ALIMENTOS 69

4.14 LOCAL DO RESTAURANTE 70

4.15 COMUNICAÇÃO COM CONSUMIDORES 71

5 INVESTIMENTO, CRÉDITO e FINANCIAMENTO 73

OBJETIVOS DO CAPÍTULO... 73

5.1 INVESTIMENTO 73

5.2 TIPOS DE INVESTIMENTO 75

5.3 PLANOS DO INVESTIDOR 76

5.4 LOCAÇÃO E IMOBILIZAÇÃO 78

5.5 CONTRATO DE LOCAÇÃO 79

5.6 PATRIMÔNIO 89

5.7 CRÉDITO 91

5.8 EMPRÉSTIMO 93

Sumário • XIII

5.9 FINANCIAMENTO 95

5.10 SOCIEDADE 97

5.11 ATA DE REUNIÃO 98

5.12 CONSTITUIÇÃO DE UMA SOCIEDADE 99

5.13 CONTRATO SOCIAL 99

5.14 CAPITAL 102

5.15 CAPITAL DE GIRO 103

5.16 CAPITAL DE GIRO PRÓPRIO 104

6 RECURSOS 107

OBJETIVOS DO CAPÍTULO 107

6.1 RECURSO 107

6.2 FORNECEDOR 108

6.3 EQUIPAMENTOS DE COZINHA 109

6.4 MÓVEIS E UTENSÍLIOS 110

6.5 RECURSOS HUMANOS 111

6.6 RECURSOS FÍSICOS DO RESTAURANTE 113

6.7 DESPERDÍCIO 114

6.8 GRUPO DE TRABALHO 116

6.9 TRABALHO EM EQUIPE 117

6.10 GESTÃO DE PESSOAS 118

6.11 RELAÇÕES HUMANAS NO TRABALHO 119

6.12 ESTRUTURA ORGANIZACIONAL 120

6.13 ORGANOGRAMA 121

6.14 CARGO 122

6.15 RECRUTAMENTO DE PESSOAS 125

6.16 SELEÇÃO DE PESSOAS 127

6.17 ENTREVISTA DE SELEÇÃO 129

6.18 TREINAMENTO 130

6.19 SALÁRIO 135

6.20 ADMINISTRAÇÃO DE SALÁRIO 136

6.21 CONTRATAÇÃO 138

6.22 CONTRATO DE TRABALHO 139

7 PRODUTO 143

OBJETIVOS DO CAPÍTULO 143

7.1 PRODUTO 143

7.2 ELEMENTOS DO PRODUTO 144

XIV • Gestão de Restaurante

7.3 MARCA 147

7.4 EMBALAGEM 148

7.5 LINHA DE PRODUTOS 150

7.6 NOVO PRODUTO 151

7.7 PLANEJAMENTO DO PRODUTO 152

7.8 ANÁLISE DE VALOR DO PRODUTO 152

7.9 AVALIAÇÃO DO PRODUTO 154

7.10 COMERCIALIZAÇÃO 155

7.11 VENDAS 155

7.12 PREVISÃO DE VENDAS 157

7.13 COMUNICAÇÃO DO PRODUTO 157

7.14 RELAÇÕES PÚBLICAS 158

8 LEGISLAÇÃO, POLÍTICA e PROCEDIMENTO 159

OBJETIVOS DO CAPÍTULO 159

8.1 LEGISLAÇÃO 159

8.2 SIMPLES NACIONAL 162

8.3 REGULAMENTAÇÃO 164

8.4 LICENCIAMENTO 165

8.5 POLÍTICA 167

8.6 CLASSIFICAÇÃO DAS POLÍTICAS 168

8.7 PROCEDIMENTO E ROTINA 171

8.8 PROCEDIMENTOS EM RESTAURANTE 172

9 PRODUÇÃO, QUALIDADE e SEGURANÇA 179

OBJETIVOS DO CAPÍTULO 179

9.1 PRODUÇÃO 179

9.2 SISTEMA DE PRODUÇÃO 180

9.3 FABRICAÇÃO 181

9.4 ELEMENTOS DA PRODUÇÃO 182

9.5 PLANEJAMENTO, DIREÇÃO E CONTROLE DA PRODUÇÃO 185

9.6 ESTRATÉGIAS DE PRODUÇÃO 188

9.7 PRODUTIVIDADE 189

9.8 JUST-IN-TIME 190

9.9 CAPACIDADE INSTALADA 191

9.10 DIMENSIONAMENTO DOS EQUIPAMENTOS 192

9.11 MANUTENÇÃO DOS EQUIPAMENTOS 194

9.12 QUALIDADE 196

Sumário • XV

9.13 ELEMENTOS DA QUALIDADE 197

9.14 TIPOS DE QUALIDADE 200

9.15 SEGURANÇA 201

9.16 SEGURANÇA DO TRABALHO 203

9.17 SEGURANÇA ALIMENTAR 205

9.18 DOENÇAS DE ORIGEM ALIMENTAR 207

10 COZINHA 209

OBJETIVOS DO CAPÍTULO 209

10.1 COZINHA INDUSTRIAL 209

10.2 CONVERSÃO DE UNIDADES DE MEDIDA 210

10.3 FATOR DE CORREÇÃO DO ALIMENTO 212

10.4 ÍNDICE DE COCÇÃO DOS ALIMENTOS 214

10.5 FATOR DE CORREÇÃO TOTAL DOS ALIMENTOS 215

10.6 AMBIENTE FÍSICO DA COZINHA 219

10.7 AMBIENTE INTERNO DA COZINHA 221

10.8 HIGIENE 226

10.9 LIMPEZA 228

10.10 ÁREAS DE TRABALHO 230

10.11 ARRANJO FÍSICO 232

10.12 ÁREA DO POSTO DE TRABALHO 234

10.13 FLUXO DE PRODUÇÃO DO RESTAURANTE 236

10.14 PLANTA BAIXA DO RESTAURANTE 237

11 COMPRA e LOGÍSTICA 239

OBJETIVOS DO CAPÍTULO 239

11.1 COMPRA 239

11.2 COMPRADOR 240

11.3 TIPOS DE COMPRA 241

11.4 ELEMENTOS DA COMPRA 242

11.5 LISTA DE COMPRAS 242

11.6 ORÇAMENTO DE COMPRAS 244

11.7 MOVIMENTAÇÃO DE MATERIAIS 245

11.8 ARMAZENAMENTO 246

11.9 CONGELAMENTO DE ALIMENTOS 247

11.10 ESTOQUE 249

11.11 CONTROLE DE ESTOQUE 250

11.12 LOGÍSTICA 252

XVI • Gestão de Restaurante

11.13 DISTRIBUIÇÃO FÍSICA 253

11.14 MEIOS DE TRANSPORTE 254

11.15 CANAL DE DISTRIBUIÇÃO 255

11.16 DELIVERY 256

12 CUSTO, PREÇO e LUCRO 259

OBJETIVOS DO CAPÍTULO 259

12.1 CUSTO 259

12.2 REDUÇÃO DO CUSTO 260

12.3 TIPOS DE CUSTO 261

12.4 SISTEMAS DE CUSTEIO 264

12.5 RATEIO DO CUSTO FIXO 266

12.6 RECEITA, DESPESA E GASTO 267

12.7 DEPRECIAÇÃO E DESCONTO 269

12.8 PREÇO DE VENDA 270

12.9 DIAGRAMA DE RISCO DO PREÇO DE VENDA 272

12.10 DETERMINAÇÃO DO PREÇO DE VENDA 273

12.11 PREÇO DE MARKUP 274

12.12 TABELA DE PREÇOS 276

12.13 LUCRO 277

12.14 PROBLEMAS RESOLVIDOS SOBRE LUCRO 278

12.15 GERÊNCIA DO LUCRO 280

12.16 OTIMIZAÇÃO DO LUCRO 281

12.17 PONTO DE EQUILÍBRIO 283

12.18 FICHA TÉCNICA DO PRODUTO 286

13 CONTROLES CONTÁBEIS 293

OBJETIVOS DO CAPÍTULO 293

13.1 CONTROLES CONTÁBEIS 293

13.2 CONTROLE DO CAIXA 294

13.3 CONTROLE DAS DESPESAS DE INSTALAÇÃO 297

13.4 CONTROLE DE GASTOS 298

13.5 CONTROLE DA BASE DE RATEIO 302

13.6 CONTROLE DE CONTAS A RECEBER 302

13.7 CONTROLE DE CONTAS A PAGAR 303

13.8 CONTROLE DO DISPONÍVEL CIRCULANTE 304

13.9 CONTROLE DOS BENS PATRIMONIAIS 304

13.10 CONTROLE DA CONTA CAPITAL 305

13.11 CONTROLE DO FATURAMENTO 305

13.12 CONTROLE DE INVENTÁRIO DO ESTOQUE 307

13.13 CONTROLE DA CONTA INVESTIMENTO 310

13.14 BALANCETE DE VERIFICAÇÃO 310

13.15 DEMONSTRATIVO DE RESULTADO 311

13.16 BALANÇO PATRIMONIAL 313

13.17 ANÁLISE HORIZONTAL DO RESULTADO 314

13.18 ANÁLISE VERTICAL DO RESULTADO 314

14 INDICADORES de GESTÃO 317

OBJETIVOS DO CAPÍTULO 317

14.1 INDICADOR 317

14.2 INDICADORES ECONÔMICOS 318

14.3 INDICADORES FINANCEIROS 320

14.4 INDICADORES DE PERFORMANCE 324

14.5 INDICADORES DE MÃO DE OBRA 329

14.6 INDICADORES DE VENDAS 331

14.7 INDICADORES DE PRODUÇÃO 335

14.8 RELATÓRIO ECONÔMICO-FINANCEIRO 339

Referências Bibliográficas 343

Índice Remissivo 345

1
PROJETO

"O grande trabalho, detrás do discernimento nos negócios, está em encontrar e reconhecer os fatos e as circunstâncias relativas à tecnologia, ao mercado e ao ambiente, tendo sempre uma visão dúbia e cambiante de tudo".
Alfred P. Sloan

OBJETIVOS DO CAPÍTULO

- Mostrar que todo projeto tem uma ideia inicial de caráter empreendedor e inovador.
- Mostrar os principais elementos de um projeto.
- Mostrar o gerenciamento do negócio.

1.1 IDEIA INICIAL

A ideia é a simples representação intelectual de um objeto, porque se constitui num ato cognitivo. Não se confunde com a imagem que é a representação apenas sensível do objeto. Pode-se considerar a ideia, segundo a sua compreensão e sua extensão. Assim, a ideia pode ser: singular, particular, geral, universal, transcendental (metafísica).

Todo e qualquer projeto é desenvolvido partindo-se de uma ideia inicial (problema não resolvido, concorrência, solicitação da clientela, imposição legal, influência dos diretores, sugestões de consultores, necessidade de mudança). Tanto que as ideias são consideradas soluções plausíveis para atender uma ou mais necessidades, desde que sejam confrontadas com a realidade.

As ideias atraentes devem ser aperfeiçoadas em conceitos de produtos, já que o conceito de produto é uma versão elaborada da ideia expressa em termos significativos para o consumidor. Para levar uma ideia adiante, o empreendedor deverá ponderar sobre alguns fatores decisivos para o futuro de seu negócio, como: a sazonalidade, a situação econômica da sociedade, o controle governamental, a própria disponibilidade financeira, o custo do investimento e a lucratividade, por exemplo. Eleita a ideia mais adequada, o futuro empreendedor, para prosperar deve transformar a mesma num conceito de negócio. A ideia tem de ter uma validade econômica.

As ideias são inúteis quando não usadas. A prova de seu valor está em sua implantação. Até que isso aconteça, elas se acham em um limbo. Isto não quer dizer que todas as ideias têm de ser minuciosamente documentadas antes que sejam mencionadas a qualquer um. Para que uma ideia seja considerada, é preciso analisar a posição ou cargo da pessoa que originou a ideia, sua complexidade, a natureza do negócio e a reação de quem a ideia é submetida.

Fazer o futuro exige coragem. Exige trabalho. Mas também exige fé. Estabelecer um compromisso com o imediato não é prático, pois nenhuma ideia é infalível, nem deve ser. A ideia sobre a qual vamos construir um empreendimento é por natureza incerta, porque a ninguém é dado o direito de prever o futuro. Portanto, a probabilidade de sucesso existe, como também a de fracasso. Se não for nem incerta e nem arriscada, simplesmente não é singular, tendo toda a chance de fracassar.

A criatividade e a inovação são processos organizacionais contínuos e concomitantes, que prosseguem durante todas as fases de introdução e uso de novas ideias. Inovar é, antes de tudo, aplicar o incomum, o novo. É uma espécie de solução criativa para problemas que vão sendo detectados. Não há fórmula prévia para se inovar, porque a inovação faz parte de um processo que descobre suas próprias regras.

A experimentação atua como uma forma de aprendizado barato para a maioria das empresas e, usualmente, revela-se menos cara e mais útil do que sofisticadas pesquisas de mercado. Antes de eliminar uma ideia e antes que alguma avaliação convença de que ela não funcionará, surgem as questões:

- Existe alguma maneira de experimentar a inovação a baixo custo?
- O experimento é o instrumento mais poderoso para transformar a inovação em ação?
- Sempre é possível, para qualquer um de nós, nos tornarmos prepotentes a respeito de uma nova ideia?

1.2 GERÊNCIA

A gerência é a arte de pensar, decidir, agir, fazer acontecer, prover recursos, atingir objetivos estabelecidos e obter resultados positivos. Resultados que podem ser definidos, previstos, analisados e avaliados, mas que têm de ser alcançados por pessoas dentro de uma interação constante. A gerência é o exercício de uma atividade que exige mais de uma pessoa para exercê-la, existe em função de um objetivo comum, requer uma ação calculada e racional dos recursos, necessita de cooperação e coordenação entre indivíduos, para evitar superposição ou oposição em suas ações.

Nota: A palavra gerência (management) tem sido usada como sinônimo de administração, mas, na verdade, apesar de muitas pesquisas, este termo ainda continua um tanto ambíguo.

A gerência na empresa é necessária, porque existem atividades que um indivíduo sozinho não consegue realizar. Embora a função gerencial esteja ligada ao nível intermediário da organização, é comum se ler sobre gerências de alto nível, transparecendo que esta palavra gerência está ganhando, cada vez mais, importância e, via de consequência, galgando o nível estratégico da organização.

Assim como uma empresa necessita de uma única pessoa para ser a sua autoridade máxima, um projeto precisa de uma pessoa para ser o responsável pelo cumprimento de seus objetivos e metas. A esta pessoa dá-se o título de Gerente do Projeto.

O gerente do projeto deve ter os papéis: integrador, empreendedor e líder. Seu trabalho difere dos gerentes funcionais, porque está preocupado em conduzir, adequadamente, seu projeto e não em gastar esforços, tentando resolver, ou redimensionar, problemas dentro das áreas funcionais com as quais interage. Ele é alguém que compreende e domina as dimensões do seu trabalho, devido às seguintes questões:

- Por quê? (A finalidade e os objetivos do trabalho).
- O quê? (As funções e atividades do trabalho).
- Como? (Os comportamentos necessários para se conseguir a execução do plano de trabalho).
- Quanto? (Os recursos que serão empregados nos seus orçamentos).
- Quando? (O domínio dos prazos estabelecidos nos cronogramas de execução).
- Quem? (A pessoa que fará o trabalho).

Devido ao alto grau de dependência da organização quanto ao sucesso, o gerente de projeto recebe considerável visibilidade e, por esse mesmo motivo, fica muito exposto. Ele precisa estar capacitado para enfrentar a ambiguidade de lidar com os participantes do projeto. Assim, quanto menor o grau de autoridade formal, maior a sua necessidade de criar uma base de influência no ambiente do projeto. O gerente do projeto terá de produzir várias estimativas de valor para: recursos, prazos, estruturas, custos, lucros, orçamentos, resultados, preços, mercados, consumidores e usuários, por exemplo.

Um gerente de projeto deve ser, antes de tudo, organizado e disciplinado. Tal gerente deve ter arquivos físicos (papel) e virtuais (computador), contendo: Planos; Revisões; Relatórios; Correspondências; Atas de Reunião; Controles, por exemplo. Ele deve questionar sobre a tecnologia da informação a ser utilizada, fazendo as seguintes perguntas:

- A tecnologia da informação pode criar barreiras de entradas para o negócio?
- A tecnologia da informação pode criar custos de mudança de fornecedor?
- A tecnologia da informação pode criar vantagens competitivas em relação aos concorrentes?
- A tecnologia da informação pode criar derivações no negócio?
- A tecnologia da informação pode criar valores agregados aos produtos da empresa?
- A tecnologia da Informação pode reduzir os custos?
- A tecnologia da informação pode mudar o relacionamento entre os participantes do negócio?

1.3 OPORTUNIDADE

A oportunidade pode ser considerada como um acontecimento que favorece uma ação empresarial. É uma espécie de "força" ambiental incontrolável que pode ajudar na consecução dos objetivos organizacionais. Já as ameaças criam obstáculos. A oportunidade é vista como algo que consolida condições que darão a empresa uma vantagem concreta. Uma oportunidade de inovação, por exemplo, requer grandes esforços e recursos em planejamento e desenvolvimento.

Como a oportunidade é um acontecimento que favorece a ação estratégica, o problema está em identificar aquilo que seja uma oportunidade, bem o que seja uma ameaça. A questão é como aproveitar a oportunidade. A identificação e aproveitamento de uma oportunidade transcendem o conhecimento comum de um gerente, porque este precisa levar em consideração as seguintes premissas:

- As oportunidades desaparecem com a mesma rapidez com que são detectadas.
- O indicador de gestão mais importante é a capacidade de antecipar oportunidades.
- As oportunidades aparecem do inesperado, da disparidade setorial, da vulnerabilidade dos processos, da incongruência, da transformação, da mudança, da percepção, do novo conhecimento.
- Quando a demanda e a oferta não se equilibram, conforme as expectativas, há uma oportunidade.
- As oportunidades raramente são compatíveis com os métodos tradicionais de atuação, em relação aos negócios existentes, exigindo novas abordagens.

Quando a empresa não está sendo confrontada com ameaças e/ou oportunidades, algo errado está acontecendo. O termo "Janela de Oportunidade" é utilizado para indicar o momento em que determinado projeto (produto) tem chance de ser colocado no mercado, com um retorno de investimento bastante favorável.

A oportunidade é avaliada pela ponte que faz dos recursos da empresa com o mercado, no momento e lugar certos. Mas, é importante que se diga que não é muito fácil, principalmente, quando se é jovem, tendo em vista o seu próprio conhecimento (nível de percepção do mundo). A avaliação da oportunidade leva o projetista a traçar um paralelo entre as hipóteses e realidades daquilo que parece ser uma oportunidade. Uma oportunidade é algo que deve ser explorado em seu favor.

A maioria dos negócios inicia-se por meio de uma oportunidade, à medida que a empresa tenta entrar em um mercado de alto crescimento onde já existe um líder. Um negócio de oportunidade exige grande investimento, porque a empresa precisa gastar recursos para acompanhar o mercado de rápido crescimento. O termo oportunidade é apropriado, porque a empresa precisa refletir muito antes de colocar dinheiro em um negócio que pode dar certo ou errado.

Na busca de oportunidade, o empreendedor deve ser ambicioso e não ter preconceito. Se assim o for, não verá, por exemplo, as brechas que se abre com o sucesso alheio. Copiar é, nesse caso, um caminho saudável e seguro, da mesma forma que montar um negócio a partir da experiência acumulada, como empregado, ajuda. Geralmente, a oportunidade está disfarçada no próprio conhecimento (percepção, visão, intuição).

1.4 VIABILIDADE DO PROJETO

Projeto é uma organização de recursos, sistemática, transitória e racionalmente ordenada, que compreende uma sequência de atividades dirigidas à geração de um produto singular, em um tempo dado, permitindo estimar os custos e os benefícios de tal geração. Um projeto pode servir de base para a avaliação de um outro que tenha os mesmos objetivos.

O termo projeto está, hoje, tão generalizado que passou a ter uma infinidade de significados. É utilizado como sinônimo de aspiração e de intenção. Outros usos da palavra são vagos ou genéricos. Referimo-nos ao nosso projeto de vida e chamamos de projeto a um documento que contenha um inventário de intenções. Projeto é concebido como a ideia que se forma em executar ou realizar algo no futuro, seguindo determinado esquema. Ele é a ponte entre a análise de um problema e a resolução do mesmo.

Assim, pode ser um documento analítico (desenho, esboço) de um empreendimento, relacionando recursos de forma que programas, planos e políticas possam ser efetivados com êxito. Como documento que traduz um processo de planejamento, o projeto deve apresentar exequibilidade técnica, viabilidade econômica, conveniência social e aceitação política. Diferentemente das funções, que são, mais ou menos, permanentes, os projetos são sempre temporários, sendo montados em torno de uma ação específica de inovação.

Levar uma ideia para o papel, desenvolver e depois implementar a mesma é um caminho difícil e cheio de pedras. A maioria dos seres humanos desiste no meio do caminho e outros logo no início. Para se construir um projeto é preciso ter garra. Muita força de vontade será necessária para enfrentar as dificuldades que serão enormes, em função da ambição do projeto.

Assim, é importante fazer um estudo preliminar, a fim de:

a. Identificar o escopo do projeto, os problemas a serem resolvidos, os objetivos principais.
b. Identificar um número possível de hipóteses de soluções que possam satisfazer as necessidades do usuário.
c. Mostrar as vantagens e desvantagens do novo produto, desenvolvendo um plano de realização do projeto com estimativas dos recursos necessários.

d . Obter o parecer do consumidor e/ou usuário.

Um estudo de viabilidade de um projeto simula o que acontecerá no futuro a partir de diversos cenários alternativos. Uma das partes mais importantes do estudo é a justificativa econômica do projeto, bem como uma análise de mercado. Esta análise deve levar em consideração uma multiplicidade de fatores que no seu somatório possa, efetivamente, conduzir o projeto ao mais próximo da realidade. Vários são os fatores que inviabilizarão um projeto, tais como: escassez de ideias relevantes; mercados fragmentados; restrições societais e governamentais; aumento do custo de desenvolvimento; escassez de crédito; ciclos de vida dos produtos cada vez menores.

Conhecidos os objetivos, o âmbito de atuação e definido o grupo que viabilizará o projeto, passa-se a estudar os seguintes pontos e aspectos:

- Razões que motivaram o projeto.
- Comportamento dos participantes do projeto.
- Recursos disponíveis versus recursos necessários para a consecução do projeto.
- Análises da conjuntura do país, da sociedade e do ambiente em que será construído o projeto.
- Possibilidades de mudanças, em função de limitações e restrições de toda a sorte.
- Estabelecimento de um cronograma detalhado do projeto.
- Possibilidade de avaliação dos resultados, por meios simples e de fácil entendimento, apresentados à equipe do projeto.
- Importância estratégica para os idealizadores do projeto.

Nota: Para a maioria dos projetos, o estudo da viabilidade consome um tempo menor do que um mês. É muito comum que apenas 20% dos projetos sejam bem-sucedidos.

1.5 TEMPOS DO PROJETO

O conceito de tempo está ligado à noção de espaço, porque o tempo precisa de um espaço (dimensão) para ser medido. Os físicos dizem que devemos nos referir ao tempo como espaço-tempo. Não existe tempo absoluto. O efeito que seu uso provoca em nós também é fundamental. Pressa, ansiedade e frustração provocam má qualidade de produtos, relações e resultados. De todos os recursos ao alcance de um indivíduo, o tempo é o mais pessoal e o mais comumente desperdiçado.

Aquele que se propõe a usá-lo de forma efetiva e inteligente terá de conhecer profundamente as funções administrativas. Assim, podemos considerar que tempo é recurso, cujo significado é intrínseco a cada indivíduo. A seguir, alguns dos mais importantes tipos de tempo:

Tempo de Mercado – Período que uma empresa leva para ir da concepção do produto até a sua entrega ao consumidor final. Porém, alguns autores consideram-no como aquele que vai do lançamento do produto no mercado até a adoção pelos consumidores.

Tempo Produtivo – O fato de homens e máquinas serem utilizados, plena ou parcialmente, fará uma grande diferença em sua produtividade.

Tempo Padrão – É o tempo necessário para ser executada uma operação de acordo com um método estabelecido, em condições determinadas, por um operador apto e treinado, possuindo habilidade média, trabalhando com esforço médio, durante as horas de serviço. Pode ser calculado da seguinte forma: Da série de tempos levantados, excluem-se as distorções.

Se, por exemplo, a série for: 8, 10, 10, 9, 14, 10, 8, 20, 11 e 12, por exemplo, os elementos 14 e 20 devem ser excluídos. Calcula-se o tempo médio. Repete-se a operação, várias vezes, anotando os resultados dos tempos médios. Durante a execução do trabalho deve-se levar em consideração: ritmo, demora, fadiga e tolerância. O tempo padrão pode ser maior ou menor do que o tempo aferido no campo.

Tempo de Resposta – O intervalo necessário, para se obter resultados de um investimento, é denominado tempo de resposta. Este tempo permite o conhecimento da antecipação com que é preciso efetuar um investimento, com relação ao momento em que se deseja obter os resultados. Em alguns casos, é necessário aguardar anos para melhorar o nível de treinamento do pessoal e introduzir aumentos substanciais no volume de produção ou, enfim, obter resultados concretos por meio de uma campanha de promoção.

Tempo de Execução – Tempo necessário para a alocação de recursos e espaços necessários e adequados, para que uma atividade possa ter continuidade (início e fim), com segurança.

1.6 OBJETIVO E META

Objetivo é o alvo (situação, resultado) que se pretende atingir. Ele determina a direção e o sentido para onde se deve concentrar esforços e recursos de toda a sorte. Os objetivos indicam a missão precípua da organização, isto é, aquilo para a qual foi criada, e constituem uma fonte de legitimidade que justifica suas atividades e, na verdade, até sua existência. Também servem como padrões, através dos quais os membros de uma organização podem avaliá-la.

Os objetivos principais do projeto são:

- Implantar um Bar e Restaurante que ofereça: refeições executivas; pratos do dia; pratos à la carte; petiscos, bebidas, sobremesas, alimentos congelados, bufês para festas de confraternização, música ao vivo em fins de semana.
- Contribuir com a qualidade dos produtos.
- Ajudar a recrutar, selecionar e treinar atendentes de salão, pessoal de cozinha, embaladores, despachantes de pedidos, vendedores e outros participantes do projeto.
- Desenvolver documentação própria, que possa ser arquivada para consultas futuras.
- Buscar um alto nível de qualidade nos serviços prestados, com base no bom atendimento, presteza e preços competitivos.
- Descobrir talentos, nichos de mercado e profissionais em artes culinárias.
- Utilizar como bandeiras de comercialização: preço compatível com o mercado, o melhor visual possível, qualidade de produto, bom atendimento e segurança ambiental.
- Considerar de fundamental importância a produtividade e a otimização de recursos.
- Observar normas de operação e segurança para máquinas e equipamentos, para que não venham causar acidentes de trabalho.

Meta é um objetivo quantificado e/ou qualificado, sendo, em geral, de curto prazo com responsabilidades definidas. A ausência de metas conduz as pessoas da organização a uma atitude passiva (ou reativa), porque as metas ajudam a orientar, melhorar e otimizar os recursos. A empresa deve compreender que, em última análise, as metas são alcançadas por seres humanos.

As principais metas são:

- Atingir, para seus produtos, um nível ótimo de aceitação, no máximo em seis meses, depois de sua implantação.
- Superar o faturamento de equilíbrio no máximo em 1 ano.
- Construir uma carteira de clientes cativos, que proporcione uma maximização do lucro líquido da ordem de 30%, em 2 anos.
- Criar processos que reduzam o custo para um valor de 20% do valor inicial, em 3 anos.
- Automatizar os sistemas de comunicação, para se ter uma resposta imediata ao solicitante de produtos com todos os dados necessários, no máximo em 4 anos.
- Retornar todo o capital principal investido pelos sócios, acrescidos dos juros de Fundos DI, no máximo em 5 anos.
- Estar no topo da tecnologia da informação, para otimizar todos os processos de produção e venda, em, no máximo, 10 anos.

1.7 NEGÓCIO

Todo negócio tem de ser rentável. Mas é preciso respeitar o tempo de maturação, ter paciência para colher os frutos e não comer tudo de uma só vez, lembrando que é preciso continuar plantando. O caminho é adotar a prática de avaliar causa e efeito, fazendo perguntas como:

- O consumidor está feliz?
- Por que ele compra meu produto?
- Onde estão problemas e desvios dos resultados esperados?

O maior problema de um negócio é a falta de uma definição da finalidade pela qual o empreendimento foi criado, embora o conceito de um negócio possa ser entendido como uma atividade lucrativa. A questão é que tão, raramente, perguntamos, de forma clara e direta: Por que dedicamos pouco tempo a uma reflexão mais acurada sobre o negócio que queremos fazer? Um negócio pode ser conduzido por uma ou mais pessoas, proprietários ou não, bem como ser operacionalizado de diversas maneiras?

É indispensável ter clareza em relação à ideia do negócio. Uma pista é ouvir as opiniões de pessoas experientes e desenvolver respostas para suas observações, isto é, uma maneira de evitar pecados capitais, como subestimar as necessidades, subavaliar problemas e escolher parceiros errados. Ninguém deve tapar os ouvidos para aqueles que colocam obstáculos ao projeto. A decolagem de um negócio depende também de um bom desenvolvimento do seu projeto.

O mundo dos negócios é, por natureza, competitivo. Desde sempre as empresas tentam prever os passos dos concorrentes e se antecipar às suas ações. O fato é que a maioria tende a enfatizar muito mais o paradigma da guerra do que o da cooperação. Hoje é preciso que o empreendedor decida se vai atuar no mercado virtual, real ou ambos. Também é necessário lembrar que, para concorrer no mercado, terá de verificar se há recursos disponíveis para ter uma capacidade instalada que permita negociar com lucro, mesmo que seja mínimo.

A análise do negócio objetiva: inventariar sintomas, definir a missão do negócio, determinar aquilo que é essencial, definir objetivos das funções vitais, comparar o real com o desejado, determinar os desvios, escolher

8 • Gestão de Restaurante

variáveis a serem alteradas, decidir sobre o método de produção e a tecnologia que irá empregar, bem como as políticas de crédito, preço, distribuição e relacionamento com fornecedores, funcionários e consumidores. Finalmente, montar um plano de ação.

1.8 FLUXOGRAMA DE IMPLANTAÇÃO/VIABILIZAÇÃO DO PROJETO

O fluxograma é um gráfico de organização para atividades (rotinas, tarefas e relações), que representa de forma dinâmica e analítica as unidades de trabalho e a sequência lógica das fases, etapas ou passos de um projeto (processo), por meio de determinada simbologia, caracterizando ainda seus agentes executores. Os fluxogramas caracterizam-se pelo fato de que são aplicados nas situações em que o gestor está interessado em analisar os métodos de trabalho, onde recursos são movimentados de um lugar para outro.

As principais funções do fluxograma são:

- Eliminar atividades supérfluas.
- Hierarquizar (priorizar) as atividades.
- Combinar e sincronizar fases do processo.
- Objetivar a simplificação do trabalho.
- Minimizar custos.
- Visualizar e corrigir movimentos desnecessários.
- Possibilitar uma lógica de raciocínio e disciplina.
- Possibilitar confiança no processo.
- Ajudar a entender o funcionamento interno do negócio.
- Documentar um fluxo de trabalho.
- Identificar áreas problemáticas.
- Facilitar as comunicações.

Os fluxogramas necessitam, como finalidade maior, colocar em evidência a sequência lógica de um trabalho. Dentro deste raciocínio, pode-se concluir que esses diagramas de fluxo apresentam vantagens quando de sua correta utilização, tais como:

- Fornecem condições para simplificar o trabalho através da eliminação, arranjo, combinação, permutação ou reposicionamento das etapas (fases, passos), de modo a se otimizar recursos.
- Eliminam os movimentos desnecessários.
- Facilitam a implantação de normas, instruções, processos, padronizações.
- Possibilitam uma visão do todo e necessidades de recursos.
- Determinam estratégias, táticas, políticas, canais de comunicação, relações de trabalho.
- Permitem verificar como funcionam todos os componentes de um sistema, mecanizado ou não.
- Facilitam a localização de deficiências nos transportes, operações e movimentos.

A seguir, é mostrado um fluxograma com, praticamente, todas as principais atividades operacionais do desenvolvimento e criação de um Bar e Restaurante. O leitor deve prestar atenção às perguntas que são feitas ao longo do fluxograma, porque suas respostas determinam o que fazer. Ou seja, continuar ou desistir.

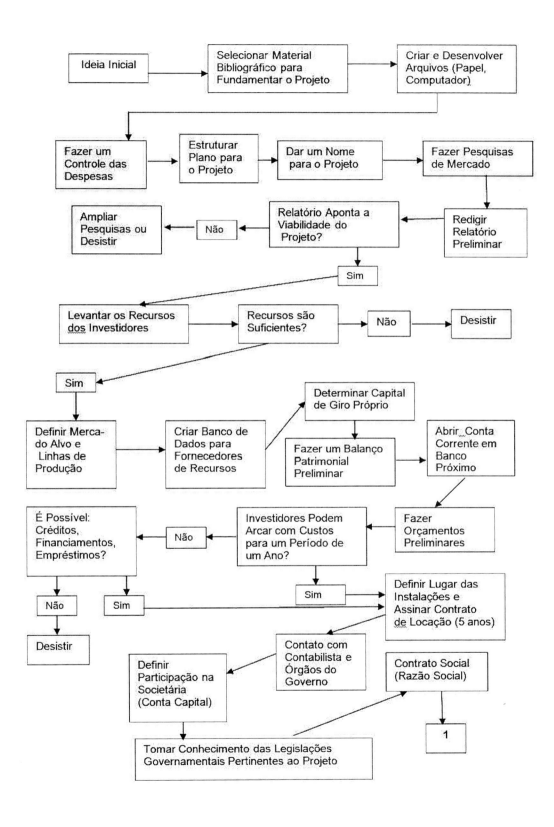

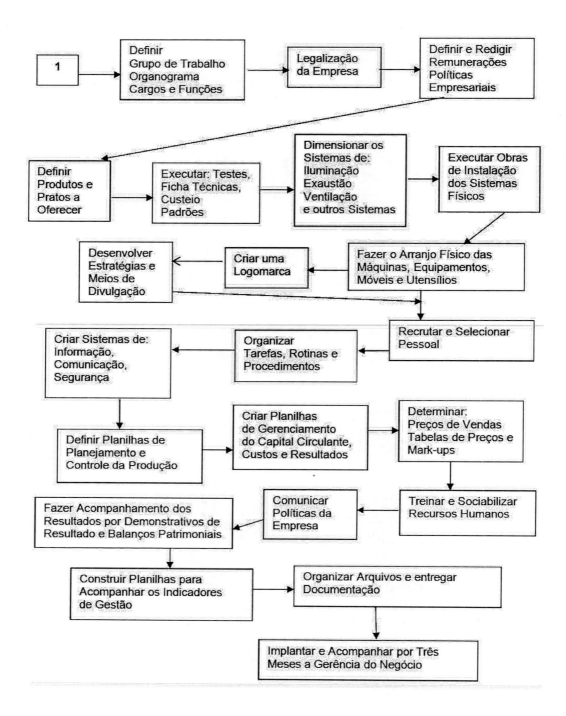

Figura 1.1: Fluxograma de Implantação/Viabilidade do Projeto.

2

DADO e INFORMAÇÃO

"Dirigir bem uma empresa, ou um negócio, é administrar o seu futuro.
Para tal, precisamos de um sistema de informações que funcione".
Bill Gates

OBJETIVOS DO CAPÍTULO

- Mostrar a importância de ter arquivos organizados para acessar, com facilidade, informações que dêem suporte às tomadas de decisão.
- Mostrar como os dados são armazenados.
- Mostrar que cadastros atualizados, por meio de fichas eletrônicas, evitam erros de análise, avaliação e comunicação.
- Mostrar a importância dos sistemas de informações na vida de um negócio.

2.1 ARQUIVO

Imagine onde acessar dados e informações para a tomada de decisão, se a empresa não possui arquivos. A primeira e mais lógica fonte de consulta para se iniciar o trabalho está nos arquivos da empresa. Assim, toda documentação deve ser arquivada. Arquivo é um conjunto de registros afins, colocados de forma ordenada e de fácil acesso. O meio de arquivar tais registros (dados, informações) pode ser: papel, acumulador, disco, fita, disquete, CD, filme. O ser humano pode guardar informações no cérebro por algum tempo, mas não por todo o tempo. Uma outra observação que se deve fazer é que todos os arquivos têm um caráter provisório, já que podem mudar de meio, isto é, serem construídos com tecnologia de última geração.

O registro é a justaposição de dados selecionados a um mesmo fato, com a finalidade de permitir o processamento, tendo um significado completo e determinado. Assim, na movimentação de uma conta bancária, por exemplo, veríamos que o registro é constituído de, no mínimo, o número da conta e o valor representativo dessa movimentação. Similarmente, numa movimentação de um estoque de materiais, o registro é composto de, no mínimo, um código e material movimentado em quantidade e valor monetário.

Os elementos mais importantes em um arquivo são:

- Endereço – É preciso saber: onde acessar um arquivo e qual o meio utilizado.
- Segurança – A fim de evitar que um arquivo sofra um acidente, destruição total ou alteração de seu conteúdo, tomam-se determinados cuidados: manter sempre cópias do arquivo em meios diferentes e sempre armazenar as alterações ocorridas no arquivo inicial.

Os principais dados a serem guardados estão nos seguintes arquivos:

12 • Gestão de Restaurante

a) Arquivos de Resultado: Atas de Reunião; Balancetes; Balanços Patrimoniais; Demonstrativos de Resultado; Entrevistas; Relatórios.

b) Arquivos de Divulgação: Cartas; E-mails; Convites; Filmes; Fotos; Encartes; Releases; Malas Diretas; Jornais; Folders; Cartazes; Prospectos; Portfólio; Catálogos; Desenhos.

c) Arquivos de Operações: Manuais; Planos; Listagens; Programas; Relação de Telefones; Mail Listing (endereços para postagem nos correios); Relação de Serviços Profissionais; Cadastros; Projetos; Políticas; Procedimentos; Modelos; Formulários; Planilhas; Ordens de Serviço; Carteira de Pedidos; Orçamentos; Recibos; Cronogramas; Fluxogramas.

d) Arquivos de Custos: Custo do Produto; Custo Fixo; Custo Variável; Custo Total.

e) Arquivos de Preços: Tabela de Preço; Cálculo do Preço do Produto; Tabela de Desconto; Markups; Margem de Lucro.

f) Arquivos de Negociação: Contratos Sociais; Contratos de Prestação de Serviços; Contratos de Locação; Propostas; Pautas de Discussão; Agendas.

g) Arquivos de Contas: Caixa; Bancos; Despesas de Instalação; Contas a Pagar; Contas a Receber; Disponível; Patrimônio; Conta Capital.

h) Arquivos de Controles Contábeis: Estoque; Faturamento; Inventário; Fluxo de Caixa; Vendas; Vendas por Vendedor; Vendas por Produto; Notas Fiscais; Faturas.

Os registros poderão ser organizados em pastas, subpastas e arquivos. As principais pastas devem ser: planilhas e textos. Assim, por exemplo, a pasta planilhas pode conter as subpastas: circulante, inventário, custos, resultado, estoque, compras, vendas. A subpasta circulante poderá conter os seguintes arquivos: controle de caixa, despesas de instalação, desvio, gasto/mês, contas a receber, contas a pagar, amortizações de empréstimos...

2.2 DADOS

Dado é qualquer elemento identificado em sua forma bruta, que, por si só, não conduz a uma compreensão da situação. É um registro a respeito de um determinado evento, fato ou ocorrência. Um relatório revela uma série de dados que podem se transformar em informações quando, consistentemente elaborados, passarem a ter utilidade para a tomada de decisão.

Enquanto o dado é uma mensagem sem avaliação, a informação é um dado avaliado para uma situação específica e endereçada. Dado pode ser entendido como uma letra, um símbolo, um dígito, um número ou um caractere, que por si só não permite assimilar conhecimento e até não transmite significado, mas fornece a base de sustentação de uma informação necessária. Os pedidos recebidos, num almoxarifado, são dados. Notas fiscais e faturas são informações.

Os dados criam a necessidade de administrar para, de posse de detalhes, tomar decisões acertadas e buscar soluções inteligentes, isto é, chegar a conclusões e pareceres que ajudarão a organizar os trabalhos (atividades), para uma efetiva consecução dos objetivos. Em sua forma não processada, os dados podem quase não ter sentido. Grandes quantidades de números tendem a confundir, ao invés de esclarecer, simplesmente, porque nossa mente não é capaz de abranger a variedade e os detalhes inerentes a grandes conjuntos de dados. Muitos detalhes atrapalham mais do que ajudam. Se os dados exigem processamento (classificação, armazenamento, relacionamento), para que possam realmente informar, também as informações exigem processamento, para que possa adquirir significado.

A administração de dados procura identificar e modelar (estruturar) os dados que representam a empresa. A tarefa da empresa de conhecer os seus dados não pode ser responsabilidade única do pessoal de sistemas ou de

Capítulo **2** DADO e INFORMAÇÃO • **13**

processamento de dados. É da competência de todos, principalmente, dos usuários, pois a eles cabe entender sua importância e utilização. As principais características dos dados são:

- Geralmente têm uma frequência de mudança muito menor do que os procedimentos.
- Permitem diferentes versões de utilização, em função de sua administração.
- Precisam ser gerenciados através de um banco de dados.
- São coletados de maneira metódica, precisa e eficiente, ajudando o trabalho de análise, que precede a resolução de um problema.
- Ajudam a formar opiniões, bem como fazer avaliações, análises e medições.
- Precisam ser filtrados para consubstanciar as informações relevantes.

2.3 COLETA DE DADOS

Coleta de dados compreende o efetivo trabalho de recolhimento dos dados no campo junto às fontes de dados. É a etapa, geralmente, mais cara e mais crítica da pesquisa, pois, é a que mais está sujeita à introdução de erros e atrasos. Por isso, exige supervisão cerrada e um controle rígido. Ela é a reunião metódica, precisa e eficiente de acontecimentos e fenômenos necessários para o perfeito entendimento dos sistemas em uso numa organização.

Cada uma das fontes deve ser avaliada quanto à: credibilidade, custo, tempo, acessibilidade, coerência, pertinência, verificação. Após a seleção das fontes de dados, o usuário deve classificar, ordenar e arquivar as mesmas. Um princípio deve ser seguido: Aproveitar ao máximo a experiência adquirida de terceiros e, também, as próprias experiências. Vale observar que os próprios pesquisadores são as maiores fontes de dados. As operações de coleta de dados precisam ser detalhadamente planejadas e controladas para que os dados coletados tenham alta qualidade e para que as previsões de prazo e custo sejam atingidas.

O instrumento de coleta de dados é o documento onde as perguntas serão apresentadas aos respondentes e onde são registradas as respostas (dados). Os dados serão registrados em questionários, formulários e fichas, por exemplo. Se estes instrumentos forem mal elaborados, com questões dúbias, escalas incorretas em gráficos e regras de preenchimento confusas, podem se tornar fontes de erros. Os motivos para a coleta de dados são basicamente os seguintes:

a) Precisamos saber onde estão as fontes de dados e quais são elas.
b) Precisamos verificar nosso nível de compreensão sobre os dados coletados.
c) Precisamos estabelecer a relação custo/benefício da coleta dos dados.

As principais técnicas de coleta de dados são: aplicação de questionários; levantamento virtual pela internet; entrevista pessoal; entrevista por telefone; observação; leitura; estimativa; amostragem.

2.4 BANCO DE DADOS

Um banco de dados pode ser entendido como uma coleção de arquivos estruturados, não redundantes e inter-relacionados, que proporciona uma fonte única de dados para uma variedade de aplicações. Ele armazena a informação usada em comum pelos diversos subsistemas de uma empresa com base na moderna tecnologia de processamento eletrônico, permitindo que ela possa arquivar e acessar dados sobre diversas operações com velocidade e precisão.

É indispensável que a implantação do banco de dados satisfaça às necessidades dos usuários e que cada subsistema utilize a mesma base de dados para suprir a falta de informação, porque, caso contrário, o próprio objetivo do banco estará comprometido. Um banco de dados nada mais é do que um conjunto de bases de dados, associado a um conjunto de programas de gerenciamento das mesmas, visando formar uma espécie de arquivo mãe de todos os dados da empresa.

Uma base de dados pode residir em um computador, nos arquivos ou na memória das pessoas. Ela contém a informação necessária para alcançar um determinado fator chave de sucesso. A base de dados deve ser, sistematicamente, identificada e relacionada à decisão administrativa. A habilidade de manipular uma base de dados é tão significativa quanto o próprio computador. É muito comum se confundir listagem com banco de dados. A listagem é um arquivo de nomes, endereços (real e virtual) e telefones. Já o mail-listing é uma relação de endereços para correspondência a serem feitas por meio dos correios e, geralmente, para atender a uma mala direta.

A construção eficiente e eficaz de bancos de dados necessita da administração de dados. Caso contrário, não passaria de mais um método de organização ou acesso a arquivos em um computador. Ao administrador do banco de dados cabe cuidar das adaptações impostas pelas restrições do software de gerenciamento dos bancos de dados e dos aspectos de desempenho e de segurança. Também será mais fácil tomar decisões já que você poderá obter respostas e inferir dados para mudar o curso da decisão.

Embora o banco de dados seja um conjunto de dados organizados de maneira lógica, visando permitir a otimização dos processos referentes a seu armazenamento e recuperação, devemos estar atentos para a independência que deve haver entre os dados e os aplicativos que deles fazem uso. No passado, era muito fácil encontrar aplicativos que eram confundidos com banco de dados. Atualmente, com facilidades relativas à conectividade, existem maiores condições de aplicar o conceito de banco de dados em sua plenitude.

2.5 TIPOS DE BANCO DE DADOS

A seguir, os mais relevantes bancos de dados e suas principais funções:

Banco de Dados de Candidatos – Este banco de dados deve conter os dados de candidatos potenciais a futuras vagas na empresa. Com tal procedimento, não perdemos recurso e tempo no recrutamento e na seleção de pessoas.

Banco de Dados de Custeio – Conjunto de dados coletados que são organizados e inter-relacionados para uso de sistema de informações de custeio, baseado em algumas atividades da empresa.

Banco de Dados de Clientes – Um banco de dados de clientes é um conjunto organizado de dados abrangentes sobre clientes atuais e potenciais que seja atualizado, acessível, acionável e destinado a: geração e qualificação de interessados, venda de um bem ou serviço, manutenção de relacionamentos. Também pode ter dados sobre: agentes, revendedores, concorrentes, consumidores, institutos, universidades, usuários, pacientes, empresas, investidores, colaboradores, profissionais liberais.

Banco de Dados de Fornecedores – Os fornecedores de recursos ajudam a entender os valores que se processam no mercado, como: custos, preços, créditos, financiamentos, margens de lucro, levando o projetista a determinar o nível de receita necessário, para que a empresa sobreviva.

Banco de Dados de Distribuidores – Os distribuidores são os intermediários entre a fábrica e o varejo, isto é, são os detentores dos canais de distribuição. Um dos princípios da distribuição moderna exige que o fabricante não passe a ignorar seu produto, tão logo este tenha passado de suas mãos para agentes, atacadistas e varejistas. A distribuição bem feita estimula a demanda.

Banco de Dados de Varejistas – Os varejistas são considerados os pontos onde os produtos são repassados às mãos dos consumidores finais. Varejo é o espaço (real ou virtual) onde o consumidor compra um determinado produto.

Banco de Dados de Atacadistas – Os atacadistas são distribuidores que assumem a propriedade dos bens que negociam. O sistema de atacado significa que o fabricante pode fazer negócios com um número menor de intermediários, podendo fazer entregas individuais maiores. Os atacadistas exercem um papel muito importante, principalmente, no abastecimento do pequeno varejo, para os quais a indústria não vende diretamente.

Banco de Dados de Reparadores – A empresa precisa ter um banco de dados de mão de obra especializada para serviços de reparação, construção e manutenção.

Banco de Dados de Vendedores – O pessoal de recrutamento de vendedores deve estar de posse de uma série de indicadores que propiciarão um bom recrutamento, a saber: Linha de produto a ser vendida; Mercado a ser atingido; Tipo de trabalho de venda a ser realizado; Características da região de atuação; Política de remuneração; Requisitos culturais necessários ao desempenho do trabalho; Conhecimentos técnicos dos produtos; Volume e peso do material do vendedor; Relatórios e formulários a serem preenchidos; Desejável conhecimento anterior do mercado; Características da equipe em que será agregado; Tempo médio de duração da visita; Número de visitas por dia; Sistema de comunicação; Sistema de informações.

Banco de Dados de Empregados – O empregado é visto como um recurso importante à medida que se torna mais produtivo, trazendo riqueza para a empresa. Este banco deve ter um caráter meritocrático, quando se precisar avaliar o empregado, principalmente, para a sua promoção e remuneração. A direção da empresa deve estar sempre recrutando, selecionando e treinando mão de obra, por se tratar de um recurso muito volátil, cujo turnover é muito alto.

Banco de Dados On-Line – Este banco é baseado em sistemas de serviços computadorizados em regime de tempo particionado. Os usos mais eficientes dos bancos de dados on-line incluem: descarregar informações na forma digital e que sejam facilmente manipuladas, sem precisar de redigitação; carregar as estatísticas diretamente nas planilhas, o que contribui para uma análise instantânea; selecionar os dados em computador, o que reduz o desvio do volume de dados e evita sobrecarga de informações.

Banco de Dados Estatísticos – É uma coletânea de técnicas e procedimentos usados para solução de problemas complexos, por meio da programação matemática. Tais bancos são representações matemáticas de situações que exigem uma decisão de solução.

Banco de Dados de Marketing – É um conjunto organizado de dados abrangentes sobre consumidores atuais, consumidores potenciais ou prováveis, preparado de acordo com os propósitos de marketing, como geração e qualificação de eventuais interessados na venda e/ou compra de um produto, ou, ainda, no gerenciamento de relacionamentos com consumidores (CRM).

2.6 CADASTRO

Cadastro é um conjunto de dados sobre pessoas (físicas e jurídicas), consumidores, distribuidores, fornecedores de recursos, funcionários, candidatos a emprego, profissionais especializados, vendedores, autores. Embora os cadastros sejam preenchidos, preliminarmente, através de formulários ou fichas, os mesmos são acumulados em arquivos de computadores, para uma fácil recuperação. A seguir, as principais Fichas de Cadastro utilizadas numa empresa:

16 • Gestão de Restaurante

Ficha de Descrição de Cargo		Nº:
Cargo: Gerente de Vendas		
Data de Elaboração:	Data de Revisão:	
Departamento: Marketing	Divisão: Vendas	
Grupo Salarial: B – 2	Centro de Custo: CC 02	
Objetivos Básicos: Responsabilidades (relacionar as principais):		
Funções mais Importantes:		
Supervisão Exercida: Supervisores e Vendedores		
Supervisão Recebida: Diretor de Marketing		
Requisitos Mínimos: Graduado em administração; Conhecimentos de mercado e de vendas; Personalidade articulada, motivadora e persuasiva; Habilidade de falar e de escrever; Capacidade de comunicação e liderança; Experiência mínima de 5 (cinco) anos num cargo executivo de vendas.		

Formulário 2.1: Ficha de Descrição de Cargo.

Ficha do Cliente Consumidor			
Número da Ficha:	Data:		
Cliente:			
Endereço Real:			
	CEP:		
Bairro:	Cidade:		Estado:
Telefones:			
Endereço Virtual:			
Profissão:	Atividade:		
CPF:	RG:		
Filiação:			

Capítulo 2 DADO e INFORMAÇÃO • 17

Consultas para Crédito:	
SPC e outros:	
Bancos:	
Crédito (limite):	
Cartões:	
Observações:	

Formulário 2.2: Ficha do Cliente Consumidor.

Ficha do Funcionário		
Nº	Data de Admissão:	
Nome:		
Endereço Real:		
	CEP:	
Bairro:	Cidade:	Estado:
Telefones:		
E-mail:		
CPF:	RG:	
Filiação:		
Nível Escolar:	Estado Civil:	
Nacionalidade:	Natural:	
Esposa:		
Filhos (dependentes):		
Profissão:	Sexo:	
Cargo:		
Funções:		
Departamento:	Centro de Custo:	
Salário:		
Data de Contratação:		

Formulário 2.3: Ficha do Funcionário.

Ficha do Fornecedor		
Número da Ficha:	Data:	
Fornecedor:		
Endereço Real:		
	CEP:	
Bairro:	Cidade:	Estado:

18 • Gestão de Restaurante

Telefones:	
Site:	
Endereço Virtual:	
CNPJ:	Inscrição Estadual:
Setor da Economia:	
Atividades:	
Recursos Disponíveis:	
Prazo de Pagamento:	
Prazo de Entrega:	
Distribuição Própria:	
Observações:	

Formulário 2.4: Ficha do Fornecedor.

Ficha de Cadastro Simplificado		
Nome:		
Endereço:		
CEP:	Bairro:	Cidade (Estado):
Telefones:		
E-mail:		
Profissão:		
Empresa:		
Endereço:		
Telefones:		
Cargo Ocupado:		

Formulário 2.5: Ficha de Cadastro Simplificado.

Ficha de Cadastro e Avaliação do Candidato		
Nº da Ficha:	Data:	
Nome:		
Endereço Real:		
	CEP:	
Bairro:	Cidade:	Estado:
Telefones:		

Endereço Virtual:

CPF:	RG:

Filiação:

Data (nascimento):	Peso.	Altura:

Nacionalidade:	Natural:
Estado Civil:	Sexo:
Nível Escolar:	Profissão:

Vida Escolar (principais cursos):

Vida Profissional (principais ocupações):

Faixa Salarial Pretendida:
Referências:
Bancos/Agências:
Cargo Pretendido:
Vida Recreativa:

Avaliação:
( ) Contratar Imediatamente ( ) Contratar
( ) Aguardar Oportunidade ( ) Reformular Pedido de Recrutamento
( ) Não Contratar

Avaliador (Nome e Cargo):

Observações:

Formulário 2.6: Ficha de Cadastro do Candidato.

Ficha de Contato
Distribuidor/Varejo:
CNPJ:

Responsável (Comprador):
Endereço:
CEP: Bairro:
Município: Estado:
Telefones:
E-Mail:
Arquitetura do Ponto de Venda: ( ) Grande   ( ) Pequeno   ( ) Médio   ( ) Shopping   ( ) Condomínio ( ) Quiosque   ( ) Restaurante   ( ) Padaria   ( ) Bar   ( ) Mercadinho ( ) Vinhos e Cervejas
Produtos Trabalhados:
Limite de Crédito:
Vendedor:
Prazo de Pagamento:
Observações:

Formulário 2.7: Ficha de Contato.

2.7 INFORMAÇÃO

A informação é um dado trabalhado, registrado, classificado, analisado, avaliado, organizado, relacionado ou interpretado dentro de um contexto, exprimindo significado, que permite a alguém tomar uma decisão inteligente. Também pode ser considerada como um conjunto de dados com um significado que reduz a incerteza a respeito de algo, aumentando seu conhecimento. Ela é indispensável ao administrador para se atingir metas, descobrir e definir problemas. É através da informação que avaliamos desempenhos e desenvolvemos procedimentos adequados.

A informação é útil quando permite apoiar e orientar uma ação com segurança, minimizando a margem de erro. Na comunicação, a parte principal é a informação. Se esta não for comunicada pode inviabilizar a tomada de decisão ou a solução de um problema. A receita de sucesso é ter a informação adequada. A falta da mesma é um dos causadores de problemas, tendo em vista que aumenta, a cada ano, o número de profissionais desinformados a respeito da empresa em que trabalham. O gerente mal-informado ou que desdenhe a informação tende a malograr. A informação integra a ação gerencial. Nos diversos cargos de uma organização, a informação atua, principalmente, nos seguintes aspectos: técnico, comportamental, político, administrativo e ambiental.

Sem informação nem um simples negócio pode sobreviver. A informação é a ferramenta de trabalho do administrador. Pequena ou grande uma empresa terá necessidade de um sistema de informação, que será tanto mais sofisticado quanto mais complexas forem as suas operações. Gerentes, sejam de onde forem, enfrentam problemas para os quais existe premente necessidade de conhecimentos para poderem: delinear e entender corretamente a questão; gerar caminhos alternativos; avaliar recursos e impactos decorrentes de tais soluções; gerar um plano realista e factível.

A utilização da mais moderna tecnologia da informação está cada vez mais presente. Correio eletrônico, compras via Internet, microcomputadores e telefones celulares contribuem para eliminação do papel e maior rapidez de acesso à informação. É sempre bom lembrar que qualquer tecnologia para otimização do tempo só tem sentido se trouxer resultados positivos.

Recentes desenvolvimentos na tecnologia da informação ofereceram a possibilidade de revolucionar a aquisição de materiais, através de alterações nos procedimentos de pedidos e de facilidades para a obtenção de elos com fornecedores. A gerência de recursos humanos conta com pesquisa de motivação e com tecnologias para o treinamento. A estrutura da empresa envolve uma grande variedade de tecnologias que vão desde arranjo físico até planejamento estratégico. Esta tecnologia tem um importante papel na coordenação e otimização dos recursos da organização.

A tecnologia da informação é considerada uma ferramenta estratégica que auxilia a empresa a aumentar o rendimento de seus recursos, ajudando a mudar, rapidamente, objetivos, metas e desafios dos negócios de qualquer empresa. O avanço tecnológico permitiu o compartilhamento do conhecimento. As vantagens da transferência de conhecimento foram muitas, porque aumenta a eficiência dos métodos e processos, levando a resultados eficazes. A qualidade da decisão aumentou, em função da conexão de grupos detentores do conhecimento. O cruzamento de dados gerou mais informações e oportunidades de negócio. O conhecimento adquiriu caráter estratégico.

2.8 CLASSIFICAÇÃO DA INFORMAÇÃO

A – Quanto ao ambiente, as informações podem ser:

Informações Internas – São aquelas relativas ao âmbito interno da organização, tais como: carteira de pedidos, situação financeira, situação econômica, recursos, processos, atividades, capacidade instalada, ordens de serviço.

Informações Externas – São aquelas relativas ao âmbito externo da organização, tais como: economia (moeda e crédito), política governamental, oportunidades, ameaças, mercados, concorrências, avanços científicos e tecnológicos, balança comercial do país.

B – Quanto ao arquivamento, as informações podem ser por:

Meio (papel, meio denso), ordem (alfabética, numérica, cronológica), clientela (consumidores, fornecedores, pacientas, usuários, colaboradores, parceiros, concorrentes), região, assunto, função organizacional (departamento), função administrativa (planejamento, direção, controle, organização, coordenação, comando, delegação), produto, pessoal (deveres, direitos). O arquivamento da informação facilita sua recuperação.

C – Quanto à finalidade, as informações podem ser:

Informações Estratégicas – São aquelas voltadas a ajudar a alta administração a tomar decisões no nível institucional e que definem o futuro da organização. A informação estratégica não deve ser comparada com informação do concorrente. Nem deve ser confundida com informação competitiva. No nível estratégico, os dados são inexatos.

Informações Táticas – São aquelas voltadas a ajudar os gerentes a decidir sobre as necessidades de mudanças, quanto aos recursos aplicados. No nível tático, os dados são aproximados.

Informações Operacionais – São aquelas voltadas a ajudar a organização a manter ativo o seu ciclo operacional. No nível operacional, os dados são exatos.

D – Quanto à utilidade, as informações podem ser:

Informações Significativas (relevantes) – São aquelas que facilitam a tomada de decisão e a resolução de problema.

Informações Disseminadas – São aquelas que atingem todos os níveis da organização.

Informações Armazenadas – São aquelas que são recuperadas através de banco de dados.

Informações Desatualizadas – São aquelas que são substituídas por outras mais atuais, mas não são eliminadas, pois é possível sua utilização no futuro, como, por exemplo, as séries históricas.

Informações Correntes – São aquelas relativas aos mais importantes controles, como: caixa, contas a receber, contas a pagar, faturamento, patrimônio, estoque, produtividade, turnover, taxas de reclamações e de devoluções ...

Informações Digitais – São aquelas que permitem trabalhar com uma massa muito grande de dados à altíssima velocidade.

E – Quanto à aplicação, as informações podem ser:

Informações Contábeis – São aquelas relativas à caixa, bancos, recebíveis, contas a pagar, balanço patrimonial, demonstrativo de resultado.

Informações de Marketing – São aquelas relativas à: pesquisa de mercado, pesquisa de produto, previsão de vendas, faturamento, receita com vendas. A informação de marketing é muito importante para a empresa, pois é dela, geralmente, que derivam os negócios. As informações de marketing ajudam a delinear cenários futuros para a empresa e, assim, mostrar qual a melhor direção a tomar nos negócios.

Informações de Produção – São aquelas relativas à: processos, tecnologias, materiais, fornecedores, projetos, custos, otimização de recursos, ponto de equilíbrio, capacidade instalada.

Informações Corporativas – São aquelas relativas aos investimentos, imobilizações, negócios, salários, indicadores de gestão (econômicos, financeiros, de performance, de mão de obra, de venda, de produção, de tempo, de sustentabilidade).

Informações Gerenciais – São aquelas que se destinam a alimentar o processo decisório. Muitas informações para gerência, manipuladas no dia a dia das empresas, não correspondem integralmente às necessidades, sendo, portanto, insatisfatórias. Tais informações se caracterizam pelos seguintes elementos: comparação, confiança, tempo hábil, detalhe, exceção.

Informações de Pesquisa – São aquelas que ajudam a organização sobreviver, diante de tanta competitividade.

2.9 SISTEMA EMPRESA

Segundo C. West Churchumann, "um sistema é um conjunto de partes coordenadas, para realizar uma ou mais atividades". O termo sistema é de uso comum, pois existem: sistema educacional, sistema de computador, sistema solar, sistema nervoso e outros. À luz da etimologia, a palavra sistema originou-se do prefixo "sun" e do radical "thema", ambos gregos, isto é, um conjunto coerente de coisas que interagem, se inter-relacionam e se integram. Sistema é um conjunto (todo organizado) de elementos (partes) que interagem, visando atingir um objetivo (ou uma função) comum, como um todo unitário e complexo.

O estudo dos sistemas capacita os homens e as instituições a terem um procedimento racional integrado a um conjunto organizado. A verdadeira importância do estudo dos sistemas é conscientizar o dirigente para a complexidade da organização e a necessidade de ver a empresa como um sistema aberto. Tais sistemas são controlados por meio de informações. A palavra sistema tem muitas conotações. Mas, o que se destaca neste conceito é que o resultado é maior do que a soma dos resultados que as partes dariam se funcionassem separadamente. A isto chamamos sinergia.

Uma empresa não é um fenômeno da natureza e sim uma concessão da sociedade. É uma organização de finalidade econômica. Esta organização elabora e utiliza recursos, meios, métodos e instrumentos para facilitar o seu desenvolvimento e o seu rendimento, assegurando-lhe as melhores condições operacionais. Produz bens, serviços e ideias, só existindo num grupo social, tendo como objetivo fundamental sua sobrevivência; existe por delegação da sociedade e tem de prestar contas a esta; só se legitima quando funciona como veículo para que as pessoas, que nela trabalhem, se realizem e, quando pode, atende bem seu público-alvo.

É bom lembrar que as empresas constituem, segundo Chiavenato, a instituição mais complicada e engenhosa que o ser humano chegou a inventar. São tão complexas que dedicamos a elas um longo tempo de estudo e não chegamos a conhecê-las na sua totalidade. Da mesma forma como acontece com as pessoas, não existe duas empresas iguais. Cada empresa tem características próprias e individualizadas, assim como seus objetivos, seus produtos, seus recursos, seus problemas. É um núcleo gerador de riqueza que permite o desenvolvimento econômico e o bem-estar.

Costuma-se ver a empresa por meio de sua estrutura organizacional, cuja finalidade é definir com clareza as responsabilidades e relações funcionais. A empresa, seja ela qual for, possui um critério de organização que pode ser por: finalidade, estratégia, objetivo, função, atividade, recurso, área geográfica, clientela, produto. As empresas são unidades sociais construídas com a intenção de atingir objetivos específicos. Em última análise, a empresa é todo empreendimento humano que procura reunir e integrar recursos no sentido de se autossustentar e de lucrar, através da produção e comercialização de bens e serviços.

É a lucratividade o estímulo básico capaz de assegurar a livre iniciativa, manter, ou aumentar, o empreendimento. O que faz as empresas diferentes das demais organizações é que as mesmas são orientadas para assumir riscos; dirigidas e reconhecidas como um negócio; geralmente, avaliadas sob um ponto de vista contábil e constituem propriedade de alguém. A criação de uma empresa está em função da sua missão, isto é, qual a razão (sentido) da sua existência. É também possível perguntar aonde a empresa quer chegar e quais são seus objetivos? Os objetivos naturais de uma empresa são: satisfazer a sociedade em que está inserida; proporcionar trabalho para as pessoas; aumentar o bem-estar das pessoas que nela trabalham; otimizar a utilização de recursos; agir dentro da ética e da justiça e, é claro, ter lucro.

A ideia de ver a empresa como um sistema aberto já vem de longa data, porque um sistema organizacional fechado não poderá sobreviver, à medida que não conseguir responder eficazmente às mudanças contínuas e rápidas do ambiente. Para garantir sua sobrevivência a empresa deve dar ao ambiente o produto que ele necessita. Um modelo de empresa, como um sistema aberto pode ser visto da seguinte forma:

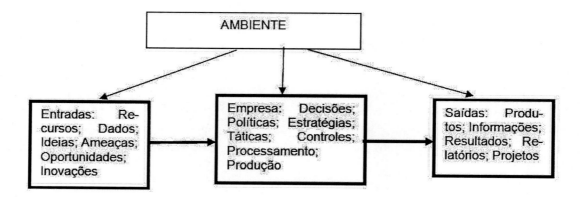

Figura 2.1: Sistema Empresa.

Os sistemas abertos trocam matéria e energia regularmente com o ambiente e são, fundamentalmente, adaptativos, pois para sobreviver precisam reajustar-se continuamente às condições mutáveis do meio em que vivem.

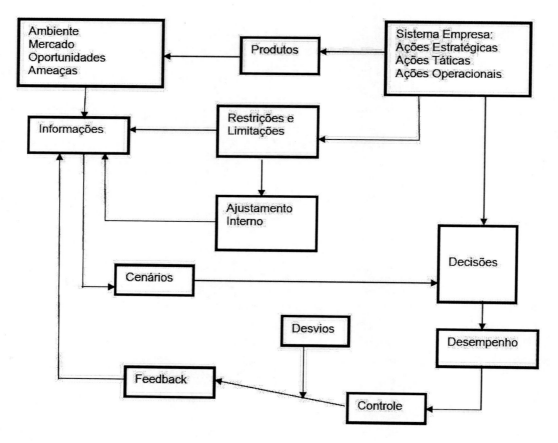

Figura 2.2: Diagrama de Ackoff do Sistema Aberto.

2.10 SISTEMA INTEGRADO DE GESTÃO

O sistema de informação é um subsistema do sistema empresa que, por sua vez, é composto de um conjunto de subsistemas interdependentes. Ele está voltado a transformar dados em informações úteis. Uma empresa, pequena ou grande, terá necessidade de um sistema de informação que será tanto mais sofisticado quanto mais complexas forem as operações da organização. Numa pequena empresa o dono é o presidente, o executivo, o gerente, o faz tudo. Possui um registro histórico das informações, através de controles manuais e seu acesso a este "banco de dados" é imediato.

Um sistema integrado de gestão é constituído pela harmonização dos métodos de gestão e de organização, graças ao emprego de tecnologia digital da informação. Para o funcionamento de um sistema integrado de gestão é necessário:

a) Elaborar um sistema de informação como um subsistema do sistema empresa.
b) Incorporar o sistema de informação na organização.
c) Envolver a administração da empresa na elaboração de cada um desses subsistemas e da própria organização.

A seguir, um modelo de como são os fluxos de informações que circulam num sistema integrado de gestão:

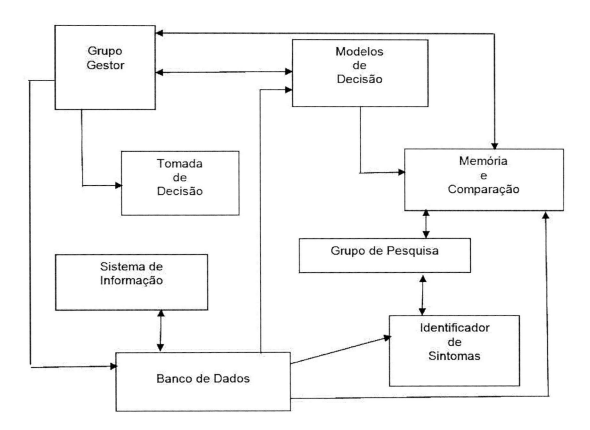

Figura 2.3: Sistema Integrado de Gestão.

As informações são as seguintes:

- Grupo Gestor – Recebe: estratégias, informações, propostas e envia: políticas, relatórios, previsões, soluções.

- Modelos de Decisão – Recebe: soluções, decisões, informações, programas, instruções e envia: alternativas, instruções, desempenhos, políticas.

- Tomada de Decisão – Recebe: hipóteses de solução do grupo gestor, feedback dos desvios e envia: ordens de execução, segundo análise e avaliação dos gerentes.

- Memória e Comparação – Recebe: desempenho previsto, programas, dados e envia: relatórios.

- Grupo de Pesquisa – Recebe: dados, informações, respostas, relatórios e envia: relatórios de pesquisa, instruções.

- Sistema de Informação – Recebe: informações, perguntas, dados, relatórios e envia: programas, controles, levantamentos.

- Banco de Dados – Recebe: programas, dados, perguntas e envia: dados de desempenho e informações.

- Identificador de Sintomas – Recebe: programas, dados de desempenho e envia: relatórios de sintomas.

2.11 SISTEMA DE INFORMAÇÕES GERENCIAIS

Um sistema de informações gerenciais é como um sistema integrado de gestão, baseado, fundamentalmente, no uso de computadores (sistemas automatizados). Hoje, os gerentes, além de trabalharem o tempo todo com estes equipamentos, otimizam a sua utilização.

Segundo Sergio R.Bio, "sistema de informações gerenciais é uma combinação de recursos, facilidades, tecnologias, ambientes, procedimentos e controles, com os quais se pretende: manter os canais essenciais de comunicação; processar certas rotinas típicas de transações; alertar os executivos para eventos internos e externos; proporcionar uma base para a tomada de decisão". Ele é, frequentemente, empregado para descrever redes baseadas em computador, que fornecem à administração dados relevantes, oportunos e precisos, para fins de tomada de decisão e resolução de problema.

Sistema de informações gerenciais é aquele que transforma dados em informações que são utilizadas na estrutura decisória da empresa, bem como proporcionam a sustentação administrativa para otimizar os resultados esperados. Um sistema de informações gerenciais pode ser entendido como simplesmente um sistema de informações que recebe entradas de dados e instruções, processa estes dados conforme programado e obtêm, na saída, informações e resultados. Ele é um subsistema do sistema empresa, cuja finalidade é operar um conjunto de lógicas voltadas para a produção de informações destinadas a apoiar o processo decisório nas funções organizacionais.

Processos decisórios e sistemas de informação só poderão ser desenvolvidos se gerentes e analistas de sistemas tiverem uma linguagem comum. Pelo próprio fato de os sistemas envolverem atividades de áreas distintas e, portanto, fora do alcance de um único executivo e, ainda, pelo fato de o desenvolvimento dos sistemas requerer uma série de técnicas especializadas, torna-se necessária à presença de especialistas. Para que a empresa possa usufruir vantagens básicas do sistema de informações gerenciais é necessário que alguns aspectos sejam observados, como:

- Envolvimento da direção da empresa.
- Competência por parte das pessoas envolvidas no sistema.
- Uso de um plano de ação.
- Atenção específica aos recursos humano e tecnológico.
- Habilidade de detectar necessidades de informações.
- Apoio global dos vários planejamentos.
- Conhecimento e confiança no sistema.
- Atualização constante através da pesquisa.
- Uso de modelos de decisão.
- Adequada relação custo/benefício.
- Apoio de um banco de dados.
- Habilidade em identificar sintomas.

Nota: Quando adicionamos um Banco de Dados a um Sistema de Informação, temos um Sistema de Informações Gerenciais, que utiliza dados coletados e armazenados.

Os sistemas de informações gerenciais, quando devidamente construídos, podem trazer os seguintes benefícios: redução dos custos; melhoria no acesso às informações; melhor produtividade e qualidade; maior velocidade na tomada de decisão; melhores projeções; redução do grau de centralização das decisões; maior interação com a clientela; melhor nível de motivação dos funcionários; redução dos níveis hierárquicos da estrutura; aumento da: eficiência, eficácia e efetividade.

Para poder desenvolver sistemas de informações gerenciais é necessário projetar banco de dados. Isto faz a diferença de um sistema convencional, pois este sistema é independente e tem seus próprios arquivos funcionais.

3

PESQUISA de MERCADO

"Se pudéssemos saber, em primeiro lugar, em que ponto nos encontrar e até que ponto avançar, estaríamos em melhores condições para julgar o que fazer e como fazê-lo"
Abraham Lincoln

OBJETIVOS DO CAPÍTULO

- Mostrar que a pesquisa é uma função administrativa que fornece pistas de como está o mercado em que se quer atuar.
- Mostrar alguns elementos e características do mercado de alimentos.
- Mostrar os principais instrumentos de pesquisa de mercado.
- Mostrar questionários e relatórios que ajudam a determinar quais recursos devem ser redimensionados no varejo de alimentos.

3.1 MERCADO

Mercado é um lugar organizado, onde as pessoas transacionam preços, quantidades e qualidades de determinados produtos (bens, serviços e ideias). É todo ambiente onde compradores e vendedores de produtos se mantêm em estreito contato uns com outros. Este contato se faz, em função das necessidades, desejos e disponibilidades dos consumidores. Conhecer o mercado é de fundamental importância. Não basta fazer afirmações infundadas e trilhar caminhos viciados no trivial e no cotidiano. Prever a evolução do mercado ajudará a minimizar o risco do negócio. Duas regras a serem utilizadas: nunca seguir a onda, a não ser que esteja muito seguro do que está fazendo; não imaginar que descobriu uma fórmula mágica para driblar os veteranos do mercado.

Todas as economias modernas operam por meio de mercados. Os fabricantes procuram os mercados de recursos; compram e os transformam em bens e serviços, vendendo-os para o mercado de intermediários, que vendem ao mercado consumidor. Os consumidores vendem sua força de trabalho pela qual recebem dinheiro para pagar os bens e serviços que compram. O governo utiliza as receitas da tributação para comprar produtos, utilizando-os para bem servir a população. Assim, a economia de cada país e do mundo inteiro consiste de complexos conjuntos de mercados interrelacionados e unidos através de um processo de troca.

Portanto, um estudo, ou uma análise, do mercado deve, tanto quanto possível, ser o mais completo, não apenas com o objetivo de viabilizar um determinado empreendimento, mas servir de subsídio concreto à administração da empresa. Os elementos de mercado mais importantes são:

- Demanda de Mercado – Demanda de mercado para um produto é o volume total que pode ser comprado por um grupo, chamado consumidores, numa área geográfica definida, num período de tempo, num ambiente determinado. A demanda da empresa é a participação que a empresa tem na demanda de mercado.

- Potencial de Mercado – O potencial de mercado é o limite a que tende a demanda de mercado, à medida que o esforço da empresa tende ao infinito, para determinado ambiente, isto é, a receita máxima com vendas que a empresa, de um determinado setor, pode conseguir num período de tempo.
- Elasticidade do Produto – A elasticidade é a intensidade com que a procura de um produto aumenta ou diminui, em resposta a uma baixa ou a uma alta de preços (elasticidade de preço) ou a uma alteração da renda (elasticidade da renda).
- Expansão de Mercado – A expansão, ou não, de um mercado é um elemento orientador para novos empreendedores. Para atuar num mercado não expansível, ou em retração, a empresa terá de concentrar e/ou otimizar seus recursos para poder manter sua participação efetiva no mesmo.
- Segmentação de Mercado – Segmentar é tratar cada consumidor, ou grupo de consumidores, de acordo com as suas características.
- Concorrência de Mercado – Conhecer quais são os concorrentes, no mercado que se vai atuar, é de extrema importância.

Os mercados são importantes à medida que criam novos produtos e processos, porque dão liquidez e mobilidade aos investidores, acelerando as recompensas pelo sucesso. Os economistas usam o termo mercado para se referirem a um grupo de compradores e vendedores que transacionam valores, em torno de um ou mais produtos. Frequentemente, os empresários usam a expressão mercado para cobrir vários grupos de consumidores. Pode ser, também, estender para grupos de não consumidores, tais como: mercado de eleitores, mercado de mão de obra e mercado de doadores, por exemplo.

Resumindo, podemos dizer que mercado são pessoas, pois os lugares só são importantes pelo número de compradores e vendedores que pode reunir, abrigar e dispor. As empresas são compostas de pessoas que trabalham para servir outras pessoas e os preços são ditados pela lei da oferta e da procura. As atividades praticadas no mercado são:

- Atividades Principais: Comprar; Vender; Trocar.
- Atividades Acessórias: Informar; Padronizar; Comunicar; Armazenar; Suprir; Transportar; Distribuir; Normatizar; Alugar; Financiar; Sistematizar; Solucionar; Avaliar; Medir.

3.2 CLASSIFICAÇÃO DOS MERCADOS

Os mercados podem ser classificados, basicamente, quanto à atividade principal, objeto de análise e estratégia de atuação. Assim, eles podem ser:

Mercado Produtor – O mercado produtor consiste de indivíduos e organizações que adquirem bens e serviços para serem utilizados na produção de outros bens e serviços destinados à venda ou para serem alugados a terceiros. Os bens de produção são, geralmente, classificados de forma mais útil, em termos de como entram no processo de produção e na estrutura de custo dos produtos. Este mercado também é conhecido como mercado industrial e nele encontramos uma infinidade de bens de produção.

Mercado Intermediário – O mercado intermediário é o mercado que consiste de indivíduos e organizações que adquirem bens com o propósito de revender ou alugar a outros.

Mercado Governamental – O mercado governamental consiste em unidades dos governos federal, estadual e municipal que compram ou locam bens, a fim de realizarem as funções precípuas de governo. Os procedimentos de compra do governo devem ser feitos através de licitação pública.

Mercado de Recursos – O mercado de recursos é aquele que fornece matérias-primas, insumos, capital, mão de obra, projetos, instalações, equipamentos, máquinas, suprimentos, serviços de manutenção, componentes e assessorias (administrativas, mercadológicas, tecnológicas).

Mercado Consumidor – Mercado que atende o consumidor final em bens e serviços.

Mercado Potencial – Mercado, também conhecido como nicho de mercado, diz respeito ao atendimento de produtos não fabricados na região ou que vem de fora. A potencialidade pode vir da má qualidade do produto ofertado. Assim, relativo a alimentos, a maior reclamação diz respeito ao sabor e a saúde. A preocupação com a saúde é fator que interfere positivamente no mercado potencial. A tendência da população, em se preocupar, cada vez mais, com a saúde, divide-se na busca de uma alimentação adequada e no aproveitamento dos benefícios estéticos e saudáveis da atividade física.

Mercado de Alimentos – Um dos esforços da economia que mais tem crescido nos últimos tempos é, sem dúvida, o da alimentação. O aumento populacional, a inserção cada vez maior da mulher no mercado de trabalho e, principalmente, a correria da vida moderna tem levado um número muito grande de pessoas a realizarem suas refeições fora de casa. Isso sem falar que comer fora, em bons restaurantes, é também um ato prazeroso, de confraternização entre amigos e parentes. Para muitos, comer é uma arte. Também, para realizar um negócio, durante a refeição.

Atualmente, os estabelecimentos que lidam com alimentos são responsáveis pelo emprego direto e indireto de um grande número de pessoas. Para tal, é preciso ter mais conhecimentos e informações relevantes sobre a arte de cozinhar. Urge, portanto, o treinamento de profissionais de cozinha. A profissionalização do cozinheiro engloba não apenas a necessidade de ter conhecimento técnico sobre todas as etapas do processo de elaboração dos pratos, mas também será necessário adquirir habilidades e responsabilidades. Tais requisitos, quando praticados com senso profissional, além de contribuírem com preparações de qualidade, também proporcionarão um bom ambiente de trabalho.

Neste mercado existe uma grande carência de profissionais qualificados nos aspectos técnicos e administrativos. Não basta saber cozinhar, como não basta saber administrar para tocar um Projeto de Cozinha, mas juntar o útil com o agradável, para ambos terem sucesso. É preciso buscar a qualificação profissional em tudo que se faça.

Mercado de Congelados – O mercado de alimentos congelados está em grande expansão. A busca por estes alimentos deve-se a possibilidade de manter a qualidade, mesmo não dispondo de tempo para o preparo dos mesmos e as possibilidades de longo período de estocagem desses produtos. Com um número crescente de mulheres trabalhando fora e com o aumento do poder aquisitivo da população, a comida congelada ganha terreno nas famílias brasileiras. Sem falar da praticidade com que se apresentam os produtos, pois já vêm cortados, limpos, pré--cozidos e embalados.

Nos últimos anos a demanda por congelados aumentou mais de 200%. Isso levou o setor de alimentos a desenvolver grandes negócios. Hoje, não só empanado, batata frita, pizza, massa, pão de queijo, salgadinho, torta, empadão e carnes podem ser encontrados congelados, mas até vegetais e frutas. Os distribuidores, principalmente, supermercados tem investido na modernização dos sistemas de armazenamento e conservação de alimentos congelados, como têm criado "ilhas" de congelados para atrair os consumidores.

32 • Gestão de Restaurante

Com as facilidades dadas pela tecnologia de preparação e conservação de congelados, cada vez mais as empresas de varejo estão interessadas naqueles, como terceirizados, que fornecem os alimentos semiprontos. Como as principais marcas do mercado de congelados são: Sadia, Perdigão, Seara, Aurora, Qualitá e Forno de Minas, resta idealizar uma estratégia voltada a produzir e ofertar produtos que estejam fora das linhas de produção e de seus portfólios.

3.3 PESQUISA

A pesquisa é um procedimento, geralmente formal, que requer um tratamento científico, permitindo descobrir novos caminhos na busca de verdades, em qualquer campo do conhecimento. Devido ao desenvolvimento científico e tecnológico a pesquisa tornou-se uma atividade inerente à vida hodierna. Ela tem sido malcompreendida, quanto à sua natureza e muito do que se denomina pesquisa não passa de mero conjunto de informações desordenadas.

Pesquisa é uma função administrativa voltada ao desenvolvimento de uma busca reflexiva, sistemática, controlada e crítica que permite descobrir causas, novos fatos (ou dados), realidades, relações, leis, regras, princípios e procedimentos, para adequar a organização e/ou a pessoa a uma mudança de estado. Como a mudança é constante, a necessidade de pesquisar é eterna. A pesquisa se constitui em uma ferramenta de coleta de dados, para análise e reflexão sobre a realidade do mercado e da sociedade. Ela também determina problemas, possibilitando o confronto entre a teoria e a prática, fazendo avançar o conhecimento sobre os mecanismos que ajudarão a mais bem administrar.

Pode-se afirmar que todo o instrumental e conhecimento de que dispomos tornou-se possível graças a um indivíduo, ou a um grupo de indivíduos, que se dedicou à pesquisa de modo denodado e intenso. Pesquisa e desenvolvimento passaram a ser uma preocupação básica da empresa atual, porque a pesquisa puxa o desenvolvimento, e vice-versa. É mister, pois, que todo o empenho, seriedade e honestidade possíveis precisam ser feito para que uma pesquisa seja realizada a contento.

Toda empresa manipula vários fluxos de informação que afetam a sua administração. A necessidade da informação atualizada é uma constante, porque as mudanças são muito velozes. A economia está sendo globalizada, os consumidores cada vez mais diferem entre si e é muito difícil estabelecer um equilíbrio entre custo, preço, qualidade, quantidade e lucro. A utilidade da informação coletada depende de sua veracidade, recuperação e rapidez em ser transmitida a todos os níveis da empresa, e vice-versa.

O objetivo da pesquisa é descobrir respostas para perguntas, por meio do emprego de processos científicos. Porém, para que possam ser respondidas através da pesquisa, as perguntas precisam ter uma característica comum, devendo ser de tal ordem que a observação ou a experimentação, no mundo natural, possam dar a informação necessária. Muitas questões ou decisões não podem ser respondidas apenas com dados, pois, além destes, existem valores que evoluem com o passar do tempo. Uma pesquisa perderá, ou não, seu valor durante um determinado período de tempo, porque não existe perenidade e, sim, pelo contrário, transitoriedade.

O maior problema da pesquisa é a representatividade da amostra e do universo estudado. Pode-se, ainda, apontar problemas, como: a metodologia da coleta de dados, a entrevista, o questionário, o pesquisador, a leitura e análise de documentos, as observações e estimativas. É muito fácil que uma empresa fique tão envolvida num mercado ou num setor de mercado que não seja capaz de considerar todo o mercado (visão holística) para os seus produtos. Ela pode estar perdendo oportunidades potenciais. Pior, tempo e dinheiro.

As técnicas de pesquisa têm evoluído muito, pois começam com contatos diretos e, hoje, são realizadas via Internet por computadores pessoais, que se deslocam para todo lugar (laptop). No momento, o site de busca mais famosos é o Google.

3.4 PROCESSO DE PESQUISA

O processo de pesquisa consiste de atividades intimamente relacionadas, que, continuamente, se sobrepõem, em vez de seguir uma sequência estritamente determinada e única. Se os processos subsequentes não forem considerados nos estágios iniciais, podem surgir sérias dificuldades que impedirão a complementação do objeto de estudo. É bom observar que o interesse pela minúcia, muitas vezes, dificulta a percepção do todo.

A seguir, as etapas do processo de pesquisa:

Percepção do Problema – A percepção do problema depende, em grande parte, do grau de interesse e curiosidade do pesquisador.

Natureza do Problema – Não é o bastante que tenhamos consciência de uma dificuldade. Necessário se faz que nos aprofundemos nela, tentando compreender melhor a sua natureza e elementos constituintes. Esta etapa é muito importante para o sucesso da pesquisa.

Planejamento da Pesquisa – Compreende a definição dos objetivos da pesquisa e de toda sua operacionalização, tais como: determinação das fontes de dados, escolha dos métodos, definição dos procedimentos, elaboração do plano de processamento e análise, definição dos recursos necessários, estrutura da equipe, estabelecimento de um cronograma.

Análise dos Dados – Esta etapa compreende a transformação dos dados brutos coletados em informações relevantes para solucionar ou ajudar na solução do problema que deu origem à pesquisa. Nesta etapa, o pesquisador tabula e infere os dados.

Elaboração Racional – É nesta fase que, por meio da coleta e análise dos dados, a conjuntura ou explicação provisória para o problema vai tomando corpo e configuração. Ao mesmo tempo em que informa os elementos que precisam ser corrigidos.

Conclusão da Pesquisa – Esta etapa irá definir a validade ou não da pesquisa. Nela deve ser aplicado todo o rigor possível.

Relatório da Pesquisa – O pesquisador apresenta seus resultados aos principais interessados. Ele não deve sobrecarregar o relatório com grande quantidade de números e técnicas estatísticas sofisticadas. Ao contrário, a apresentação deve ser relevante para as principais decisões a serem tomadas. Compreende sugestões e recomendações.

3.5 PESQUISA DE MERCADO

A pesquisa de mercado trata de descobrir quais os bens e serviços que o consumidor deseja, como podem ser vendidos e procura medir a aceitação deles junto ao público. Ela pode atuar em todas as fases do processo mercadológico, desde a fase de criação até o destino final da embalagem. A grande maioria das informações que se obtém em pesquisa de mercado é consequente do contato direto com as pessoas, quer através de pequenos ou grandes grupos ou através de métodos mecânicos ou eletrônicos. As ferramentas mais utilizadas na pesquisa de mercado são: questionário e formulário.

Muitas vezes, a situação determinará a necessidade da pesquisa, porque ela traz vantagens, ajudando a: definir áreas de interesse para produtos, localizar nichos de mercado, definir variáveis do processo mercadológico, identificar concorrentes, permitir saber da viabilidade do projeto do empreendimento. Também serve para analisar o mercado e a concorrência, ficando portadora de dados para conhecer o mercado potencial e real e, ainda, para estudar os canais de distribuição e comercialização.

Dentro das organizações de mentalidade moderna, a pesquisa de mercado tem sido um instrumento altamente valioso na solução de inúmeros problemas. O que se tem procurado é a solução técnica, baseada em fatos, e não aquela empírica, que é característica de uma grande parte de executivos. Em todos os campos da atividade negócio, dois pontos são básicos: o que produzir e como manter o fluxo constante desses produtos no mercado.

O que se tem procurado em pesquisa de mercado não é a substituição do raciocínio clássico de muitos empresários, tampouco uma correção na maneira de pensar dos homens de venda que atuam no campo. Porém, o que se vai buscar é a razão de:

- Por que os processos de comercialização vão bem ou mal?
- Onde podem ser melhorados e que novas oportunidades estão aparecendo que podem ser exploradas economicamente?
- Quais são os desejos das pessoas, o que pensam e como agem em relação ao mercado?
- Quais são os consumidores e como sentem a comunicação estabelecida entre eles e os respectivos produtores?

O método de pesquisa é um método que requer um tratamento científico, permitindo descobrir novos caminhos na busca de verdades, em qualquer campo do conhecimento. A fim de ser capaz de fazer um julgamento provisório, quanto à confiança que cada método merece, você precisa ser capaz de julgar:

- Como é que os pesquisadores definem seus termos?
- Será que falam a mesma coisa, ou usam palavras para diferentes fenômenos?
- Será que as provas são significativas?
- Terá havido condições diferentes nos estudos, que possam explicar a diferença nos resultados?

Existem dois métodos básicos de pesquisa para obtenção de dados primários: a comunicação e a observação. O método da comunicação consiste no questionamento oral ou escrito dos respondentes para a obtenção do dado desejado, que será fornecido por declaração verbal ou escrita, do próprio respondente. O método da observação consiste no registro de: comportamentos, fatos e ações, relacionados com o objetivo da pesquisa , não envolvendo questões e respostas. Tanto o método da comunicação quanto o da observação possuem vantagens e desvantagens, tais como:

Método da Comunicação – Vantagens: mais versátil; mais rápido; menor custo; mais dados. Desvantagens: dependente da boa vontade, sinceridade e lembrança do solicitante; a forma de coleta pode induzir a resposta; menos preciso.

Método da Observação – Vantagens: independe da boa vontade dos respondentes; certos dados só são obtidos por este método; não há influência no processo de respostas; mais preciso. Desvantagens: menos versátil; mais lento; maior custo; dados são mais difíceis de interpretação; difícil de se obter dados para situações íntimas; só pode ser usado para obter dados exteriorizados, através de comportamentos.

3.6 FORMULÁRIO DE PESQUISA

Formulário é um importante meio de comunicação, transmissão e registro de informações, principalmente as baseadas em dados quantitativos. A ação administrativa é apoiada por formulários cuja clareza, formato e conteúdo tornam eficientes e eficazes os sistemas. A necessidade dos formulários pode ser justificada, em função dos seguintes fatores: importância das informações, exigências legais e governamentais, padronização nas comunicações, armazenamento e controle de dados.

O formulário é um documento que encerra informações constantes e espaços destinados à inserção de informações variáveis. Contudo, é significativo assinalar que a maioria das organizações pouco se preocupa com o problema, criando-se, em consequência, formulários que, além de não considerarem os existentes, também não são precedidos de um estudo prévio de sua real necessidade, utilidade e características básicas, gerando entropia na organização. Assim, para que um formulário seja bem construído e não traga problemas futuros, se faz necessário atentar para as seguintes premissas:

- Todo e qualquer formulário é elaborado com um objetivo previamente estabelecido, devendo funcionar como instrumento em uma atividade.
- Um formulário jamais deve ser criado sem que haja uma rotina que o justifique.
- Depois de aprovado um novo modelo de formulário deve ser, preferencialmente, implantado gradualmente, de modo que possíveis correções possam ser efetuadas, visando sua perfeita adequação aos fins a que se destina.
- Em seu estágio probatório o formulário deve ser utilizado experimentalmente de modo que seu desempenho seja testado, diante das exigências operacionais de quem o usa.
- É sumamente importante nessa fase à contribuição prestada pelos funcionários envolvidos diretamente com o formulário, através de sugestões e/ou críticas.
- Através de uma análise criteriosa o analista certamente introduzirá as modificações necessárias.
- A responsabilidade pelo controle dos formulários deve ser centralizada, para evitar sua proliferação, bem como duplicidade.
- Boa parte do problema dos formulários concentra-se no fato de que muitos deles são utilizados em pequenas quantidades.
- A maioria dos formulários é pouco usado e muitos desses documentos são impressos pelos próprios usuários, com suas máquinas, tendo caráter informal.
- Alguns dirigentes ignoram o fato de que o custo do emprego dos formulários sobe de 20 até 30 vezes o custo de produção dos impressos.
- Deve-se procurar sempre melhorar todos os formulários, sob os aspectos da característica física do texto e da disposição gráfica. Um bom formulário deve compactar seu desenho numa página.

As principais vantagens são: O formulário pode ser aplicado a todas as pessoas de um mesmo setor, departamento, seção e em empresas diversas; O formulário pode conter um número maior de questões a serem propostas de forma mais objetiva e estudada; O formulário assegura precisão e concisão dos dados obtidos.

As principais desvantagens são: O formulário exige tempo para ser construído e aplicado; O formulário demanda custos de atualização constante; O formulário pode ser respondido por terceiros, quando o pesquisador não estiver presente; O formulário, quando preenchido por outra pessoa, pode correr o risco de inibir o "pesquisado", ou, por outro lado, fazer com que o mesmo minta, inventando coisas que não lhe dizem respeito.

Se o formulário é utilizado para pesquisa é necessário que o pesquisador, antes de entrar em contato diretamente com a população a ser analisada, deve estar bem preparado e ter as melhores condições para deixar o pesquisado bem à vontade. O diagnóstico de um produto pode ser realizado por um formulário. A seguir, alguns exemplos de formulários:

Ordem de Serviço – É um controle de atendimento complementar ao orçamento prévio.

Empresa ABC		
Ordem de Serviço		
Nº	Data de Abertura do Serviço:	N º de Vias:
Nº do Orçamento Prévio:		
Cliente:		
Data de Início:	Data de Término:	
Período de Teste:		
Obs.:		
Material/ Serviço	Preço	
Material	500,00	
Mão de Obra	400,00	
Despesas de Transporte	100,00	
Despesas Extras	50,00	
Total	1.050,00	
Executor:		
Data de Entrega:		
Assinatura do Cliente:		

Formulário 3.1: Ordem de Serviço.

Folha de Observações Diretas – É um controle do tempo, utilizado para poder estabelecer padrões ou avaliar seu desempenho, através de diversas observações.

Empresa ABC			
Folha de Observações Diretas			
Nome do Funcionário:			
Departamento:		Seção:	
Cargo:			
Data da Avaliação		Avaliador:	
Hora	Atividade (min)	Inatividade (min)	Motivos da Inatividade
08:00 – 09:00	40	20	Telefone
09:00 – 10:00	55	5	Interrupção
10:00 – 11:00	30	30	Banheiro
11:00 – 12:00	45	15	Diversos
12:00 – 13:00	0	60	Almoço
13:00 – 14:00	40	20	Instruções
14:00 – 15:00	60	0	-

Capítulo 3 PESQUISA de MERCADO • 37

15:00 – 16:00	50	10	Telefone
16:00 – 17:00	45	15	Ajuda
17:00 – 18:00	55	5	Interrupção
Total	420	180	
%	70%	30%	

Formulário 3.2: Folha de Observações Diretas

Nota: O problema é determinar o número de observações instantâneas para que o trabalho seja confiável.

A fórmula abaixo expressa o número de observações:

$$n = 4 \, (1 - p) \, / \, (p \times e^2)$$

Onde:
n = número de observações
p = percentual de atividade
e = erro = 100% – NC
NC = nível de confiança

Geralmente tomam-se os seguintes valores:

p = 70% a 80%   NC = 85% a 95%

Se p = 70% e NC = 90%, o número de observações será:

$$n = 4 \, (1 - 0,7) \, / \, 0,7 \times (0,10)^2 = (4 \times 0,3) \, / \, (0,7 \times 0,01) = 1,2 \, / \, 0,0007 = 171 \text{ (aproximadamente)}$$

Resposta: Terão de ser feitas 170 observações, aproximadamente, para as condições acima.

Folha de Observações Instantâneas – É um controle para comparar o tempo de atividade de um funcionário e comparar com o tempo de inatividade. Este controle substitui a observação de prancheta que constrangia o funcionário e mascarava o resultado, porque era feito com o conhecimento do observado.

Empresa ABC				
Folha de Observações Instantâneas				
Funcionário:				
Departamento:			Seção:	
Cargo:				
N	Hora	Atividade	Inatividade	Motivo
01	08:29	A		
02	09:10	A		
03	10:30		I	
04	11:12		I	

05	12:25		I	
06	13:14	A		
07	14:35	A		
08	15:17		I	
09	16:45	A		
10	17:18	A		
	Total	6	4	
	%	60%	40%	

Formulário 3.3: Folha de Observações Instantâneas.

Nota: Quanto mais observações forem feitas mais se chegará ao valor real.

Folha de Autoavaliação – Formulário onde o próprio funcionário faz a sua avaliação.

Empresa ABC					
Folha de Autoavaliação					
Nome:					
Data: Cargo:					
Questionamento	95%	75%	50%	25%	5%
Meu cargo é congruente com minhas habilidades?					
Minha posição tem relevância para outras unidades da organização?					
Tenho liberdade de ação quanto ao que faço?					
Aceito a cultura organizacional?					
Faço parte do sucesso da empresa?					
A estrutura da empresa é coerente com minhas convicções?					
Meus objetivos (metas, propósitos e desafios) são claros?					
Conheço verdadeiramente a missão da empresa?					
As tarefas que realizo são motivadoras e/ou desafiantes?					
Concordo com as políticas desenvolvidas pela empresa?					
Faço parte dos planos e programas de ação?					
Meu cargo permite flexibilização e/ou inovação?					
Meus relacionamentos agregam valor ao meu progresso?					
Consigo dar conta das tarefas?					
Consigo administrar o meu tempo?					

Há preocupação quanto ao desenvolvimento organizacional e humano?					
Minhas expectativas são atendidas?					
Os canais de comunicação funcionam na empresa?					
Os sistemas de informação dão o apoio devido à ação administrativa?					
Funções administrativas são do conhecimento de todos?					
Meu cargo permite relacionamento com outras empresas do mercado?					

Formulário 3.4: Quadro de Autoavaliação.

3.7 QUESTIONÁRIO DE PESQUISA

O questionário (conjunto de perguntas/questões) é um método comum para se coletar dados, porque utiliza uma técnica flexível que não é necessariamente tão dispendiosa. Os dados coletados podem ser estruturados para permitir análises estatísticas em computador. É o instrumento mais comum para fazer pesquisa. Assim, qualquer pessoa que preencheu um pedido de trabalho teve a experiência de responder a um questionário. Ele contém um conjunto de perguntas, todas logicamente relacionadas com um problema.

Ainda que as exigências nos setores da economia do país sejam diferentes, há muitos fatores no planejamento do questionário que são universais, pois ele pode ser utilizado como ferramenta de: trabalho, consulta, coleta de dados e referência. Alguns aspectos precisam ser ressaltados para a confecção de um questionário:

- O questionário deve ser específico à área pesquisada e não deve conter perguntas impertinentes.
- A lista de perguntas deve ser idealizada para resultar no maior número possível de informações relevantes e necessárias para o momento.
- Cada pergunta deve ser simples e relativamente curta.
- A maioria das perguntas deve requerer um simples sim, ou não, como resposta ou uma opção dentre uma série de respostas.
- Não use perguntas que induzam a determinada resposta, porque provocam desvios.
- Pense cuidadosamente na sequência das perguntas, uma vez que as primeiras perguntas do questionário pode influenciar as últimas.
- Planeje o questionário de tal maneira que as respostas possam ser facilmente tabuladas.
- Evite muitas perguntas. A maioria das pessoas não está preparada para responder a mais de vinte perguntas.
- Perguntas estruturadas solicitam respostas breves e específicas.
- Perguntas não estruturadas dão liberdade para responder, mas confundem o pesquisador.

Projetar um questionário está longe de ser uma ciência. Muitas vezes, há o envolvimento da criatividade dos pesquisadores. Basicamente, eles desejam obter a informação de que necessitam e a querem exata. O conteúdo e a ordem das perguntas variam, em função do objeto de estudo. Os questionários devem ser cuidadosamente planejados, a fim de que as perguntas sejam redigidas com a máxima clareza, sem ambiguidades. Se o tema for difícil, colocar no questionário uma ligeira introdução, fazendo uma consideração pertinente à pesquisa, o que torna ainda mais importante, quando não for possível realizar reuniões preparatórias.

Os questionários precisam ser específicos para a área a ser pesquisada e a lista de perguntas deve ser idealizada para fornecer o maior número possível de informações relevantes. Mesmo que um questionário seja feito por um especialista, às vezes, é preciso fazer um teste piloto numa pequena parte da amostra (universo) da população a ser pesquisada. Tal ação permitirá mudar, excluir e inserir perguntas.

A seguir, faremos as seguintes considerações sobre a construção das questões:

Formato – Ao preparar um questionário, o profissional de pesquisa escolhe cuidadosamente as questões, suas formas, tipos de redação e sequenciamento das mesmas. Um erro comum é incluir perguntas que não podem ou não precisam ser respondidas. As questões meramente "interessantes" devem ser eliminadas, porque podem exaurir a paciência de quem responde. Além disso, a forma da questão pode influenciar a resposta. As questões fechadas especificam todas as respostas possíveis e os respondentes escolhem entre elas a sua opção. As questões abertas permitem que os respondentes usem suas próprias palavras. Frequentemente, as questões fechadas fornecem respostas mais fáceis de interpretar e de tabular.

Enfoque – Os pesquisadores devem usar tão poucas perguntas quanto possível para a satisfação de suas necessidades de informação. Ao esquematizarem uma pergunta devem indagar: O que fazer com a resposta? Ela é realmente necessária? Precisamos dela para nossos objetivos? Se a informação não se destina a ser usada imediatamente, não deverá ser solicitada. Deve-se evitar fazer perguntas pessoais de foro íntimo. Deve haver o cuidado para o uso de palavras simples e a linguagem utilizada é para obter respostas e não para testar o nível de vocabulário do respondente.

Ordem – Geralmente, os pesquisadores posicionam as perguntas mais importantes, as que indagam sobre dados básicos em primeiro lugar. Depois formulam perguntas de classificação e identificação. Ao desenvolverem a sequência de perguntas, os pesquisadores devem começar com aquelas que despertem a atenção do pesquisado. As perguntas iniciais devem ser relevantes. Se forem indagados a respeito da cor de um produto e suas características técnicas, a pergunta sobre cor deve estar à frente. Isto os atrairá para o questionário e, uma vez que tenham respondido às primeiras perguntas, há uma grande tendência para que prossigam até o fim. Perguntas difíceis devem ser colocadas no miolo do questionário, não no início ou no fim.

Desenho – A aparência e a disposição física (layout) são importantes, para que o leitor seja motivado a ler e responder o questionário. A tais elementos se somam: diagramação; impressão; gramatura e tipo do papel; cronologia das perguntas.

Limitação – As limitações mais importantes encontradas são: O ser humano não gosta de preencher questionários, não só pela dificuldade em seu manuseio, como também pelo pouco tempo disponível para esse fim; Nem sempre se encontram palavras apropriadas, levando o respondente a ter uma interpretação distorcida (dúbia); Os questionários são frios e impessoais, impedindo captar observações, relativas aos movimentos do corpo e de eventuais desabafos.

3.8 PESQUISA DE MERCADO

A seguir, um questionário de pesquisa para avaliar o mercado de varejo de comida:

Pesquisa de Mercado

Atenção: Leia, primeiro, as perguntas e suas alternativas de resposta, para, só então, responder. Se você precisar, marque mais de uma resposta.

01 – Você come fora de casa?

( ) Sim   ( ) Não   ( ) Às Vezes

02 – Com qual frequência você vai a restaurantes?

( ) Diariamente   ( ) Quase Sempre   ( ) Uma Vez por Semana

( ) Algumas Vezes   ( ) Nunca Como Fora de Casa

03 – Qual a preferência sobre alimentos que você come?

( ) Assado   ( ) Cozido   ( ) Frito   ( ) Cru

04 – O que você acha do alimento servido em restaurantes?

( ) Prático   ( ) Pouco Saudável   ( ) Barato   ( ) Caro   ( ) Gosto Padronizado

05 – Onde você frequenta restaurantes?

( ) Perto de Casa   ( ) Longe de Casa   ( ) Qualquer Lugar   ( ) Local Conveniente

06 – Qual sua faixa de idade?

( ) (15 – 25)   ( ) (26 – 40)   ( ) (41 – 60)   ( ) Mais de 60

07 – Quais os lugares que você costuma comer fora de casa?

( ) Restaurantes   ( ) Padarias   ( ) Bares   ( ) Quiosques

08 – Qual o fator que mais influencia, na hora de Ir ao restaurante?

( ) Preço   ( ) Qualidade   ( ) Atendimento   ( ) Sabor   ( ) Ambiente

09 – Quais as fontes de informação que ajudam você a escolher o restaurante?

( ) Amigo   ( ) Parente   ( ) Conhecido   ( ) Prospecto

( ) Mídia   ( ) Nutricionista

10 – Em que momento você mais consome alimentos?

( ) Desjejum   ( ) Almoço   ( ) Jantar   ( ) Lanche

3.9 PESQUISA DE IMAGEM

A seguir, um questionário sobre a imagem daqueles que frequentam o restaurante:

Pesquisa de Mercado

1 – Que acha da aparência da loja?

( ) Suja   ( ) Desarrumada   ( ) Bonita   ( ) Feia   ( ) Bem Organizada

2 – Como foi o seu atendimento?

( ) Bom   ( ) Regular   ( ) Ótimo   ( ) Frio   ( ) Calculado   ( ) Insuficiente

3 – O atendente mostrou interesse em ajudá-lo?

( ) Sim   ( ) Não   ( ) Mais ou Menos

4 – O garçom mostrou conhecer o produto que vende?

( ) Sim   ( ) Não   ( ) Mais ou Menos

5 – O que mais chama a sua atenção no restaurante?

( ) Cortesia   ( ) Variedade   ( ) Louça   ( ) Visual   ( ) Decoração

6 – Qual a maior reclamação do restaurante?

( ) Variedade de Pratos   ( ) Preços   ( ) Falta de Atenção   ( ) Segurança

( ) Qualidade do Serviço   ( ) Serviço de Entrega

3.10 RELATÓRIO DE PESQUISA

Um relatório é uma apresentação escrita ou oral, para transmitir uma informação a um leitor determinado, sob uma forma completamente imparcial e sob o aspecto mais útil ao leitor, com o propósito de resolver um problema específico. Em essência, um relatório é uma narração descritiva, qualitativa e/ou quantitativa de uma determinada situação. O passo final no processo de pesquisa é redigir o relatório. É importante que os pesquisadores expliquem seus processos de pesquisa e documentem o que ficaram sabendo, de maneira simples e direta.

Um relatório deve possuir, fundamentalmente, três partes, a saber: Introdução; Corpo do Relatório e Conclusão. O relatório também deve mencionar quaisquer limitações que o estudo possa ter e quaisquer problemas que tenham sido identificados, quando da coleta de dados. Um relatório precisa ser atual, mostrar desvios relevantes, ser integrado ao sistema, ser facilmente interpretado, estimular soluções, ser de fácil confecção e distribuição.

Assim, as características de um bom relatório são:

- Ter uma linguagem clara, concisa e objetiva.
- Ser padronizado, tendo uma linguagem imparcial.
- Conter recomendações e soluções para os problemas.
- Deixar clara a sua finalidade e a sua natureza.
- Usar a melhor técnica, disponível no mercado, de exposição, construção e análise.
- Ser feito sob medida para um leitor específico e determinado.
- Ser passível de verificação.
- Não embaraçar a imagem da empresa.
- Ser escrito de maneira formal e impessoal.
- Conter informações novas e úteis.
- Indicar as principais variáveis que ajudarão a solucionar o problema.
- Recolher do ambiente modelos semelhantes.

O autor do relatório deverá sempre lembrar que este está sendo escrito para o leitor e não para si mesmo ou para especialistas. Ele deverá ter em mente que um relatório é escrito para comunicar e não para impressionar com palavras difíceis ou detalhes técnicos. Um bom relator deve: possuir a atitude cética da dúvida; possuir imaginação criadora baseada na experiência; compreender a natureza e a função de um relatório; possuir habilidade desenvolvida para a análise, classificação e conceituação; compreender o seu leitor e colocá-lo em posição de destaque; possuir o conhecimento da língua.

A função mais importante do relatório de pesquisa é buscar a reflexão, de maneira sistemática, controlada e crítica, permitindo descobrir causas, novos fatos, realidades, relações, leis, regras, princípios e procedimentos para adequar a organização ao ambiente em que vive. A finalidade do relatório de pesquisa é, além de veicular e produzir informações, levar o leitor a descobrir, por si, o mesmo que o pesquisador descobriu. Portanto, deve haver uma relação entre a lógica utilizada na descoberta e a técnica empregada para contá-la.

A editoração de um relatório exige constância, exercício contínuo, senso crítico, observação e gosto pela arte de escrever e de diagramar. Ao organizar relatórios considere o tema, as circunstâncias, o receptor e reúna todas as informações antes de começar a redigi-lo. A eficácia de um relatório resulta da habilidade do redator em escolher palavras apropriadas a um público-alvo específico. Nunca escrever mais do que o necessário.

3.11 RELATÓRIO DE PESQUISA DE MERCADO

A seguir, um relatório sobre o questionário de pesquisa abordado no item 3.8:

Objeto de Estudo – Desenvolvimento de um **Pequeno Restaurante**, num Bairro da Zona Norte do Rio de Janeiro, com pouca concorrência, mas perto do maior Shopping Center da América do Sul, o Norte Shopping, e também perto de um grande centro urbano, o bairro do Méier.

44 • Gestão de Restaurante

Objetivo da Pesquisa – Saber qual a oportunidade do projeto.

Apresentação – Na apresentação do Questionário de Pesquisa, foi dito da sua importância, por se tratar de um projeto, cujo investimento inicial é da ordem de R$ 450.000,00, sendo também mencionado que o questionário é anônimo e que o respondente não precisaria assinar. Foi solicitado a todos os participantes que lessem as perguntas e suas alternativas de resposta, para depois marcar.

Questionário – Este instrumento de pesquisa foi diagramado em apenas uma lauda de 10 perguntas, para não se tornar cansativo. O questionário é do tipo fechado para facilitar a tabulação dos dados.

Estratégia – O Gerente do Projeto, devido a sua grande experiência como professor, escritor, analista e pesquisador, utilizou a estratégia de aplicar os questionários em espaços acadêmicos de universidades, próximas ao local do futuro restaurante. O que torna a amostra bastante significativa.

Amostra – Foram aplicados 300 questionários a diversos participantes. Fato que leva a crer que o universo pesquisado mostrará um perfil de consumo próximo da realidade.

Questionários Devolvidos – O número de questionários devolvidos em branco totalizou 6%. Dos questionários aplicados.

Questionários Válidos – O número de questionários considerados válidos foi de 280.
Faixa Etária – O questionário de pesquisa foi aplicado numa faixa de 15 até 65 anos.

Análise e Avaliação das Respostas:

01 – Você come fora de casa?

Sim (66%); Não (10%); Algumas vezes (24%).

Comentário: O valor de 66% adicionado a 24% corresponde a 90%. Mas, mesmo os 10% que indicaram não comerem fora de casa, foram incongruentes, pois apontaram o supermercado como o lugar onde mais compram alimentos preparados para consumo imediato.

02 – Com qual frequência você vai a restaurantes?

Diariamente (2%); Às vezes (50%); Quase sempre (19%); Uma vez por semana (26%); Nunca como fora de casa (3%).

Comentário: O valor de 3% para aqueles que nunca comem fora de casa é insignificante e se concentra nas pessoas de mais idade.

03 – Qual a preferência sobre alimentos que você come?

Assado (32%); Cozido (10%); Frito (18%); Cru (40%).

Comentário: O valor de 32%, somado ao valor de 28% (10% + 18%), demonstra que o alimento mais aceito e consumido é aquele que vai ao fogo. A noção de cozido e frito ainda está associado a panelas, caçarolas e frigideiras, atividades que demandam tempo.

04 – O que você acha do alimento servido em restaurantes?

Prático (40%); Pouco saudável (20%); Barato (5%); Caro (25%); Gosto padronizado (10%) .

Comentário: É a praticidade (40%) que determina a ida ao restaurante. Se tomados os percentuais de pouco saudável, barato, caro e gosto padronizado, chegamos a um valor de 60%. Uma outra observação a fazer é que estes fatores foram apontados por aqueles que têm mais idade, o que era de se esperar, tendo em vista o preconceito das pessoas idosas em relação a segurança alimentar nos restaurantes.

05 – Onde você frequenta restaurantes?

Perto de casa (81%); Longe de casa (4%); Local conveniente (6%); Qualquer lugar (9%)

Comentário: O valor de 81% era esperado, mas surpreende 9% para qualquer lugar.

06 – Qual sua faixa de idade? (15 – 25) = 39%; (26 – 40) = 24%; (41 – 60) = 28%; Mais de 60 = 19%

Comentário: O valor de 39% foi devido à maioria das aplicações ter sido executada no mundo acadêmico, como comentado no item Estratégia.

07 – Quais os lugares em que você costuma comer fora de casa?

Restaurantes (44%); Padarias (20%); Bares (20%); Quiosques (16%).

Comentário: Os valores de 20% (bares) e 16% (quiosques) levam a crer que a maioria das pessoas acreditam que os alimentos são mais baratos nesses tipos de estabelecimentos.

08 – Qual o fator que mais influencia, na hora de ir ao restaurante?

Preço (20%); Qualidade (26%); Atendimento (8%); Sabor (26%); Ambiente (20%).

Comentário: Os valores de 26% (qualidade) e 26% (sabor) estão intrinsecamente associados, porque é a marca da qualidade assegurada e, via de regra, leva o consumidor ao restaurante. O valor de 8% atribuído ao atendimento é irreal, pois o ser humano gosta de ser bem tratado. O valor de 20% para ambiente indica que o consumidor, cada vez mais, se preocupa com a beleza, limpeza e higiene.

09 – Quais as fontes de informações que ajudam você a escolher o restaurante?

Amigo – 34%; Parente – 26%; Conhecido – 18%; Prospecto – 6%; Mídia – 10%; Nutricionista – 6%.

Comentário: Se somarmos os valores de amigo (34%), parente (26%) e conhecido (18%) concluímos que o grupo primário da pessoa possui grande influência. Aqueles que apontaram nutricionistas (6%) apenas quiseram dizer que consultam médicos, para que sejam orientados na sua alimentação, pois nenhum médico ou nutricionista recomenda este ao aquele restaurante. Estes 6% se encontram na faixa etária dos 40 até 65 anos.

10 – Em que momento você mais consome alimentos?

 Desjejum – 10%; Almoço – 32%; Jantar – 30%; Lanche – 28%

Comentário: Embora a diferença seja muito pequena para aqueles que escolhem entre almoço, jantar e lanche, é certo de que a indústria deve se preparar para ofertar alimentos mais light e diet, para atender a refeição de idosos, na parte da noite.

Conclusão:

A pesquisa indicou que há um aumento de demanda por alimentos servidos em restaurantes e similares, devido ao desejo das pessoas otimizarem ao máximo o uso do tempo. A maior dificuldade de aplicabilidade dos questionários de pesquisa foi encontrada nas pessoas de baixo nível de escolaridade e, também, nas mais idosas, possivelmente, porque estas pessoas não estão habituadas a pesquisas de mercado e somente as de opinião quanto ao governo e aos políticos. O Brasil é um país que precisa progredir muito neste campo.

Para concluir, e embora o preço não tenha sido destaque na pesquisa, é relevante assinalar que, em geral, o ser humano, para não passar fome, come aquilo que cabe no bolso, ou recebe de esmola (pessoas e governos).

Data
Assinatura
Nome do Relator

3.12 RELATÓRIO DE VISITA

Como o restaurante, devido a sua capacidade instalada e conhecimento, pode fabricar alimentos congelados, foi realizada uma visita a uma fábrica de alimentos congelados, que estava a venda, cujo relatório apresentamos, a seguir:

Relatório de Visita

Local: Fábrica: Congelícia Alimentos Congelados Ltda**.**
Estrada dos Bandeirantes, 3936   Jacarepaguá
22785-090   Rio de Janeiro – RJ

Data:

Objeto de Estudo: Conseguir dados e informações, por meio de uma simples visita.

Arranjo Físico: Uma fábrica do porte da Congelícia só deveria ocupar o 2º andar para os setores de Administração; Almoxarifado; Depósito de matérias de apoio (higiene, limpeza, descartáveis, meios de divulgação, embalagens...); Armários dos funcionários; Sanitários. O arranjo físico da fábrica não é bom, porque seu crescimento foi feito de maneira incremental e dentro das possibilidades dos sócios. Tudo começou no 2º andar, como observado pelos donos. Um outro aspecto a ressaltar é que escadas cansam demais as pessoas. O ideal é que fosse tudo num único plano térreo.

Capacidade Instalada: Há uma capacidade instalada ociosa de, aproximadamente, 40%, que poderia ser utilizada para uma linha de produtos diferentes dos que produz, para atingir as classes A e B, como: Molhos (camarão, funghi, queijos); Porções (arroz, nhoque); Massas (espaguete, fettuccini, lasanha, penne e seus derivativos). Enfim, pratos mais sofisticados. Uma fábrica como a Congelícia, com suas máquinas e equipamentos, não poderia, jamais, estar atuando numa única linha de produtos, isto é, salgadinhos, que, a meu ver, é altamente prostituída, porque apresenta preços e qualidades em níveis absurdamente diferentes. A Congelícia Alimentos Congelados Ltda. é uma fábrica superdimensionada para o que produz.

Alavancagem: Uma alavancagem utilizando empréstimos bancários, no Brasil, é um verdadeiro tiro no pé. As taxas são abusivas, tanto que levou a empresa a uma divida de R$ 1.000.000,00, para ser paga em 2 anos. Decisão pouco inteligente, para uma pequena empresa. Nem para capital de giro se deve apelar para banco comercial, pois existem linhas de crédito do BNDES, por exemplo.

Passivo: A fábrica tem, além da dívida bancária, um passivo fiscal (R$ 1.000.000,00) muito alto e sem continuidade de pagamento. Não há passivo trabalhista, segundo declaração dos donos do negócio.

Situação: A situação econômica da fábrica é boa, podendo ser até melhor, se diversificar seus produtos e segmentar o mercado, sendo possível que a sua situação financeira melhore e muito, pois ela mostra um passivo a descoberto, cuja cobertura, no curto prazo, é muito pouco provável.

Tecnologia: É possível que o momento da visita, feita à fábrica, não tenha sido um bom dia, que mostrasse o investimento em automação, ajudando a economizar mão de obra, pois vi muito artesanato. Penso que algumas máquinas, equipamentos, esteiras rolantes e toda parafernália tecnológica deveria ser mostrada em funcionamento, por quem quer vender uma fábrica.

Participação: A participação, sob o aspecto operacional é de difícil entendimento, pois o trabalho de tocar a fábrica é realizado só por A, sem a participação de B, que nem toma conhecimento. Não sei se por má vontade ou por não ter um espírito empreendedor.

Comportamento: O casal, donos da fábrica, foi de extrema gentileza para com nosso grupo. Alexandre é uma pessoa muito articulada, embora, me pareça enrolado com dinheiro e tocando vários outros negócios ao mesmo tempo. Sempre que atiramos para todos os lados, podemos abater algumas aves, mas nunca um elefante. Sua esposa é totalmente operacional, que precisa de ajuda. Ela me pareceu muito cansada, já que não dispõe de outra pessoa a controlar tudo na fábrica, desde a Recepção até a Expedição e Logística. Gostei do Alexandre, quando expôs a situação em que se encontram, sendo transparente. Demonstrou receptividade em iniciar uma negociação.

Expedição e Recepção: Expedição e Recepção precisam estar em lados opostos, no layout da fábrica. Porém, este "mal necessário" aconteceu, porque a fábrica cresceu, como observado anteriormente, de maneira incremental. Houve uma adaptação nos imóveis existentes.

Resultado: Um negócio que não apresenta um Demonstrativo de Resultado positivo, em cinco anos, não é um bom negócio. Isso explica o desânimo dos donos. É preciso mudar urgentemente.

Conclusão: A conclusão a que chego, para apenas uma vista, é a de que a diversificação de produtos é necessária, para sua sobrevivência. A minimização do custo variável deve ser estudada, bem como: o aumento da produtividade, a otimização dos recursos disponíveis, a revisão de processos industriais, o enxugamento de recursos humanos, o treinamento continuado (filosofia Kaizen), a descontinuidades de produtos de grande concorrência no mercado, a segmentação do mercado.

A minha hipótese central de solução para o problema está na maximização do lucro, por meio de uma reengenharia estrutural de fabricação e de custeio (fichas técnicas), cuja finalidade é de, nos próximo dois anos, tapar o buraco financeiro. O mercado de congelados ainda crescerá muito nos próximos anos, devido à praticidade em atender os que sofrem da febre da ocupação; os que odeiam estar pilotando um fogão; os sozinhos e idosos e muitos outros aspectos e fatores, que não cabem, aqui, relatar.

Data
Assinatura
Nome do Relator

4

EMPREENDIMENTO em ALIMENTOS

"Leonardo da Vinci podia imaginar todos os tipos de brilhantes dispositivos mecânicos, mas todos eles ficaram no papel, sem serem construídos, porque ele não conseguiu informações suficientes para criar um motor para movê-los".

Lester Thurow

OBJETIVOS DO CAPÍTULO

- Mostrar que um empreendimento precisa de uma análise preliminar.
- Mostrar que não é só o dinheiro que trará sucesso ao empreendimento, mas também o conhecimento das funções administrativas e organizacionais de uma empresa.
- Mostrar os principais aspectos do varejo de alimentos, tais como: a clientela, o local e a divulgação.

4.1 EMPREENDIMENTO

O empreendimento, por definição, transfere recursos de áreas de baixa produtividade e rendimento para áreas de produtividade e rendimento mais elevados. Naturalmente, existem os riscos do empreendedor não ser bem sucedido. Porém, se apresentar resultados positivos, mesmo que modestos, estes justificarão os riscos assumidos. Todo empreendimento humano procura reunir e integrar recursos no sentido de se autossustentar e de lucrar, através da produção e comercialização de seus bens, serviços e ideias.

É a lucratividade o estímulo capaz de assegurar a livre iniciativa e de manter ou de aumentar o empreendimento. Há quase duzentos anos, tem havido uma total confusão sobre a definição de empreendedor e empreendimento. Em princípio, a atividade empreendedora deve ser a menos arriscada e não um tiro no escuro. De fato, existem tantas organizações empreendedoras que deram certo, embora haja a crença generalizada que o risco de empreender seja elevado. O empreendedorismo é um comportamento e não um traço de personalidade. Também é uma atividade que não depende só do capital financeiro, mas do capital intelectual. A seguir, algumas considerações sobre empreendimento:

Falta de Análise – É comum se achar que com uma ideia brilhante e com dinheiro é possível levar adiante um empreendimento. Assim, achar que vai dar certo não é critério para desenvolver um empreendimento. Por outro lado, o dinheiro não é tão difícil de se conseguir. O complicado é manter o negócio e até ter lucro. Quem determina o sucesso do empreendimento é o mercado. Um erro fatal é ter pressa.

Sócio – Se você precisa mesmo de sócio, busque-o antes de abrir a empresa e não depois. Esse sócio, além de dinheiro, deve ter os mesmos ideais e objetivos que você. O item sócio errado também está no topo da lista das razões pelas quais os empreendimentos fracassam.

Contabilidade – Mapear cada despesa, cada centavo gasto para manter em operação a empresa é fundamental. Faça um fluxo de caixa rigoroso. A falta de controle financeiro é um dos venenos mais mortais para toda e qualquer empresa. A mentalidade de que a contabilidade só serve para atender a legislação governamental precisa mudar. Contabilidade é essencial. Se bem feita, ela registra todo o passado, aponta caminhos no presente e projeta o futuro da empresa. Com números confiáveis, sabe-se quanto faturou, qual é o custo da operação, a margem de lucro, a despesa financeira, entre outras inúmeras informações, que são a base da análise gerencial. As atribuições do contador, além da escrituração, são preparar as guias de recolhimento de impostos e taxas. Sem um contabilista habilidoso você poderá se ver em maus lençóis.

Otimismo – Os gerentes costumam tomar decisões baseados mais em otimismo lúdico do que pesando racionalmente a possibilidade de ganhos e perdas. Superestimam os benefícios, subestimam os custos e constroem cenários de sucesso, deixando de lado o potencial de erros. Como resultado, tais pessoas adotam iniciativas que dificilmente cumprirão, como também investimentos que nunca darão retorno. Os otimistas tendem a viver num mundo de ilusões. Eles, frequentemente, atribuem seus sucessos à própria habilidade e os fracassos à falta de sorte.

Os prudentes, de temperamento angustiado, costumam começar seus projetos, imaginando que tudo vá dar errado. Por isso, trabalham, diligentemente, sobre todos os detalhes e acabam se saindo bem. Dirigentes predispostos ao pessimismo usam sua ansiedade como preparação para o momento em que terão de agir. O pensamento negativo, concreto e detalhista pode ajudar os executivos a antecipar coisas, que possam dar errado, e a mais bem planejar, para evitar resultados ruins.

Controle – É difícil crescer rapidamente e não se encontrar diante de um problema. Mas, a chave da questão está no sistema de controle, que deve acompanhar a expansão do negócio. Se os controles não forem rigorosos, o feitiço pode virar contra o feiticeiro. Assim, muitas das conquistas obtidas ficam comprometidas. Observe que há uma diferença enorme entre controlar e centralizar. No início da empresa, um empreendedor tende a fazer os dois. Mas, se mantiver a mesma postura no momento de expansão, vai causar confusão e conflito.

Ambiente – Os empreendedores precisam agir de forma congruente com o ambiente onde habitam, porque correm um risco muito grande de entrarem em dissonância com este ambiente, o que, em geral, é catastrófico para o negócio, isto é, a organização deve dançar conforme a música. Os desafios que o ambiente trará serão cada vez mais difíceis de serem aceitos e resolvidos, porque exigirão um alto grau de complexidade tecnológica. A visão darwiniana de sobrevivência do mais apto prevalecerá.

Caixa – Entende-se por caixa o controle diário onde são registradas todas as transações, em dinheiro, da empresa. O controle do fluxo de caixa sempre foi de extrema importância. Muitos empreendimentos são inviabilizados pela falta de cuidado com tal controle. Fazer controle diário do que entra e sai na empresa é fundamental, porque evita a falta de dinheiro para tocar o negócio, proporciona condições do que fazer com as sobras de caixa, adquire-se conhecimento da série histórica das entradas e saídas, dá condições de se fazer projeções no curto prazo.

Empréstimo – Todo empreendedor se enxerga como um vitorioso. Sob essa ótica, ele acredita que conseguirá gerar tanto dinheiro que os juros não serão um problema. Mas, crença não ajuda muito nesse caso. Ao fazer um empréstimo, é imprescindível analisar friamente o impacto que o financiamento terá nas despesas da empresa. É fundamental rever todo o fluxo de caixa, para conhecer a liquidez, quando precisar pagar compromissos assumidos, principalmente, no curto prazo.

Fracasso e Sucesso – As explicações são muitas, para o sucesso e o fracasso dos empreendimentos.

Até a sorte, esse aliado abstrato, pesa. Mas a principal explicação, em ambos os casos, é uma só e gira em torno do dinheiro. Não se trata da simples disponibilidade de capital. Dinheiro, nesse caso, é um conceito que vai além do saldo bancário do empreendedor. Envolve desde a adequada captação de recursos para o pontapé inicial até o cálculo exato do preço do produto que se pretende vender. É preciso estar muito atento à relação capital próprio e capital de terceiros

4.2 EMPREENDEDOR

Samuel P. Newman escreveu, em 1835, que "um bom empreendedor devia ter uma combinação de qualidades raramente encontradas num só indivíduo, pois deve possuir uma incomum intuição para negócios, bem como ser muito bom com números. Deve mostrar perseverança e constância de propósitos". Empreendedor é aquele que persegue com vigor novas oportunidades e não considera os recursos de que dispõe, naquele momento. Fato considerado por muitos como temerário.

O empreendedor, cada vez mais, combina sua intuição, perspicácia e disposição para o trabalho a uma dose, cada vez maior, de audácia recheada de sofisticação administrativa e mercadológica. Terá de ser, não só um bom gestor, como estar sempre pronto para:

- Ir para o seu negócio preparado para o pior.
- Contornar qualquer empecilho que objetive interromper seu sonho.
- Desempenhar qualquer função necessária à execução do seu projeto, mesmo que se sinta subutilizado.
- Estar preparado para as dificuldades de encontrar pessoal capacitado a ajudá-lo.
- Seguir a intuição sobre o pessoal que escolher.
- Trabalhar secretamente, tanto quanto puder.
- Apostar numa corrida de negócios, a menos que esteja participando dela.
- Lembrar de que é mais fácil pedir desculpas do que permissão.
- Estar seguro de que suas metas são realistas.
- Honrar as pessoas que lhe dão ou deram apoio.
- Promover e organizar o negócio.
- Dar continuidade àquilo que iniciou.
- Fazer mais do que foi prometido.
- Dedicar-se radicalmente ao empreendimento e não olhar para trás.
- Estar pronto a reorganizar ou liquidar o empreendimento, quando sentir que não possui meios para continuar, porque estará perdendo tempo, esforço e dinheiro (seu e dos outros).

É muito comum se ouvir que o empreendedor é aquele que preenche lacunas do mercado; aquele que, além de dominar as ferramentas administrativas, precisa estudar de maneira continuada, para não ser pego no contrapé. O segredo de um vencedor está na sua conduta. A formação técnica e o conhecimento de administração são fatores necessários, mas não são suficientes para desencadear a abertura de um negócio e nem tampouco capazes de levar um empreendedor ao sucesso. Nem todo empreendedor se torna empresário, mas todo empresário precisa ser um empreendedor.

Sem coragem e ousadia, uma grande ideia não acontece, fica no nível da abstração. Como as pessoas têm medo de ouvir um não, não correm riscos, algo inconcebível para quem sonha ser um empreendedor. Assim, nunca é demais rezar pela cartilha tradicional e fazer uma boa pesquisa do setor em que se deseja atuar. Ter consciência de que empreendimento pode ser parecido com uma montanha russa. Por mais bem preparado que esteja, terá pela frente grandes desafios. A seguir, as principais premissas (conclusões lógicas e antecipadas) que devem nortear qualquer empreendimento:

- O empreendedor precisa jogar toda a energia na operação do negócio, ou seja, primeiro viabilizar a ideia, vender o produto e depois estruturar o empreendimento.
- O empreendedor não deve tentar impor nada ao mercado e, sim, identificar possíveis nichos.
- O empreendedor, dentro do possível, deve procurar a originalidade, criatividade e inovação, mesmo quando trilhar um caminho conhecido.
- O empreendedor não deve ter medo de constituir sociedade, porque os sócios ajudam a alavancar a construção de um novo negócio, permitindo dividir responsabilidades e conhecimentos.
- O empreendedor tem de trabalhar muito mais do que um empregado e não ter a pretensão de ficar milionário.
- O empreendedor não tem horário, férias e salários extras, não podendo ficar doente.
- O empreendedor de sucesso é um preenchedor de lacunas do mercado.
- O empreendedor deve desempenhar muitos papéis, em função dos diversos compromissos que tem de assumir, sendo, portanto, importante trabalhar em equipe.
- O empreendedor para ter sucesso, baseado numa economia do conhecimento, precisa criar um ambiente próprio e receptivo às suas ideias.
- O empreendedor precisa encontrar fórmulas criativas e compatíveis com sua capacidade de investimento, para se apresentar ao mercado e promover o produto.
- O empreendedor precisa saber se seus objetivos de vida são congruentes com os objetivos do negócio.
- O empreendedor precisa saber trabalhar com as principais ferramentas administrativas.
- O empreendedor deve usar de humildade, se não tiver um bom potencial em todas as funções organizacionais do projeto, pois precisará considerar o conhecimento de terceiros.
- O empreendedor jamais deve ser arrogante, prepotente e cabotino, pois isso o descredencia junto aos investidores.
- O empreendedor deve saber ouvir os mais sábios, os experientes e os membros da equipe.
- O empreendedor quando estiver conversando, não deve só falar do assunto que domina, para não parecer um chato.
- O empreendedor precisa estar comprometido com as metas e propósitos do projeto.

4.3 PROBLEMAS DO EMPREENDEDOR

Os mais importantes problemas do empreendedor estão nos seguintes elementos:

Perfil Empreendedor – O empreendedor é peça básica da empresa que, através de seu trabalho, conhecimento e criatividade, mantém a mesma viva e crescente. Todo empreendedor inteligente colocará a empresa acima de seus interesses pessoais e preconceitos. Na sua direção terá dúvidas e problemas. E devido a isso ele se atolará num mar de tarefas burocráticas e não empresariais. A importância está na empresa e não no empresário. As características que formam o perfil do empreendedor são: capacidade de liderança; envolvimento com o trabalho; experiência profissional; propensão ao risco; competência técnica; visões holística, generalista, estratégica e sistêmica; boa saúde; senso crítico; capacidade de análise; conhecimento muito grande das funções administrativas e organizacionais; estabilidade emocional; rapidez na tomada de decisão; propensão ao trabalho em equipe; disponibilidade financeira com austeridade; dificuldade em desfrutar suas próprias conquistas.

Capacidade Empresarial – A capacidade empresarial do empreendedor é inerente à criação, existência e desenvolvimento do empreendimento. Através dela ele concebe projetos alternativos, geralmente, em resposta a estímulos financeiros, solicitações do mercado e incentivos fiscais e cambiais do governo.

Capacidade Administrativa – A capacidade administrativa do empreendedor reside na absorção dos objetivos de qualquer empreendimento, bem como atingir tais objetivos através das funções administrativas. Como administrador, o empresário precisará de persistência, disciplina e comportamento sistemático.

Capacidade de Comunicação – O empreendedor precisa ser dotado de meios e recursos de comunicação dos quais não se deve descuidar. Assim, ele deve ter: uma redação correta, objetiva, clara e concisa para expressar o pensamento em ordens, planos, programas, políticas, decisões, estratégias, táticas e relatórios; a palavra fluente, a dicção impostada, o estilo sem requintes para se expressar; a cortesia, a educação e a perspectiva na condução dos debates e negociações; a utilização de recursos audiovisuais e de outras naturezas que possam expressar melhor o seu pensamento.

Comportamento do Empreendedor – O comportamento do empreendedor envolve uma atitude diferente em relação à mudança, porque, em vez de suprimir ou minimizá-la procura a mudança; em vez de reagir a problemas, o empreendedor se antecipa às ameaças e oportunidades futuras; em vez de soluções locais, há uma busca geral de alternativas de ação; em lugar de uma única alternativa.

Visão Estratégica – A visão estratégica enfatiza o alcance de resultados através de um processo contínuo de antecipar mudanças futuras, tirando vantagens das oportunidades que vão surgindo e corrigindo cursos de ação no longo prazo. Exige, portanto, conhecimento do ambiente, capacidade adaptativa, flexibilidade estrutural e habilidade em conviver com ambiguidades e mudanças rápidas.

Visão Generalista – A visão generalista é aquela em que o dirigente tem conhecimento interdisciplinar para resolver problemas, tomar decisões e fazer análises.

Visão do Negócio – A visão do negócio é a capacidade de dominar e manusear recursos relativos à situação e à missão da empresa e de planejar de forma coerente essa missão.

Visão Holística – A visão holística dá ao empreendedor a capacidade de conviver com o ambíguo, o contraditório, o ilógico e o inesperado. Tal visão dota a pessoa da capacidade de ler o todo circundante.

Personalidade do Empreendedor – Os principais elementos que formam a personalidade do empreendedor são: Precisa de liberdade; É orientado por metas; É autoconfiante e automotivado; Tem um horizonte bastante amplo; Trabalha com objetivos de longo prazo; Sabe delegar e põe a mão na massa; É voltado para o mercado; Acompanha a evolução de seus produtos; Assume riscos moderadamente; Investe pesado, esperando sucesso; Não tem medo do fracasso; Procura fazer dos erros aprendizagem; Segue em frente; Apoia-se em pessoas e em sua capacidade de liderança; É minimamente controlador; Acompanha as coisas no atacado; É orientado para a ação; Tenta incutir sua visão pessoal do empreendimento nos outros; Possui um rol de argumentos favoráveis ao novo negócio.

Espírito Empreendedor – O espírito empreendedor não é natural, não é criativo. É trabalho. Como um número substancial de empresas em funcionamento consegue sucesso como empreendedoras. Assim, como qualquer pessoa inteligente, o empreendedor questiona, a toda hora, os seus procedimentos. Portanto, teste sua capacidade de empreendedor respondendo as seguintes perguntas:

- Você ocupa o seu tempo para fazer as coisas tanto melhor quanto para mantê-las?
- Você fica excitado com o que está fazendo?
- Você pensa em novas ideias de negócios constantemente?
- Você consegue visualizar as etapas para concretizar uma nova ideia?
- Você é capaz de manter suas ideias em sigilo?
- Você consegue manter o otimismo mesmo quando algo que você está fazendo parece que vai falhar?
- Você tem mais admiradores do que críticos?
- Você tem uma rede de amigos com a qual pode contar?
- Você consegue superar uma tendência perfeccionista?
- Você abriria mão de um ganho maior em troca de uma oportunidade, mesmo que tenha risco?

4.4 METODOLOGIA DO EMPREENDIMENTO

A metodologia é o arranjo de etapas (passos) de ação, por meio de uma organização lógica de procedimentos, visando atingir um determinado objetivo, que pode ser a solução de um problema. Se tal objetivo não for alcançado, é provável, que as etapas não foram seguidas ou as mesmas estão equivocadas. Também pode ser considerada como uma coleção de métodos, técnicas, procedimentos e ferramentas para otimizar um determinado processo, levando o indivíduo a: conhecer, agir e fazer um determinado estudo. A seguir, um exemplo de metodologia do empreendimento:

- Buscar uma inovação para o mercado.
- Verificar se a inovação é uma ideia original.
- Verificar se há interesse em desenvolver o projeto.
- Buscar uma justificativa razoável para o novo negócio.
- Ler oportunidades e ameaças do cenário.
- Observar se o novo negócio pode vir a ser um nicho de mercado.
- Verificar se há valor agregado não descoberto para o novo produto ou o novo negócio.
- Verificar qual deve ser o público-alvo mais adequado a atingir.
- Dar um nome provisório para a empresa.
- Abrir um controle de caixa para despesas preliminares.
- Fazer um relatório.
- Determinar que ambientes (demográfico, econômico, social, cultural) pesquisar.
- Coletar dados através de leituras, palestras, cursos e seminários.
- Coletar dados através de questionários, visitas, observações.
- Criar um banco de dados para nomes, telefones, endereços, e-mail, sites de interesse do negócio.
- Levantar quais são os fornecedores no mercado de recursos.
- Buscar pontos (localização física) prováveis para o futuro negócio.
- Verificar condições de conservação do imóvel e de recursos primários.
- Verificar documentação do imóvel, tais como: quitação fiscal imobiliária, certidão de situação enfiteuse, certidão de dívida ativa, impostos e taxas.
- Tirar certidão de ônus reais no Serviço de Registro de Imóveis para saber quem é o verdadeiro dono do imóvel.
- Fazer consulta prévia do local onde a empresa funcionará (endereço), na Prefeitura.
- Consultar sobre o pretendido nome da empresa na Junta Comercial da localidade.
- Verificar outras restrições (legais, ambientais, sindicatos).

Capítulo 4 EMPREENDIMENTO em ALIMENTOS • **55**

- Verificar restrições com a vigilância sanitária.
- Verificar quais os produtos, marcas e empresas são concorrentes.
- Verificar quais os recursos materiais necessários.
- Verificar quais os recursos físicos necessários.
- Verificar quais os recursos financeiros necessários.
- Verificar quais os recursos humanos necessários.
- Verificar quais os recursos tecnológicos necessários.
- Verificar quais recursos administrativos são necessários.
- Verificar quais recursos mercadológicos são necessários.
- Observar o cenário sob os enfoques: econômico, político e social.
- Verificar em qual segmento de mercado se enquadra o negócio.
- Buscar, na Associação Patronal, saber quais as empresas concorrentes.
- Analisar situação da concorrência nos aspectos preço, visual e qualidade.
- Examinar, em função da pesquisa, a viabilidade e risco do projeto.
- Fazer comparações entre recursos necessários e recursos existentes para dimensionar o investimento.
- Comparar pontos fortes e pontos fracos do empreendimento.
- Analisar orçamentos-prévios para máquinas, equipamentos, material de instalação e valor da mão de obra de instalação de diversos fornecedores.
- Analisar projetos: arquitetônico; exaustão; elétrico; hidráulico; iluminação; incêndio; climatização; telefonia; áudio; decoração.
- Fazer relatório.
- Definir a verdadeira missão do negócio.
- Definir mercado de atuação.
- Definir espaço de atuação (real e/ou virtual).
- Definir objetivos.
- Definir produtos.
- Definir o local do ponto comercial (comprar ou alugar?).
- Definir tecnologias.
- Definir nome fantasia.
- Definir tipo de sociedade.
- Definir como o projeto será desenvolvido (total ou incremental).
- Definir os recursos necessários para compra.
- Definir o capital social e participações.
- Redigir o contrato social.
- Definir arquivos.
- Definir atribuições e responsabilidades.
- Definir estrutura organizacional.
- Definir cargos, funções, atividades e tarefas.
- Definir procedimentos.
- Aprovar projetos analisados.
- Definir estratégias mercadológicas.
- Definir estratégias de produção.
- Definir políticas: comercialização (preços, descontos); salarial; treinamento; produto; promoção.
- Definir política de relacionamento com: consumidores, fornecedores e funcionários.
- Definir política de qualidade.
- Definir horários.

- Definir retiradas dos sócios.
- Definir distribuição de lucro.
- Criar arquivos em computador e gaveta.
- Listar custos de matéria-prima e insumos.
- Decidir e desenvolver produtos.
- Desenvolver sistemas de informação.
- Determinar processos de produção.
- Construir planilhas de custo (fichas técnicas dos produtos).
- Determinar fator de rateio do custo fixo para os produtos.
- Determinar custo de produção.
- Determinar capital de giro.
- Determinar margem de lucro.
- Determinar preço de venda dos produtos.
- Determinar qual a capacidade instalada necessária.
- Montar plano geral.
- Montar plano orçamentário de obras.
- Montar plano de compras e aquisições.
- Montar planos financeiros (fundos).
- Montar cronograma do empreendimento.
- Legalizar a empresa.
- Abrir conta bancária da firma.
- Dar andamento nos planos e projetos.
- Adquirir materiais de instalação.
- Contratar mão de obra de instalação.
- Adquirir e autenticar livros fiscais.
- Comprar materiais, móveis e utensílios necessários.
- Instalar sistemas.
- Recrutar, selecionar e contratar recursos humanos.
- Determinar locais de armazenagem.
- Contratar ou criar canais de distribuição.
- Iniciar treinamento.
- Criar uma força de vendas (atendimento).
- Iniciar as atividades da empresa.
- Criar mecanismos para divulgar o empreendimento (marca, produto, imagem).
- Criar mecanismos de relacionamento com consumidores.
- Criar planilhas de controle dos serviços prestados.
- Implantar estratégias, políticas, modelos e padrões.
- Estabelecer controles para avaliação de desempenho.
- Controlar desvios.
- Fazer relatórios de avaliação.
- Criar sistema de realimentação para correções.
- Criar táticas para corrigir estratégias.

4.5 EMPRESÁRIO

O empresário é peça básica da empresa que, através de seu trabalho, conhecimento e criatividade, manterá a empresa viva e crescente. Portanto, o empresário, coração da empresa, deve aprender a convivência com o risco, aproveitar situações, adquirir conhecimento das funções administrativas e organizacionais, liderar mais do que chefiar, ser independente e agir com otimismo, não exagerado. Empreender não é coerente com certeza, pois requer fé fortificada por energia, ousadia e sorte. Os administradores são calculistas cuidadosos de prós e contras, homens que merecem confiança por seu equilíbrio mental. Embora possam ter grande conhecimento, autoconfiança e energia, estes talentos têm pouca probabilidade de aplicar-se a novos empreendimentos, altamente arriscados. Seus talentos, em geral, se aplicam a uma situação existente. O empresário exerce atividades próximas da audácia.

A carência de conhecimentos de administração entre os empresários que não foram bem-sucedidos pode até não ser claramente admitida. A falta de organização administrativa é a décima razão por eles apontada para seu insucesso, mas vem à tona sem disfarce quando se observam as respostas dos mesmos entrevistados sobre procedimentos que adotariam na abertura de uma nova empresa. Pela ordem eles iriam: procurar assistência técnica; levar adiante uma pesquisa de mercado; adquirir conhecimento administrativo; ampliar seus conhecimentos sobre o setor em que atuam. É comum o empresário apontar, como fatores de sucesso e de fracasso, os seguintes:

Fatores de Sucesso: Persistência, boa administração, dedicação do empresário, boa estratégia de vendas, capital próprio, experiência no ramo, mercado favorável, investimento, qualidade do produto, fonte de renda, otimismo, tino empresarial, sorte, criatividade, boa localização, ajuda da família, relação com fornecedores, preços competitivos, riscos calculados e imóvel próprio.

Fatores de Fracasso: Recursos financeiros, instabilidade econômica, limitação do mercado, concorrência, problemas pessoais, políticas de governo, localização inadequada, inflação, encargos financeiros, desorganização administrativa, custos das matérias-primas, desinteresse, incentivos oficiais, burocracia governamental, tempo, baixa lucratividade, maus pagadores, experiência, mão de obra e mudança de ramo.

A riqueza, por si só, não produz utilidade, nem individual e muito menos coletiva, na medida em que ela é praticada apenas dentro de uma visão acumulativa e não empreendedora. Além de gerar empregos, pagar tributos e movimentar um mercado, cada vez mais incerto, turbulento, mutável e competitivo, o empresário só terá condições de exigir um papel mais comprometido do governo na proporção direta da sua abertura para uma ação mais associativa e menos individualizada.

4.6 ANÁLISE PRELIMINAR DO EMPREENDIMENTO

Análise é a busca da melhor solução (resposta) para uma questão colocada em estudo ou dúvida. Ela permite dividir aquilo que se deseja conhecer em tantas partes, quanto possível, de modo a trazer conhecimento de cada uma delas, e, com isso, chegar ao detalhamento do todo. O estudo de um processo (sistema, projeto, solução, atividade), em todos os seus detalhes, recebe o nome de análise. Os principais objetivos da análise procuram apontar: alternativas de decisão; sugestões de solução; falhas estruturais; objetivos, propósitos e metas mal definidos; desperdícios; controles insuficientes; carga de trabalho mal distribuída; inadequabilidade de meios e recursos; rotinas ineficientes; estratégias mal formuladas; falta de conhecimento adequado.

Quando fazemos uma análise, corremos o risco de encontrar uma série de erros, verdadeiras armadilhas à espera do incauto capaz de nelas tropeçar, como por exemplo: pressa excessiva, excesso de alternativas, metas utópicas, documentação insuficiente, informações irrelevantes, recursos inadequados, falta de coordenação e de liderança, canais de comunicação confusos, cronogramas apertados. A análise deve ser feita, sempre, de acordo com um objetivo. Qualquer que seja o empreendimento, devemos fazer uma análise preliminar, fundamentada nos seguintes fatores:

Interesse – O interesse dos investidores deve ser congruente com as atividades que praticam na atualidade. A experiência acumulada com o trato de alimentos dará aos sócios uma plataforma mais bem preparada para o sucesso de um varejo que vende alimentos prontos para o consumo final.

Justificativa – Um dos aspectos básicos da sobrevivência do ser humano é a sua alimentação, que quanto mais saudável for, maior será a qualidade de vida. Por outro lado, há uma pressa para se atender essa necessidade, por um preço que caiba no bolso do consumidor. Um projeto de alimentos tem como missão principal o bom atendimento de seu público-alvo, ou seja, alimentos com qualidade que atinjam a máxima satisfação daqueles que distribuem e daqueles que consomem.

Relevância – O conhecimento que será adquirido poderá ser utilizado para a profissionalização do pessoal de cozinha e do pessoal de atendimento do salão.

Momento – Começar do zero, em um país como o nosso, não é recomendado, no presente momento, devido ao seguinte: alto grau de incerteza, uma tributação governamental acima do razoável, a necessidade de se repassar para o consumidor o custo país, a perda de tempo com papelada, a despesa com diversos registros, esforço desmesurado para implantar um negócio e burocracia governamental.

Motivo – Muitos são os motivos que levam os sócios a acreditarem no negócio, tais como: O brasileiro está sendo massificado na mídia com assuntos de gastronomia; As pessoas querem provar pratos cada vez mais sofisticados; As exigências do mundo moderno fazem com que as pessoas precisem de facilidades; O envelhecimento da população traz dificuldades para sair de casa e preparar refeições.

Planejamento – É necessário que qualquer novo projeto seja muito bem pensado e planejado na sua implementação e na sua captação de recursos (todos). Os recursos existentes devem ser otimizados (melhor uso) e os novos recursos devem ser comprados ou alugados se a sua utilização for para curto prazo. O governo do Brasil passa por um impasse político que leva a uma degradação econômica cada vez maior. Outro aspecto a ressaltar é o empréstimo bancário, que deve ser evitado a qualquer custo. Os sócios devem se utilizar de recursos financeiros próprios, pois as dívidas bancárias, normalmente, viram "bolas de neve" e muitas vezes se tornam impagáveis.

Situação – Esta análise determinará quais as funções são necessárias, ou quais as que devem sofrer algum tipo de incremento, porque fará comparação entre o real e o desejado, determinando os desvios dos sistemas de controle. As principais ferramentas de pesquisa e análise são: a observação, a entrevista, o questionário e a experimentação.

Cenário – A análise do cenário objetiva produzir futuros desejados, isto é, caracterizar situações futuras que não têm, necessariamente, ligação com situações presentes e passadas. Como o ambiente, normalmente, apresenta várias hipóteses, é comum a necessidade da construção de cenários para momentos diferentes no futuro.

Valor – A análise de valor pode ser definida como o exame crítico das funções do projeto, com o objetivo de dotar o mesmo de condições de sobrevivência. O valor do projeto é dado, principalmente, pela finalidade, uso, novidade e custo.

Risco – Os riscos de fracasso rondam permanentemente o grupo gestor do projeto. Numa economia dinâmica, livre e competitiva, o risco é inevitável. Desafio que cabe enfrentar o empreendedor, o investidor, o empresário e o administrador, porque sua estimativa correta é muito difícil. Risco é toda e qualquer possibilidade de uma decisão, política, estratégia, plano, projeto não dar certo. Assim, se torna importante todo esforço para minimizá-lo. Por outro lado, expõe o empreendedor ao perigo de prejuízo financeiro, que pode ser causado por: deterioração física, roubo, danificação, perda, alterações de oferta e procura, oscilações do nível de preço. Deve-se levar em conta que qualquer investimento tem uma expectativa de risco. Como não existe risco zero, este deve ser o mais bem calculado possível.

Finanças – A sobrevivência antecede o sucesso. A única pré-condição absoluta para a sobrevivência da sua empresa é a disponibilidade de dinheiro à mão, quando você precisar. Ficar sem capital de giro significa o fim de um negócio. Um desequilíbrio de caixa pode ser sintoma de um problema mais profundo. Em geral, não é simplesmente a consequência de uma falta de liquidez passageira, mas de uma administração financeira deficiente. Para ter êxito, os administradores precisam se envolver com as mudanças que ocorrem constantemente, em ambiente de constante competitividade. Precisam estar atentos ao humor do mercado. O conhecimento de finanças não deve se restringir aos tesoureiros, controladores e planejadores financeiros.

Os problemas financeiros, basicamente, estão voltados para o fluxo de dinheiro que corre na empresa e se ela terá condições de saldar compromissos assumidos (liquidez). Assim, é preciso ter presente a noção de conta, que é o registro de uma transação que envolve valores, devendo ter um nome para caracterizar se a mesma é do ativo ou do passivo. O saldo, ou diferença, é o resultado do confronto entre os totais de débitos e de créditos, levados a uma conta corrente. Este saldo, como é óbvio, poderá ser nulo, positivo ou negativo. Em última análise, a conta corrente é o registro para mostrar a liquidez de uma transação.

4.7 FUNÇÕES ADMINISTRATIVAS

A administração se apresenta como um conjunto de conceitos, princípios, regras, métodos, funções e técnicas isoladas, cujo conhecimento auxilia o dirigente, no alcance dos objetivos da organização, utilizando recursos próprios ou adquiridos. Portanto, administrar uma organização é tirar o melhor partido das circunstâncias (externas e internas), de modo a utilizar o mais eficientemente possível os recursos que dispõe para sua sobrevivência. A administração tornou-se importante na condução da sociedade, porque ela deixa marcas na vida das pessoas, à medida que lhes ensina como executar as funções administrativas e conhecer as funções organizacionais da empresa, como, também, que comportamento deve ter junto a: consumidores, fornecedores, funcionários, usuários, pacientes e demais organizações humanas. O despontar da administração como uma instituição é um evento crítico na história da humanidade.

Qualquer um que se propõe a usar efetivamente o tempo na solução de problemas e na condução da própria vida terá de conhecer as funções administrativas. Tais funções são exercidas por pessoas que trabalham os recursos organizacionais para atingir objetivos predeterminados. Mas, como elas exercerão estas funções, ficará por conta da ação administrativa. Cabe ao administrador exercer as funções administrativas e questionar sobre: objetivos, técnicas, métodos, recursos, ferramentas, procedimentos, processos, políticas, planos, a fim de que a empresa cumpra à finalidade para qual foi criada. Como muitas são as funções administrativas, abordaremos as de maior destaque:

Planejar – Função administrativa que capacita a empresa a decidir qual é o melhor uso de seus recursos para atingir objetivos propostos. Se os recursos empresariais são insuficientes, cabe ao gerente apontar as necessidades. O planejamento é a primeira e a mais importante função administrativa por ser ela a base para as demais funções.

Dirigir – Função administrativa que faz cumprir aquilo que foi planejado, isto é, implementa os planos empresariais, orientando e conduzindo recursos para alcançar (ou superar) os objetivos da organização. A função direção dinamiza a ação gerencial, sendo considerada como um processo de relacionamento (comunicação, delegação, liderança) com subordinados, pares e superiores.

Controlar – Função administrativa que verifica e compara os resultados alcançados com aquilo que foi estabelecido no planejamento. O controle é necessário, porque, constantemente, surgem distúrbios (desvios) tirando a organização do curso traçado. Os desvios, por definição, estão fora do controle gerencial.

Organizar – Função administrativa que emprega eficientemente todos os recursos disponíveis, a fim de alcançar determinados objetivos. No sentido mais simples, organizar é preparar uma empresa (organização) para funcionar.

Comandar – Função administrativa relacionada com aquele que planeja e depois dirige a execução daquilo que foi planejado. É uma função muito comum nas forças armadas que, hoje, vem fazendo parte do conjunto de habilidades do gerente, tendo em vista que o mercado é considerado um campo de batalha.

Delegar – Função administrativa de atribuir competência, autoridade e/ou poder a um subordinado para a execução de um determinado trabalho, criando a correspondente responsabilidade pela execução da tarefa delegada.

Coordenar – Função administrativa que visa cuidar da integração das funções administrativas para que aconteça o mínimo de conflito e as relações se desenvolvam com suavidade e aceitação. Segundo Fayol, "a coordenação é a reunião, unificação e harmonização de esforços para a efetividade das atividades organizacionais". Muitos gerentes consideram a coordenação como parte de suas funções.

Pesquisar – Função administrativa voltada ao desenvolvimento de uma busca reflexiva, sistemática, controlada e crítica que permite descobrir causas, novos fatos (ou dados), relações, leis, regras, princípios e procedimentos para adequar a organização e/ou a pessoa a uma mudança de estado. Como a mudança é constante, a necessidade de pesquisar é eterna.

Analisar – Função administrativa voltada a dividir aquilo que se deseja conhecer, em tantas partes quanto for possível, de modo que permita um bom conhecimento de cada uma delas, e, com isso, um conhecimento completo e detalhado do todo.

Prever – Função administrativa para dimensionar uma situação futura (para um determinado período), a partir de dados, informações e recursos presentes e existentes. Toda previsão é, por definição, errada, porque não há um grau de certeza absoluto.

Decidir – Função administrativa voltada a fazer uma apreciação sobre uma linha de conduta a ser adotada (escolhida). A tomada de decisão está intimamente relacionada à solução do problema.

Comunicar – Função administrativa cuja ação é a de informar, educar, instruir, persuadir, divertir, influenciar, entre duas ou mais pessoas, através de fatos, ideias, símbolos, sentidos, palavras, opiniões e emoções.

Padronizar – Função administrativa que estabelece padrões (resultados desejados). Os padrões podem ser expressos em tempo, dinheiro, qualidade, custo, quantidade, índice, indicador.

Avaliar – Função administrativa voltada a comparar, por meio de um controle, os resultados obtidos com os padrões propostos anteriormente. Uma avaliação deve ter, de preferência, um relato escrito. A avaliação é realmente uma condição de vida da qual não há como escapar, a não ser que a retiremos do vocabulário do dirigente empresarial. A avaliação requer um referencial, isto é, um padrão.

Treinar – Função administrativa que visa ajudar o subordinado a organizar suas ideias e aptidões de modo a poder usá-las com vantagem em suas relações. O objetivo do treinamento é capacitar o indivíduo a alcançar altos padrões de desempenho para cumprir seus deveres e responsabilidades.

Recrutar – Função administrativa que determina quais os candidatos que estão qualificados a ocupar um determinado cargo.

Selecionar – Função administrativa que complementa o recrutamento, pois ajuda a escolher a pessoa certa para o lugar certo.

Solucionar – Função administrativa que encontra um meio ou processo de superar um problema. Nem sempre a solução apresentada permite a resolução total do problema, pois a mesma tem de ser conclusiva e demonstrável, como recomenda a ciência. Pode parecer fácil solucionar um problema empresarial para aqueles que administram no estilo "apaga incêndio", isto é, resolvem o problema, mas não se preocupam em evitá-lo no futuro.

Negociar – Função administrativa em que as partes envolvidas se deslocam de suas posições originais, inicialmente divergentes, para um ponto no qual a convergência possa ser realizada. O processo de negociação é um tipo de interação humana em que as partes buscam resolver diferenças através da obtenção de um acordo, troca, partilha, barganha, doação.

A seguir, está sendo colocado um diagrama relativo às funções administrativas e como são interligadas e quais suas dependências de informações para sua execução.

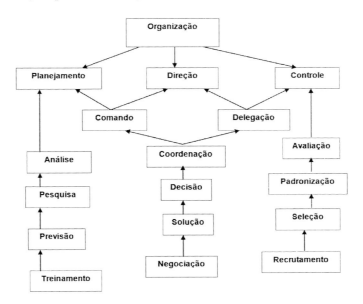

Figura 4.1: Diagrama das Funções Administrativas.

Nota: O empreendedor deve dispor de tempo para estudar as Teorias e Tipos de Administração, bem como o que faz o administrador. Em absoluto, não é perda de tempo e, sim, um ganho extraordinário.

4.8 FUNÇÕES ORGANIZACIONAIS

Organização é um conjunto, intencional, interativo e cooperativo de recursos (funções, políticas, procedimentos, atividades, tarefas e responsabilidades), regido por pessoas para alcançar objetivos predeterminados e congruentes com a missão para a qual a organização foi criada. A organização procura dispor de recursos de tal forma que o conjunto, assim empregado, seja capaz de realizar uma atividade econômica, ou um trabalho, com um mínimo de risco, esforço, custo e tempo.

Uma empresa, como já conceituada, é uma organização de finalidade econômica. Utiliza e elabora recursos (meios, métodos ou instrumentos) para facilitar o seu desenvolvimento e o seu rendimento, assegurando-lhe as melhores condições operacionais. O mundo de hoje é uma sociedade composta de organizações. As pessoas nascem, crescem, vivem, trabalham, recebem tratamento de saúde, estudam, se divertem e são enterradas em organizações, que exercem um papel, cada vez maior, na vida moderna.

O estudo das funções organizacionais é imprescindível, considerando que os órgãos e as instituições só devem existir, havendo funções que lhes justifiquem a existência e lhes discipline a ação. Mesmo estudando as funções isoladamente, é necessário considerar que elas agem e interagem de forma global, existindo, sempre, uma ação integradora que busca a sinergia funcional de todo o sistema.

Função é o esforço disciplinado de um órgão, no sentido de realizar uma atividade útil à vida e ao desenvolvimento do organismo. O conceito de função transmite a ideia de ação e de dinâmica, impondo a existência de um componente ou de uma base estrutural, que sirva de suporte para o desenvolvimento da gestão de recursos. Em administração, este componente se chama cargo (conjunto de funções). O principal objetivo do estudo das funções é permitir a compatibilização e coordenação de esforços cooperativos e a eliminação de tudo aquilo que for desnecessário. As funções organizacionais são classificadas em:

A) Funções Organizacionais Primárias – São funções essenciais à vida e ao desenvolvimento da organização. Englobam as funções e atividades envolvidas diretamente no ciclo de transformação de recursos em produtos e de sua colocação no mercado. Pertencem a esta categoria as funções:

Função Econômica – É a função de produzir bens e serviços e de manter o equilíbrio entre a organização e o ambiente.
Função Marketing – É a função relativa à identificação das necessidades de mercado, bem como a colocação de bens, serviços e ideias junto ao público, devendo, ainda, criar e manter consumidores.
Função Produção – É a função relativa à transformação das matérias-primas e insumos em produtos a serem colocados no mercado.

B) Funções Organizacionais Secundárias – São funções auxiliares e acessórias que proporcionam os meios para que os recursos sejam operacionalizados e controlados. Pertencem a esta categoria as funções:

Função Financeira – É a função relativa a planejamento, captação e gestão dos recursos financeiros, envolvendo também os registros contábeis das operações realizadas nas empresas e seus respectivos orçamentos.

Função Logística – É a função relativa ao suprimento de materiais, máquinas e equipamentos, armazenagem, movimentação e distribuição física de produtos.

Função Qualidade – É a função relativa a atender às exigências dos clientes da organização. É uma espécie de sistema voltado para conseguir, em primeiro lugar, a satisfação dos consumidores, tendo a participação de todas as áreas e indivíduos e, em segundo lugar, acompanhar as atividades da empresa desde o planejamento até o fim da vida útil do produto vendido.

Função Pessoal – É a função relativa ao atendimento dos funcionários, ao planejamento das necessidades de mão de obra, treinamento, política de benefícios e obrigações legais.

Função Serviço – É a função relativa ao transporte de pessoas, manutenção e limpeza dos escritórios, documentação, arquivos, patrimônio imobiliário da empresa, serviços jurídicos, segurança e alimentação.

Função Sistema – É a função do tratamento da informação (dado) e comunicação, englobando a análise de sistemas, o processamento de dados, os modelos de decisão e os bancos de dados.

Função Desenvolvimento – É a função voltada para a pesquisa, criação de novos produtos, aplicação de tecnologia e aquisição de conhecimento (capital intelectual).

C) Funções Organizacionais Terciárias – São as funções sociais que visam manter a satisfação dos participantes da organização, isto é, manter o equilíbrio interno (organização) e externo (sociedade). Pertencem a esta categoria as funções social e pública.

> **Nota**: Além dessas funções organizacionais, ainda podemos considerar as seguintes funções: comercial, contábil, custos, material, informática, segurança, manutenção, tecnologia, jurídica.

4.9 ALIMENTO

Os alimentos são muito importantes para nos manter saudável. Além de nutrir de forma correta, o alimento possibilita diversos benefícios. Mas, para que isso aconteça, devemos evitar que os alimentos sejam contaminados. Nosso corpo retira, dos alimentos que consumimos, as vitaminas, os sais minerais, as gorduras, os nutrientes, os carboidratos e parte da água necessária ao ser humano. Essa conscientização não é algo que o homem adquiriu só nos tempos atuais. A História nos mostra que os gregos já tinham essa preocupação (400 a.C.). Hoje, a população urbana tem à sua disposição uma alimentação mais saudável com frutas e verduras. Entretanto, existem aqueles que, em função de maior poder aquisitivo, estão consumindo mais gorduras e açúcares, aumentando a obesidade e doenças cardiovasculares.

Num mundo em que a informação chega aos lugares mais inóspitos, é fácil compreender a busca de alimentos semiprontos. Assim, o comportamento alimentar ocupa, atualmente, um papel central na vida das pessoas que querem praticidade e segurança naquilo que comem. Além da preocupação em obtermos uma alimentação saudável e eficiente, isto é, que seja bem equilibrada, com boa aparência, rica em substâncias benéficas, também é de fundamental importância considerar que ela seja isenta de agentes patogênicos (agrotóxicos, bactérias, fungos). Portanto, para obter sucesso, os varejos que lidam e que vendem alimentos, além de se preocuparem em oferecer um cardápio bem diversificado, também deverão tomar algumas precauções, a fim de assegurar qualidade nos serviços que prestam, bem como em relação aos produtos que vendem.

A preocupação com a saúde, o bem-estar e a qualidade de vida fez com que as pessoas se preocupem mais com a qualidade daquilo que comem e que bebem. Daí, o governo brasileiro ter criado a ANVISA (Agência Nacional de Vigilância Sanitária), que tem como responsabilidade promover a proteção da saúde por intermédio do controle sanitário da produção e da comercialização de produtos, bem como os ambientes onde são preparados, seus processos e tecnologias empregadas.

Todos os estabelecimentos que exercerem atividades pertinentes à área de alimentos devem ser inspecionados e licenciados pela autoridade sanitária competente. A Resolução RDC nº 216, de 15 de setembro de 2004, criou a ANVISA. O responsável pelas atividades de manipulação de alimentos, deverá ter autoridade e competência para implantação e manutenção das boas práticas de fabricação e controle de qualidade dos alimentos. Esta responsabilidade pode estar a cargo do proprietário ou de um funcionário capacitado para tal, não havendo a necessidade de se nomear esse responsável no contrato social da empresa, bastando, apenas, indicá-lo ao Centro de Vigilância Sanitária, da região. Os canais de comunicação mais importantes para a obtenção de maiores esclarecimentos são:

Associação Brasileira das Indústrias da Alimentação
Av. Brigadeiro Faria Lima, 1478 / 11º Andar   São Paulo – SP
Telefones: 011 – 3030-1353; 3814-6688 (fax)
Site: www.abia.org.br
E-mail: abia@abia.org.br
Agência Nacional de Vigilância Sanitária
Site: www.anvisa.gov.br

Os objetos da inspeção sanitária são: Condições de uso das edificações, instalações, equipamentos, móveis e utensílios; Higienização das instalações; Controle dos vetores de doenças e pragas; Abastecimento de água; Manejo e descarte de resíduos; Manipuladores de alimentos; Matérias-primas, insumos e embalagens; Processo e preparação de alimentos; Armazenamento e movimentação de alimentos; Exposição de alimentos para consumo imediato; Documentos e registros; Responsabilidade pela fabricação.

4.10 CLASSIFICAÇÃO DOS ALIMENTOS

De maneira geral, os alimentos são classificados em:

Alimentos Preparados – São alimentos manipulados e preparados em serviços de alimentação, expostos à venda, embalados ou não, subdividido em três categorias:

a) Alimentos cozidos, mantidos quentes e expostos ao consumo.
b) Alimentos semiprontos, mantidos refrigerados, congelados ou à temperatura ambiente, que necessitam, ou não, de aquecimento antes do consumo.
c) Alimentos crus, mantidos refrigerados ou à temperatura ambiente, expostos ao consumo.

Alimentos Funcionais – Alimentos considerados benéficos à saúde, com características que possam substituir medicamentos.

Alimentos Detergentes – Alimentos ricos em fibras que ajudam o trato intestinal, bem como servem para limpar as paredes do sistema digestivo. São exemplos destes alimentos: pêra, maçã e bagaço de laranja.

Alimento Contaminado – Alimento que contém uma carga de agrotóxico (defensivo agrícola) acima do permitido por lei. A contaminação dos alimentos se dá quando ocorre a presença de qualquer material nos alimentos. Ela poderá ocorrer por:

- Contaminação Física – Decorre da presença de: pedras, madeiras, cabelos, pregos, lâminas, fragmentos, insetos.

- Contaminação Química – É proveniente da presença de compostos químicos estranhos ao alimento, como: inseticida, detergente, metal pesado, medicamento, corante e aditivo.
- Contaminação Biológica – Esse tipo de contaminação é causado pela presença de microorganismos patogênicos como visto anteriormente.
- Contaminação Cruzada – A contaminação cruzada ocorre quando produtos contaminados entram em contato direto ou indireto com alimentos prontos para o consumo. O maior exemplo disso é alimento cru armazenado, em clima de alimento cozido.

Nunca é demais lembrar que a contaminação de um alimento pode ocorrer pelas seguintes vias:

- Transmissão Direta – Neste caso, o homem faz a transmissão diretamente, por meio de si, de seu corpo ou do que é expelido (fezes, urina, escarro, suor, secreção).
- Transmissão Indireta – Neste caso a contaminação é feita por vetores, tais como: insetos, roedores, máquinas, equipamentos, utensílios, pisos, paredes.
- Transmissão por Agrotóxicos – Neste caso o alimento já chega ao mercado contaminado.

Alimento Industrializado – Desde os anos de 1970, as condições de mudança no mundo industrializado influenciaram o comportamento de consumo dos alimentos. A comensalidade brasileira, por exemplo, está aderindo progressivamente aos alimentos industrializados. Isso é decorrente de vários fatores, como: praticidade, promoção, propaganda, diversidade de marcas e produtos, acessibilidade, preço baixo, melhoria da qualidade do sabor. A indústria de alimentos transforma matéria-prima, por meio de processos físicos, químicos e biológicos, em produtos adequados ao consumo humano, garantindo vida longa aos mesmos. Com tudo isso, vale ressaltar que ainda estamos longe de conseguir com que tais produtos tenham aspectos naturais e saudáveis (nutrientes e propriedades organolépicas).

Os produtos industrializados são novos ao paladar e aos hábitos de nossa população. Assim, para facilitar sua aquisição, a indústria apresenta esses produtos em embalagens atraentes. Também acrescentam enormes quantidades de açúcar, sal e gordura, que fazem mal à saúde. O processamento desses alimentos acaba retirando alguns dos valores nutritivos e, em alguns casos, fibras alimentares, além de receberem corantes de maneira a aumentar o apelo visual e gustativo. Mas, que não se enganem os "naturebas", o consumo dos produtos industrializados está crescendo, já sendo considerado uma marca de modernidade num mundo, cada vez mais, globalizado. Dia a dia esses produtos ganham a confiança dos consumidores.

Alimento Congelado – Os alimentos congelados apresentam-se como uma solução para as pessoas, que dispõem de pouco tempo, se dedicarem à cozinha. Elas buscam alternativas gostosas e baratas. Assim, o público-alvo do projeto é constituído principalmente por pessoas (físicas e jurídicas) que revendam ou que comprem e preparem para vender aos consumidores finais. Aqueles que compram produtos congelados reclamam, na sua maioria, do sabor, devido aos produtos químicos utilizados como catalisadores no processo de fabricação. Apontam também que são prejudiciais à saúde.

O mercado de congelados tende a crescer, em função dos fatores já apontados. Conquistar a fidelidade do consumidor terá de ser uma prioridade. Por outro lado, a mulher tem se tornado cada vez mais independente nos últimos anos. Elas não querem ficar em casa, preferindo sair para o mercado de trabalho, a fim de conquistar o sucesso como profissionais em diversos setores. Com isso, se faz cada vez menos comida em casa e se buscam soluções mais práticas e viáveis, por meio de congelados, comprados em supermercados ou comida pronta, comprada em padarias, restaurantes, bares e similares.

Uma pesquisa do Ibope aponta que a comida congelada tem conquistado mais adeptos, tanto que 34% dos entrevistados comem congelados diariamente. Outro fator deve ser mencionado – a substituição do fogão convencional pelo forno de microondas. Além do preço, vale lembrar que as comidas de microondas são elaboradas em menos de cinco minutos. Já o fogão convencional exige certo ritual que leva pelo menos vinte minutos. Nos últimos tempos até as comidas caseiras estão passando pelo processo de congelamento para serem consumidas em diversos dias.

Uma pesquisa realizada na França (março de 2013) indicou que até os restaurantes famosos de Paris estão utilizando, cada vez mais, produtos congelados no preparo de seus cardápios, tidos com frescos e adquiridos no mercado, durante o dia. Até o governo francês se intrometeu no assunto, porque acha absurdo o preço cobrado pelos pratos de restaurantes famosos por sua gastronomia, fato que leva o turista a comer em lanchonetes.

Alimento Perecível – O alimento perecível será abordado quando estudarmos armazenamento.

4.11 CONSUMO DE ALIMENTOS

O consumo pode ser considerado como o uso de bens e serviços. Mas, não equivale à simples compra de um produto. Consumir um produto é usar o mesmo até que deixe de atender às necessidades ou que o seu valor tenha sido anulado ou reduzido. O maior problema no consumo é o conflito entre a verdade e o sonho. O propósito de um produto não é o que o vendedor, explicitamente, diz ser, mas o que o consumidor, implicitamente, exige que seja. O aumento do consumo faz crescer o investimento em máquinas, equipamentos e novas tecnologias, por exemplo. Quando há maior gasto industrial, mais se paga aos trabalhadores que retornarão ao mercado de consumo. O consumo é um desafio constante, mas, infelizmente, não muito consciente nas pessoas, que precisam ser responsáveis pelo uso dos recursos, quer naturais ou não, e pelo consumo de bens e serviços.

Os mais importantes recursos utilizados no restaurante são:

Matéria-Prima – Recurso utilizado na fabricação do produto final e que pode ser prontamente identificada no produto.

Mão de Obra – Trabalho feito por uma pessoa; fator de produção remunerado pelo salário. A mão de obra pode ser: mão de obra direta (trabalho cujo tempo pode ser identificado com a produção, produto ou centro de custo) e mão de obra indireta (trabalho cujo tempo não pode ser claramente identificado). Os custos da mão de obra não especializada tendem a ser mais baixos em locais mais remotos, devendo ser considerados como um agregado, que inclui, também, os encargos sociais, benefícios e prêmios.

Insumo – Recurso que contribui para a obtenção do produto, mas nem sempre faz parte da composição final do mesmo. Necessário para o processo de manufatura, o insumo não pode ser prontamente identificado com qualquer produto em particular, cujo custo é muito irrelevante para medir. A disponibilidade do insumo não significa necessariamente que eles sejam baratos. Atenção especial deve ser dada aos custos de transferência, como no caso da energia, do armazenamento, do acondicionamento e da movimentação.

O consumo de alimentos cresceu muito, porque as pessoas não querem perder tempo e também, devido ao avanço da tecnologia, porque permitiu melhores meios de conservação dos produtos. Há um mito de que o alimento congelado faz mal a saúde e que, portanto, aqueles que agem dessa forma estão mal alimentados. Mas, o problema não está exatamente no consumo do congelado, mas na forma em que se consomem tais alimentos, já que os congelados conservam os nutrientes melhor do que os alimentos in natura.

Nota: Como alimentar bilhões de pessoas sem armazenamento em condições de congelamento?

4.12 CLIENTE CONSUMIDOR

Cliente não é mesmo que consumidor. O cliente é todo aquele que se relaciona com a empresa, isto é, funcionários, consumidores, patrocinadores, parceiros, fornecedores, credores, usuários, pacientes, assinantes, colaboradores, agentes, compradores, concorrentes, empresas, universidades, institutos, intermediários, distribuidores.

Consumidor é aquele (indivíduo ou instituição) que compra um produto. Ele não consome coisas, mas os benefícios que espera do produto. Criar e conservar um consumidor são muito importantes para o êxito do negócio, é bom que o empresário o veja como o principal objetivo da empresa. Quando um consumidor procurar uma empresa, esta deve ter o máximo cuidado em fazer um atendimento de qualidade para que aquele possa retornar. O consumidor deve ser o propósito do negócio.

A abordagem econômica diz que os consumidores são os agentes da demanda, isto é, aqueles que se dirigem ao mercado com o intuito de adquirir um conjunto de bens e serviços que lhes maximize sua função utilitária. Por outro lado, o conhecimento sólido das necessidades e desejos dos consumidores proporciona a base de informação, para que haja maiores e melhores vendas, bem como resultados promissores.

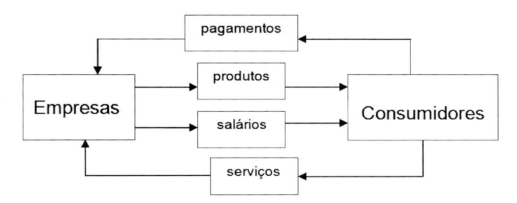

Figura 4.2: Diagrama de Trocas entre Empresas e Consumidores.

A seguir alguns tipos de consumidor:

Consumidor Final – O consumidor final desempenha um duplo papel no mercado. Em primeiro lugar, ele atua como comprador. Em segundo lugar, elabora um estudo crítico daquilo que compra, como, também, dos métodos de comercialização.

Consumidor Potencial – O consumidor potencial é alguém disposto e habilitado a se engajar em uma troca de valores. Não se pode vender um produto a menos que se encontre um comprador. Por isso, a prospecção de localizar e classificar consumidores potenciais é o primeiro passo no processo de venda. Os vendedores de sucesso são aqueles motivados à acumulação de fatos e informações úteis na aproximação e apelo aos consumidores em perspectiva, que variam de pessoa a pessoa.

Consumidor Consciente – O mundo dos negócios vem se preocupando cada vez mais com uma figura, em muitos aspectos, ainda insondável – O consumidor consciente. O problema, porém, é definir exatamente quem é ele, como pensa e age na hora de escolher entre um e outro bem ou serviço. Segundo pesquisas, os consumidores conscientes adotam os seguintes comportamentos: 93% pedem nota fiscal quando fazem compras; 90% lêem os rótulos das embalagens atentamente antes de comprar: 89% escrevem no verso de folhas já utilizadas; 79% separam o lixo para reciclagem; 72% compram produtos orgânicos; 59% já recorreram a órgãos de defesa do consumidor; 42% deixam de comprar um produto para punir o fabricante; 26% deixam o carro em casa pelo menos uma vez na semana.

Consumidor Atento – É o tipo mais fácil de se vender. Para ele não se pode desculpar a perda de uma venda.

Consumidor Apático – Você terá que ser cuidadoso e dar informações concisas e absolutamente corretas sobre as mercadorias e condições gerais de venda.

Consumidor Vaidoso – É um tanto fácil de ser atendido, contanto que você saiba que ele é vaidoso e atenda à sua vaidade.

Consumidor Nervoso – Aqui entra uma boa dose de simpatia e paciência do vendedor que o reconheceu. Uma vez conquistada a sua confiança, se transforma em um consumidor cativo.

Consumidor Orgulhoso – O orgulhoso, quando tratado com respeito e consideração (aparentemente especial), transforma-se e sente-se importante, passando a comprar tudo aquilo que se lhe queira vender.

Consumidor Indiferente – O trabalho é procurar descobrir o que realmente deseja. Não se iluda com esse tipo de consumidor, porque mesmo aparentando desinteresse, no fundo ele deseja crescer psicologicamente e ele o faz comprando.

Consumidor Taciturno – Tratar esse tipo com calma e paciência. Deve-se tomar uma atitude de confiança e entusiasmo para equilibrar a personalidade do consumidor que é oposta, daí procurar ajudá-lo a comprar.

Consumidor Despreocupado – Atenda bem esse tipo de consumidor, oferecendo-lhe cadeira e deixando-o bem à vontade. Não seja, pois, apressado, dê atenção e prepare seu futuro consumidor, mesmo perdendo um pouquinho do seu tempo.

Consumidor Cativo – Aquele que compra constantemente na mesma loja; freguês.

Consumidor Malcriado – Tome um grande cuidado para não se irritar ou zangar-se com ele. Deixe que ele brigue sozinho. Procure ser cordato, peça desculpas e lembre-se: o cliente é aquele que paga o seu salário. Não confunda tipo malcriado com o abusivo e impertinente. Neste caso, convém chamar o gerente.

Consumidor Globalizado – Usuário da Internet que atua no varejo virtual, tende a explorar primeiramente as páginas de marcas conhecidas, devido à confiança e credibilidade adquiridas no varejo real. Não critique economia de rede e sistemas automatizados, porque este consumidor achará que você é cafona.

Consumidor Hostil – Consumidor sobrecarregado, atira para todo lado; não ataca apenas o produto, mas também a empresa, porque ele pensa que a vida é matar ou morrer. Brigar o faz se sentir vivo. A pior abordagem do vendedor é deixar-se intimidar. O vendedor deve se posicionar a favor do consumidor hostil, dando a ele espaço e não esquecer de chamá-lo pelo nome. Usando algumas técnicas de venda, este consumidor deixa de ser hostil e passa a ser cativo.

Consumidor Reclamão – É aquele que reclama de tudo e de todos. Põe o vendedor na defensiva em poucos segundos. O vendedor deve ouvi-lo com atenção e parafrasear sua reclamação, concordando com aquilo que faz sentido.

Consumidor Silencioso – Este consumidor é conciso, breve, sucinto, difícil de decifrar. Evita riscos e mantém-se imperturbável em sua estratégia de compra e negociação. O vendedor não deve interromper o seu silêncio, deve ser calmo na sua apresentação ao consumidor. Se o consumidor ainda continuar sem se manifestar, a melhor coisa é marcar outro dia, em um ambiente favorável e informal.

Consumidor Sabichão – Aquele que julga saber muito. É cabotino e se julga um especialista em qualquer coisa. O vendedor deve se ater aos fatos, utilizando muita objetividade e solicitando ajuda ao sabichão para o processo de venda.

Consumidor Procrastinador – Aquele que não consegue chegar a uma decisão. O vendedor deve ajudá-lo a resolver seus problemas. Procure saber que tipo de atitude (decisão, solução) o mesmo tomou para resolver problemas semelhantes.

Consumidor Sofisticado – É um participante-chave nos processos de experimentação e de avaliação de um novo produto.

Consumidor Interativo – Aquele que interage com o fabricante ou prestador de serviços. O consumidor não contribui apenas com dinheiro, mas também com informações e ideias. Um dia, os consumidores terão total interatividade com produtores, fornecedores e distribuidores.

Consumidor Emergente – Está entrando no mercado pela primeira vez e pode ser um consumidor valioso. Dois grupos de consumidores emergentes mais notáveis são os imigrantes e os jovens.

Consumidor Indeciso – Possui pouca ou nenhuma lealdade à marca e sua decisão de comprar varia. Mas, este consumidor pode não ser um alvo atraente, devido a sua mutabilidade.

Consumidor Leal – Em um mercado com proporção muito elevada de consumidores leais, a adoção de um produto pode não gerar grandes volumes de vendas. Assim, a propaganda deve ser levada em consideração para reforçar a lealdade à marca. Nenhuma empresa pode ser complacente com a lealdade do consumidor. Um varejista, por exemplo, não está concorrendo somente com outras lojas, mas também com todas as outras atrações em que o público gasta dinheiro, como: cinemas, teatros, restaurantes, shows e outras atrações.

Consumidor Idoso – À medida que a população envelhece, os consumidores idosos passaram a ser um mercado atraente. Ademais, muitos idosos são saudáveis e ativos, tendo os mesmos desejos e necessidades do que os mais jovens. Suas decisões de compra, em sua maioria, são baseadas em seu estilo de vida e não na sua idade.

Consumidor Vigilante – É aquele que não está mais tolerando bens e serviços de má qualidade. Por outro lado, deseja que as empresas sejam mais humanas.

4.13 VAREJO DE ALIMENTOS

Varejo é o espaço (real ou virtual) onde o consumidor compra um determinado produto. É no varejo que são executadas todas as atividades ligadas à venda ao consumidor final. A ênfase que se vem dando em conhecer melhor o consumidor e como bem atendê-lo parece reforçar a ideia de que já estamos na Era do Consumidor. As vendas de varejo são feitas, principalmente, por unidades, ou pequenos lotes, cabendo ao varejista manter o estoque dos produtos que comercializa, bem como oferecer uma variedade de bens e serviços aos consumidores. Além de vender, o varejo agrega valor aos produtos que negocia, pois seus atendentes precisam orientar os consumidores para que estes façam boas compras.

A loja, varejo de loja ou loja de rua como também é conhecida, é, em geral, uma pequena empresa que atende ao consumidor final, naquilo que diz respeito a bens e serviços. De diferentes modalidades, as lojas buscam uma localização estratégica, em função dos seguintes fatores: visibilidade, atratividade, infraestrutura, acesso, segurança, tráfego, perfil dos consumidores, por exemplo. A maioria das lojas é de varejistas independentes. Estes são seus próprios patrões. Podem desenvolver relacionamentos pessoais íntimos com seus consumidores, respondendo com rapidez às necessidades do mercado. Muitas butiques, cabeleireiros, padarias, açougues, restaurantes, farmácias e livrarias, por exemplo, se acham nesta categoria.

O restaurante é um varejo de alimentos (estabelecimento comercial) onde se preparam e servem refeições. Também pode ser considerado como um varejo prestador de serviço. No desenvolvimento e construção de um restaurante os donos devem se preocupar com os seguintes elementos:

Arquitetura – O primeiro elemento arquitetônico que se apresenta aos olhos do consumidor é a fachada da loja, que merece ser tratada com a importância devida. A entrada do varejo tem que ser convidativa, exercendo um fascínio sobre as pessoas, sem oferecer nenhum obstáculo que iniba sua acessibilidade.

Sinalização – A sinalização bem estruturada facilita bastante a movimentação das pessoas. Sinalizar é comunicar.

Iluminação – Numa loja, a quantidade e a qualidade da luz podem realçar o ambiente, aumentando o valor dos produtos, ajudando a faturar mais. Assim, é importante dar valor a um bom projeto de iluminação. As normas disponíveis indicam os níveis de iluminamento satisfatórios para a realização de diferentes tipos de trabalho e de situações no varejo.

Arranjo Físico – A atmosfera da loja é outro elemento disponível no arsenal do varejista. Qualquer loja possui um lay-out que facilita, ou dificulta, a movimentação de consumidores e funcionários. Uma loja também pode ser suja, charmosa, ostentosa ou sombria. O arranjo físico deve ser congruente com a sua finalidade.

Segurança – É impossível aos cidadãos, ou a qualquer segmento da coletividade, viverem dentro de alto índice de violência (insegurança), estampado diariamente pela mídia. Mas, como esse massacre de fatos e situações afeta o consumidor? Para responder a esta pergunta basta analisar como mudaram os nossos próprios hábitos.

4.14 LOCAL DO RESTAURANTE

A escolha adequada do local em que será implantado o restaurante tem muita importância para que o mesmo cumpra a sua missão. A localização ideal, nem sempre possível, deve atender, principalmente, aos seguintes requisitos:

Público-Alvo – Para conhecer o público a ser atendido é preciso levantar aspectos de demografia, perfil do consumidor (renda, idade, hábito), padrões de consumo, concentrações comerciais e poder da concorrência.

Visibilidade – O local precisa ser visível e identificável. No caso de restaurante, a visibilidade é um requisito dos mais importantes.

Acesso – A chegada a um estabelecimento comercial, assim como a saída, deve ser facilitada pelas vias de acesso. Se houver muitas dificuldades, o consumidor procurará outro lugar.

Funcionalidade – É um fator que diz respeito especialmente ao projeto de construção. Adaptações em edificações antigas podem sair mais caras do que a montagem de uma loja em local projetado para esse fim.

Tamanho da Área – É indispensável avaliar o local de acordo com o tipo de negócio. Certos empreendimentos exigem grande fachada, outros podem requerer profundidade, outros estacionamento. Não se pode esquecer também da possibilidade de expansões futuras.

Infraestrutura – Pode parecer prosaico, mas nenhum estabelecimento comercial funciona bem, se não houver disponibilidade de serviços públicos no próprio local, como energia elétrica, sistema de telefonia, água encanada e potável, esgoto, gás, posto de saúde, hospital, escola, correio, banco, policiamento, transporte e segurança.

Tipo de Solo – Trata-se de critério especialmente importante, quando se vai construir. Os custos de construção podem ser multiplicados se as fundações toparem com rochas no subsolo ou se precisarem ser muito profundas, pela inconsistência do terreno.

Planejamento Urbano – Devem-se conhecer previamente os planos e projetos de desenvolvimento, ou renovação urbana, que influenciarão o local. A criação, por exemplo, de uma rua de pedestres pode ser uma bênção para alguns e uma desgraça para outros.

Planejamento Viário – O desconhecimento do projeto de construção de um viaduto, ou um anel viário, da inversão de mão de tráfego, da implantação de vias expressas, ou corredores de ônibus, pode inviabilizar o negócio.

Restrições Legais – Ninguém deve escolher um ponto sem estudar antes, em detalhes, as leis de zoneamento da cidade, para evitar alguma surpresa.

Recursos Naturais – Recursos que podem ser utilizados sem precisar de gastos adicionais, tais como: luz natural, ventilação, minerais, vegetação, água, terra.

Potencial de Mercado – O potencial de mercado é o limite a que tende a demanda de mercado, à medida que o esforço da empresa tende ao infinito, para determinado ambiente, isto é, a receita máxima com vendas que a empresa, de um determinado setor, pode conseguir num período de tempo.

Topografia – A localização no pavimento térreo deve, sempre que possível, ser a melhor opção, de forma a proporcionar fácil acesso externo para abastecimento, iluminação natural e ótimas condições de ventilação. Na impossibilidade da localização no andar térreo, sugere-se a instalação de elevadores de carga. As instalações e suas áreas circundantes devem facilitar as operações de manutenção e limpeza, evitar as contaminações ambientais e impedir a entrada de animais, de qualquer espécie. Dentre outras condições favoráveis, a localização térrea facilita o acesso de fornecedores, remoção de lixo, redução nos custos de manutenção dos dutos de água, vapor e energia. Tudo é mais fácil para a observação de vazamentos. Se possível, a fábrica deve ser construída em blocos, garantindo maior iluminação e ventilação, por exemplo. O movimento do Sol deve ser levado em consideração.

Entorno – A construção ou locação do restaurante deve ser em áreas onde os arredores sejam pavimentados e não ofereçam riscos às condições gerais de higiene e limpeza, ou seja, em áreas livres de infestações de mosca, mosquitos, roedores. O entorno deve permitir livre acesso, direto e independente, isto é, não comum a outros usos.

Configuração Geométrica – A forma mais indicada é a retangular, desde que o comprimento não exceda mais de 1,5 a 2 vezes a largura. Esta forma propicia melhor disposição dos móveis, utensílios, equipamentos e tem a vantagem de evitar: caminhadas supérfluas, conflitos de circulação e outros problemas de arranjo físico mal feito. Um exemplo muito comum é ter 10 m x 15 m ou 10 m x 20 m. A configuração das áreas de preparação dos alimentos deve propiciar um fluxo linear, sem cruzamento de atividades entre os vários gêneros de alimentos. Se não houver áreas separadas para os vários produtos, deve existir, no mínimo, um local para pré-preparo, evitando a contaminação cruzada.

4.15 COMUNICAÇÃO COM CONSUMIDORES

A comunicação é a ação de revelar dados, informações, fatos, ideias, fenômenos, teorias, leis, técnicas, métodos, por exemplo. Na comunicação, há sempre uma intenção básica e certamente o transmissor espera que o receptor a compreenda. A comunicação objetiva informar, educar, instruir, treinar, intelectualizar, aculturar (todos de natureza cognitiva), persuadir, divertir, influenciar, motivar, incentivar, interagir, estimular (todos de natureza emocional).

O estabelecimento dos objetivos da comunicação deve levar em conta os seguintes critérios: Buscar a coerência; Melhorar o nível de percepção; Revelar um fato (constatação empírica de um acontecimento); Mudar um comportamento e desenvolver compreensão; Divulgar a solução de um problema, uma decisão, uma estratégia (tática), uma política (procedimento).

A falta de comunicação ou a comunicação deficiente e falha é causa de muitos problemas. Empregados que deixam de executar determinadas tarefas ou que as executam de forma errada, com desperdício de tempo e de materiais, muitas vezes, assim procedem, porque não foram informados ou foram mal informados. Ainda pode ser que não sabiam o que fazer ou não compreenderam como fazer. A boa comunicação, por outro lado, faz com que as pessoas tornem seu trabalho mais produtivo.

Os meios de divulgação (comunicação) do restaurante são muitos. Por isso, colocamos, a seguir, aqueles que achamos mais importantes para o momento:

Mala Direta – Propaganda (papel ou meio eletrônico) para um determinado público-alvo. A mala direta pode ser pessoal ou institucional, tendo tratamentos diferenciados. Vantagem: Baixo custo. Desvantagem: Retorno muito pequeno.

Letreiro – Propaganda com letras luminosas. Vantagem: Destaque à distância. Desvantagem: Custo de manutenção.

Cartaz – Propaganda em cartazes de papelão. Vantagem: Flexibilidade. Desvantagem: Vida curta.

Evento Promocional – Acontecimento de curta duração para mostrar um produto. Vantagem: Congrega pessoas do mesmo ramo e interessadas no produto. Desvantagem: Precisa ser muito bem planejado para não fracassar.

Telefone – O telefone é usado ao mesmo tempo como canal de comunicação e de venda. Vantagem: Contato direto. Desvantagem: Impertinência de quem chama.

Prospecto – Propaganda em papel distribuída de porta em porta e nos semáforos das ruas. Vantagem: Barato. Desvantagem: Pouquíssimas pessoas lêem.

Banner – Uma espécie de cartaz menor, como uma bandeira que depende de uma haste de sustentação. Um banner contém as atividades ou qualidades daquilo que se quer apresentar. Vantagem: Indica o local da promoção. Desvantagem: Duração efêmera.

Envelopes e Bolsas – Envelopes timbrados e bolsas de propaganda são de fácil visualização, porque são meios concretos de divulgação da logomarca e do nome da empresa. Vantagem: Excessivamente baratos. Desvantagem: Precisa ser massificado, para ter eficácia na divulgação.

Folder – É um folheto dobrado, geralmente entregue pelos Correios, em que são relatados os serviços que se quer divulgar como: Nossos Serviços, Nossas Bandeiras, Nossa Missão, Nossos Compromissos. Vantagem: Velocidade de divulgação. Desvantagem: Poucas pessoas lêem.

Site – Site é o nome que se dá ao endereço eletrônico (ou página) da Internet. A criação de uma página na Internet não é um esforço isolado. A atual velocidade da inovação tecnológica no desenho e a crescente competitividade do meio exigem que os profissionais de marketing avaliem continuamente o valor percebido da página eletrônica. Vantagem: Acessibilidade barata e rápida. Desvantagem: Constante mudança, para tornar o site mais atrativo.

Cardápio – A manipulação e a montagem de cardápios alimentares devem ser realizadas por profissionais tecnicamente qualificados. Cardápios limitados, com poucas entradas e apenas três ou quatro pratos, que mudam regularmente, são interpretados por especialistas como sinal de qualidade, que indica maior probabilidade de utilização de ingredientes frescos, comprados diariamente. Vantagem: Leitura direta daquilo que se está ofertando. Desvantagem: Vida útil muito pequena, em função do desgaste do material e em função da mudança de preços (efeito inflacionário).

5

INVESTIMENTO, CRÉDITO e FINANCIAMENTO

"Quando não se tem dinheiro, pensa-se sempre nele. Quando se tem, pensa-se somente nele".
Jean Paul Getty

OBJETIVOS DO CAPÍTULO

- Mostrar a necessidade de uma conveniente análise do investimento pelo empreendedor.
- Mostrar as diferenças básicas entre locação e imobilização.
- Mostrar a importância do controle da variação patrimonial do empreendimento.
- Mostrar os principais elementos do financiamento.
- Mostrar como se quantifica o capital de giro próprio.

5.1 INVESTIMENTO

Investimentos são gastos aplicados em bens duráveis, direitos de marca, tecnologias, máquinas e equipamentos, bem como recursos aplicados em participações (empresas coligadas e/ou controladas) e em outras sociedades (direitos de qualquer natureza). É importante assinalar que os investimentos são aplicações, relativamente, permanentes com o objetivo de produzir renda. Os investimentos empresariais podem ser vistos pela massa de capitais aplicados e pelo tempo da aplicação. Embora o volume de capital seja preponderante em qualquer investimento, o que realmente interessa é quanto tempo vai se levar para ter o dinheiro de volta, isto é, tempo de retorno do investimento.

É muito importante que o investidor faça uma análise da conveniência do investimento, bem como se deve comprar ou alugar alguns dos recursos que farão a empresa funcionar, porque os gastos com aluguel podem ser jogados na conta de despesas. Já o imobilizado só pode ser amortizado, em geral, em cinco ou mais anos. Evidentemente, esses benefícios não são os únicos a se considerar, quando se precisa de uma máquina ou equipamento

Além da disponibilidade de caixa e da conjuntura econômica, fatores como o preço do equipamento desejado e o custo da locação devem ser, obrigatoriamente, pesquisados e analisados. Nesta análise, é importante que o tempo de utilização do ativo deva ser considerado, pois é esta variável que determinará o aluguel ou a compra. A análise do investimento objetiva verificar a conveniência da otimização tecnológica, para a substituição de máquinas e equipamentos, melhoria da produtividade (reditividade), avaliando o impacto na estratégia empresarial e qual a mudança no comportamento e cultura da organização.

O investimento tem uma relação inversamente proporcional com as taxas de juros de mercado. Se a empresa já dispõe de capital próprio, a taxa de juros representará o quanto à empresa ganharia se, em vez de investir em suas instalações, aplicasse no mercado de capitais. Se a empresa precisa tomar emprestado, para comprar bens duráveis ou ampliar suas instalações, a taxa de juros de mercado representa para ela o custo do empréstimo. Nas duas situações, quanto maior a taxa de juros de mercado, menores os investimentos.

A seguir, são apresentados alguns elementos que ajudarão a consolidar o conceito de investimento:

Captação de Recursos Financeiros – Os recursos financeiros aplicados no empreendimento são considerados investimento. Então, os problemas do gerente financeiro estão em como captar e gerir tais recursos. Também caberá questionar quanto, quando, quais e por que da captação de tais recursos.

Retorno do Investimento – O retorno do investimento é dado pela fórmula:

Retorno do Investimento = Lucro do Exercício × Giro do Ativo Total

Onde:
Lucro do Exercício = Lucro Líquido
Giro do Ativo Total = Receita com Vendas / Ativo Total

Exemplo:
Lucro do Exercício = $ 1.000,00/Ano
Giro do Ativo Total = 2
Retorno do Investimento = $ 1.000,00 × 2 = $ 2.000,00/Ano

Análise:
Este indicador mostra o quanto retorna do investimento por ano. Se o capital investido foi de $ 10.000,00, significa que, sendo o retorno do investimento igual a $ 2.000,00/ano, o investimento retornará em 5 anos (10.000 ÷ 2.000).

Decisão de Investir – A tomada de decisão sobre os gastos com investimento ficará em função do retorno do investimento, da taxa de juros praticados no mercado e da disponibilidade de fundos de longo prazo patrocinados pelos governos e bancos de desenvolvimento (fomento). Tanto os investimentos públicos como os privados podem ser feitos de forma ineficiente. Sempre que uma empresa deixa de obter uma taxa de retorno competitiva sobre seus investimentos, é porque foi feito um mau investimento. No setor privado, os índices de fracasso são elevados, porque muitas empresas não conseguem obter um retorno que compense tanto esforço, tempo e dinheiro.

Pay Back – Pay back é o intervalo de tempo necessário para que o investimento proporcione, em entradas líquidas de caixa, um montante igual ao total investido. Sua fórmula é:

Pay back = Ativo Total / Resultado Final do Exercício = Investimento / Lucro Líquido

Onde:
Ativo Total = Investimento
Resultado do Exercício = Lucro Líquido
Lucro Líquido = Lucro - (Imposto de Renda + Depreciação)

Exemplo:
Investimento = $ 100.000,00
Valor Residual = $ 10.000,00
Vida Útil = 9 anos
Lucro = $ 20.000,00
Imposto de Renda (IR) = 50% do lucro

Solução:
Investimento Líquido = 100.000 – 10.000 = 90.000
Depreciação = (100.000 – 10.000) / 9 = 10.000
Pay Back = (100.000 – 10.000) / (20.000 – 10.000 + 10.000) = 90.000 / 20.000 = 4,5 anos

Risco – Numa economia dinâmica, livre e competitiva, o risco é inevitável. Desafia constantemente a argúcia dos empreendedores e sua estimativa correta é muito difícil. Expõe o negociante ao perigo de prejuízo financeiro, que pode ser causado por deterioração física, roubo, danificação, perda, alterações de oferta ou procura e oscilações do nível de preços. Executar projetos é diferente de executar uma rotina já consagrada, visto que se está constantemente enfrentando situações inesperadas e turbulências do ambiente.

Ademais, o que caracteriza o futuro é a incerteza. Os riscos de fracasso rondam, permanentemente, o analista, o empreendedor, o dirigente, o gestor. Não há certeza de que um investimento dará resultado positivo. Mas, este deve ser o mais bem calculado possível, porque não existe risco zero, qualquer que seja o empreendimento.

5.2 TIPOS DE INVESTIMENTO

A seguir, os mais importantes tipos de investimento:

Investimento Imobilizado – Capitais retidos em ativos para ressarcimento no curto prazo, como: imóveis, máquinas, instalações, veículos, móveis, utensílios, marcas, patentes, direitos de publicação, cauções, reserva técnica de estoque.

Investimento Estratégico – Investimento voltado para o mercado, isto é, feito para reforçar a posição da empresa no mercado. Este investimento, dificilmente, permite uma avaliação mais concreta dos resultados, devido à dificuldade em se caracterizar os caminhos empresariais no longo prazo (leitura do cenário).

Investimento em Tecnologia – O investimento em uma nova tecnologia, em geral, tem como objetivo minimizar custos e trazer maior qualidade. A escolha de tecnologia também pode estar relacionada a elementos, tais como: oportunidade, logística, política, infraestrutura, integração, fusão, aquisição.

Investimento Inicial – O investimento inicial é o ponto de partida para qualquer projeto de empreendimento. Tal montante depende diretamente do tipo de negócio, do porte, da localização, do público-alvo e de outros aspectos. Antes de desembolsar qualquer quantia, é recomendável que se estude os gastos que serão necessários, como: imóveis, instalações, máquinas, equipamentos, móveis, utensílios, viaturas, sistemas, contratações, legalizações, locações, treinamentos, documentos, arquivos, programas de computador, meios de divulgação, canais de distribuição.

Por mais minucioso que seja o estudo, o empreendedor deve ter clareza de que, quando iniciar a montagem da empresa, as previsões são sempre subestimadas. Portanto, será preciso ser prudente e ter uma boa reserva de dinheiro, para cobrir imprevistos. É importante lembrar que nos seis primeiros meses os gastos sempre superarão as receitas. É de fundamental importância saber quanto e quando deve efetuar os pagamentos. Numa pesquisa preliminar, por meio dos fornecedores de recursos, constatou-se que o projeto de um pequeno restaurante é da ordem de:

Máquinas e Equipamentos	150.000,00
Móveis e Utensílios	40.000,00
Veículos	45.000,00
Obras de Instalação	100.000,00
Capital de Giro Próprio	15.000,00
Custo Fixo (3 meses)	60.000,00
Total	410.000,00

Quadro 5.1: Investimento Inicial.

5.3 PLANOS DO INVESTIDOR

Três documentos são básicos em qualquer empreendimento:

Plano de Investimento – O plano de investimento é uma ferramenta que ajudará a coordenar, controlar e constatar a conveniência de investir capital financeiro para cobrir todas as despesas de operação e de imobilização para viabilizar o projeto. Tal plano deve ser submetido a revisões periódicas, para assegurar a sua adequação às situações variáveis da empresa. É um plano dentro do plano de negócios, e procura demonstrar um conjunto de projeções abrangentes que possam refletir o desempenho futuro da empresa em termos financeiros.

Com este instrumento é possível estabelecer e cumprir metas. Quando bem fundamentado, transmite uma imagem positiva e dá crédito aos empreendedores, pois se estabelece como um dos referenciais do projeto. Existem razões para a conveniência de se desenvolver um plano de investimento, tais como:

- Aumento da Produção – Os investimentos tendentes à expansão do volume de produção exigem, geralmente, uma previsão cuidadosa, a longo prazo, da situação do mercado no qual é baseado o projeto de expansão.
- Substituição de Equipamentos – A substituição de equipamentos consumidos, por sua vez, pode requerer considerações no curto e no longo prazos, conforme a importância dos equipamentos ou da instalação a substituir. Quando se trata de substituir um elemento principal da instalação produtiva, que exija ingentes investimentos, é oportuno analisar, previamente, se a atividade produtiva é ainda, economicamente, justificável, do ponto de vista da reditividade.
- Melhoria da Produtividade – As melhorias na produtividade podem influenciar em diversos aspectos da vida empresarial. Os principais efeitos, atinentes a uma melhoria da produtividade estão na redução de custos e na qualidade dos produtos, que requerem novos investimentos.

Plano de Negócio – Embora já se tenha feito considerações sobre negócio, vale acrescentar que um negócio pode ser conduzido por uma ou mais pessoas, proprietários ou não, bem como ser operacionalizado de maneiras diversas. Um negócio se apresenta como o único caminho possível para vencer o desemprego ou se esquivar de baixos salários. Para alguns, é o projeto de toda uma vida, a possibilidade de dar um salto na escala social e por para fora a capacidade de iniciativa. Num e noutro caso não há limite de idade para o ingresso no mundo dos negócios.

É indispensável ter clareza em relação à ideia do negócio. Uma pista é ouvir as opiniões e desenvolver respostas para suas observações, isto é, uma maneira de evitar pecados capitais, como subestimar as necessidades, subavaliar problemas e escolher parceiros errados. Ninguém deve tapar os ouvidos para aqueles que colocam obstáculos ao projeto. A decolagem de um negócio depende muito de um bom plano de negócio.

O plano de negócio é o ponto de partida do investidor, empresário, ou empreendedor, que busca financiamento, isto é, uma espécie de cartão de apresentação. É pelo movimento do dinheiro que o empreendedor irá detectar a saúde de seu negócio. No início das operações, raramente, se escapa do vermelho. A meta, porém, é perseguir o faturamento de equilíbrio, quando as entradas se harmonizam com as saídas. Nesta fase, o negócio começa a remunerar o capital investido (principal), por meio de um excedente positivo de caixa. Este plano formaliza a ideia, define a oportunidade do negócio, conceitua a operação, estima os riscos e traça o roteiro de viabilização do novo negócio. É um documento básico para atrair investidores. Sugere-se como roteiro o seguinte:

a) Descrever os aspectos econômicos, tais como: setor da economia (ramo); produto(s) que se pretender desenvolver; mercado de atuação; recursos necessários e meios de comercialização.

b) Descrever os aspectos técnicos, quanto se quantifica e qualifica a produção, quando apresentar o processo produtivo e quais serão as especificações.

c) Descrever os aspectos financeiros como informações sobre o investimento fixo, os recursos e projeções sobre receitas, custos e resultados. Projeções do fluxo de caixa e de capital de giro também fazem parte do plano.

Orçamento de Investimento – Orçamento é um plano que especifica as receitas e os gastos, antecipadamente, em um dado período. Também pode ser considerado como um documento que discrimina a origem e a aplicação dos recursos, que serão utilizados para um determinado fim, ou ainda, como um mecanismo de controle.

Orçamento voltado às decisões sobre investimentos considera as utilizações de fundos em ativos imobilizados, isto é, que exercem a sua função operacional ou, em geral, a sua influência sobre a vida empresarial por um longo período de tempo. Uma vez que o ciclo financeiro de tais ativos se completa a médio e a longo prazo, através de mecanismos de amortização, o valor correspondente investido é considerado como imobilizado. As principais informações fornecidas por um orçamento de investimento são: tipo de investimento; montante total dos vários investimentos; período durante o qual deverão ser efetuados os desembolsos.

Os objetivos do orçamento de investimento são, basicamente:

- Prever e planejar, em tempo, o tipo e o valor dos investimentos da empresa.
- Realizar uma adequada coordenação das utilizações em imobilizações, tendo em conta: as disponibilidades financeiras, as exigências dos vários setores empresariais e a taxa de reditividade.
- Controlar as despesas efetuadas, em relação a quanto foi previsto.

Seja para curto e longo prazos, esses orçamentos exigem habilidade incomum, no sentido de dar forma definida aos planos para o dispêndio de fundos da empresa. Já que as fontes de capital são, geralmente, os fatores mais restritivos do negócio, o investimento em instalações e equipamentos requer, via de regra, um longo período para recuperação.

5.4 LOCAÇÃO E IMOBILIZAÇÃO

Uma questão que se coloca de saída a respeito da situação do imóvel, da localização e da propriedade: Ele deve ser próprio ou alugado? Em ambos os casos o que importa é o custo da opção. Os consultores não recomendam a imobilização em imóveis, pelo menos na fase inicial do projeto. É um custo pesado demais para quem necessita amealhar todo o capital de giro que lhe seja possível, sem ônus dos juros cobrados pelos bancos. O aluguel também deve estar compatível com as expectativas de retorno do capital investido. A experiência estabelece regras que devem ser seguidas, tais como:

a) Caso a perspectiva de uso seja de pelo menos cinco anos, tempo médio para a amortização do ativo imobilizado, deve-se comprar a máquina.

b) Caso o tempo provável de utilização fique abaixo desse patamar, deve-se alugar.

c) Caso o fator tecnologia seja preponderante, será preciso analisar a relação custo/benefício. Considera-se benefício como: maior produtividade, menor consumo de energia, maior segurança e melhor qualidade, por exemplo.

Válido para situações de rotina, o aluguel ganha importância em momentos de emergência, que vão desde um pico de vendas a trabalhos não habituais da empresa. A parada ou retração da economia e a ênfase na prestação de serviços deverão constituir-se num forte argumento para investir, já que a maioria das empresas se esquece de que os custos com equipamentos não se esgotam na compra. Há toda uma estrutura de manutenção e de reparos a ser considerada. O maior empecilho está no preconceito com que o empreendedor trata a locação. A maior parte das pessoas quer ser "dona", sem se preocupar com os resultados.

Se o aluguel é uma boa alternativa para as empresas que precisam de equipamentos por prazos curtos, para prazos mais longos a opção é recorrer ao arrendamento mercantil ou leasing. Contratado para período que pode variar entre três e cinco anos, esse sistema combina as operações de locação e financiamento, permitindo, ao final do arrendamento, que o bem seja adquirido ou, então, devolvido à empresa contratada. Caso se decida pela compra, o interessado pagará à financeira o valor residual, um preço básico, previamente combinado, que pode ser de 1% a 100% do valor do equipamento.

Nota: O leasing funciona mais como uma linha de financiamento.

Comparado à locação normal, o *leasing* tem de diferente a obrigação contratual que estabelece para o arrendatário, ou seja, uma vez realizada a operação, não tem como desistir, ao contrário da locação, em que a devolução do equipamento pode ser feita a qualquer tempo.

Locação é o contrato pelo qual uma das partes se compromete, mediante remuneração que a outra paga, a fornecer-lhe, durante certo tempo, ou uso e gozo de uma coisa (mão de obra, objeto, imóvel, máquina). É contrato bilateral, consensual, oneroso, cumutativo, de execução continuada e não solene. A parte que concede o uso da coisa é conhecida como locador, mas também se chama de senhorio por pertencer-lhe a titularidade do bem. Quem recebe a coisa em virtude desse contrato chama-se locatário, ou inquilino.

A imobilização é o mesmo que retenção de dinheiro em determinados ativos ou ação de imobilizar capital no longo prazo. São considerados ativos imobilizados os bens e direitos de natureza permanente, destinados à manutenção das atividades da organização. Como é óbvio, o termo imobilizado não diz respeito à falta de mobilidade física dos bens de uma empresa, mas ao fato de que uma parcela dos recursos da sociedade (empresa) foi aplicada em ativo permanente.

A classificação de investimento permanente, ou ativo imobilizado, repousa na sua destinação, de forma que todas as contas relativas às atividades operacionais são classificadas no grupo imobilizado, que a empresa utiliza ou utilizará. O custo de instalação de uma câmara fria, por exemplo, compreenderá todos os gastos necessários para ter a mesma funcionando.

A taxa de imobilização é dada pela fórmula:

Taxa de Imobilização = Ativo Permanente / Patrimônio Líquido

Onde:
Ativo Permanente = Investimentos + Ativo Imobilizado + Ativo Diferido
Ativo Imobilizado = Soma dos imóveis, instalações, veículos, móveis, utensílios, marcas, patentes, direitos de publicação, cauções, reserva técnica de estoque.
Ativo Diferido = Aplicações de recursos em despesas (gastos com desenvolvimento de novos projetos) que contribuirão para a formação do resultado de mais de um exercício social.

Exemplo:
Ativo Permanente = $ 11.000,00
Patrimônio Líquido = $ 6.000,00
Taxa de Imobilização = 11.000 / 6.000 = 1,84

Análise:
A taxa de imobilização informa quanto uma empresa conseguiu imobilizar e investir com relação ao capital próprio (patrimônio líquido). No exemplo acima, o ativo permanente é quase o dobro do patrimônio líquido, sendo, portanto, um alto risco, porque ativos imobilizados não têm liquidez imediata. O aumento dos investimentos só se justifica se a empresa apresentar bons resultados.

5.5 CONTRATO DE LOCAÇÃO

Como visto anteriormente, o contrato é um acordo (combinação, ajuste) tácito e/ou escrito entre duas ou mais pessoas para execução de determinada coisa, onde estão assinaladas cláusulas de: condições legais, responsabilidades, deveres, direitos, prazos e obrigações das partes envolvidas. Nem sempre um contrato precisa ser escrito, pois no Direito há a expressão: Contrato Verbal. Mas, quando os acordos entre duas partes se tornam de vital interesse, é bom assinar um contrato, cobrindo os pontos principais do acordo. Contrato é, nada mais nada menos, um acordo de vontades, entre duas ou mais pessoas, que tem por finalidade produzir efeitos jurídicos.

Não é necessário ser proprietário para dar uma coisa em locação, basta ser administrador da mesma. Se o contrato o permitir, o locatário poderá sublocar. A locação pode ser por tempo determinado ou indeterminado. Inegavelmente os longos prazos são prejudiciais para a movimentação das relações patrimoniais. A locação por tempo determinado cessa de pleno direito, findo o prazo estipulado, independentemente de notificação ou aviso.

As mais importantes obrigações do locador são: Entregar a coisa locada com seus acessórios em bom estado de conservação e mantê-la nesse estado, durante a vigência do contrato; Garantir-lhe a posse, uso e gozo pacífico do locatário; Havendo deterioração da coisa alugada, independentemente de culpa do locatário, poderá este optar pela rescisão do contrato ou pelo abatimento proporcional do aluguel.

As mais importantes obrigações do locatário são: Servir-se da coisa locada para o fim convencionado, bem como tratá-la com mesmo cuidado como se sua fosse; Pagar pontualmente o aluguel; Levar ao conhecimento do locador as turbações de terceiros, fundada em direito; Restituir a coisa, finda a locação, no estado em que a recebeu, salvo as deteriorações naturais do uso regular.

Os mais importantes contratos de locação são:

Contrato de Locação de Imóvel Residencial

Pelo presente, na melhor forma de direito e consoante com as disposições legais vigentes, fica ajustado a locação do imóvel na Rua _____, (unidade ou dependência), entre as partes, tendo como outorgante (nome do locador/proprietário), (qualificação), (endereço e domicílio) e como outorgado (nome do locatário/inquilino), (qualificação), (endereço e domicílio) e, ainda, em nome deste, como interveniente/coobrigado (nome do fiador), (qualificação), (endereço e domicílio), mediante as cláusulas e condições estipuladas da seguinte forma:

Cláusula 1 – Do Prazo:
O prazo de locação será de (meses, anos), com início em _____ de _____ de _____ e término em _____ de _____de _____, independente de qualquer aviso, notificação ou interpelação judicial ou extrajudicial. Poderá ser prorrogado por novo(s) período(s) de _____ meses, somente se não houver manifestação por escrito de uma das partes, expressando o desejo de rescisão feita com a antecedência mínima de _____ (_____) dias do término do prazo em vigor, inclusive nas prorrogações.

Cláusula 2 – Do Aluguel e Alterações:
O aluguel mensal, livremente convencionado, será de _____ (_____), acrescido de todos os impostos, taxas e contribuições que incidem ou venham a incidir sobre o imóvel, seguro contra incêndio, encargos de condomínio e despesas normais ou extraordinárias de evidente necessidade. O pagamento de qualquer importância deverá ser feito até o quinto dia do mês vencido ou ao que se tornar devido, no domicílio do locador ou em local por este indicado.

Cláusula 3 – Do Uso e Destinação:
O imóvel objeto da presente locação é destinado exclusivamente ao locatário e sua família, não sendo permitido, sob qualquer pretexto, sublocação, transferência ou sub-rogação, no todo ou em parte, sendo nulo de pleno direito qualquer ato praticado com esse fim sem o consentimento prévio e por escrito do locador, que poderá negar. É vedado, outrossim, ao locatário abrigar, no imóvel, pessoas portadoras de moléstias contagiosas prescritas pelas autoridades sanitárias.

Cláusula 4 – Das Condições Gerais do Imóvel:
O imóvel objeto deste contrato encontra-se todo pintado em excelente estado de conservação e condições de habitabilidade, fato reconhecido pelo locatário, tendo ciência de que os utensílios que guarnecem o referido imóvel, são cedidos a título de acessórios da referida locação, pertencentes ao imóvel e irão compor a locação e que deverão ser entregues no fim da locação, nas mesmas condições de recebidos, ficando certo de que havendo avarias ou qualquer tipo de dano, o acessório deverá ser substituído por outra peça original, devendo as despesas ser de responsabilidade do locatário, não acarretando ao locador qualquer responsabilidade de ressarcimento ao fim do presente contrato.

Cláusula 5 – Da Conservação do Imóvel:

Cabe ao locatário manter o imóvel em perfeitas condições de limpeza, segurança e utilização, promovendo incontinente todos os reparos e pinturas necessários, solicitando, quando for o caso, a aprovação prévia do locador, não sendo permitido qualquer alteração, modificação, acréscimo, redução ou reforma do imóvel sem aquela providência. Todas as despesas para o cumprimento desta cláusula, quando efetuadas, serão de exclusiva responsabilidade do locatário que não terá direito a qualquer indenização, mesmo para obras necessárias e não autorizadas, ficando definitivamente incorporadas ao imóvel, inclusive quando finda a locação. O locatário se obriga a removê-las se as referidas obras não forem de interesse do locador.

Cláusula 6 – Da Garantia:

Responderá solidário e integralmente pelas obrigações assumidas pelo locatário, o fiador acima qualificado, como principal pagador de qualquer importância devida e pelo exato cumprimento de todas as cláusulas do presente contrato, até a devolução do imóvel e entrega final das chaves, renunciando, expressamente, aos benefícios legais que dispõem em contrário.

Cláusula 7 – Da Substituição do Fiador:

O locatário tem ciência de que ocorrendo a morte ou insolvência do fiador, obriga-se o mesmo a substituí-lo dentro do prazo de 30 (trinta) dias da data do falecimento ou insolvência, sob pena da rescisão do presente contrato com as cominações nele previstas.

Cláusula 8 – Das Locações em Condomínio:

O locatário se obriga por si, seus prepostos e/ou em nome do locador, a cumprir e a fazer cumprir integralmente as disposições legais sobre o condomínio, a sua convenção e o seu regulamento interno, quando houver, que declara conhecer.

Cláusula 9 – Da Alteração da Propriedade:

O locador, no caso de venda do imóvel objeto da presente locação, fica obrigado a denunciar a existência deste contrato, dando conhecimento da melhor proposta obtida a fim de ser exercido, em igualdade de condições, o direito de preferência, pelo locatário.

Cláusula 10 – Da Rescisão Compulsória:

Em caso de desapropriação e no caso de sinistro, sem culpa do locatário ou prepostos, que atinja no todo, ou em parte, o imóvel, impedindo a sua ocupação, ficará, obrigatoriamente, rescindida a presente locação, dispensando-se de qualquer indenização às partes contratantes.

Cláusula 11 – Das Leis sobre Locação:

Rege-se o presente contrato pelas leis vigentes nesta data, pelas disposições do Código Civil e Código de Processo Civil, sendo a locação para fins residenciais do locatário.

Cláusula 12 – Disposições Gerais:

Cabe ao locatário o cumprimento, dentro dos prazos legais, de qualquer multa ou intimações por infrações das leis, portarias ou regulamentos vigentes, originários de qualquer repartição do governo ou entidades, bem como se obriga a entregar ao locador, dentro de prazo que permita o seu cumprimento, de aviso ou notificação de interesse do imóvel, sob pena de, não o fazendo, assumir integral responsabilidade pela falta. É facultado ao locador, por si ou por terceiro previamente indicado e autorizado, fazer uma vistoria interna do imóvel, para a verificação do cumprimento das cláusulas deste contrato. As alterações da cláusula do aluguel previstas neste contrato não alteram o cumprimento das demais.

Cláusula 13 – Disposições Finais:

A infração de qualquer das cláusulas do presente contrato, sujeita o infrator à multa de até a importância de duas vezes o valor de referência vigente na localidade, cobrável ou não por ação executiva, sem prejuízo da rescisão imediata deste contrato, além do pagamento de todas as despesas por procedimentos judiciais e outras sanções que o caso indicar. Os contratantes se obrigam por si, seus herdeiros e sucessores e elegem o foro da localidade, abaixo indicada, com renúncia expressa a qualquer outro que no futuro tenham os contratantes, para dirimir as dúvidas suscitadas na sua execução.

E, por estarem justos e contratados, assinam o presente instrumento em 2 (duas) vias de igual teor e forma que leram e acharam certo, na presença das testemunhas, também abaixo assinadas.

Local e data.
Assinatura, CPF do locador.
Assinatura , CPF do locatário.
Assinatura, CPF do fiador.

Contrato de Locação de Imóvel Não Residencial

Pelo presente documento, na melhor forma de direito e consoante com as disposições legais vigentes, fica ajustado a locação do imóvel situado na Rua _____, ____, entre as partes como Outorgante/Locador, _____, brasileiro, divorciado, escritor, inscrito do CPF _____, carteira de identidade _____, expedida pelo Instituto Felix Pacheco, em _____, residente e domiciliado na Rua _____, Municio do Rio de Janeiro – RJ e como Outorgado/Locatário, _____, brasileiro, casado, comerciante, carteira de identidade _____, expedida pelo Instituto Felix Pacheco, em _____, inscrito no CPF _____, residente e domiciliado na Rua _____, Município do Rio de Janeiro – RJ, mediante as seguintes cláusulas e condições:

Cláusula 1 – Do Prazo:

O prazo de locação será de 1(hum) ano, com início em _____ e término em _____, independente de qualquer aviso, notificação ou interpelação judicial ou extrajudicial. Poderá ser prorrogado por novo período de _____ meses, somente se não houver manifestação por escrito de uma das partes expressando o desejo de continuar, ou rescindir, a presente locação, feita com a antecedência mínima de 90 (noventa) dias do término do prazo em vigor, inclusive nas prorrogações.

Cláusula 2 – Do Aluguel e Alterações:

O aluguel mensal, livremente convencionado, será de R$ _____ (_____), acrescido de todos os impostos, taxas e contribuições que incidem ou venham a incidir sobre o imóvel, seguro contra incêndio, encargos de condomínio e despesas normais ou extraordinárias de evidente necessidade. Na prorrogação do período de locação, haverá um reajuste do valor cobrado pelo aluguel, que será regido pela legislação de praxe ou, em função de um acordo entre as partes.

Cláusula 3 – Do Uso e Destinação:

O imóvel objeto da presente locação é destinado exclusivamente ao Locatário, não sendo permitido, sob qualquer pretexto, sublocação, transferência ou sub-rogação, no todo ou em parte, sendo nulo de pleno direito qualquer ato praticado com esse fim sem o consentimento prévio e escrito do Locador, que poderá negar. É vedado, outrossim, ao Locatário abrigar, no imóvel, pessoas portadoras de moléstias contagiosas prescritas pelas autoridades sanitárias e pessoas de má conduta, legalmente postas.

Cláusula 4 – Da Desocupação:

As partes, expressamente, estabelecem que o compromisso de desocupação do imóvel na data acima referida, para todos os efeitos, representa o acordo de restituição do bem locado de que trata o artigo 9, inciso I, da Lei 8245/91, motivo pelo qual o não cumprimento desta cláusula, por parte do Locatário, permitirá o ajuizamento de ação de despejo, na forma prevista no artigo 59, parágrafo primeiro, inciso I, da mencionada Lei.

Parágrafo Único – Na hipótese de devolução antecipada do imóvel por parte do Locatário, sem expresso acordo entre as parte, fica este obrigado a pagar multa de 20% do saldo dos alugueis vincendos.

Cláusula 5 – Da Inadimplência:

O eventual retardo na realização do pagamento do aluguel acordado acarretará a incidência de multa de 2% am (dois por cento ao mês) sobre o valor da parcela devida, sem prejuízo do cômputo da atualização monetária, segundo os critérios fixados na cláusula subseqüente, e de juros de 1% am (hum por cento ao mês), ambos apurados *pro rata tempore*. Sobre o total do débito incidirá, ainda, honorários advocatícios, mesmo que no exercício de cobrança amigável, de 10% (dez por cento) sobre o total da dívida, desde que o atraso perdure por mais de 2 (dois) meses corridos ou intermitentes.

Cláusula 6 – Da Cobrança:

O valor correspondente ao somatório do aluguel e dos encargos será cobrado por meio de aviso de cobrança ou conforme determinar o Locador e deverá ser pago pelo Locatário ao Locador, em moeda corrente no país, ou por meio de cheque da Praça do Rio de Janeiro, até o último dia útil do mês a que se refira, onde o Locador determinar, com uma tolerância até o quinto dia útil do mês subsequente do pagamento devido.

Cláusula 7 – Das Condições Gerais do Imóvel:

O imóvel objeto deste contrato encontra-se todo pintado em excelente estado de conservação e condições de habitabilidade, fato reconhecido pelo Locatário, tendo ciência de que os móveis e utensílios, tais como: prateleira, armários embutidos, ar condicionado de 10.000 BTU, sistema elétrico de interfone e persianas, que guarnecem o referido imóvel, são cedidos a título de acessórios da referida locação, pertencentes ao imóvel e que deverão ser entregues no fim da mesma, em idênticas condições quando recebidos, ficando certo de que, havendo avarias ou qualquer tipo de dano, o(s) acessório(s) deverá ser substituído por outra peça original, devendo as despesas ser de responsabilidade do Locatário, não acarretando ao Locador qualquer responsabilidade de ressarcimento ao fim do presente contrato.

Cláusula 8 – Da Conservação do Imóvel:

Cabe ao Locatário manter o imóvel em perfeitas condições de limpeza, segurança e utilização, promovendo, incontinentemente, todos os reparos e pinturas necessários, solicitando, quando for o caso, a aprovação prévia do Locador, não sendo permitido qualquer alteração, modificação, acréscimo, redução ou reforma do imóvel sem aquela providência. Todas as despesas para o cumprimento desta cláusula quando efetuadas serão de exclusiva responsabilidade do Locatário que não terá direito a qualquer indenização, mesmo para obras necessárias e não autorizadas, ficando definitivamente incorporadas ao imóvel, inclusive quando finda a locação. O Locatário se obriga, entretanto, a removê-las se as referidas obras não forem de interesse do Locador.

Cláusula 9 – Da Garantia:

Fica acordado que como garantia de pagamento do aluguel, o Locatário fará um pagamento antecipado, relativo a 3 (três) meses de locação, que será depositado numa conta corrente bancária do Locador, sendo o mesmo restituído ao Locatário, quando do término do presente contrato, ou por força de rescisão compulsória ou por qualquer ato que vá de encontro às cláusulas estabelecidas neste instrumento, ou, ainda, por força de Lei.

Cláusula 10 – Das Locações em Condomínio:

O Locatário se obriga por si, seus prepostos e/ou em nome do Locador, a cumprir e a fazer cumprir, integralmente, as disposições legais sobre o condomínio, a sua convenção e o seu regulamento interno, quando houver.

Cláusula 11 – Da Alteração da Propriedade:

O Locador, no caso de venda do imóvel objeto da presente locação, fica obrigado a denunciar a existência desta intenção, dando conhecimento da melhor proposta obtida a fim de ser exercido, em igualdade de condições, o direito de preferência, pelo Locatário.

Cláusula 12 – Da Devolução do Imóvel:

A devolução do imóvel se dará na presença do Locador, ou seu representante legal, e do Locatário, ocasião em que será precedido uma vistoria. Neste mesmo ato, as chaves poderão ser recebidas de forma condicional, sendo relatadas as irregularidades. A devolução só se dará após a reparação dos danos, porventura existentes, permanecendo a obrigação do pagamento do aluguel e dos encargos até a conclusão dos reparos ou de sua respectiva indenização.

Cláusula 13 – Dos Avisos e Intimações:

Quaisquer correspondências, avisos ou intimações, advindas ou não de órgãos públicos, relativas ao imóvel, bem como a ocorrência de qualquer turbação à posse, devem ser comunicadas ao Locador no prazo máximo de 24 (vinte e quatro) horas. Também os avisos e as intimações, feitas pelo Locador ao Locatário, enviadas ao objeto do presente contrato, reputar-se-ão válidos e realizadas, salvo se comunicado, por escrito, ao Locador, qualquer alteração de endereço e domicílio.

Cláusula 14 – Da Rescisão Compulsória:

Em caso de desapropriação e no caso de sinistro, sem culpa do Locatário, ou prepostos, que atinja no todo ou em parte do imóvel, impedindo a sua ocupação, ficará, obrigatoriamente, rescindida a presente locação, dispensando-se de qualquer indenização as partes contratantes.

Cláusula 15 – Das Leis sobre Locação:

Rege-se o presente contrato pelas leis vigentes nesta data, pelas disposições do Código Civil e Código de Processo Civil, sendo a locação para fins comerciais do Locatário.

Cláusula 16 – Disposições Gerais:

Cabe ao Locatário o cumprimento, dentro dos prazos legais, de qualquer multa por infrações das leis, portarias ou regulamentos vigentes, originários de qualquer repartição do governo, bem como se obriga a entregar ao Locador, dentro de prazo que permita o seu cumprimento, de aviso ou notificação de interesse do imóvel, sob pena de, não o fazendo, assumir integral responsabilidade pela falta. É facultado ao Locador, por si ou por terceiro, previamente, indicado e autorizado, fazer uma vistoria interna do imóvel, para a verificação do cumprimento das cláusulas deste contrato, desde que o Locatário seja, devidamente, notificado. A alteração do valor do aluguel prevista neste contrato não altera o cumprimento das demais cláusulas.

Cláusula 17 – Disposições Finais:

A infração de qualquer das cláusulas do presente contrato, sujeita o infrator à multa de até a importância de duas vezes o valor de referência vigente na localidade, cobrável, ou não, por ação executiva, sem prejuízo da rescisão imediata deste contrato, além do pagamento de todas as despesas por procedimentos judiciais e outras sanções que o caso indicar. Os contratantes se obrigam por si, seus herdeiros e sucessores a cumprirem todas as cláusulas estipuladas neste contrato, elegendo o foro da cidade do Rio de janeiro, com renúncia expressa a qualquer outro que no futuro tenham os contratantes, para dirimir as dúvidas suscitadas na sua execução.

E, por estarem justos e contratados, assinam o presente em 2 (duas) vias de igual teor e forma que leram e acharam certo.

Rio de Janeiro,
Assinatura e Nome do Locatário
Assinatura e Nome do Locador
Assinatura e Nome do Fiador

Contrato de Locação Comercial

A seguir, são somente colocadas as cláusulas de um contrato de locação comercial, de maneira bem simplificada:

01 – O prazo de locação é de 5 (cinco) anos, a começar no dia _____ e findar no dia _____, independente de qualquer aviso ou notificação judicial.

02 – O aluguel mensal é de _____, sendo reajustado anualmente de acordo com o índice regido pelo governo, calculado sempre sobre o valor do último aluguel, e será pago até o dia 5 (cinco) de cada mês subsequente ao vencido, na residência do locador ou onde este determinar.

03 – Além do aluguel, o locatário pagará, nas épocas próprias, todos os impostos, taxas e demais encargos que onerem ou venham a onerar a loja ora objeto deste contrato.

04 – O imóvel de que trata este instrumento destina-se ao comércio de roupas e artigos para presentes
.

05 – Toda e qualquer benfeitoria ou modificação, por ventura realizada na loja ora locada, deverá ser precedida de autorização do proprietário locador e ficará desde logo incorporada ao imóvel, sem que ao locatário caiba o direito de retenção ou indenização, respondendo este pelo cumprimento de todas as exigências fiscais a que derem causa.

06 – Compromete-se ainda o locatário a efetuar o seguro da loja locada, contra risco de incêndio no valor inicial de _____.

07 – O presente contrato não poderá ser cedido ou transferido sem o consentimento por escrito do locador, que não o negará, desde que os eventuais cessionários, sejam idôneos e apresentem fiador igualmente qualificado.

08 – Como garantia do fiel cumprimento deste contrato, o locatário apresenta como seu fiador e principal pagador o Sr. _____ (qualificação, residência e domicílio), durante a ocupação efetiva do imóvel até a entrega das chaves.

09 – Tudo quanto for devido em razão deste contrato e que não comporte processo executivo, será cobrado por ação sumária, ficando a cargo do devedor os honorários do advogado que o credor constituir para ressalvar os seus direitos, sendo aleito o Foro da cidade do Rio de Janeiro para dirimir as dúvidas que possam surgir na interpretação do presente contrato ou para solucionar questões sobre as quais estejam omissas neste instrumento.

10 – Em caso de desapropriação do imóvel ora locado por utilidade pública, ficará o presente contrato rescindido de pleno direito, sem que caiba nenhum direito ao locatário exigir qualquer indenização do locador com fundamento

na desapropriação, ficando facultado ao locatário exigir o que achar de direito do poder expropriante.

E por estarem assim de comum acordo, assinam o presente instrumento na presença de duas testemunhas, abaixo assinadas, lavrado em 2 (duas) vias de igual teor e forma, obrigando-se por si, seus herdeiros e sucessores a cumprirem todas as cláusulas deste instrumento.

Rio de Janeiro,

Locador: _____

Locatário: _____

Fiador: _____

Contrato de Locação de Armazém

Silvio de Carvalho, brasileiro, solteiro, cafeicultor, domiciliado e residente nesta cidade, na Rua _____, RG _____, CPF _____, na qualidade de Locador e legítimo senhor e proprietário do armazém com as características, a seguir mencionadas, e como Locatária, a Comissão de Financiamento da Produção Rural, com sede na cidade de Belo Horizonte, MG, representada pelo Banco ABC, através dos administradores de sua agência nesta praça, têm justo e acordado o seguinte:

01 – O Locador se compromete a entregar e a Locatária a receber, pelo presente instrumento, em locação, o armazém descrito na Cláusula 02 para o fim de no mesmo abrigar os produtos agrícolas adquiridos pela Locatária, por intermédio do referido Banco.

02 – O armazém ora entregue em locação está edificado em terreno adquirido na forma da escritura de compra e venda lavrada em _____, no Tabelionato de Notas _____, Livro _____, Folhas _____, devidamente registrado no Quinto Ofício de Registro de Imóveis desta comarca, sob número _____, com as seguintes características: (descrever resumidamente).

03 – A presente locação é contratada por tempo indeterminado, mas cessará se a Locatária der ao Locador conhecimento, com antecedência pelo menos de 30 (trinta) dias, por carta, contra aviso de recebimento, de que não é mais necessária sua continuação, ficando rescindido o presente contrato, independentemente de qualquer outro procedimento, sem nenhum ônus para a Locatária, além dos aluguéis vincendos até a data da restituição do imóvel locado.

04 – O aluguel será de R$ _____ por volume dos produtos guardados e por mês de sua permanência no armazém, cujo controle, para esse fim, as partes aceitam e reconhecem como legítimos os documentos que forem emitidos pelo depositário dos mesmos bens, relativo a movimentação, fornecidos em duas vias, uma para cada parte.

05 – Fica expressamente assentado que a Locatária nenhuma responsabilidade terá pelos dispêndios que se tornarem precisos ou aconselháveis para a boa conservação do armazém ora entregue, os quais permanecerão a cargo do Locador, que se obriga a tomar todas as providências que vierem a ser reclamadas pela Locatária para a pronta execução dos reparos ou obras de que, porventura, necessite o imóvel ou forem exigidas para a perfeita armazenagem dos bens.

O presente contrato é assinado em 2 (duas) vias de igual valor e forma, assinado por testemunhas.

Local e Data

Assinaturas

Contrato de Locação de Máquina

Pelo presente contrato, na melhor forma de direito e consoante com as disposições legais vigentes, fica ajustado a colocação de uma Máquina de Costura Industrial Singer, modelo 191-D, entre as partes como outorgante/locador (nome, qualificação), morador na Rua _____ e outorgado/locatário (nome, qualificação, endereço, domicílio), mediante as cláusulas e condições que adiante se estipulam:

Cláusula 1 – Do Prazo:
O prazo de locação será de _____, a partir de _____ até _____, podendo ser prorrogado, somente se houver um acordo feito com antecedência mínima de 30 (trinta) dias do término do prazo em vigor.

Cláusula 2 – Do Aluguel:
O aluguel mensal será de _____ (_____). O pagamento deverá ser feito até o quinto dia do mês seguinte ao vencido.

Cláusula 3 – Do Uso e Destinação:
A máquina de costura objeto da presente locação é destinada ao uso exclusivo do locatário, não sendo permitido, sob qualquer pretexto, sublocação, transferência do local, sendo nulo de pleno direito qualquer ato praticado com esse fim sem o consentimento prévio e por escrito do locador que poderá negar.

Cláusula 4 – Da Conservação da Máquina:
Cabe ao locatário manter a máquina em perfeitas condições de limpeza, segurança e utilização, promovendo incontinente todos os reparos necessários. Todas as despesas para o cumprimento desta cláusula quando efetuadas serão de exclusiva responsabilidade do locatário.

Cláusula 5 – Da Alteração da Propriedade:
O locador, no caso de venda da máquina objeto do presente contrato, fica obrigado a denunciar a existência deste contrato, dando, outrossim, conhecimento da melhor proposta obtida a fim de ser exercido, em igualdade de condições, e direito de preferência, pelo locatário.

Cláusula 6 – Da Reposição:
Fica automaticamente reincidido o presente contrato caso o locatário venha a se tornar inadimplente por 2 (duas) mensalidades consecutivas, obrigando-se o locatário a devolver a máquina em perfeitas condições.

Cláusula 7 – Das Disposições Gerais:
As alterações da cláusula de aluguel previstas neste contrato não alteram o cumprimento das demais. A infração de qualquer das cláusulas do presente contrato, sujeita o infrator à multa, cuja importância é duas vezes o valor de referência vigente na localidade cobrável ou não por ação executiva, sem prejuízo da rescisão imediata deste contrato, além do pagamento de todas as despesas por procedimentos judiciais e outras sanções que o caso indicar. Os contratantes se obrigam por si, seus herdeiros e sucessores e elegem o foro da localidade, abaixo indicada, com renúncia expressa a qualquer outro que no futuro tenham os contratantes, para dirimir as dúvidas suscitadas na sua execução.

E por estarem justos e contratados, assinam o presente em 2 (duas) vias de igual teor e forma que leram e acharam conforme seus interesses, na presença das testemunhas abaixo assinadas.

Local e data
Nome e assinatura do outorgante
Nome e assinatura do outorgado

Contrato Público de Comodato

Saibam quantos este instrumento virem que aos doze dias do mês de _____ do ano de ____, nesta cidade do _____, na sede deste Cartório da ___ Circunscrição do Registro Civil e Tabelionato, na Rua _____, compareceram partes justas e contratadas, como outorgante comodante a firma _____, com sede na Rua _____, nesta cidade, inscrita no CNPJ _____, neste ato representada por: (relacionar as pessoas, devidamente qualificadas) e como outorgado comodatário (nome, qualificação, endereço e domicílio). O presente será anotado no Distribuidor do ____ Ofício desta cidade. E pela outorgante me foi dito que tem justos e contratados, por este instrumento e na melhor forma de direito, com o (nome do comodatário), celebrado o presente ajuste, que se regerá pelos artigos ___ e ___ do Código Civil, e pelas seguintes cláusulas e condições:

Cláusula 1 – Do Objeto:

O presente contrato tem por objeto o imóvel situado na _____, de propriedade do comodante e destina-se exclusivamente a residência do comodatário e de sua família, sendo vedado o empréstimo, a locação ou cessão parcial e total, a qualquer título do imóvel objeto desta escritura, sob pena de imediata rescisão da presente, sem que assista ao comodante o direito a perdas e danos, não podendo o comodatário igualmente, sob as mesmas penas e sem direito a ressarcimento, ceder ou transferir a outrem o presente contrato.

Cláusula 2 – Do Preço:

Por tratar-se de comodato o presente contrato é celebrado gratuitamente, sem que o comodatário seja obrigado a pagar qualquer quantia à comodante.

Cláusula 3 – Do Prazo:

O prazo do presente contrato de comodato é de 1 (um) ano a contar do dia ___ de _____ de _____.

Cláusula 4 – Da Conservação:

Na forma do disposto no artigo _____ do Código Civil, obriga-se o comodatário a conservar o imóvel que lhe é emprestado como seu próprio fosse, sob pena de responder por perdas e danos.

Cláusula 5 – Das Benfeitorias:

O comodatário não poderá fazer nas dependências do imóvel ora em comodato qualquer benfeitoria sem a prévia autorização da comodante.

Cláusula 6 – Da Restituição do Imóvel:

Ao término do presente contrato, fica o comodatário de devolver o imóvel completamente desocupado.
Pelas partes me foi dito que aceitam o presente instrumento como está redigido e feito. Assim, justos e contratados, me pediram que lhes lavrasse este instrumento nestas notas que depois de lido, achado, conforme, outorgam, aceitam e assinam dispensando de comum acordo as testemunhas. Certifico que todas as despesas relativas a este ato foram pagas e depositadas no Banco _____. Eu, _____, lavrei, li e encerro o presente ato, colhendo as assinaturas devidas.

Capítulo **5** INVESTIMENTO, CRÉDITO e FINANCIAMENTO • **89**

Local e data.
Assinaturas.

5.6 PATRIMÔNIO

Uma empresa possui bens e direitos, geralmente, designados por patrimônio, que são colocados em operação com a finalidade de obter uma renda. Por patrimônio entende-se o montante do valor total desses bens e direitos possuídos pela empresa, isto é, o conjunto de valores culturais, técnicos e naturais, devidamente reconhecidos. Através da listagem desses bens e direitos, atribuindo-se a cada um o seu respectivo valor e somando-se essas quantias, chega-se ao valor total do patrimônio.

Este conceito envolve a atribuição de valor a cada um dos itens que forma o patrimônio, e esta é uma tarefa complexa. Quanto vale, por exemplo, o prédio onde está instalada a empresa? Quanto vale as máquinas, equipamentos e instalações? As respostas serão corretas até que se efetuem transações reais da venda desses bens. Esta avaliação dependerá do mercado. Qualquer metodologia de avaliação de bens nos leva a estimar prováveis valores, mas sempre discutíveis e, portanto, subjetivos. Esses processos de avaliação se apóiam em comparações com os parâmetros do mercado.

O patrimônio líquido representa o registro do valor que os proprietários de uma empresa têm aplicado no negócio. Para ilustrar, vamos admitir que você e um sócio decidiram abrir uma empresa. Mas, para iniciar as atividades, a empresa necessitará de um capital inicial de $ 20.000,00. No momento em que a empresa recebe o dinheiro, a posse deste representa um ativo. Mas, por outro lado, a empresa deve registrar que seus proprietários aplicaram esta quantia, que representa o patrimônio líquido da organização.

Neste ponto, uma dúvida muito comum costuma surgir: Por que o patrimônio passa a ser chamado de ativo e o valor que os proprietários aplicaram é denominado patrimônio líquido? Suponhamos que você decide comprar um veículo de $ 100.000,00, em que parte foi paga à vista ($ 40.000,00) e parte foi financiada ($ 60.000,00).

Valor total do patrimônio (ativo) 100.000,00
Valor da obrigação assumida na compra (passivo exigível)............. 60.000,00
Valor do patrimônio líquido 40.000,00

Quando alguém olha um balanço patrimonial, fica encantado ao constatar que Ativo e Passivo batem com a precisão de centavos, embora contenham números tão diferentes associados a designações distintas. A equação do Patrimônio Líquido (PL) é:

$$PL = B + D - O$$

Onde:
PL = Patrimônio Líquido
B = Bens (caixa + estoques + máquinas + imóveis)
D = Direitos (duplicatas descontadas + contas a receber + aplicações)
O = Obrigações (impostos + dívidas + salários a pagar + fornecedores + outros créditos)
B + D = Ativo
PL + O = Passivo
Ativo = Passivo

A equação patrimonial é dada pela fórmula:

$$A - P = C + (R - D)$$

Onde:
A = Ativo Circulante
P = Passivo Circulante
C = Capital Próprio
R = Receitas
D = Despesas.
R – D = Rédito
|R – D| = Valor absoluto do rédito
Valor Absoluto = Valor sempre considerado positivo.
Ativo Circulante = Conjunto de bens, direitos e valores a receber.
Passivo Circulante = Somatório de títulos a pagar, duplicatas a pagar, contas a pagar, fornecedores a pagar, comissões a pagar, despesas gerais a pagar, hipotecas, penhor mercantil, salários administrativos, impostos a pagar, participações de empresas e dividendos a pagar.
Capital Próprio = Patrimônio Líquido (capital + reservas)

A seguir, um exemplo simples do cálculo do patrimônio líquido e das principais contas:

1	Caixa e Bancos	550,00	0,4%
2	Contas a Receber	32.550,00	24,1%
	Contas Vencidas	1.800,00	1,3%
	Contas a Vencer	30.750,00	22,8%
3	Estoque	27.850,00	20,6%
	Matéria-Prima	22.700,00	16,8%
	Produto Acabado	5.150,00	3,8%
4	Imobilizado	74.230,00	54,9%
	Máquinas .	32.350,00	23,9%
	Móveis e Utensílios	5.300,00	3,9%
	Instalações	36.580,00	27,1%
5	Ativo Total (1+2+3+4)	135.180,00	100,0%
6	Fornecedores	16.780,00	40,7%
	Contas Vencidas	0,00	0%
	Contas a Vencer	16.780,00	40,7%
7	Impostos	4.350,00	10,6%
8	Empréstimos	12.750,00	31,0%

9	Salários	1.850,00	4,5%
10	Outras Obrigações	5.455,00	13,2%
11	Passivo Total (6+7+8+9+10)	41.185,00	100,0%
12	Patrimônio Líquido (5 - 11)	93.995,00	

Planilha 5.1: Patrimônio Líquido.

Podemos ter os seguintes resultados para a equação patrimonial:

- Se o rédito é positivo, então a empresa teve lucro.
- Se o rédito for nulo, então a empresa não teve lucro nem prejuízo.
- Se o rédito for negativo, então a empresa teve prejuízo.
- Se o rédito for negativo e tiver um valor absoluto maior que o capital próprio, então a empresa teve prejuízo e seu passivo está a descoberto, isto é, a organização não tem condições próprias para continuar.

Exemplo:
Capital Próprio = $ 1.000,00
Receitas = $ 500,00
Despesas = $ 2.000,00

$$A - P = 1.000 + (500 - 2.000) = 1.000 - 1.500 = - 500$$

$$|R - D| = 500 - 2.000 = 1.500$$

Análise:
Como a empresa apresentou prejuízo (– 500,00) e o valor absoluto do rédito (1.500,00) é maior do que o capital próprio (1.000,00), ela se encontra em estado falimentar.

5.7 CRÉDITO

Desde os primórdios da civilização humana, as emergências com morte, doença e incêndio, por exemplo, têm exigido do indivíduo maior soma de bens do que ele eventualmente possui, no momento. Daí, a figura do crédito. Os créditos mais comuns, que o mercado utiliza, são: crédito mercantil e crédito ao consumidor. O crédito pode ser considerado como cessão de mercadoria, serviço ou dinheiro para pagamento futuro. Também é dito que uma pessoa tem crédito pela sua capacidade de levantar empréstimos em instituições financeiras. Tanto que o crediário é um crédito aberto em troca da promessa de reembolso do valor com juros, em prestações iguais e pagas dentro dos intervalos especificados. A seguir, algumas considerações sobre os seguintes créditos:

Crédito Mercantil – Valores que uma empresa concede a outra na venda de mercadorias a serem comercializadas pelo tomador, sendo pagas dentro de prazos contratados. É, na verdade, um empréstimo indireto ao distribuidor de produtos. No crédito mercantil o vendedor fornece os bens e espera pelo pagamento após um prazo predeterminado. Esse crédito aparece como contas a receber na contabilidade do vendedor e como contas a pagar na contabilidade do comprador. Este crédito é dado ao comprador, representando capital que ele não precisa desembolsar até a data do pagamento.

Provavelmente, a forma mais comum de financiamento a curto prazo é o denominado crédito comercial ou mercantil. Embora não atinja o montante das outras modalidades de crédito, praticamente, toda empresa, seja individual, sociedade de pessoas ou sociedade anônima, recorre a alguma forma de crédito comercial. Também podemos definir crédito comercial como sendo o crédito a curto prazo concedido por um fornecedor a um comprador, em decorrência da compra de mercadorias para posterior revenda. Quando não houver o benefício do desconto para pagamento à vista, o crédito mercantil é, frequentemente, uma das mais dispendiosas fontes de fundos.

A utilização de crédito comercial em excesso é, muitas vezes, causa direta de falência. Visto ser mais facilmente obtido do que a maior parte dos outros créditos. Existe a tendência de alavancar uma empresa com crédito mercantil do que com capital próprio. O aumento da utilização desta modalidade de crédito é inadequado para acompanhar o aumento dos ativos de uma empresa, isto é, as contas se tornam perigosas, fazendo com que os fornecedores suspendam a concessão de novo crédito. Uma situação em que a empresa pode não ter a quem recorrer. Se nossa situação de liquidez for muito fraca, teremos de procurar os fornecedores que ofereçam prazos mais convenientes.

Se estivermos comprando mercadorias a crédito, será econômico usar o período total do desconto para pagamento à vista. No caso de não haver desconto, deverá ser utilizado o prazo total de concessão de crédito. À medida que entramos em um período de boas vendas, os valores a pagar irão sendo gradativamente menores, em função dos recebíveis. Ao contrário, um empréstimo garantido por hipoteca não poderá ser diariamente alterado.

Uma vez que o crédito comercial está relacionado diretamente com estoques e vendas, há a necessária flexibilização das fontes de capital. Este crédito tem vantagem sobre os demais, em vista de os credores, raramente, exigirem o penhor de nossos ativos. Isso nos coloca em melhor posição para procurar fundos adicionais. Mas, atenção, esta liberdade não é ilimitada.

Crédito ao Consumidor – Crédito ao consumidor é a facilidade que é dada a um indivíduo para que ele obtenha bens e serviços com a finalidade de consumo final, sob a promessa de pagar o equivalente num prazo futuro combinado. O crédito ao consumidor, como é entendido em nossos dias, só se tornou acessível, à grande maioria, no Século XX. Um modelo comum de crédito ao consumidor envolve o consumidor, o lojista, a financeira e o investidor.

A mais recente modalidade de crédito ao consumidor é o cartão de conta corrente da própria loja, onde o mesmo tem um máximo de crédito e um mínimo a debitar mensalmente. O crédito é uma atividade que absorve uma boa parte dos recursos humanos da empresa, que cria um Departamento de Crédito e Cobrança para tratar deste assunto, tendo em vista o problema da inadimplência. O crédito ao consumidor traz vantagens e desvantagens, tanto para a empresa quanto para o consumidor.

CONSUMIDOR	Aumenta aparentemente seu poder aquisitivo
	Faz uma poupança forçada
	Melhora seu padrão de vida
EMPRESA	Aumenta o volume de vendas
	Aumenta o tráfego na loja
	Cadastro atualizado dos consumidores

Quadro 5.2: Vantagens do Crédito ao Consumidor.

	Preços mais caros
CONSUMIDOR	Estímulo à compra de produtos supérfluos
	Risco de desabastecimento
EMPRESA	Aumenta serviços e custos
	Riscos de inadimplência dos consumidores
	Necessidade de maior capital de giro

Quadro 5.3: Desvantagens do Crédito ao Consumidor.

5.8 EMPRÉSTIMO

O empréstimo é o capital tomado de terceiros, cujo ressarcimento se faz, geralmente, com acréscimo de juros. Para facilitar o processo de concessão de empréstimos e reduzir a papelada e o desperdício de tempo nas negociações, os bancos colocam à disposição linhas de crédito de determinadas quantias para serem utilizadas nas empresas.

Devido ao seu conceito como emprestadores a determinados setores da economia, alguns bancos são considerados como importantes fontes de referência de crédito. A área de ação de um banco estabelece determinadas limitações, quanto ao volume de capital emprestado, que poderá conceder aos tomadores individuais. Além de guardar nossos depósitos e emprestar dinheiro, um banco oferece muitos outros serviços. Se estivermos nos dedicando à exportação e importação, precisamos saber qual a capacidade de câmbio do banco. É normal que as empresas escolham determinado banco, em função da conveniência do local e pelo atendimento recebido.

Quando solicitamos um empréstimo, o banco procura obter informações básicas sobre: as pessoas que dirigem a empresa; os cadastros e referências que possui a empresa; as condições e formas de pagamento; as possibilidades de alienação de ativos (imóveis, bens duráveis); os demonstrativos de resultado e balanços patrimoniais.

A seguir, alguns motivos da recusa de empréstimos por parte de bancos: capital próprio insuficiente; lucros e reservas insatisfatórios; capacidade administrativa duvidosa; garantias insuficientes; inadequado sistema contábil; iniciantes sem imagem de bom pagador; inadimplência para com fornecedores; solicitações descabidas de condições e formas de pagamento; solicitante não possui saldo favorável no banco; carteira de empréstimos do banco saturada.

O empréstimo bancário é amplamente utilizado, embora não tão comum quanto o crédito mercantil. Grandes empresas têm maiores possibilidades de acesso a outras fontes de fundos do que as pequenas, porque estas, em geral, não têm a solvabilidade suficiente para resgatar empréstimos e, também, porque não possuem um grande ativo circulante. Embora as agências do governo desempenhem um papel pequeno na capitalização das pequenas empresas, existem vários planos de empréstimo em vigor, cujas principais características são:

- A maior ênfase é dada aos empréstimos a prazos longos.
- As agências governamentais não fornecem diretamente fundos para capital próprio.
- O governo é considerado como um tribunal de última instância.
- Geralmente os empréstimos aprovados são concedidos a uma taxa de juros inferior à taxa de mercado, como se fosse uma subvenção.
- Uma parte relativamente grande de empréstimos é concedida às empresas industriais, para que comprem as novidades tecnológicas.
- Os empréstimos são concedidos mediante a garantia de ativos sólidos.

Há, ainda, a possibilidade de se conseguir um empréstimo particular de um amigo, cujos juros podem ser próximos do da Caderneta de Poupança. Uma planilha de amortização de um empréstimo de R$ 30.000,00, pagável em 30 meses, para uma parcela de pagamento mensal de R$ 1.000,00, acrescida dos devidos juros (1,00% / mês), por exemplo, terá como valor da 1ª parcela de amortização o valor de R$ 1.300,00 (1.000,00 + 300,00). A 2ª parcela terá um valor de 1.290,00 e assim por diante.

Como um empréstimo altera o fluxo de caixa e diversas contas, a seguir, está sendo colocado um exemplo de uma empresa que toma um empréstimo de $ 50,00.

A – Antes da tomada do empréstimo:

Caixa	10,00	Passivo Circulante	40,00
Valores a Receber	30,00	Capital Próprio	110,00
Estoques	40,00		
Máquinas e Equipamentos	70,00		
Total	150,00	Total	150,00

B – Depois da tomada do empréstimo, a curto prazo, para capital de giro:

Caixa	60,00	Passivo Circulante	90,00
Valores a Receber	30,00	Capital Próprio	110,00
Estoques	40,00		
Máquinas e Equipamentos	70,00		
Total	200,00	Total	200,00

C – Depois da tomada do empréstimo, no longo prazo, para em máquinas e equipamentos:

Caixa	10, 00	Passivo Circulante		40,00
Valores a Receber	30,00	Exigível de Longo Prazo	50,00	
Estoque	40,00	Capital Próprio		110,00
Máquinas e Equipamentos	120,00			
Total	200,00	Total		200,00

D – Depois da liquidação do empréstimo, no longo prazo, é possível encontrar a seguinte situação:

Caixa		10,00	Passivo Circulante	40,00
Valores a Receber	40,00		Capital Próprio	110,00
Estoques		50,00	Lucros Retidos	50,00
Máquinas e Equipamentos		100,00		
Total		200,00		200,00

Nota: Lucros retidos podem ser encaminhados para distribuição de lucros, provisão para devedores duvidosos, provisão para depreciação, provisão para impostos a pagar, por exemplo.

Observe-se que após a liquidação do empréstimo, no longo prazo, o ativo circulante aumentou e permaneceu em um nível mais elevado. Num período de recessão ou depressão prolongado é possível reduzir o ativo circulante para pagar empréstimos de longo prazo. Alternativa pouco atraente. Se a recessão for temporária, temos apenas de reconstituir o ativo circulante, talvez em condições desvantajosas. Se a depressão é de longa duração, não tome empréstimos, porque os credores de recursos financeiros então interessados mais na sua capacidade de geração de lucro do que na avaliação da posição econômica no mercado. Assim, a atenção converge para o Demonstrativo de Resultado e não para o Balanço Patrimonial.

5.9 FINANCIAMENTO

O financiamento é o valor dado a uma pessoa (física ou jurídica) para obtenção de: bens, capitais, instalações, máquinas, equipamentos. Suas duas figuras mais importantes são leasing e alienação fiduciária. Os financiamentos representam empréstimos de financeiras, com prazo de vencimento superior a um ano. São compostos de: Principal e Encargos Financeiros.

O principal representa o valor nominal da dívida. O montante é a soma do principal com juros. Normalmente, esses financiamentos estão sujeitos a ajustes pela desvalorização da moeda, os quais, dependendo dos termos do contrato de financiamento, podem ser pagos periodicamente (mensais, trimestrais, semestrais, anuais) ou incorporados ao principal, para que seja pago juntamente com este. Os encargos financeiros são os juros e comissões diversas que a empresa tomadora do empréstimo deve pagar, conforme contrato. Os ajustes pela desvalorização da moeda também representam encargos financeiros.

Ao configurarmos um projeto, devemos, portanto, indicar: as necessidades de recursos, as possíveis fontes de captação e onde serão aplicados tais recursos. Alguns cuidados básicos no financiamento de um empreendimento devem ser seguidos, tais como:

- O custo financeiro é de extrema importância, devendo ser muito bem estudado.
- O custo de cada financiamento deve ser o menor possível, nunca superior ao custo de mercado e bem abaixo da taxa interna de retorno do negócio.
- O prazo de cada financiamento deve ser negociado, em função do fluxo de caixa do empreendimento, isto é, os vencimentos devem coincidir com as disponibilidades de caixa geradas pelo negócio.

As garantias de pagamento devem ser as menores possíveis para não comprometer, excessivamente, a capacidade de obtenção de recursos adicionais. Em casos de emergência, devem ser particularmente evitadas as garantias pessoais do empreendedor. Um grande empreendimento só se torna algo próspero e viável, quando a captação de recursos é criteriosa.

As experiências bem-sucedidas mostram que a mesma criatividade, que pauta a construção de uma boa ideia de negócio, é capaz de descobrir o "pulo do gato" na hora de procurar dinheiro, como somar pequenos financiamentos, por exemplo. É bem mais fácil e barato conseguir financiamento de um fornecedor de máquinas do que de um banco.

As principais figuras do financiamento são:

Caução – Depósito de valores aceitos para tornar efetiva a responsabilidade de um encargo financeiro. A caução é uma garantia de pagamento antecipada.

Alienação Fiduciária – Documento em que o adquirente de um bem móvel transfere o domínio do mesmo ao credor que emprestou o dinheiro para pagar-lhe o preço, continuadamente. Se ao alienante não for ressarcido do referido bem, no prazo combinado, este bem volta a ter domínio sobre o mesmo, isto é, o vendedor é dono do bem até a quitação total pelo comprador.

Leasing – O leasing é um arranjo entre o detentor de um equipamento, ou bem, e um arrendatário para que o último possa usá-lo. Durante o período de leasing, o arrendatário faz pagamentos regulares, como se fosse um aluguel. No fim do período, o bem ou equipamento é vendido pela diferença ao arrendatário, devolvido ou arrendado outra vez. O sistema de leasing pode ser recomendável quando a renda a ser paga é próxima a de um aluguel, quando o bem ou serviço é caro em relação ao orçamento do projeto ou quando há vantagens em termos de taxação e imposto. Normalmente os preços de leasing são bastante vantajosos.

O leasing oferece várias vantagens: manutenção do capital de giro, obtenção de equipamentos de última geração, incentivos governamentais. Frequentemente, a empresa que pratica leasing permanece com maior renda líquida e com chances de vender aos clientes que não podem enfrentar a compra direta.

Linhas de Financiamento – Estas linhas são fornecidas por: Banco Nacional de Desenvolvimento Econômico e Social; Banco do Brasil; Caixa Econômica; Banco Central; Sebrae; Programas Governamentais; Bancos Particulares. Para requisitar financiamento do BNDES, por exemplo, pequenas empresas devem dar os seguintes passos:

a) Demonstrar Saúde Financeira – Não é necessário ter lucro, mas os balanços e balancetes devem ser claros e demonstrar capacidade de pagamento de dívidas.

b) Impostos e Contribuições – Estar em dia com as obrigações fiscais. Apresentar as certidões negativas dos tributos federais, estaduais e municipais é indispensável.

c) Restrições de Crédito – Não estar na lista de cadastros negativos (SCPC, Serasa).

d) Garantias – Apresentar garantias na proporção de 130% do valor do empréstimo, com ativos de bens duráveis.

e) Investimento – Definir o investimento de acordo com a capacidade de geração de caixa.

f) Equipamentos – Optar pela compra de máquinas e equipamentos com fornecedores cadastrados pelo BNDES.

g) Mercado – Levar em conta a base de preços de mercado nas estimativas de gastos.

h) Plano de Negócios – Apresentar um plano de negócios que demonstre a capacidade da empresa de viabilizar e honrar seus compromissos com fornecedores e mais as parcelas do empréstimo.

Despesas Financeiras – Despesas com juros, comissões, bancos e diversos. As despesas de juros não nascem diretamente da operação da empresa, mas da decisão de financiamento. Na verdade, as decisões de financiamento e investimentos são independentes.

Relatório Financeiro – O relatório financeiro é responsável pelo levantamento das necessidades de capital e como captá-lo, bem como apreciar a evolução (desvios) das contas e indicadores de gestão, propondo soluções.

Duplicatas a Receber – A duplicata é um título de crédito pelo qual o comprador se obriga a pagar, dentro de certo prazo, o valor da fatura correspondente. As duas formas mais utilizadas pelas empresas para obter financiamento a curto prazo com duplicatas a receber são a caução de duplicatas e o factoring de duplicatas. Na verdade, apenas a caução de duplicatas gera um empréstimo a curto prazo com garantia. O factoring, na realidade, acarreta a venda das duplicatas, com desconto.

Embora o factoring não seja, com efeito, uma forma de empréstimo a curto prazo com garantia, envolve o uso de duplicatas a receber para obter tais fundos. A caução de duplicatas é muitas vezes usada para garantir um empréstimo de curto prazo, porque estes papéis, normalmente, apresentam grande liquidez. Mesmo assim, o credor sempre avaliará as duplicatas a receber e as relacionará com o empréstimo solicitado.

5.10 SOCIEDADE

Sociedade é uma organização dinâmica de indivíduos autoconscientes que compartilham objetivos comuns e são capazes de ação conjugada. A sociedade humana é um conjunto de pessoas que vivem em certa faixa de tempo e de espaço, seguindo normas comuns, e que são unidas pelo sentimento de consciência de grupo. Definir uma sociedade é tão difícil quanto definir a vida, pois as características simples e básicas desaparecem sob uma massa complexa e atordoante de detalhes.

Em sua vida social e política o ser humano precisa de uma sociedade que funcione. Mas o fato de que o homem precise de uma sociedade não significa necessariamente que ele a tenha. Uma massa humana desorganizada não é uma sociedade, mas um grupo de pessoas. Sociedade e civilização, no mínimo, só são possíveis com a ajuda de algum mecanismo ou regra que gere ordem e acomodação. É aí que entram os costumes, as culturas, as leis, os valores, as filosofias, as religiões, as ideologias.

Sócio é aquele que participa de uma sociedade (organização) da qual espera auferir lucro (social ou financeiro), isto é, algum benefício mesmo que tenha de pagar (investir) para entrar. Os sócios recebem cotas ou ações da sociedade, que representam frações do capital social. Essas cotas passam a integrar o patrimônio do sócio. As cotas são a contrapartida dos bens de um sócio transferidos à sociedade. Sendo titular de cotas sociais, o sócio mantém, em relação a estas, direitos e obrigações.

Desentendimento com um sócio, quanto à direção do negócio, bem como as estratégias, táticas, políticas e procedimentos adotados por um sócio na gestão do negócio podem não ser satisfatórios a outro sócio. O primeiro passo é sentar para conversar, ou seja, discutir as causas do atrito, elaborando as regras do jogo que sejam mutuamente satisfatórias. Se o problema persistir, a sugestão é dividir as atividades em duas diferentes áreas operacionais ou negociar a retirada do sócio ou, ainda, considerar a venda ou dissolução da sociedade. Os problemas mais relevantes que acontecem em uma sociedade comercial são:

- Qual deve ser a distribuição de lucros e dividendos, quanto aos prazos, valores e reinvestimentos?
- Como administrar o conflito entre a direção e os sócios, quanto à política sucessiva de investimento e o papel que cada sócio e executivo pode e deve representar?
- A propriedade da sociedade deve estar dissociada do controle?
- A direção da empresa se relaciona mal com os sócios, por falta de transparência?

Procede-se à constituição de uma sociedade comercial, por meio de instrumento público, ou particular, firmado por todos os sócios, no qual se declaram as condições básicas da entidade, inclusive nome, domicílio, capital social, cota de cada sócio, objeto social, forma de administração, prazo de existência e processo de liquidação. Esse ato constitutivo deverá ser arquivado num órgão público.

A seguir, as principais formas de sociedade comercial que, no momento, precisamos conhecer:

- **Sociedade por Firma** – É uma associação de duas ou mais pessoas, operando sob nome ou firma comum, seja comercial ou industrial, ficando os sócios responsáveis solidariamente pelos direitos e obrigações da firma, sem qualquer limite.
- **Sociedade de Capital e Indústria** – É uma associação de dois tipos de sócios. Os sócios capitalistas respondem, solidariamente e ilimitadamente, pelas obrigações da sociedade, pois contribuem com os recursos (físicos, materiais, financeiros). Os sócios industriais contribuem com mão de obra especializada, não respondendo pelo capital social.
- **Sociedade por Cotas de Responsabilidade Limitada** – Nesta forma jurídica, a responsabilidade dos sócios está limitada ao valor do capital social, como registrado no contrato que constituiu a sociedade. Pode funcionar com o nome de algum sócio ou adotar uma denominação social.
- **Sociedade por Cota de Participação** – É a forma jurídica que ocorre quando duas ou mais pessoas, sendo pelo menos uma delas comerciante, se reúnem, sem firma social, em uma ou duas operações comerciais previamente determinadas, com o objetivo de lucro comum, trabalhando uma, algumas ou todas elas, em seu nome individual para o fim social. Neste tipo de associação, existem dois tipos de sócios: o ostensivo que é o único que se obriga com terceiros e o oculto, que fica obrigado somente com o sócio pelos resultados das transações e obrigações sociais, nos termos daquilo que ficou acordado. Esta sociedade não está sujeita às formalidades legais prescritas para a formação das demais sociedades.

A escolha da espécie de sociedade depende de um conjunto de fatores relacionados entre si, tais como: a capacidade financeira dos sócios, o volume de capital necessário, o tipo de mercado, o que será produzido, o risco envolvido, a estratégia, a estrutura, por exemplo.

5.11 ATA DE REUNIÃO

Ata de reunião é um registro escrito no qual se relata o que se passou de importante numa reunião. A ata de reunião diz o que, quem, como, quando e quanto um determinado trabalho será realizado, dando as devidas responsabilidades de sua execução a determinadas pessoas. Como a ata da reunião serve como documento para consulta e controle, é importante que seja bem organizada para evitar problemas futuros.

Também é um documento que encerra uma reunião séria. Toda ata deve ter: local e data; nome dos participantes e entidades que representam; objeto da reunião; assuntos a serem discutidos, destacados em tópicos; responsabilidades; itens abordados (definição do problema, solução de consenso, data de cobrança); prazos de execução; distribuição de cópias para os participantes e assinaturas.

Os itens abordados numa reunião variam muito de empresa para empresa e também para o momento. Aqueles que aparecem mais são: ações empreendedoras; alimentação da equipe do projeto; aluguel; ambiente interno; amortizações; arquitetura da empresa; arquivos; arquivos em computador; arquivos em papel; arranjo físico; balanço patrimonial; banco de dados; base de rateio do custo fixo; bens patrimoniais; canais de comunicação; capital social; cardápio; cargos; carteira de pedidos; cenário; clientes; comportamento; compra de materiais; conflitos; conta bancária; conta capital; contabilista; contas a pagar; contas a receber; contratos; custos; decoração da loja; demonstrativo de resultado; depreciação; despesas de instalação; distribuição; documentação; documentos de constituição da sociedade; entradas de caixa; estoque geral; estoque por produto; estratégias; estrutura organizacional da empresa; estrutura organizacional dos arquivos; fatores de cocção de alimentos; fatores de correção de alimentos; fatores de qualidade; faturamento; fichas de cadastro; filosofia gerencial; fluxo de caixa; fluxograma de programa; formulários; funções administrativas; funções organizacionais; gastos indiretos; gatos diretos; higiene e limpeza; horário de trabalho; imobilização; indicadores de gestão; investimentos; local da empresa; meios de transporte; mercado; modelos; mudanças; objetivos; obras; padronização; participação societária; pesquisa de mercado; pessoal; plano de investimento; planos; políticas; portfólio dos produtos; preços; procedimentos; processos; produtos; programas; projetos; pró-labore dos sócios; quadro de distribuição de tarefas; questionários; recrutamento; recursos existentes; recursos necessários; relatórios; remunerações; retirada dos sócios; reuniões; rotas de entregas; rotas de visitas; salários; segurança alimentar; seleção; sistema de climatização; sistema de comunicação; sistema de esgotamento sanitário; sistema de exaustão; sistema de iluminação; sistema de segurança; sistema de ventilação; sistema hidráulico; sistema de informações; tabela de preços; táticas; tipo de administração; tipo de produção; tipo de sociedade; tipo de venda; treinamento.

5.12 CONSTITUIÇÃO DE UMA SOCIEDADE

Procede-se à constituição de uma sociedade, por meio de instrumento público ou particular, firmado por todos os sócios, no qual se declaram as condições básicas da entidade, inclusive nome, domicílio, capital social, cota de cada sócio, objeto social, forma de administração, prazo de existência e processo de liquidação. Esse ato constitutivo deverá ser arquivado num órgão público. As empresas podem ser constituídas de diferentes formas:

- Firmas Individuais – Quando são representadas por um único empresário ou proprietário que responde pelos seus negócios. Estas firmas também são consideradas pessoas jurídicas para fins tributários (fisco).
- Firmas de Sociedade – Quando duas ou mais pessoas se associam e constituem uma entidade com personalidade jurídica, distinta daquela dos indivíduos que a compõe. Estas firmas podem assumir uma variedade de formas de sociedades comerciais.

5.13 CONTRATO SOCIAL

O contrato social é o instrumento que rege uma sociedade entre pessoas, visando estabelecer uma pessoa jurídica. Pode o contrato social ser formalizado por instrumento público ou particular, e a contribuição dos sócios tanto admite ser em dinheiro como em bens que são incorporados à sociedade. A avaliação dos bens, caso os sócios não concordem com seus valores, poderá ser feita por peritos. Uma controvérsia, que surge no estudo da sociedade por cotas, refere-se à admissibilidade, ou não, da sua constituição por contrato firmado entre cônjuges. Tem-se sustentado, na doutrina, que tal contrato seria nulo, se entre cônjuges impere o regime da comunhão total de bens. Neste caso, esta sociedade afetaria o regime de bens do casal.

Já o distrato social é aquele em que os sócios por livre vontade resolvem dissolver a sociedade, por ser de seus interesses. Vista estas considerações, passaremos, a seguir, a dar um exemplo de um contrato social de uma sociedade comercial:

Contrato de Constituição de Sociedade por Cotas de Responsabilidade Limitada

Fulano, nacionalidade, estado civil, profissão, residente e domiciliado na Rua _____, na cidade _____, portador da carteira de identidade _____, expedida por _____, em _____, CPF _____ e Beltrano, nacionalidade, estado civil, profissão, residente e domiciliado na Rua _____, na cidade _____, portador da carteira de identidade _____, expedida por _____, em _____, CPF _____.

100 • Gestão de Restaurante

Resolvem, por este instrumento e na melhor forma de direito, constituir uma sociedade por quotas de responsabilidade limitada, que se regerá pelo Decreto _____, de _____, e pela legislação pertinente, de acordo com as cláusulas e condições seguintes:

Cláusula 1 – Da Denominação e Duração da Sociedade:
A sociedade girará sob a denominação de _____, por prazo de duração indeterminado (ou determinado), tendo como início de suas atividades a data do presente instrumento.

Cláusula 2 – Do Objeto Social:
A sociedade terá como objeto (citar a atividade que pode ser: agrícola, industrial ou comercial).

Cláusula 3 – Da Sede e Filiais:
A sociedade terá sede e foro nesta praça e comarca da cidade do _____, estado _____, estabelecendo-se na Rua _____, podendo abrir filiais, manter escritórios e outras dependências, ter agentes ou representantes, em qualquer parte do país, de acordo com a legislação vigente.

Cláusula 4 – Do Capital Social:
O capital social é de R$ _____ (_____), dividido em _____ cotas de R$ _____ (_____) cada uma, totalmente subscritas e integralizadas neste ato, em moeda corrente do país, e assim distribuídas entre os sócios, na forma abaixo:

Nome	Cotas	Valor em R$	Participação (%)

Parágrafo Único: A responsabilidade dos sócios é limitada à importância total do capital social, de acordo com o Artigo _____ do Decreto _____, de _____.

Cláusula 5 – Da Gerência e Administração:
A gerência e administração da sociedade serão exercidas pelo(s) sócio(s) _____, podendo ser representado por seus procuradores legalmente habilitados, que ficarão dispensados de prestar caução para o referido exercício.

Cláusula 6 – Do Uso da Denominação Social:
O uso da denominação social da firma competirá ao(s) sócio(s), mas sempre e exclusivamente em documentos e atos de interesse da sociedade, ficando expressamente proibido aos sócios e eventuais procuradores o seu uso em avais, fianças, endossos, cauções ou em quaisquer documentos estranhos aos objetivos da sociedade, os quais ficam nulos de pleno direito e sem nenhum efeito e eficácia, em face do presente contrato.

Cláusula 7 – Da Remuneração dos Sócios:
O sócio gerente, quando em exercício efetivo da administração, poderá retirar mensalmente para as suas despesas particulares, a título de pró-labore, uma importância, até o limite máximo de _____ salários mínimos, considerada como despesa da sociedade, observando-se o que dispõe os Regulamentos do Imposto de Renda e da Previdência Social. Parágrafo Único – O sócio, na condição de simples cotista, não terá direito a uma retirada mensal.

Cláusula 8 – Da Indivisibilidade e Transferência de Cotas:
As quotas de capital são individuais e poderão ser livremente transferidas entre os sócios, vedando-se a transferência a terceiros, sem prévia oferta por escrito aos demais, para que estes, em igualdade de condições e no prazo de 30 (trinta) dias, possam exercer o direito de preferência.

Cláusula 9 – Do Falecimento ou Incapacidade de Sócio:

Em caso de morte, interdição e retirada de qualquer um dos sócios, a sociedade não se dissolverá, aplicando-se em tudo o que dispõe a Lei vigente para cada caso específico.

§ 1º - Os herdeiros do(s) sócio(s) falecido(s) não poderão ingressar na sociedade.

§ 2º - O sócio remanescente poderá, no prazo de 30 (trinta) dias, fazer o levantamento de um inventário, seguido de Balanço Patrimonial e Demonstrativo de Resultado da sociedade.

§ 3º - O Balanço Patrimonial será elaborado considerando os valores de mercado dos bens, direitos e obrigações constantes do patrimônio da sociedade, à data do evento.

§ 4º - Os valores serão pagos ao sócio retirante, interdito, inabilitado, na pessoa de seu tutor ou curador, ou aos herdeiros legais do sócio falecido, da seguinte forma: 30% (trinta por cento), 30 (trinta) dias após a elaboração do Balanço Patrimonial, e os outros 70% (setenta por cento) restantes, em 10 (dez) parcelas mensais, iguais e sucessivas, vencendo-se a primeira, 30 (trinta) dias após o pagamento da parcela inicial.

§ 5º - As parcelas serão corrigidas pela variação do IGPM, ou outro indexador que vier a substituí-lo, ocorrida entre a data da apuração dos haveres e a data do seu pagamento.

Cláusula 10 – Da Dissolução da Sociedade:

No caso de dissolução ou extinção da sociedade, seu patrimônio líquido reverterá aos sócios cotistas, na proporção do capital social que cada um possua.

Parágrafo Único – A sociedade só se dissolverá por vontade expressa dos sócios ou por decisão judicial.

Cláusula 11 – Da Apuração do Resultado:

O exercício financeiro da sociedade coincidirá com o ano civil, procedendo-se ao Balanço Geral em 31 de dezembro de cada ano ou data a ser acertada entre os sócios. Os lucros ou prejuízos apurados em balanço serão distribuídos entre os sócios na proporção das respectivas cotas de capital social que possuírem.

Cláusula 12 – Da Caução:

Por consenso comum, ficam os sócios isentos de prestação da respectiva caução societária.

Cláusula 13 – Das Disposições Gerais:

Os casos omissos a este documento de contrato deverão ser resolvidos de comum acordo entre os sócios e de conformidade com a legislação em vigor, pertinente à matéria.

Cláusula 14 – Do Foro:

Fica eleito o foro desta cidade para dirimir as dúvidas ou contestações oriundas do presente contrato, com renúncia expressa de qualquer outro, por mais privilégios que seja.

E por estarem assim justos e contratados, obrigam-se por si e seus herdeiros e/ou sucessores a cumprirem fielmente este contrato, que assinam em 3 (três) vias de igual teor e forma, para registro e arquivamento na Junta Comercial do Estado do _____, na presença das testemunhas abaixo, para que se produzam os devidos efeitos, conforme determina a Lei.

Local e data.
Assinatura de sócio.
Assinatura de sócio.
Testemunhas.
Visto do advogado (nome e número da OAB).

5.14 CAPITAL

Um empreendimento precisará de capital financeiro para levar adiante os seus projetos. Assim, devemos questionar sobre: Quanto é preciso? Qual capital de giro é necessário? Qual fonte de capital? Será por meio de financiamento, empréstimo, leasing ou crédito? Qual a disponibilidade financeira? Dentre os problemas levantados, os mais graves são: o capital de giro e o capital próprio. Quando se quer programar a futura atividade de uma empresa, devemos tomar em consideração os meios financeiros disponíveis que, muitas vezes, devem ser condicionados aos objetivos do empreendimento, e vice-versa.

Capital é o montante de recursos financeiros a serem investidos em um projeto, isto é, a soma do Capital Realizado mais o Capital a Realizar. Os investidores assumem o risco do Capital Investido, tendo o direito de controle e gerência do projeto e, logicamente, auferirem os benefícios futuros gerados pelo capital aplicado. Para fazer o capital inicial, recomenda-se a utilização do patrimônio pessoal, resultante de indenizações, alienação de bens, hipotecas de imóveis, poupanças, aplicações, por exemplo. Somente como recurso final, recorrer a dinheiro emprestado. Nesse caso, a taxa de retorno tem de ser calculada com precisão, ela não pode ser inferior à taxa de juros, cobrada pelo mercado, sob pena de condenar o negócio à falência. A lucratividade não pode estar abaixo da taxa de inflação real somada a taxa de juros paga pelo Governo (Taxa Selic).

O capital próprio é a participação dos proprietários no ativo. Ele não tem data de vencimento. Quando os proprietários investem numa empresa, não há acordo sobre a devolução do seu investimento inicial. Se um proprietário desejar reaver seu investimento, terá que achar outro comprador para sua parte ou liquidar a empresa. Se o empreendedor vai ou não conseguir seu investimento de volta é uma questão que depende de sorte e de sua capacidade de gestão.

Os capitais de terceiros têm prazos de vencimento. É preciso resgatá-los nas datas especificadas nos contratos realizados entre a empresa e seus credores. Se a dívida não for paga no vencimento, os credores podem penhorar o ativo ou forçar a liquidação da empresa.

Os principais tipos de capital, que o leitor deve saber, são:

Capital Próprio – Somatório dos capitais dos patrocinadores (investidores) do projeto; Patrimônio líquido (capital + reservas).

Capital de Terceiros – Capital de credores, com prazos preestabelecidos de resgate. Aqueles que aportarem capitais no projeto, como terceiros, exigirão informações e garantias sobre a viabilidade do projeto, o retorno do investimento e a credibilidade dos gestores.

Capital Intelectual – Conjunto de todo conhecimento científico, tecnológico e metodológico que possui uma organização, através de seus registros, arquivos e pessoas.

Capital Social – É o capital declarado que tem o seu valor fixado pelo estatuto ou contrato social.

Capital Subscrito – É o valor do capital social representado por cotas (ações) totalmente subscritas pelos investidores.

Capital a Integralizar (A Realizar) – Capital que falta para compor o capital social (declarado em contrato entre sócios).

Capital de Empréstimo – Capital tomado no mercado de recursos, sob a forma de dinheiro, material, máquinas e equipamentos.

Capital de Giro Próprio – Diferença entre ativo circulante e passivo circulante.

Capital de Movimento – Soma do capital próprio com as exigibilidades correntes.

Capital Declarado – Capital estabelecido no contrato social.

Capital Realizado – Diferença entre capital declarado e capital a realizar.

Capital Efetivo – Diferença entre capital realizado e valores consumidos no projeto.

Capital Financeiro – Valores que podem ser transformados em dinheiro.

Capital Humano – Conjunto de pessoas que detém conhecimentos úteis à empresa.

Capital Imobilizado – Capital retido em ativos necessários ao andamento das atividades do projeto, para maior eficiência, eficácia, efetividade e produtividade.

Capital da Marca – O capital da marca é o ativo que o responsável pelo marketing acumula para garantir a continuidade do consumidor e o lucro. Ele pode ser considerado como reserva de lucro da empresa.

Capital de Giro Líquido – Diferença entre o capital de giro e as receitas conseguidas durante a construção do projeto.

5.15 CAPITAL DE GIRO

O capital de giro é o capital necessário às operações do projeto. Também é preciso lembrar que o capital de giro são os recursos financeiros para pagar as despesas operacionais, como a compra de matérias-primas, insumos, materiais de higiene e limpeza, materiais de escritório, manutenção de máquinas, manutenção das instalações, despesas diversas. Também deve servir de reserva de capital para os primeiros meses de operação, depois de implantação do projeto. É de fundamental importância saber quanto o empreendedor vai gastar para operacionalizar a empresa e quando executar os pagamentos.

A preocupação com o capital de giro é a chave para uma administração financeira bem-sucedida, como também para o fluxo de caixa e as estratégias de crescimento e de lucratividade. A necessidade de capital de giro pode aumentar quando acontece: compras à vista; redução dos prazos dos fornecedores; vendas a longo prazo; ineficiência nas cobranças; níveis elevados de estoques; dinheiro parado no caixa; imobilizações; retiradas excessivas.

A necessidade de capital de giro diminui quando acontece: vendas à vista; eficiência da cobrança; alienação de ativos desnecessários; aumento de capital com recursos próprios; otimização de recursos; maior margem de lucro; utilização de capitais de terceiros; maiores prazos de pagamento dos fornecedores; maior rotação dos estoques. As ilustrações, a seguir, ajudarão a mais bem esclarecer o que seja capital de giro:

Nº	Descrição	Valor	%
1	Necessidades de Capital de Giro: (2 + 3 + 4 + 5)	69.620,00	100,00
2	Caixa e Bancos	850,00	1,30
3	Contas a Receber	17.500,00	25,10
4	Estoques	42.750,00	61,40
5	Outros Créditos e Recebíveis	8.520,00	12,20
6	Fontes Externas de Capital de Giro: (7 + 8 + 9 + 10)	56.205,00	80,70
7	Fornecedores a Pagar	38.750,00	55,70
8	Contas a Pagar	6.785,00	9,70
9	Duplicatas Descontadas	6.320,00	9,10
10	Financiamento a Curto Prazo	4350,00	6,20
11	Capital de Giro (1 – 6)	13.415,00	19,30

Quadro 5.4: Capital de Giro – Fontes e Aplicações.

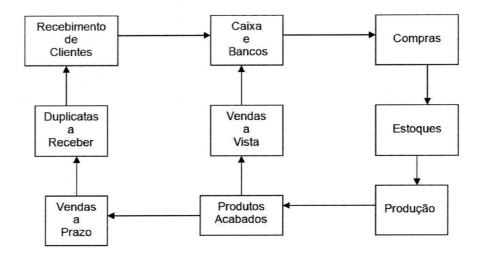

Figura 5.1: Fluxo do Capital de Giro.

5.16 CAPITAL DE GIRO PRÓPRIO

O Capital de Giro Próprio é dado pela fórmula:

Capital de Giro Próprio = Ativo Circulante − Passivo Circulante

Onde:
Ativo Circulante = Disponível + Realizável de Curto prazo
Passivo Circulante = Exigível de Curto Prazo
Disponível = Caixa + Bancos
Realizável de Curto Prazo = Estoques de Matéria-Prima + Produtos Acabados + Contas a Receber
Exigível de Curto Prazo = Fornecedores a Pagar + Contas a Pagar + Empréstimos Bancários

A seguir, será apresentada uma planilha para o cálculo do capital de giro próprio.

Contas	Valor	Fórmulas	%
Custo Fixo/Mês (CF)	20.000,00		
Custo Variável/Mês (CV)	40.000,00		
Custo Total (CT)	60.000,00	CF + CV	
Margem de Lucro (ML) (20%)	12.000,00		
Faturamento Total (FT)	72.000,00	CT x 1,2	
Faturamento a Prazo (FP)	57.600,00	0,8 x FT	
Faturamento a Vista (FV)	14.400,00	0,2 x FT	
Disponível Mês (D)	20.000,00	CF = CX + BC	12,30%
Caixa (CX)	4.000,00		
Bancos (BC)	16.000,00		
Estoque Matéria-Prima (MP)	40.000,00	CV	24,60%
Estoque Produtos Acabados (PA)	30.000,00	CT/2	18,45%

Estoque Materiais Diversos (MD)	15.000,00	CT/4	9,23%
Duplicatas Receber (DR)	57.600,00	FP	35,42%
			100,00%
Duplicatas a Pagar (DP)	80.000,00	2 x CV	52,63%
Empréstimos Terceiros (ET)	56.000,00	0,7 x DP	36,84%
Empréstimos Bancários (EB)	16.000,00	0,3 x DP	10,53%
			100,00%
Ativo Circulante (AC)	162.600,00	D+MP+PA+MD+DR	
Passivo Circulante (PC)	152.000,00	DP + ET + EB	
Capital de Giro Próprio	10.600,00	AC - PC	

Planilha 5.2 : Cálculo do Capital de Giro Próprio.

Nota: Embora se trate de uma simulação, os valores observados estão em consonância com as práticas usuais de mercado. Mas, só a vivência determinará o valor do capital de giro da empresa.

Onde:

Receita (faturamento) com Vendas = Custo Total + Margem de Lucro

Margem de Lucro = 20% do Custo Total

Vendas a Prazo = 80% da Receita Total

Prazo Médio de Vendas = 2 meses

Estoques Médios de Matéria-Prima = 1 mês do Custo Variável

Estoques Médios de Produtos Acabados = 1/2 mês de Custo Total

Disponibilidade Mínima de Caixa = 1 mês de Custo Fixo

Crédito Bancário = Desconto de Duplicatas Correspondente a 70% das Vendas a Prazo

Crédito de Fornecedores = 2 meses de Custo Variável

Custo Fixo = Custo que existe independentemente de haver ou não produção

Custo Variável = Custo que oscila diretamente com o volume de bens e serviços produzidos

Custo Total = Soma dos custos mais despesas

Despesas = Somatório de despesas de fabricação, despesas com vendas, despesas administrativas, despesas mercadológicas, despesas financeiras, outras despesas

Margem de Lucro = Percentual acrescentado ao custo para definir o preço de venda de um produto; markup.

Capital de Giro Próprio = Ativo Circulante – Passivo Circulante

Ativo Circulante = Disponível + Realizável de Curto prazo

Passivo Circulante = Exigível de Curto Prazo

Disponível = Caixa + Bancos

Realizável de Curto Prazo = Estoques de Matéria-Prima + Produtos Acabados + Contas a Receber

Exigível de Curto Prazo = Fornecedores a Pagar + Contas a Pagar + Empréstimos Bancários

6
RECURSOS

"Quando o administrador se dedica à função administrativa direção ele começa a aprender como é complexo lidar com o ser humano, porque ele também é uma pessoa que faz parte do mesmo processo".
Harold Koontz

OBJETIVOS DO CAPÍTULO

- Mostrar que sem recursos atualizados e adequados a empresa terá grande dificuldade de progredir.
- Mostrar os principais recursos de cozinha.
- Mostrar a importância de se evitar desperdício.
- Mostrar a estrutura organizacional do grupo de trabalho do restaurante.

6.1 RECURSO

Como são, cada vez mais, comuns as limitações de recursos imporem restrições às empresas, deve-se, primeiro, determinar a disponibilidade dos mesmos e, depois, usá-los como guia (ou fator a ser considerado) da formulação de estratégias para produtos e mercados. A empresa para se tornar produtiva dependerá de recursos. Sem recursos ela não conseguirá sobreviver. Recursos são meios auxiliares que permitem a pessoa ou a organização atingir objetivos. Se você tem os recursos adequados, dificilmente, não será efetivo, isto é, não perderá tempo para atingir objetivos com eficiência e eficácia.

A organização procura dispor de recursos de tal forma que o conjunto, assim empregado, seja capaz de realizar uma atividade econômica ou um trabalho, com um mínimo de risco, esforço e custo. Uma empresa é uma organização de finalidade econômica. Utiliza e elabora recursos para facilitar o seu desenvolvimento e o seu rendimento, assegurando-lhe as melhores condições operacionais. Todas as organizações são constituídas de recursos, que podem ser contratados, comprados ou incorporados à empresa ou adquiridos, sob a forma de empréstimo, aluguel, arrendamento ou leasing.

De modo geral, os recursos podem ser:

- Recursos Naturais – Abordado no item 4.14.
- Recursos de Apoio: serviços públicos, energia elétrica, telefonia, água encanada e potável, esgotamento sanitário, gás, hospital, escola, correio, banco, policiamento, transporte, segurança.
- Recursos Físicos: imóveis, viaturas, instalações.
- Recursos Materiais: equipamentos, máquinas, móveis, utensílios, ferramentas.
- Recursos Financeiros: capital próprio, crédito, financiamento, receita com vendas, investimentos de terceiros, empréstimos, capital de terceiros.
- Recursos Humanos: mão de obra direta e indireta.

- Recursos Tecnológicos: tecnologia da produção, tecnologia da informação, tecnologia do conhecimento.
- Recursos Administrativos: funções administrativas, funções organizacionais, práticas, técnicas, procedimentos, rotinas, políticas, planos, programas, métodos, metodologias, documentos, manuais.
- Recursos Mercadológicos: perfil do consumidor, pesquisa de mercado, inovação, produto, marca, comunicação do produto, previsão de vendas, relação com consumidores, fornecedores e concorrentes, estratégias, táticas, negociação, distribuição.
- Recursos Sistêmicos: sistemas de informação, sistemas de comunicação, sistemas de suporte à decisão, sistemas simulatórios, sistemas de banco de dados.

A seguir, algumas premissas sobre recursos:

- Os recursos empresariais capacitam a empresa a um desempenho efetivo.
- Enquanto o trabalho focaliza apenas a mão de obra, os recursos humanos envolvem todas as pessoas existentes na empresa, desde o presidente até o faxineiro.
- Geralmente, quando se fala em recurso, surge a imagem simplista e falsa do dinheiro.
- Recursos empresariais são extremamente diversificados e complexos.
- Recursos empresariais similares são administrados dentro de um esquema de divisão de trabalho.
- Cada um dos recursos exige uma especialização.
- A administração de recursos demanda capacidades diversas e complexas, sobretudo num mundo em que a mudança e a incerteza são as duas únicas constantes.
- Não é importante a empresa ter muitos recursos, mas, sim, como mais bem faz uso deles.
- Recursos devem ser otimizados (melhor uso possível), em função das contingências do momento político, do ambiente e do mercado.
- Um recurso é avaliado pela contribuição que traz para uma função, atribuição, atividade, operação, tarefa, movimento.

6.2 FORNECEDOR

Um fornecedor é uma empresa que atua no mercado de recursos. A escolha de fornecedores é uma verdadeira celebração de parceria. Afinal, um depende do outro, para atingirem objetivos congruentes. A empresa fornecedora deve apresentar: Alvará de Funcionamento emitido pela Secretaria de Saúde ou Órgão Municipal competente; Razão Social Completa; Endereço Completo; CNPJ; Referências de clientes; Critérios técnicos definidos em parceria entre: fornecedor e comprador; Comprovantes de atendimento à legislação pertinente. Os fornecedores foram divididos em grupos de necessidades, tais como:

- Fornecedores de Máquinas e Equipamentos.
- Fornecedores de Matéria-Prima.
- Fornecedores de Insumos.
- Fornecedores de Material Descartável.
- Fornecedores de Material de Higiene e Limpeza.
- Fornecedores de Material de Escritório.
- Fornecedores de Móveis e Utensílios.
- Fornecedores de Mão de Obra.
- Fornecedores de Serviços de Manutenção e Instalação.
- Fornecedores de Sistemas de Informação e de Comunicação
- Fornecedores de Crédito e Seguro.

Quanto ao critério de escolher um ou outro fornecedor, são priorizadas as questões como: preço, condições de pagamento, prazo de entrega, localização, volume de itens, por exemplo. A seguir, um questionamento básico sobre o perfil do fornecedor:

- Qual é a qualidade da linha de produtos do fornecedor?
- Qual é a relação de preço/qualidade/atendimento da linha de produtos do fornecedor?
- O fornecedor oferece ajuda promocional, financeira e de consultoria?
- Qual é a qualidade da ajuda promocional do fornecedor?
- Qual é a amplitude do sortimento da linha de produtos do fornecedor?
- Qual o tempo total de espera para recebimento dos pedidos?
- O fornecedor tem políticas de: entrega, crédito e devolução, que são satisfatórias?
- Qual a influência que os fornecedores têm sobre os preços dos produtos?

Nota: O leitor deve voltar aos itens 2.5 e 2.6 que tratam do banco de dados de fornecedores e ficha cadastral do fornecedor, respectivamente.

6.3 EQUIPAMENTOS DE COZINHA

O termo equipamento, empregado genericamente, foi usado aqui para designar todo o maquinário, equipamento de movimentação, equipamento de estocagem, equipamento de inspeção e outros. A seguir, algumas considerações sobre equipamentos de cozinha:

A) Equipamentos de Refrigeração – Os equipamentos de refrigeração são móveis ou conjuntos de câmaras ligadas a um sistema de refrigeração e servem para conservar os alimentos sob a ação do frio, como frutas, vegetais e outros alimentos. Os principais equipamentos de refrigeração são:

Câmaras Frias – As câmaras frias são equipamentos de refrigeração (0 até 12ºC) e de congelamento (abaixo de 0ºC). Para evitar que o ar externo penetre na câmara, é comum instalar uma antecâmara. Recomenda-se dividi-las em seções isoladas com sua própria fonte de resfriamento. Estas câmaras devem ficar localizadas o mais longe das fontes de calor. As câmaras, sejam de refrigeração ou de congelamento, devem possuir estantes de material impermeável, para possibilitar a acomodação adequada dos alimentos. Em uma câmara fria, é possível armazenar vários tipos de produtos, desde que todos tenham de ser mantidos na mesma temperatura. Mas, para isso, os produtos deverão ser corretamente separados por lotes e embalados corretamente para evitar a absorção de cheiros e prevenir-se de contaminação cruzada. Estes equipamentos são recomendados para empresas onde o volume de produtos a ser armazenado é muito grande.

Geladeiras (Refrigeradores) – São equipamentos que possuem características semelhantes às câmaras frias, porém de tamanho menor e podem se apresentar como refrigeradores ou congeladores. São idênticos às geladeiras domésticas e devem ficar localizadas na área de conservação dos alimentos. A limpeza desses equipamentos deverá ser feita sempre que necessário. As geladeiras servem para acondicionar alimentos de médio risco de contaminação.

Freezeres – São equipamentos que devem ser utilizados naqueles casos em que o volume de produtos a serem armazenados é pequeno. Eles podem ser do tipo horizontal ou vertical. Neles, os produtos poderão ser mantidos a uma temperatura inferior a 18º C. Neste tipo de equipamento, também é importante certificar-se de que a temperatura no seu interior encontra-se na faixa recomendada. Por isso, periodicamente, será necessário fazer medições da temperatura no interior dos mesmos.

B) Equipamentos de Cocção – São equipamentos, em forma de móveis, de queimadores ou outra fonte de calor, alimentados a gás, eletricidade ou óleo. Servem para preparar alimentos e mantê-los quentes. O calor é transmitido aos alimentos de duas maneiras: por contato direto (chapa, grelha) ou por um transmissor auxiliar como água, vapor de água, gordura. Os equipamentos de cocção, mais utilizados na cozinha são:

Fogão Central – É o principal equipamento que compõe a unidade de cocção, sendo o mais usado na cozinha. É do tipo industrial. Os fogões elétricos aquecem uma chapa apropriada, quando o fogão é ligado. O fogão à gás possui queimadores.

Banho-Maria – É usado para manter quente alguns alimentos que necessitam desse cuidado. Nele as preparações são mantidas aquecidas devido a ação do calor transmitido pela água aquecida.

Grelhas e Chapas – Possuem unidades de calor instaladas debaixo das chapas ou grelhas de metal que aquecidas assam ou fritam os alimentos.

Fritadeiras – São recipientes que servem para preparar alimentos fritos em banho de óleo.

Forno – É usado para assar, estufar, guisar e cozinhar no banho-maria. O calor emitido age sobre os alimentos de maneira uniforme. A temperatura é regulada por termostato. Existem fornos a vapor que permitem a operação com vários tipos de alimentos, simultaneamente. Trata-se de um equipamento indispensável em cozinhas de todos os portes, porque a maioria das preparações passa pelo forno. Existem no mercado fornos que são autolimpantes.

Caldeirão – É usado para preparar grande quantidade de alimentos. Ele dispõe de tampa hermética e válvulas de segurança.

Salamandra – Usada para gratinar os alimentos.

Há sempre perigo de explosão nos equipamento a gás. Os equipamentos elétricos podem causar incêndios e choques. Assim, certifique-se do bom estado dos mesmos.

C) Equipamentos de Preparação – São equipamentos manuais ou elétricos que servem para preparar os alimentos, crus ou cozidos, por meio de interferência física, tais como: Moedor de Carne; Serra Mecânica; Máquina de Abrir Massa; Cortador de Frios; Processador; Liquidificador; Batedeira; Balança; Triturador; Descascador de Batatas; Cortador de Legumes; Espremedor de Frutas; Termômetro de Panela; Câmara de Crescimento; Modelador de Pães; Modelador de Massas para Salgadinhos; Máquina de Gelo; Máquina de Pastel.

D) Equipamentos de Preservação Ambiental – O ambiente a que nos referimos é o ambiente interno da empresa, sendo os mais importantes: Sistema de climatização; Sistema de exaustão; Coifas com filtros; Sistema de ventilação; Sistema de iluminação; Sistema de lavagem de panos, uniformes, toalhas e aventais.

E) Equipamentos de Armazenagem e Logística – Os principais equipamentos são: 1 carro porta bandejas; 1 balança eletrônica com impressora; 2 caixas criogênicas para transporte; 1 máquina para fechar embalagens; 1 seladora horizontal de embalagens plásticas; 1 seladora vertical de embalagens plásticas; 1 suporte para colar fita adesiva; 1 viatura tipo utilitário.

6.4 MÓVEIS E UTENSÍLIOS

Utensílios de Cozinha – Os principais utensílios são: caçarolas, jogos de panelas, caldeirões, frigideiras, assadeiras, travessas de plástico, travessas inoxidáveis, recipientes, pratos, talheres, botijões de gás, toalhas, copos, bandejas, cestas, potes herméticos, molheiras, taças, cafeteira, purificador de água, garfo de cozinha, espátula, escumadeira, colher de arame, coador, peneira, concha, batedor de bife; passador de purê, socador, conjunto de facas, esguicho para lavagem, lava-botas manual com bica; cabides para aventais e uniformes etc.

Móveis de Cozinha – Os móveis de cozinha são basicamente utilizados para guardar mercadorias e para possibilitar a preparação dos alimentos sobre eles. Geralmente, são feitos de diversos materiais, podendo ter prateleiras e gavetas. Os móveis mais usados são: mesas de trabalho, prateleiras, balcões, carros estantes, cubas de aço inox, estantes lisas, estantes gradeadas, carro plataforma, carro tanque, bancada de serviço, lavadora de louças, máquina de esterilização etc.

Móveis e Utensílios de Escritório – Os principais móveis e utensílios de escritório são: 4 cadeiras, 2 mesas de escritório (1,0 x 0,6), 2 calculadoras, 1 máquina de cupom fiscal, 2 computadores e periféricos, softwares, artigos de papelaria, sistema de chaveamentos de telefonia, aplicativos, arquivos de gavetas, mesa de reunião, ar condicionado, quadros murais, talonários, mapas, rotas de vendedores, quadros de avisos e outros.

Móveis e Utensílios do Salão de Atendimento – Os principais são: mesas, cadeiras, pratos, talheres, copos, taças, bandejas, material descartável, travessas, espelhos, aparelhos de climatização, ventiladores, sistemas de monitoramento, sistemas de informação e comunicação, máquinas de cartões etc.

6.5 RECURSOS HUMANOS

Recursos humanos são as pessoas que integram uma organização e decidem o que fazer com os demais recursos. As pessoas trazem para as empresas habilidades, conhecimentos, atitudes, comportamentos, vícios e virtudes. Por serem diferentes entre si, passam a ser um recurso altamente diversificado. As pessoas, dentre os recursos, são aqueles que precisam ser analisados, sob os pontos de vista do profissionalismo, comportamento e comprometimento. Por sua própria natureza também apresentam considerável grau de mutabilidade e influência na tomada de decisão. Dependendo de seus conhecimentos técnicos, habilidades e personalidades, as pessoas colaborarão em maior grau, ou não, para a construção do sistema empresa. Assim, para lidar com pessoas é preciso observar as seguintes premissas:

- Treinamento não muda personalidade, muda atitudes, porque o comportamento é mais difícil de ser mudado.
- As pessoas nem sempre têm atitudes e comportamentos desejados, é preciso entender um pouco mais delas para despertar interesse e motivação, reconhecendo as de alto desempenho.
- Investir no homem é o mesmo que renovar seus conhecimentos.
- O ser humano é fator chave de sucesso nos negócios.

A gestão de recursos humanos em um empreendimento é, particularmente, delicada por se tratar de comportamentos diferentes que trabalharão num projeto comum. Quando se tratar de uma grande cozinha, por exemplo, além do chefe da cozinha, haverá um subchefe e pessoas especializadas e responsáveis por cada determinado setor. Os principais recursos humanos de um restaurante são:

- Gerente de Restaurante – Chefe dos funcionários da cozinha, dos garçons e demais empregados. A ele cabe: apresentar relatórios; elaborar fichas técnicas dos produtos; distribuir e supervisionar os diversos serviços; controlar estoques e providenciar a compra de materiais faltantes; organizar inventários; dar satisfações aos verdadeiros donos do restaurante.
- Chefe de Cozinha – O chefe é a autoridade máxima na cozinha. Ele precisa saber executar todas as tarefas e elaborar todos os cardápios. Suas principais funções são: planejar, dirigir supervisionar o trabalho e treinar seu pessoal; assegurar que tudo na cozinha tenha qualidade; supervisionar a carteira de pedidos.

- Subchefe de Cozinha – O subchefe de cozinha assiste e substitui o chefe de cozinha. Suas principais funções são: Recepção de materiais; Prepara a cozinha para iniciar os trabalhos, bem como no seu fechamento; Organizar as praças de preparações das linhas de produção.
- Chefe Especializado – É o responsável pela preparação inicial dos alimentos, bem como guarda e armazenamento. Também é sua responsabilidade cosmetizar os pratos.
- Chefe de Rotisseria – É responsável pela preparação de todos os assados e grelhados.
- Chefe Entremetier – É especializado em legumes, sopas e purês, por exemplo.
- Chefe Saucier – É especializado em molhos.
- Chefe Confeiteiro – É especializado em massas de confeitaria, doces e sobremesas.
- Padeiro – É um técnico especializado em massas e produtos de padaria.
- Açougueiro – É um técnico especializado na preparação de carnes para cozimento.
- Ajudante de Cozinha – Desempenha as tarefas mais simples da cozinha.
- Copeiro – É o cozinheiro da copa, para preparar suco, café, chá e outros derivativos.
- Servente – É o encarregado de fazer a limpeza e lavagem da cozinha.
- Chefe dos Garçons – É o responsável maior pelo atendimento da clientela, sempre pronto a atender as reclamações dos clientes. Também é responsável pela limpeza, higiene e arranjo físico do salão. Precisa saber treinar os demais garçons no atendimento e na manipulação dos apetrechos do restaurante, Se possível, deve saber operar os sistemas de informação, comunicação e cobrança (cartões).
- Garçom – É responsável direto no atendimento do consumidor e anotação dos pedidos de comida, bebidas e sobremesa. Deve manter um clima saudável e respeitoso para com os clientes.

A sobrevivência de uma empresa independe do somatório de suas partes, pura e simplesmente. Uma ação sinérgica entre as partes é que vai proporcionar o resultado almejado. Para se alcançar tal objetivo, é necessário quantificar os diferentes cargos e distribuí-los racionalmente na empresa. É comum, numa visão operacional, ser feito uma distribuição percentual, em função daquilo a ser feito. Considerando-se as diversas tarefas de um Pequeno Restaurante, é possível dimensionar, de maneira geral, a seguinte estrutura:

- Administração e Contabilidade : 10%
- Recepção e Estocagem: 5%
- Preparação: 15%
- Cocção: 15%
- Armazenagem: 5%
- Logística: 5%
- Higiene e Limpeza: 5%
- Segurança: 5%
- Atendimento: 30%
- Atividades Diversas: 5%

Dimensionar as necessidades de recursos humanos estará em função do: Padrão de Atendimento; Qualidade do Cardápio; Nível de Higiene e Limpeza; Tempo de Entrega; Produtividade; Nível Tecnológico; Imobilizações em Máquinas e Equipamentos; Otimização de Recursos; Políticas de Pessoal, por exemplo.

6.6 RECURSOS FÍSICOS DO RESTAURANTE

A seguir, são colocados os principais recursos físicos de uma pequena empresa de varejo de alimentos:

Cozinha – É um espaço para acomodar os fogões, fritadeiras, fornos, freezeres, geladeiras, pias, armários de utensílios, bancadas e mesas de trabalho, que devem ser organizados de forma a permitir a livre circulação dos funcionários e fácil acesso aos equipamentos. Área = 50 m²

Depósito de Matéria-Prima – Local para guardar materiais que serão utilizados na cozinha. Deve ter área suficiente para acomodar os diversos tipos de produtos de forma adequada, ou seja, ambiente seco, arejado e limpo. Alguns produtos requerem resfriamento ou congelamento, o que indica a necessidade de ambiente especial. Área 20 m²

Escritório – O escritório serve para executar as funções administrativas e contábeis da empresa. Área = 10 m²

Depósito de Produtos Acabados – Local onde são guardados os produtos para atender a Carteira de Pedidos. Portanto, vale ter uma previsão da movimentação desses produtos nas câmaras de refrigeração. Área = 20 m²

Recepção de Materiais – A recepção é uma área muito importante da cozinha, pois uma vez recebido os materiais, os riscos correm por conta de quem os recebeu. Portanto, é necessário examinar: pedido, nota fiscal, fatura, nota de fornecimento, quantidade, qualidade, estado físico-químico, por exemplo. Qualquer queixa sobre as especificações devem ser relatadas. Este setor deve ser estruturado de forma que os materiais não fiquem mofando em suas prateleiras. Assim, tão logo o material comprado chegue, devem ser tomadas as seguintes providências: baixa do pedido e respectiva comunicação ao Departamento de Compras; inspeção do produto; comunicação da chegada do produto à seção requisitante; aviso à Contabilidade. Área = 10 m²

Almoxarifado – É o nome dado a um local onde estão guardadas utilidades, materiais, ferramentas, componentes, equipamentos que a empresa comprou para serem consumidos em suas operações. Área = 10 m²

Banheiro e Vestiário – Lugar para a troca e guarda das roupas dos funcionários, bem como sua higiene e limpeza. Área = 10 m²

Depósito Seco – Lugar onde são guardados materiais descartáveis, como: embalagens, papéis, caixas de papelão, fitas adesivas e outros materiais que dão apoio a armazenagem e a logística. Área = 10 m²

Depósito de Lixo – Lugar para depositar as perdas e refugos, bem como o material não mais utilizado e sem serventia. Deve ser seletiva a guarda desses materiais. Área = 5 m²

Salão – Lugar onde se recebe os consumidores. Área = 60 m²

Banheiros da Clientela: Lugar para higiene dos clientes. Área = 15 m²

Área Total (útil e livre) – Esta área deve ser de aproximadamente 200/250 m²

6.7 DESPERDÍCIO

Taylor dizia: "Vemos e sentimos o desperdício das coisas materiais. Entretanto, as ações desastrosas, ineficientes e mal orientadas dos homens não deixam indícios visíveis e palpáveis. A apreciação delas exige esforço de memória e imaginação. E por isso, ainda que o prejuízo diário daí resultante seja maior que o decorrente do desgaste das coisas materiais, este último nos abala profundamente, enquanto aquele apenas levemente nos impressiona". Ele queria dizer que nós fazemos muitas coisas que representam desperdício, mas quase não sentimos o que se perde e os problemas derivados.

Um dos fatores do alto custo da produção, geralmente mal percebido, é o desperdício. Um exame, não muito profundo, revelará que não há atividade sem desperdício. Algumas formas de desperdício são facilmente percebidas, como acontece com o material. Outras são menos notadas, como acontece quando os funcionários gastam mais tempo e realizam mais movimentos do que os realmente necessários para fazer o serviço (Lei de Parkinson). Toda vez que se consome mais material, tempo, energia e espaço do que realmente seria necessário, se o trabalho fosse realizado racionalmente, há desperdício. Aquilo que se consome a mais é desperdício e encarece a produção. O desperdício é um fenômeno mundial. A maneira correta de combater qualquer mal é combater as suas causas. Assim, se houver um desejo de combater o desperdício, é necessário eliminar e conhecer os seus motivos.

Examinando as causas dos desperdícios, verifica-se que algumas podem ser atacadas através de medidas de caráter administrativo, de caráter cultural e de caráter educativo. Várias são as medidas administrativas, pois o corretivo dependerá da causa do desperdício. As medidas culturais estarão fundamentadas na formação de uma mentalidade, na doutrinação e no treinamento constante. As medidas educativas para minimizar o desperdício podem ser realizadas por meio de: campanhas, cartazes, projeções, filmes, reuniões, palestras, e-mails e prêmios para ideias inovadoras e efetivas.

As principais causas de desperdício são:

Desperdício de Energia Elétrica – A utilização de equipamentos sem Selo Procel (menor consumo de energia elétrica) é o maior exemplo desse tipo de desperdício. Um refrigerador não é um simples gabinete de aço com motor. Ele precisa de esforços conjuntos para se tornar um equipamento eficiente e eficaz, isto é, que refrigere muito com menos. Cada vez mais se verifica que o simples gerenciamento do consumo de eletricidade e a adoção de expedientes corriqueiros, como a substituição de lâmpadas ou o uso mais adequado do ar condicionado, diminuem sensivelmente as despesas. Um plano de performance energética envolve também mudanças na rotina do pessoal da limpeza. Grande parte do desperdício de energia é resultado da prevalência dos critérios estéticos em detrimento da funcionalidade.

Desperdício de Gás – Muitos gerentes de empresas de alimentos se recusam a investir em um Fogão de Alta Eficiência por causa do preço. Além disso, varias tarefas de cozinha podem ser feitas com equipamentos chamados multifuncionais e combinados. Tudo isso com menos mão de obra e menos consumo de gás, favorece o aumento de produtividade e de ambientes mais saudáveis.

Desperdício de Alimentos – A perda de alimentos não consumidos em uma indústria de alimentos é enorme. A solução é o sistema de produção antecipada com imediato congelamento avançado que preserva o sabor e a consistência dos alimentos, deixando-os prontos para posterior regeneração, acionada somente no momento da demanda. A produção em maiores volumes também diminui o custo unitário do produto, melhora a programação das compras, reduz a energia, sob qualquer forma. É muito mais fácil trabalhar com pratos semiprontos do que prepará-los do "zero".

Desperdício de Material – A armazenagem bem feita ajuda a identificar a margem esperada para perdas e refugos. Há uma diferença entre refugos e perdas. Refugos são partes de bens tangíveis rejeitados durante o processo de produção. Perdas são partes intangíveis não aproveitadas do produto gerado por um projeto. Se a taxa de refugo for alta, mostra que, na empresa, podem estar acontecendo: erros de projeto do produto; falhas no controle de qualidade; falhas no controle da produção; baixo nível de educação; mau uso das funções administrativas, principalmente, a função administrativa organização; armazenagem incorreta; falta de treinamento.

Perdas fazem parte do processo de fabricação, podendo-se minimizá-las, mas não evitá-las. Portanto, é necessário que a quantidade disponibilizada para a produção seja a mais exata possível, porque o custo pela perda será incorporado ao custo do produto. Se houver perda anormal, como no caso, por exemplo, de incêndio no almoxarifado, roubo, enchente, os valores correspondentes não devem ser tratados como custo de produção, e sim levados diretamente ao resultado. As perdas anormais ocorrem de forma involuntária, sendo seu custo absorvido pelos demais produtos.

Desperdício de Mão de Obra – A mão de obra é um dos itens mais lembrados na lista de dificuldades de uma empresa, tendo em vista a dificuldade de lidar com o ser humano e por uma legislação trabalhista obsoleta e ultrapassada. São tantos os encargos sociais que vale reduzir a mão de obra, para a sobrevivência do negócio. Os problemas não são solucionados com mão de obra intensiva, mas com tecnologia intensiva. Hoje, deve-se depender cada vez menos de empregados. Outro aspecto é o ambiente confortável. Os equipamentos obedecem as simples regras da Ergonomia? Há riscos de acidentes de trabalho? O funcionário trabalha com satisfação? Uma reengenharia dos processos, estruturas e métodos de trabalho pode diminuir o absenteismo, a impontualidade, a falta de assiduidade, o estresse e o turnover.

Desperdício de Espaço Físico – Uma indústria se for pequena demais estrangula a produção. Mas se for grande demais custa caro. A adoção de equipamentos mais modernos, somados à revisão nos processos de fabricação, diminui os espaços ociosos. Alguns equipamentos, se bem aplicados, poupam espaços. Embora sejam mais caros, ao longo dos meses, se mostram mais rentáveis.

Desperdício de Água – Atualmente, mais do que nunca, a água se mostra imprescindível para o homem. Porém, o mesmo homem polui, cada vez mais, seu próprio ambiente. Infelizmente, a água é utilizada de forma descontrolada. Hoje, a responsabilidade de algumas empresas para com o ambiente faz parte de sua estratégia. Para que se otimize o uso da água algumas premissas, a seguir: Verifique se a torneia está realmente fechada; Ao lavar a louça, use a própria cuba da pia para ajudar na lavagem; Tente limitar o banho para no máximo de cinco minutos; Feche a torneira enquanto se ensaboa; Jamais escove os dentes ou faça a barba com a torneira aberta; Sempre use a máquina de lavar em carga máxima; O excesso de sabão aumenta o número de enxagues; A lavagem de louças, copos, bandejas e talheres consomem uma quantidade enorme de água, que pode ser resolvido com equipamentos corretos.

Desperdício de Dinheiro – Na hora de comprar máquinas e equipamentos, avalie tudo, como: especificação, preço, marca, garantia, facilidade de limpeza, mobilidade, por exemplo. Certifique-se de que a manutenção futura seja organizada, tendo acesso, rapidez e confiabilidade. Escolha o equipamento pelo tempo estimado de vida útil, tomando como referência a concorrência. Lembre de que bons equipamentos custam caro e possuem um índice de depreciação menor do que os mais baratos.

Desperdício no Escritório – Se na fábrica a parada repentina de uma máquina ou a falta de insumos pode causar desperdício, no escritório pode haver descontinuidade devido à perda de informações na passagem entre pessoas e departamentos. O funcionário do escritório tende a achar que o seu trabalho, ao contrário das tarefas de um colega da linha de produção, não está submetido a uma rotina. O desperdício que existe nos escritórios não é tão óbvio aos olhos dos dirigentes, que não estão habituados a colocar no papel, como, por exemplo, um fluxograma de processo ou de procedimentos. Tais ferramentas detectam desperdícios de tempo, superposição de tarefas, oportunidades de eliminação de processos e procedimentos, combinação de atividades.

Desperdício de Tempo – Os dirigentes que sabem aproveitar bem o tempo são aqueles que estão dispostos a pensar antes de agir. Dedicam-se a pensar sobre as áreas para as quais serão estabelecidos objetivos, e mais tempo ainda a refletir sistematicamente nos problemas. Porém, a maioria dos administradores gasta muito tempo tentando avaliar a qualidade e o desempenho de seus subordinados. Segundo Peter Drucker, "o administrador que utiliza bem seu tempo também se dedica a pensar bastante sobre os problemas e sobre o que pode fazer, para que o mesmo tenha êxito em suas ações".

6.8 GRUPO DE TRABALHO

Um grupo não é simplesmente o somatório de indivíduos. Cada um, com as suas idiossincrasias e traços diferentes, é um elemento que influencia o grupo e que por este se deixa influenciar. Essas interações dão ao grupo um caráter ativo e dinâmico. A convivência grupal cria sentimentos, laços de simpatia e amizade, que dão ao grupo certa força interna, formando uma verdadeira trama de tensões. Existem vários tipos de grupos sociais, como: família, clube, escola, igreja, partido político, empresa. Uma empresa terá de ser dividida em grupos de trabalho para poder funcionar. Estes grupos serão divididos, em função das atividades, como: Produção, Marketing, Material, Logística, Administração, por exemplo.

Cada um desses grupos possui um campo psicológico pessoal e nele se desenvolve com relativa autonomia. É preciso observar que tais campos não divirjam excessivamente, pois, em tal caso, a coesão grupal diminuirá e surgirão problemas, ou atritos, quer entre um membro e o grupo, quer entre os participantes do grupo.

O estudo das tensões entre os membros do grupo de trabalho permitirá conhecer as relações de trabalho, bem como melhorar o ambiente social, tornando-o positivo. É preciso saber quais as pessoas que podem ou devem trabalhar juntas; as que devem trabalhar, mais ou menos, distantes; as que devem ser escolhidas para cargos de chefia. Saber escolher os indivíduos, quando o trabalho de um depende do outro, é muito importante nas relações humanas.

A confusão entre fazer as coisas certas e fazer as coisas de maneira certa é basicamente o problema central numa organização. Não existe nada mais inútil do que fazer com grande eficiência as tarefas que não precisam ser feitas. A seguir, os principais conceitos de atuação da equipe:

- **Eficiência** – Eficiência é a habilidade de produzir o desejado com o mínimo de esforço e desperdício. É a melhor maneira pela qual as coisas devem ser feitas, a fim de que os recursos sejam aplicados de forma mais racional possível. Eficiência significa agir de acordo com o que foi preestabelecido, fazendo o melhor uso de meios, processos e recursos.
- **Eficácia** – Eficácia é uma medida normativa do alcance de resultados (objetivos), isto é, refere-se à capacidade de satisfazer uma necessidade da sociedade através do suprimento, pela empresa, de: bens, serviços e ideias. Ela relaciona-se com os fins almejados.

- **Efetividade** – Efetividade é o somatório da eficiência mais a eficácia, visando buscar a satisfação do consumidor dentro de um período de tempo, o mais curto possível. Ela está relacionada à velocidade de resposta que o consumidor dá aos produtos de uma empresa.

Os comportamentos, os motivos, as atitudes e as reações de um indivíduo em um grupo de trabalho precisam ser estudados, para se entender a dinâmica do grupo. Também é preciso levar em consideração o nível hierárquico. A compreensão dessas variáveis, que ajudam ou inibem os indivíduos para o trabalho em grupo, é de grande importância. Os dirigentes precisam avaliar as causas de maior ou menor produtividade, bem como o grau de criatividade do grupo ou do indivíduo.

Segundo Etizioni, "Quanto mais se compreendem os grupos, melhor se pode administrá-los. Embora a administração possa encarar os indivíduos como recursos para os fins organizacionais, as pessoas exprimem-se como personalidades integrais, transpondo-as para suas tarefas". Além das características que o ambiente e os indivíduos levam para o grupo, dois atributos, tamanho e estrutura, podem influenciar sua capacidade de operar de forma satisfatória. Depois de formados, os grupos podem diferir, sobremaneira, em sua aparência e comportamento. Interiormente, no entanto, todos têm os mesmos elementos.

6.9 TRABALHO EM EQUIPE

Toda vez que fazemos um esforço para obter coisas que satisfazem as nossas necessidades, realizamos trabalho, que é a verdadeira medida do valor de troca de todas as coisa. O trabalho é toda atividade humana voltada para a transformação da natureza, no sentido de satisfazer uma necessidade. Para os economistas é um dos fatores de produção. O trabalho significa o esforço, exercício ou atividade para realizar alguma coisa. Este esforço pode ser físico, mental, voluntário ou forçado. É através do trabalho que o homem transforma o ambiente onde vive.

Se uma pessoa está trabalhando numa equipe, ela é naturalmente motivada, porque há um compromisso entre as partes. E esta é a grande diferença num sistema tradicional em que os subordinados atendem seus chefes. A importância de se trabalhar em equipe é que cada membro é responsável também pelo resultado do grupo. Não basta apenas cumprir tarefas.

Equipe é uma dessas palavras, excessivamente, utilizadas no campo da administração. Sugere uma coesão e unidade que você raramente obtém e talvez não queira que, realmente, aconteça o tempo todo. O trabalho em equipe é a combinação de diferentes indivíduos, trabalhando ao longo de rotas independentes e colaborativas para objetivos comuns. As equipes não podem ser formadas da noite para o dia. É necessário um longo período antes que possam funcionar. Elas são baseadas na confiança mútua e no entendimento recíproco, e isso leva anos para se conseguir.

O desenvolvimento de equipes é uma técnica comportamental muito utilizada pelas organizações. Grupos de empregados, de vários níveis e de especializações diversas, reúnem-se, procurando um ponto de convergência para que se alcance a colaboração, eliminando as barreiras interpessoais de comunicação pelo esclarecimento e compreensão de suas causas.

A taxa de turnover, ou taxa de rotatividade de empregados, mostra a movimentação (entra e sai) de pessoal numa organização. Uma taxa de turnover elevada pode significar má administração da empresa ou um mercado de atuação desfavorável, onde os recursos humanos são difíceis e instáveis, como em mercados que exigem muita criatividade. Por outro lado, um dos motivos de um turnover elevado é a constante contratação de pessoal de fora da empresa. A taxa de turnover é dada pela fórmula:

T = |Q1 – Q2| / Q1

Onde:
Q1 = Quantidade inicial (momento do registro) de empregados.
Q2 = Quantidade final de empregados de Q1 que ainda estão trabalhando.
|Q1 – Q2| = Valor absoluto da diferença (Q1 – Q2).

Exemplo:
Q1 = 200
Q2 = 150
T = |200 – 150| / 200 = 50 / 200 = 0,25 = 25%

A rotatividade de pessoal expressa a relação percentual entre os desligamentos e o número médio de funcionários que compõem o quadro de pessoal, considerando um determinado período de tempo, que pode ser mensal ou anual. Este índice não deve ser zero e nem muito elevado. A variação da taxa de rotatividade está diretamente relacionada à cultura e ao clima da organização.

A taxa de absenteísmo é um dos indicadores de avaliação da mão de obra. Ela corresponde à ausência do empregado no posto de trabalho. Se, por exemplo, uma fábrica tem 80 empregados e a média de ausências, por mês, é de 4 funcionários, a taxa de absenteísmo mensal é:

TA = 4/80 = 5%

Cada empresa tem suas próprias características, que vão determinar a taxa mais aceitável, isto é, a taxa que não atrapalhe o seu desempenho e progresso. Essas ausências não programadas causam transtornos, a ponto de exigir mudanças nos tipos de preparações do dia, substituições de afogadilho, atrasos nas entregas. Quase sempre geram mudanças comportamentais nos demais empregados, tais como: irritabilidade, agressividade, negligência, desinteresse e injustiça.

6.10 GESTÃO DE PESSOAS

A arte da gestão de pessoas vem sendo discutida há muitos anos, as publicações e estudos a cerca do tema são inconfundíveis. Mas, quando tentamos achar um denominador comum ou uma fórmula para todas as situações, vemos quanto é difícil interpretar o cenário. De nada faz sentido os recursos tecnológicos e financeiros para o desenvolvimento de um novo produto, se a empresa não puder contar com recursos humanos inovadores e criativos. Maslow afirma que a gestão adequada dos seres humanos no trabalho sugere um alinhamento entre os objetivos das pessoas e os da organização.

A administração de recursos humanos é uma área interdisciplinar que envolve necessariamente conceitos de: Psicologia Industrial; Sociologia Organizacional; Engenharia Industrial; Direito do Trabalho; Segurança no Trabalho; Medicina do Trabalho; Higiene e Limpeza, por exemplo. A abrangência de assuntos tratados nesta administração são muitos e variados. O sistema de administração de recursos humanos necessita de padrões capazes de permitir uma contínua avaliação e um sistemático controle de seu funcionamento. A administração de pessoas deve estar na base de todos os esforços para desenvolver competências, habilidades e conhecimentos.

Fatores, como qualificação e requisitos de pessoal, condições oferecidas de trabalho, decorrentes da precariedade da política de recursos humanos, que não contempla a valorização da mão de obra disponível, interferem diretamente em alguns aspectos, tais como: salário compatível, perspectivas de ascenção funcional, qualidade de desempenho, produtividade, higiene e segurança. Este conjunto de fatores influi na motivação e, consequentemente, na moral, nas atitudes e nos comportamentos dos indivíduos e dos grupos de trabalho.

A administração da empresa deve, constantemente, esforçar-se para criar e manter programas de pessoal. Um bom programa de pessoal deverá prover: Desenvolvimento da liderança executiva; Recrutamento e seleção; Plano de cargos e salários; Treinamento; Reconhecimento dos sindicatos. A empresa deve compreender que, em última análise, as metas são alcançadas por seres humanos. A lealdade, a motivação e o entusiasmo são atributos difíceis de ser comprados, se é que se pode comprar.

6.11 RELAÇÕES HUMANAS NO TRABALHO

Os livros mais sérios sobre o assunto fazem questão de salientar que relações humanas não é uma doutrina ética, nem uma forma de humanitarismo, embora, de algum modo, implique a ideia de dignidade humana. O estudo das relações humanas por empregados e empregadores não vem resolver todos os problemas que dificultam a produção da empresa, mesmo porque muitos destes não são humanos. Se assim fosse, bastaria um curso de relações humanas para transformar a empresa num paraíso.

As relações humanas não são uma maneira de suavizar o que não se consegue pela força e nem transformar as pessoas em seres humanos dóceis e bonzinhos, porque estas relações são fundamentadas em técnicas, princípios e premissas. As ciências que fornecem estas ferramentas são: a Psicologia, a Sociologia e a Antropologia. A primeira, fornece os elementos necessários à compreensão do homem e de suas relações. A segunda, diz respeito ao ambiente social. A terceira, estuda a evolução do ser humanos e sua interação social numa organização, através de ações e atitudes. A sua prática melhorará o entendimento entre as pessoas, criando um clima organizacional que traga satisfação e uma melhor qualidade de vida.

O real objetivo das relações humanas é a motivação e o interesse pelo trabalho, para que este seja o melhor possível, tanto para as pessoas quanto para as organizações. Relações humanas não é uma doutrina ética, embora de algum modo implique a ideia de dignidade humana.

As relações humanas buscam a interação social das pessoas numa organização, através de ações e atitudes. Na organização surgem muitas dificuldades, como: a falta de interesse pelo trabalho; falta de assiduidade e de pontualidade; excessiva rotação ou pouca estabilidade; intrigas, perseguições, rivalidades e falsidades. Há, também, resistência ao cumprimento de ordens e determinações; excessivo número de reclamações ou de reivindicações; elevado número de acidentes; frequentes questões trabalhistas ou sindicais.

O sucesso em relações humanas é grandemente determinado pela espécie de pessoa com a qual se tem de lidar. Uma vez que tenham sido contratados empregados com boas características de relações humanas, o passo seguinte é desenvolver as mesmas ao seu potencial máximo. No trabalho surgem muitas dificuldades e, portanto, muitos problemas. Uns são de natureza técnica, outros de natureza financeira e outras, ainda, de natureza humana.

Eis algumas medidas para evitar problemas nas relações humanas: Explicar, cuidadosamente, os deveres do indivíduo diante do grupo; Evitar discussões intermináveis, quanto aos direitos e deveres de cada um; Dar salários proporcionais à produtividade e ao mérito; Apresentar os novos companheiros a todos os membros do grupo; Evitar de magoar um chefe, passando por cima de sua autoridade; Mostrar critérios objetivos para promoções; Evitar admissões de pessoas que não tenham as qualidades necessárias para a função; Criar comissões para propor soluções objetivas para problemas de relacionamento; Diminuir a distância social entre chefes e subordinados.

Os comportamentos, as atitudes e as reações de um indivíduo, no grupo de trabalho, são influenciados pelos motivos que o levam a trabalhar ou a ter gosto pelo trabalho. A alguns pode parecer que as pessoas trabalham somente por causa do dinheiro. Isso é falso. Existem outros motivos que levam o indivíduo a trabalhar.

6.12 ESTRUTURA ORGANIZACIONAL

A estrutura é o conjunto integrado de elementos suportes, que formam o arcabouço sobre o qual repousam as demais partes componentes de um organismo, e que se relacionam no tempo e no espaço. A estrutura é a forma de combinar as partes, configurar um arranjo que represente uma composição. Ela representa a integração das unidades operantes e a forma pela qual a autoridade é exercida.

A estrutura objetiva buscar a simplificação de cargos e funções, verificar e comparar a documentação em busca de dados sobre centralização e descentralização, conhecer as unidades organizacionais e polos de decisão, enumerar as atividades das funções organizacionais, conhecer a composição qualitativa e quantitativa dos recursos humanos, buscar as relações de caráter hierárquico, consultivo e funcional existentes entre as unidades.

Uma estrutura organizacional é como um corpo humano. Assim, como é preciso zelar pela saúde do corpo, é preciso, também, cuidar da saúde de uma estrutura. Esta pode sofrer de esclerose, infantilismo, senilidade, paralisia. Ela até pode ser desequilibrada. Algumas vezes as estruturas já nascem com doenças, outras vezes adquirem-nas através de constantes mudanças. O leitor não deve confundir níveis de trabalho na organização com níveis hierárquicos, que dizem respeito à estrutura da organização. Um nível hierárquico pode abrigar mais de um nível de trabalho. Desenvolver uma estrutura e uma estratégia, na organização, compatíveis com a conjuntura econômica sempre foi a maior preocupação dos administradores de empresa. Uma estrutura errada resulta fatalmente em um desempenho desastroso, gera conflitos e frustrações, focaliza questões irrelevantes e transforma coisas insignificantes em obstáculos.

As organizações jovens e em desenvolvimento estão especialmente sujeitas, muitas vezes, à reestruturação. Mas, mesmo as empresas grandes e maduras sofrem uma reestruturação a cada dois anos pelo menos. A estrutura hierárquica, bem como a estrutura organizacional, precisa ser modificada de tempos em tempos, como engajada num moto contínuo de inovações e mudanças. Porém, é importante que mudanças estruturais sejam feitas com certo grau de racionalidade e parcimônia, para não virar uma confusão só, levando muito tempo para consertar. O primeiro requisito da organização humana com vistas ao seu pleno desempenho é a sua estruturação. A estruturação é, portanto, a elaboração da estrutura que irá constituir a base da organização. Os objetivos da estruturação são muitos. Porém, os mais importantes são os seguintes:

- Criar organizações racionais que tenham o dimensionamento adequado às estratégias e aos recursos.
- Permitir que se crie uma rede de comunicação eficiente.
- Repartir a carga de trabalho entre as diversas especializações.
- Definir níveis e linhas de autoridade e subordinação de forma harmoniosa.
- Ter um mínimo de dispêndio para o seu desempenho.
- Reduzir a quantidade de níveis hierárquicos e a proliferação de órgãos de assessoria e linha.

A estrutura organizacional é o desenho organizacional que reúne cargos e funções, com base nos recursos disponíveis. A estrutura diz quem é quem na organização. Ela é a rede que mostra as atividades administrativas fluindo para atingir objetivos, metas e desafios. As estruturas podem ser de diversos tipos, mas as mais importantes são por: Função; Território; Produto; Cliente; Linha de Produção; Equipe; Rede de Comunicação.

O Restaurante terá uma estrutura organizacional preliminar com os seguintes profissionais:

Quantidade	Cargo	Funções
1	Gerente Administrativo	Controlar contas e controles contábeis; Manter contatos com distribuidores; Manter contatos com fornecedores de recursos; Desenvolver as políticas da empresa; Manter contato com o contabilista; Desenvolver planos, orçamentos, estratégias, táticas.
1	Assistente Administrativo	Substituir e dar assistência ao gerente administrativo; Abrir e fechar a empresa.
1	Auxiliar Administrativo	Fazer a ligação entre a Administração e a Produção; Atender telefonemas e e-mails; Digitar relatórios e enviar mensagens; Prestar serviços de banco; Acompanhar o inventário dos materiais e produtos.
1	Gerente de Produção	Planejar e controlar a produção; Manter contatos com fornecedores de recursos; Acompanhar os índices de produtividade; Controlar a otimização de recursos; Buscar a racionalização do desperdício; Informar sobre os diversos estoques a administração; Desenvolver cardápios.
1	Cozinheiro	Elaboração dos alimentos congelados; Treinar o pessoal de cozinha.
3	Auxiliar	Ser o encarregado de todo o trabalho de preparação; Substituir o cozinheiro.
3	Garçons	Ser o encarregado de fazer a higienização e limpeza; Manter tudo arrumado em seus lugares, no final do dia: Atender os consumidores.
1	Gerente de Atendimento	Ter conhecimento de todo o pessoal do salão; Trabalhar a fidelização do cliente; Ter conhecimento de todos os pratos, bem como preços e composições; Dar atenção a solicitação do cliente; Ser simpático; Ter empatia com o consumidor.

Quadro 6.1: Estrutura Organizacional Preliminar de um Varejo de Alimentos.

6.13 ORGANOGRAMA

O desenho organizacional retrata a configuração estrutural da organização (empresa) e o seu funcionamento. Este desenho recebe o nome de organograma, que é um modelo esquemático representativo da divisão do trabalho desenvolvido pela organização. É um arranjo de figuras e linhas que mostram as diversas conexões existentes. Em um organograma está representada a correlação de poder, seja de um projeto ou de uma empresa. A configuração mostrada é estática, isto é, permanece a mesma no decurso das atividades.

O organograma oferece uma visão verticalizada das atividades, à medida que desdobra funções em outras funções menores. É útil ter-se uma configuração clara da estrutura organizacional, para que se possam efetuar os frequentes ajustes que se fizerem necessários. Portanto, ao planejar o desenho deve-se levar em conta as especializações, as limitações da autoridade funcional, as vias hierárquicas existentes, as linhas de subordinação e vinculação, os problemas de comunicação, as decisões conjunturais, os recursos disponíveis, por exemplo. A estrutura organizacional assemelha-se a um edifício, que, quanto mais complexa for, precisará de um plano muito bem feito.

O fato de uma organização possuir organograma não significa, necessariamente, que ela seja suficientemente organizada. O organograma não é um fim em si mesmo, mas um meio de ajudar o funcionário a visualizar o posicionamento e as relações existentes entre os subsistemas de um sistema maior. Os organogramas devem refletir o mais possível a realidade da organização. Se não o fizerem com toda fidelidade poderão distorcer a compreensão e gerar decisões errôneas por parte daqueles que confiam nos gráficos. Quando o desenho organizacional não está adequado às necessidades da organização, são frequentes as reorganizações e reestruturações que causam desconforto e insegurança.

O organograma tem por objetivo representar a organização formal, configurada na estrutura, cuja origem, geralmente, vem da estratégia, da contingência, do recurso. É composto por órgãos de linha e por órgãos de assessoria, entendendo-se órgão de linha como aquele que toma decisões e órgão de assessoria aquele que dá conselhos.

Um organograma apresenta as seguintes mais importantes vantagens: Permite rapidamente visualizar quem é quem na hierarquia da organização, ou seja, quem está subordinado a quem e quais as ligações funcionais; Possibilita a compreensão dos fluxos de autoridade de caráter funcional e hierárquico.

Do mesmo modo, o organograma apresenta as seguintes desvantagens: É impossível indicar todas as relações; É preciso estar sempre atualizado, para não fornecer interpretações errôneas.

Na elaboração de um organograma, são importantes: a precisão, a estética e o equilíbrio distributivo. A seguir, são apresentados, como exemplos de organogramas (Figuras 6.1 e 6.2) de um hipotético Restaurante:

6.14 CARGO

Cargo é o conjunto de funções executadas de maneira cíclica ou repetitiva. Cada cargo tem um ou mais ocupantes (pessoas) que executam determinados trabalhos específicos. Para que exista um cargo deve, obrigatoriamente, existir uma função que o justifique. A função é o conteúdo do cargo. É importante lembrar, todavia, que, na prática, muitas vezes existe cargo sem função e, outras vezes, existe função sem cargo. A seguir, serão abordados alguns elementos do cargo, que ajudarão a fundamentar o conceito de cargo:

- **Criação do Cargo** – A criação de cargos deve ser guiada, em geral, pelos objetivos e estratégias da organização. A estrutura dos cargos, assim como a estrutura dos departamentos, deve adaptar-se do melhor modo possível. Colocar a pessoa certa no cargo certo dependerá das funções do cargo.
- **Características do Cargo** – O cargo pode exigir características, tais como: habilidades específicas, conhecimentos técnicos, autonomia de atuação, conhecimentos atualizados de tecnologia e de sistemas de informação, identificação das tarefas a desempenhar. A abordagem mais recente sobre cargos tenta descrever de forma a que os empregados sintam o trabalho como tendo um significado próprio, sintam responsabilidade pessoal pelos resultados do mesmo e recebam numa forma regular um voto de confiança sobre os resultados de suas atividades.

- **Descrição do Cargo** – O cargo estará sempre relacionado com: atribuição, responsabilidade, autoridade, desempenho, poder, decisão, remuneração. Assim, um cargo mal descrito poderá não só ser um tormento para o ocupante como uma perda de tempo, pois o executivo poderá estar atuando em dissonância com sua posição na estrutura hierárquica e organizacional da sua empresa. O conhecimento do conteúdo do cargo tem grande importância para se estabelecer os critérios de recrutamento, seleção e treinamento.

Organograma Funcional

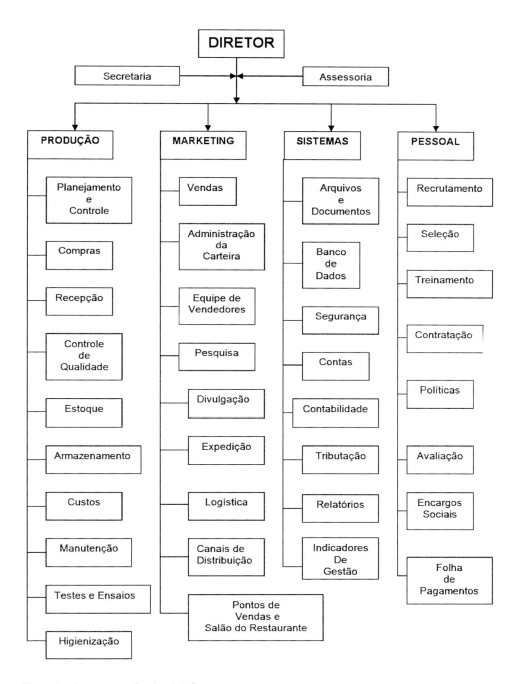

Figura 6.1: Organograma Funcional do Restaurante.

Organograma de Cargos

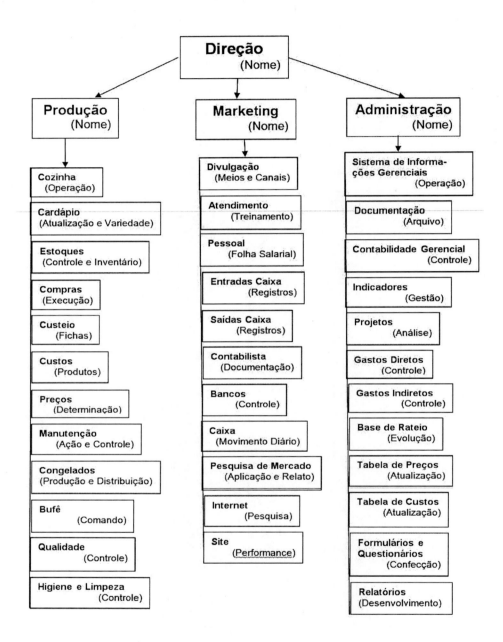

Figura 6.2: Organograma de Cargos do Restaurante.

- **Análise do Cargo** – A análise do cargo objetiva investigar os cargos e descrevê-los em termos das características gerais, tais como: o nível de responsabilidade, as condições de trabalho e as qualificações exigidas. Ela exige um estudo detalhado de cada aspecto ou elemento pertinente ao cargo e requer um esforço, por parte da chefia, para coletar dados que possam dar informações adequadas à caracterização de cada cargo. Através destas informações, é possível definir os requisitos e qualificações para a pessoa que vai desenvolver as tarefas pertinentes.

- **Aspectos do Cargo** – Um cargo possui aspectos chaves, relativos à sua natureza, desempenho, interação e qualificação, tais como, por exemplo: Título do cargo; Relações com subordinados e superiores; Relações cruzadas; Objetivos a serem alcançados; Jornada de trabalho; Funções, atribuições e tarefas; Comportamento congruente com a função; Tomadas de decisões; Características físicas; Responsabilidades com pessoas, máquinas e equipamentos; Rotinas de trabalho; Tempo dispensado às atividades; Local onde se desenvolvem as tarefas; Condições e riscos; Segurança e higiene; Utilização e manutenção dos equipamentos.
- **Classificação de Cargos** – O agrupamento dos cargos em classes visa facilitar não somente a administração salarial, mas também permitir que cada classe de cargos tenha um tratamento genérico em termos de benefícios sociais, regalias, vantagens e sinais de status.
- **Desenho de Cargos** – O desenho de cargos é a maneira pela qual os administradores projetam, estruturam e descrevem os cargos e os combinam em unidades. Existem diferentes abordagens para o desenho de cargos. Tais abordagens serão congruentes com o estilo de administração da organização. Uma preocupação fundamental com o cargo é que ele não seja recheado de ambiguidades, principalmente, no nível operacional.
- **Enriquecimento do Cargo** – O enriquecimento do cargo consiste em elevar deliberadamente a responsabilidade, os objetivos e os desafios das tarefas do cargo, como um meio de trazer maior significado ao trabalho, além de oferecer oportunidades significativas de satisfação das necessidades mais elevadas. O enriquecimento do cargo pode ser por movimento vertical (adição de responsabilidades de nível mais elevado), horizontal (desdobramento de tarefas no mesmo nível) ou rotativo (mover sistematicamente as pessoas de um cargo para outro para diminuir a monotonia e aumentar o conhecimento da organização). Esse tipo de prática pode ajudar a aumentar a sinergia entre os diferentes setores.
- **Avaliação de Cargos** – Para poder atribuir salários, adequadamente, aos empregados, o ponto de partida é o cargo e, portanto, é necessário que a organização tenha uma ideia da importância relativa dos cargos, isto é, a importância de cada cargo em relação aos demais. Um cargo é avaliado pela posição que ocupa na estrutura organizacional, pela remuneração e benefícios que usufrui, em função do poder que tem. A avaliação de cargos é o processo de analisar e comparar o conteúdo de cargos no sentido de colocar os mesmos em uma ordem de classes, as quais podem ser usadas como base para um sistema de remuneração. A metodologia de avaliação do conteúdo do cargo pode atender ao seguinte questionamento: O que faz? Quando faz? Quanto faz? Como faz? Onde faz? Por que faz?
- **Ficha de Descrição do Cargo** – Assunto abordado no item 2.6, do Capítulo 2.

6.15 RECRUTAMENTO DE PESSOAS

Da mesma forma como os indivíduos escolhem as organizações, estas procuram atrair e obter informações sobre as pessoas. Recrutamento é um conjunto de procedimentos para determinar quais os indivíduos estão qualificados a ocupar cargos na organização, isto é, a organização divulga e oferece, ao mercado de recursos humanos, oportunidades de emprego. Para ser eficaz, o recrutamento deve atrair candidatos de maneira a suprir o setor de seleção a colocar, em seus bancos de dados, as pessoas, potencialmente, aptas a preencherem as necessidades de mão de obra da organização.

Geralmente, o Departamento de Recursos Humanos de uma empresa é encarregado de procurar o pessoal do nível operacional. O recrutamento do pessoal de nível médio, em geral, é entregue a uma agência. O pessoal de alto nível fica a cargo de um conselho de executivos criado especialmente para isto. Dos recursos necessários à empresa, indubitavelmente, são os recursos humanos aqueles que causam maiores problemas.

126 • Gestão de Restaurante

Uma empresa que deseja um bom time deve começar a procurar os elementos adequados. Atrair bons candidatos a emprego não é coisa fácil e de pouca importância. Somente uma série de procedimentos administrativos, racionalmente orientados, poderá satisfazer à necessidade de recrutamento. A empresa deve checar tudo, mesmo aquilo que possa parecer irrelevante. Uma contratação ruim pode causar sérios danos à equipe. Deixar-se levar pela primeira impressão de um candidato e acreditar em tudo aquilo que está escrito no papel é o maior pecado do entrevistador.

Para desenvolver a atividade de recrutamento, devemos adotar alguns procedimentos essenciais, capazes de garantir o sucesso da operação, tais como:

a) Planejamento do Recrutamento – Planejamento do recrutamento consiste em estudar e analisar as necessidades de recursos humanos da empresa, presentes e futuras. A pessoa encarregada do recrutamento deve conhecer a classificação de cargos e funções da empresa (quadro de pessoal). Se tal quadro não existir, as dificuldades aumentarão.

b) Fontes de Recrutamento – Diagnosticadas as necessidades, realiza-se o levantamento das fontes, dos processos e das fórmulas capazes de fornecer, à empresa, as pessoas que a ajudarão a atingir os objetivos. Assim, o recrutamento passará a estudar o mercado de trabalho para conhecer o seu potencial, levando em consideração: a área de ação, níveis salariais, cargos, funções, pontos de concentração de mão de obra, concorrentes, universidades, agências de emprego. Um problema básico da organização é diagnosticar fontes supridoras de recursos humanos, localizadas no mercado, que lhe interessem especificamente. Ademais, a identificação, a triagem e a manutenção das fontes de recrutamento constituem uma das maneiras pela qual a administração de recursos humanos pode: elevar o rendimento do processo de recrutamento; diminuir o tempo do recrutamento; reduzir os custos operacionais de recrutamento.

c) Posição do Cargo – A análise do cargo determinará a posição do lugar na estrutura organizacional, sua própria descrição, requisitos e características que deve ter o candidato. Esta análise abrange os aspectos qualitativos e quantitativos da mão de obra a ser contratada.

d) Processo de Recrutamento – O recrutamento envolve um processo que varia conforme a organização. O início do processo de recrutamento depende de decisão do órgão de linha, porque o setor de recrutamento é uma função de staff. Seu trabalho dependerá de uma requisição de empregado feita por um departamento ou seção de linha.

e) Divulgação do Recrutamento – A divulgação poderá ser feita de muitas maneiras, tais como: jornal, televisão, rádio, quadro de aviso, cartas às instituições governamentais encarregadas de alocação de mão de obra, universidades, sindicatos. Somente através de uma publicidade eficiente é que serão atraídos os melhores candidatos. Um anúncio de emprego deve ser atrativo e seletivo. Assim, deve despertar o interesse de bons candidatos e desestimular os que não possuem condições que interessem à empresa. Um anúncio basicamente faz referência às vantagens e exigências da empresa. Vantagens: salário acima do ofertado pelo mercado; ambiente confortável; bom clima organizacional; possibilidade de promoção e carreira; oportunidade de desenvolvimento; assistência médica, dentária e social; horário flexível. Exigências: idade mínima; nível de escolaridade; especialização; experiência; apresentação pessoal; conhecimentos de línguas estrangeiras; habilidades gerenciais comprovadas através de testes; conhecimentos de informática. O anúncio deve conter outros dados necessários à compreensão e orientação dos candidatos, como: nome da empresa, período de inscrição, local da inscrição, modos como pode ser feita a inscrição; documentos que devem ser apresentados; condições para a habilitação; aproveitamento dos candidatos.

f) Inscrição do Candidato – A inscrição, quando bem feita, já realiza uma pré-seleção, uma vez que afastará os candidatos que não satisfazem a determinados requisitos.

g) Implementação do Recrutamento – A implementação do recrutamento pode ser feita por: consulta geral, sem especificação, no mercado de trabalho; meio de ofertas individuais, pessoalmente ou escrita; consulta direta, específica, às fontes de preparação ou suplência de pessoal qualificado (escolas, sindicatos, clubes profissionais, agências de colocação, por exemplo). Por isso, é bom que se tenha um bom Banco de Dados para candidatos em potencial, isto é, o recrutamento deve ser uma atividade permanente.

Praticamente, existem dois tipos de recrutamento: interno e externo. O recrutamento é denominado externo, quando aborda candidatos reais ou potenciais, disponíveis ou aplicados em outras empresas. Será interno, quando aproveita o seu próprio pessoal. Os tipos de recrutamento têm relação com o local onde estão as pessoas. Ambos os tipos possuem vantagens e desvantagens. Uma das vantagens do recrutamento interno é o estabelecimento de um clima de valorização da prata da casa, elevando o moral e a motivação. Por outro lado, a empresa tem gastos menores em dinheiro e tempo. Já o recrutamento externo, possibilita a renovação de ideias, com perspectivas de mudanças na busca de melhores resultados do que os anteriores. As técnicas para recrutamento interno mais usuais são: Divulgação da vaga em lugares estratégicos da empresa e consulta ao Banco de Dados de Candidatos. As técnicas para recrutamento externo mais usuais são: Divulgação na mídia da vaga, como também em entidades de classe e em escolas profissionais, formadoras de mão de obra especializada. Um bom exemplo disso são as Escolas do Senac, Senai e Sesi.

Nota: No item 2.5, do Capítulo 2, foi abordado o conceito de Banco de Dados de Candidatos.

6.16 SELEÇÃO DE PESSOAS

A seleção é a atividade que vem em seguida ao recrutamento. Todo trabalho exige de quem o executa, certos conhecimentos e certas habilidades. Ao admitir um empregado para ocupar determinado cargo, a empresa precisa certificar-se de que ele possui as habilidades e os conhecimentos necessários ao desempenho das funções daquele cargo, ou se não os possui e se tem condições de adquiri-los de forma satisfatória em tempo hábil. Muitas vezes, a empresa nem deseja mesmo que os candidatos possuam os conhecimentos e habilidades, preferindo que apenas possuam as condições necessárias para adquiri-los, pois ela fará o treinamento conveniente, pois tem medo de importar vícios e desvios de conduta.

A seleção de pessoal é uma etapa de grande responsabilidade e complexidade, pois nela estão envolvidos: motivações, necessidades, aspirações, objetivos pessoais e organizacionais que precisam ser satisfeitos. Se a empresa avalia o candidato como um ser social e não um mero recurso, o processo de seleção se torna mais complexo. A avaliação do candidato é feita sob uma multiplicidade de variáveis, tais como: sociais, econômicas, culturais, intelectuais, instrucionais, financeiras, técnicas, comportamentais.

Admitir empregados sem seleção é agir de forma pouco inteligente. É jogar com a sorte. A seleção diminui as incertezas sobre o provável sucesso dos candidatos e, quando a vaga é disputada por vários candidatos, é a forma justa de decidir qual deverá ser o escolhido. A seleção de pessoal tem vários objetivos, como:

a) Escolher, para cada vaga, o candidato que oferece os melhores requisitos para o cargo.
b) Escolher a pessoa certa para o lugar certo.
c) Medir as aptidões e habilidades do candidato.
d) Avaliar o que de relevante o candidato fez e qual sua possível contribuição para a empresa.
e) Avaliar o conhecimento do candidato sobre o mercado, onde pretende trabalhar.
f) Listar casos de sucesso em que o candidato coordenou ou simplesmente participou.

128 • Gestão de Restaurante

g) Questionar se o candidato tem algum plano para a sua carreira.
h) Avaliar se o candidato tem desenvoltura para falar de si mesmo.
i) Medir se o candidato está preparado para mudanças.
j) Avaliar a visão estratégica do candidato.
k) Comparar a filosofia de vida do candidato com a da empresa.

Um bom trabalho de seleção de pessoal se fundamenta nas seguintes premissas: Ao se preparar a seleção, deve-se saber para que selecionar, pois a seleção não visa saber simplesmente quem é o melhor, mas quem é o mais adequado para o cargo; Conhecimento do trabalho se obtém através de uma análise, enquanto o conhecimento do candidato se obtém através de entrevistas, testes e exames.

A seleção do candidato se faz através das seguintes etapas:

Pré-Seleção:

a) Ficha de Inscrição – É um formulário que o candidato preenche com o objetivo de fornecer inúmeras informações básicas, como: vida escolar; vida profissional; gostos culturais; posição econômica; vida recreativa; atividades paralelas; experiências anteriores.
b) Curriculum-Vitae – Além dos dados pessoais, deve o currículo apresentar: vida escolar; vida profissional; principais atividades; experiência profissional e referências.
c) Análise da Ficha – O selecionador examinará e analisará a ficha de inscrição e o currículo, confrontando--os e sublinhando os pontos básicos sobre os quais repousará a entrevista.
d) Referências – O candidato deve indicar algumas fontes de referências, isto é, pessoas que possam ser consultadas sobre o seu comportamento pessoal e profissional. Estes dados são utilizados na contratação de pessoas de alto nível.
e) Entrevista Preliminar – A entrevista é o ponto mais explorado na seleção de pessoas. O propósito de uma entrevista preliminar é avaliar de modo seguro os seguintes pontos: formação, qualificação, personalidade, experiência, atendimento dos pré-requisitos exigidos, atitude, comportamento, pretensões e confronto de méritos.

Seleção:

a) Testes de Conhecimento – Versarão sobre: redação de um tema, exercícios numéricos, testes de conhecimentos gerais, interpretação de texto.
b) Testes Específicos – Versarão sobre: conhecimento técnico, conhecimento especializado, capacidade profissional, habilidade gerencial, habilidade motora.
c) Testes Psicológicos – Versarão sobre: inteligência, percepção, personalidade, adaptabilidade, interesse, motivação, interação, cooperação, liderança.
d) Exames Médicos – A seleção médica deve envolver uma série de pontos de acordo com o cargo a ocupar.
e) Entrevista Final – Última etapa do processo de seleção, a entrevista final precisa considerar o seguinte: o entrevistador deve ter preparo especializado; o entrevistado deve estar em condições de poder informar tudo o que lhe for perguntado; as condições, em que se deve realizar a entrevista, devem ser em local adequado, sem perturbações de qualquer ordem, evitando-se a presença de outras pessoas; a formulação das perguntas e o registro das respostas obedecem a uma técnica pedagógica própria e não podem ser planejados por quem desconhece o assunto.

Os procedimentos de seleção variam em sofisticação, de uma simples e informal entrevista a um teste altamente detalhado e demorado. Mesmo depois de selecionado, o candidato passa por um período de adaptação, onde são passadas as informações necessárias para o desenvolvimento de suas funções. Às vezes, se faz necessário treinamento. A seleção visa solucionar dois problemas básicos: adequação do homem ao cargo e rendimento do homem no cargo.

Montar uma equipe também requer escolhas sobre a forma do relacionamento empregatício. Assim, é preciso questionar:

- Deve a empresa procurar trabalhadores para um relacionamento de longo prazo?
- Deve a empresa integrar ou estabelecer uma variedade de formas de admissão, incluindo meio período e funcionários temporários ou terceirizados?
- Deve contratar consultores e outras formas externas de expertises em determinados assuntos?
- Quem deve integrar a organização e quais devem ser os critérios de seleção?
- Deverá a empresa selecionar seus empregados de modo informal ou apenas de forma cuidadosa e dispendiosa?
- Devem as empresas escolher pessoas por sua habilidade em executar uma gama específica de tarefas ou por que parece encaixar numa determinada cultura organizacional?
- Quais são os critérios de promoção? A empresa valoriza a "prata da casa" ou contrata sangue novo?

Todo critério de seleção fundamenta-se em dados e informações a respeito do cargo a ser preenchido. As exigências de seleção baseiam-se nas especificações do cargo, cuja finalidade é dar maior objetividade e precisão à seleção do pessoal para aquele cargo. Se todos os indivíduos fossem iguais e reunissem as mesmas condições para aprender e trabalhar, a seleção poderia ser dispensada. Contudo, há uma enorme diversidade entre as pessoas. Seus níveis de percepção são diferentes, bem como suas habilidades de relacionamento e aprendizagem.

A partir dessas informações é possível criar uma ficha (arquivo) que contém os atributos psicológicos e físicos necessários ao desempenho satisfatório do ocupante, no cargo considerado. As fichas servem para estabelecer as técnicas de seleção mais aplicáveis ao caso.

Nota: No item 2.6, do Capítulo 2, foi dado um exemplo de uma Ficha de Cadastro e Avaliação do Candidato.

6.17 ENTREVISTA DE SELEÇÃO

A entrevista é instrumento fundamental na seleção de pessoal. Tem sido supervalorizada por uns e subestimada por outros. É, no entanto, indispensável no processo de escolha de pessoal e, ainda que usada sem ser acompanhada por testes, melhora muito a seleção de pessoal. A entrevista é, basicamente, uma fonte coletora de dados e fatos aparentes e passados. O seu grande inimigo é o julgamento subjetivo e precipitado do entrevistador. A avaliação da entrevista é ponto vital no êxito de seu uso. Os cuidados que o entrevistador deve ter, numa entrevista de seleção de um candidato, são:

a) Ser realizada em lugar isolado.
b) Afastar ao máximo seus preconceitos.
c) Ser bastante objetivo, evitando atitude doutoral.
d) Não fazer perguntas capciosas, evitar se projetar sobre o candidato.
e) Colocar o entrevistado bem à vontade e começar a entrevista com um assunto que seja de interesse do mesmo.

130 • Gestão de Restaurante

f) Não se afastar de seu objetivo, trabalhar baseado num roteiro para não se perder, evitando prolongar o tempo da entrevista.

g) Redigir um relatório, abordando o seguinte: aparência, inteligência, conhecimento, maneira de se expressar, sociabilidade, temperamento, educação, instrução, moral, documentação, experiência profissional, evolução escolar e profissional, nível de percepção.

Durante a entrevista se estabelece um diálogo, com um fluxo de informações do candidato para o entrevistador, e vice-versa. Há uma relação de troca de informações, o entrevistador busca extrair do candidato as informações básicas necessárias ao desempenho do cargo e, ao mesmo tempo, transmite as informações sobre o cargo. É muito comum que o entrevistador se valha de um questionário preestabelecido (entrevista estruturada) como orientador da entrevista. Esse método, apesar de facilitar a escolha, não considera a individualidade do candidato e suas peculiaridades o que poderá levar a resultados ruins. A tarefa de um entrevistador não é fácil. Por essa razão, devem ser redobrados os cuidados para que os erros sejam os menores possíveis. Um cuidado fundamental, que não deve ser esquecido, é o relatório da entrevista.

O entrevistador vai lidar com todo tipo de entrevistado, tais como: enganador, simpático, cativante, de "grande experiência", com currículo brilhante, sedutor, exagerado, mentiroso, mascarado, carismático, aproveitador da ingenuidade do entrevistador, conversador. A entrevista sendo essencialmente um método de coleta de informações coexiste com outros dois métodos mais conhecidos: a observação e a documentação. É interessante notar as vantagens e desvantagens em cada um dos métodos e procurar a possibilidade de combinar os três, porque, de certa forma, o entrevistador sempre estará interpretando documentos prévios à entrevista, bem como observando o comportamento do entrevistado.

Algumas empresas utilizam a entrevista de desligamento como o meio principal de controlar e medir os resultados da política de pessoal, bem como as principais causas de turnover. Em linhas gerais, esta entrevista procura dar cobertura, principalmente, aos seguintes aspectos: Motivo básico do desligamento; Opinião do empregado sobre: a empresa, o cargo, o chefe direto, o horário de trabalho, as condições ambientais, os benefícios sociais, o salário, o relacionamento humano, as oportunidades de progresso, o moral, a atitude dos colegas, as oportunidades no mercado.

6.18 TREINAMENTO

Quando os empregados não produzem satisfatoriamente, apesar de serem boas as instalações, máquinas, equipamentos, recursos, sistemas e ferramentas, possivelmente, a causa seja a falta de habilidade e conhecimento. A solução é o treinamento. O treinamento capacita as pessoas ao desempenho das tarefas de seus cargos. Algumas vezes, o empregado sente-se incapaz de desenvolver uma nova atribuição. Entretanto, prefere não revelar esta deficiência. É comum uma resistência ao treinamento, talvez como forma inconsciente de dizer que sabe tudo.

O objetivo do treinamento é capacitar o indivíduo a alcançar altos níveis de performance para cumprir seus deveres e responsabilidades para com a organização a que pertence, bem como alcançar os objetivos da empresa, proporcionando oportunidades para que todos, em todos os níveis, obtenham conhecimentos, práticas e condutas requeridos em suas atividades. Os principais objetivos de uma política de treinamento são:

a) Preparar o pessoal para execução imediata das diversas tarefas peculiares à organização.

b) Proporcionar oportunidades para o contínuo desenvolvimento pessoal, não apenas em seus cargos atuais, mas também para outras funções para as quais a pessoa pode ser considerada.

c) Mudar as atitudes das pessoas, com várias finalidades, entre as quais: criar um clima mais satisfatório entre empregados, aumentar a motivação e tornar os funcionários mais receptivos à supervisão e à gerência.

d) Capacitar o indivíduo a alcançar altos padrões de desenvolvimento humano.

e) Ensinar a prática e a conduta requeridas pelo cargo.

Treinar um indivíduo na habilidade para usar conhecimento técnico produzirá um especialista funcional, mas isto pouco contribui para desenvolver um homem com conhecimento das funções administrativas e organizacionais, suportes da gestão corporativa. Todos os profissionais têm duas opções: Treinar ou Regredir. Um engano muito comum reside no fato das pessoas pensarem que a prática já é um treinamento.

Treinamento é bom para os profissionais, mas a boa educação é fundamental para desenvolver a capacidade de absorção ou mesmo de criação de novos conhecimentos. Um ser humano treinado é capaz de assimilar rotinas e praticar as mesmas no seu dia a dia. Uma pessoa educada é capaz de questionar e/ou criar conceitos, contribuindo de forma ativa para o desenvolvimento das organizações. O treinamento encoraja o administrador a se mostrar confiante e a demonstrar responsabilidade diante de seus subordinados, porque este passa a ter uma maior faculdade de julgar. Entretanto, o fato de uma pessoa conhecer bem um determinado assunto não significa que esteja em condições de ensinar.

A seguir, alguns elementos que ajudarão a consolidar o conceito de treinamento:

Premissas do Treinamento – As mais importantes premissas do treinamento são:

- O aperfeiçoamento em administração inclui tanto o treinamento quanto a educação.
- O treinamento se refere à aquisição de perícia e conhecimento necessário para o desempenho de tarefas específicas num cargo.
- A educação se refere a desenvolver um indivíduo mental e moralmente, de maneira que ele adquira maior compreensão de seu ambiente e sua adaptabilidade a ele.
- O resultado esperado do treinamento deve ser: o aperfeiçoamento e o desenvolvimento de conhecimentos, bem como técnicas e atitudes, que levem o funcionário a cumprir sua missão.

Processo de Treinamento – Este processo terá como fases básicas, as seguintes: diagnóstico da situação; levantamento das necessidades; decisão quanto à estratégia, programa e plano de treinamento; implementação do treinamento; execução do treinamento; sistema de controle; avaliação dos resultados; identificação dos resultados insatisfatórios; realimentação dos desvios para correção.

Levantamento das Necessidades – O levantamento das necessidades de treinamento é uma forma de diagnóstico e, como tal, deve basear-se em informações relevantes. Os principais meios utilizados para este levantamento são: avaliações de desempenho; observações; questionários; solicitações de supervisores e gerentes; entrevistas; reuniões; testes; mudanças e modificações nos processos operacionais; relatórios. O levantamento das necessidades de treinamento pode ser efetuado em três diferentes níveis de análise: Ao nível da organização; Ao nível dos recursos humanos; Ao nível das operações. De um modo geral, há necessidade de treinamento quando: empregado é admitido; o empregado é promovido ou transferido para outras funções; são comprados novos equipamentos; há mudanças nos métodos de trabalho (novas operações, novos materiais); há mudanças administrativas (novos procedimentos, novos regulamentos); há desperdício de materiais; verifica-se má qualidade do produto; há gasto excessivo de tempo; os custos são elevados.

Execução do Treinamento – A execução do treinamento dependerá, principalmente, dos seguintes fatores: Adequação do conteúdo programático do curso de treinamento ao público-alvo; A qualidade do material de treinamento apresentado; A cooperação de todos os envolvidos; A qualidade e preparação dos instrutores; A qualidade dos alunos.

Avaliação do Treinamento – A avaliação do treinamento deve considerar dois aspectos principais: Determinar até que ponto o treinamento realmente produziu as modificações desejadas no comportamento dos empregados; Demonstrar se os resultados do treinamento apresentam relações com a consecução das metas da empresa. A avaliação do treinamento terá êxito, quando se questionar o participante (aluno) sobre as seguintes perguntas:

- A administração do curso atuou na solução de eventuais dificuldades?
- O mobiliário e as instalações da sala de aula são satisfatórios?
- O horário e a duração das aulas atendem a eficácia do curso?
- Os temas abordados estão atualizados, contribuindo para os objetivos dos participantes?
- A ordem em que foram dadas as aulas formou uma sequência que facilitou a compreensão do assunto abordado?
- O uso de recursos didáticos ajudou no aprendizado?
- A parte prática contribuiu para o seu aprimoramento?
- A carga horária foi suficiente e bem distribuída pelos assuntos?
- O material escrito apresentado tem uma linguagem didática, com informações relevantes?
- Os testes aplicados foram bem elaborados?
- O curso atingiu totalmente o objetivo a que se propôs?

Funções do Treinamento – O treinamento possui as seguintes funções básicas: Transmitir informações; Desenvolver habilidades; Modificar atitudes; Desenvolver conceitos.

Análise do Treinamento – A análise do treinamento será, principalmente, baseada nas seguintes questões: Qual a necessidade? Onde foi assinalada em primeiro lugar? Ocorre em outra área ou setor? Qual a sua causa? É parte de uma necessidade maior? Como resolvê-la? É preciso alguma providência inicial? A necessidade é imediata? Qual a sua prioridade? A necessidade é permanente ou temporária? Quantas pessoas e quantos serviços serão atingidos? Qual o tempo disponível para o treinamento? Qual o custo? Quem irá executar o treinamento?

Questões do Treinamento – O treinamento deve trabalhar as seguintes questões:

- O que deve ser ensinado? (Conteúdo Programático)
- Quem deve ser treinado? (Público-Alvo)
- Quem vai treinar? (Instrutor)
- Onde treinar? (Local)
- Como treinar? (Métodos e Recursos)
- Quando treinar? (Época e Horário)
- Quanto treinar? (Duração e Intensidade).
- Para que treinar? (Objetivos e Resultados)
- Qual o custo? (Relação Custo/Benefício)
- Quais pontos são críticos? (Avaliação e Controle).

Participante do Treinamento – É o nome dado ao aluno, ou aprendiz, de um curso de treinamento.

Resultado do Treinamento – O resultado esperado do treinamento pode ser visto sob os seguintes níveis:

a) Ao nível organizacional, o treinamento é um dos meios de aumentar a eficácia organizacional. Neste nível o treinamento deve proporcionar resultados como: melhoria da imagem da empresa; melhoria do clima organizacional; minimizar conflitos entre empregados; aumentar a produtividade; maior aceitação das mudanças e inovações tecnológicas.

b) Ao nível dos recursos humanos, o treinamento deve proporcionar resultados, como: redução do turnover; redução do absenteísmo; aumento da eficiência individual; aumento das habilidades pessoais; aumento do conhecimento e do nível de percepção dos funcionários; mudanças de atitudes e de comportamento.

c) Ao nível das tarefas e operações, o treinamento pode proporcionar resultados, como: melhoria do nível de qualidade dos produtos; redução no fluxo de materiais de produção; redução dos acidentes de trabalho; redução do índice de manutenção de máquinas e equipamentos.

Metodologia do Treinamento – A metodologia a ser aplicada estará, em função dos resultados que se quer obter e, também dos recursos instrucionais de que dispõe a empresa. As fases básicas dessa metodologia são: Levantamento das necessidades por setor; Aplicação dos princípios de aprendizagem; Escolha do método adequado ao público-alvo; Reunião dos materiais e dados para a instrução; Elaboração do programa; Treinamento dos instrutores; Implementação do treinamento; Avaliação e controle do resultado; Relatório.

Recursos Instrucionais – Os recursos instrucionais mais usados são: livros, apostilhas, manuais, filmes, regulamentos, simulações, estudos de caso, teleconferências, testes, palestras, modelos, esquemas, gráficos, exposição oral, quadros de esboço, slides, projeções, filmes, transparências, dramatizações, demonstrações, simulações, dinâmicas de grupo, por exemplo.

Gastos com Treinamento – Tudo o que se gastar em treinamento, desde que este seja bem feito, redundará em benefícios altamente compensadores para a organização. Inversamente, tudo o que se deixar de gastar, quando há necessidade de treinamento, redundará em prejuízos para a empresa, pois ninguém nasce sabendo e nem pode tudo saber, a menos que alguém lhe ensine. Sozinho também se aprende, mas custa muito mais em recursos.

Programa de Treinamento – Um programa de treinamento objetiva ampliar o conhecimento do participante em relação a: produtos, concorrências, ambientes, comportamentos, mercados, técnicas, atribuições, habilidades, responsabilidades, cenários, qualidades, sistemas de comunicação, ferramentas organizacionais, tecnologias, sistemas de informação. A seguir, um exemplo de programa de treinamento:

a) Definir áreas carentes de conhecimento.
b) Estabelecer o público-alvo, seu nível e experiência.
c) Elaborar conteúdo programático, em função do público-alvo.
d) Determinar o tempo de duração do curso.
e) Definir a metodologia a ser aplicada.
f) Levantar necessidades de recursos institucionais.
g) Orçar despesas de implementação.
h) Estabelecer o tipo de linguagem didática adequada.
i) Servir o local de instrução de todo o conforto compatível com o público-alvo.
j) Desenvolver um plano diretor da aula.
k) Aplicar o treinamento.

l) Avaliar resultado do curso, através de um questionário de pesquisa.

m) Fazer correções para o próximo curso.

Plano de Treinamento – Um plano de treinamento requer uma série de providências, tais como:

a) **Conteúdo Programático** – Programa didático elaborado com ordenação, eliminando-se as justaposições e os conflitos de apresentação. Isto envolve uma perfeita sintonia entre os instrutores.

b) **Método** – O método a ser aplicado deve ser útil e agradável. É comum se utilizar estudos de caso para melhorar o desenvolvimento do raciocínio do aluno. A técnica de dramatização ajuda a desinibir e a contornar objeções.

c) **Recursos** – Os recursos devem prender a atenção, provocar impacto e ajudar a fixação de conceitos.

d) **Linguagem** – No processo de comunicação, a linguagem deve ser adequada ao público-alvo.

e) **Conduta** – Ao instrutor cabe transmitir o conteúdo com clareza e providenciar os meios necessários à boa instrução.

f) **Avaliação** – Ao final do curso fazer uma avaliação por meio de um questionário.

Outras providências complementares serão exigidas, como: preparar uma descrição das tarefas, com suas obrigações; fixar o grau de profundidade do treinamento; definir as responsabilidades do instrutor, determinando, claramente, os seus limites; estabelecer formas de reciclagem para alunos e instrutores.

A seguir, um exemplo de um Plano de Treinamento de Preparação de Congelados:

- **Título:** Treinamento sobre técnicas de fabricação de alimentos congelados, para auxiliares de cozinha.
- **Objetivo Geral:** Desenvolver nos empregados habilidades e técnicas de preparação e conservação de alimentos.
- **Objetivos Específicos:** Identificar as operações preliminares; Capacitar o participante a dar valor a qualidade e a otimização de recursos; Mostrar a importância da produtividade aliada a rentabilidade e minimização de custos; Construir a necessidade de higiene e limpeza em tudo que faça, visando uma boa imagem para si e para a empresa; Mostrar o lugar do participante na hierarquia da cozinha.
- **Justificativa:** A falta de pessoal qualificado é o grande fator que justifica o curso de treinamento.
- **Período de Duração:** O treinamento terá a duração de 10 dias.
- **Carga Horária:** 20 horas por semana.
- **Local das Aulas Teóricas:** Sala de reuniões.
- **Local das Aulas Práticas:** Cozinha.
- **Conteúdo Programático:** Operações preliminares empregadas nos produtos alimentícios; Técnicas de pré-preparo de carnes, frutas, legumes e verduras; Técnicas de preparo no recebimento dos gêneros alimentícios; Valor nutritivo de cada produto; Mostrar o papel do auxiliar de cozinha no êxito das preparações e no cumprimento dos objetivos da empresa.
- **Métodos Didáticos:** Aulas expositivas; Estudo de caso; Demonstrações práticas.
- **Recursos Audiovisuais:** Projeção de imagens; Textos didáticos; Gêneros alimentícios; Utensílios; Máquinas e Equipamentos.
- **Avaliação:** Testes de aferição da aprendizagem; Observações de habilidade e desenvoltura.
- **Responsável pelo Treinamento:** Gerente de produção.

6.19 SALÁRIO

O êxito da organização, muitas das vezes, está ligado à forma de remuneração de seus integrantes, principalmente, como fator motivador. Normalmente, a remuneração está ligada ao desempenho, mas isto nem sempre acontece. A remuneração deve levar em consideração os seguintes fatores: qualidade da mão de obra, nível de especialização, questão pessoal, satisfação das necessidades, valores intangíveis (criatividade, intuição), padrões de mercado, avaliação do cargo, política salarial, plano de carreira, remuneração indireta. Assim, o salário médio pago pelo mercado para um determinado cargo serve de padrão para medir se há, ou não, uma super avaliação daquilo que está sendo gasto com uma pessoa.

Salário é a remuneração do fator de produção mão de obra. Em decorrência da sua complexidade o salário pode ser considerado como um pagamento de um trabalho e uma medida de valor. Para as empresas o salário é, a um só tempo, um custo e um investimento. O composto salarial envolve: política salarial, capacidade financeira da empresa, desempenho da empresa e do indivíduo, situação do mercado, conjuntura econômica, negociações coletivas, legislação trabalhista.

O conceito básico de remuneração, por décadas, foi ancorado no salário fixo. A quantia paga, ao fim de cada mês, sobre a qual incidem encargos previdenciários, tributários e outros tipos de desconto. Tal sistema não acompanha a necessidade de metas e desafios cada vez maiores. Em média, o padrão de remuneração das empresas em atividade obedece a uma combinação de 40% da remuneração em forma de salário-base, 40% em incentivos de curto prazo, 10% de longo prazo e 10% de benefícios. Já o sistema de remuneração variável por desempenho segue os princípios da meritocracia.

Chegar a um nível ótimo de remuneração que seja justo e motivador não é para qualquer um. É muito difícil, porque sempre haverá pessoas descontentes mesmo que estejam no paraíso. A remuneração pode ser direta ou indireta. Os tipos de remuneração direta são: Fixa (É aquela que iguala o vendedor a um funcionário regular da empresa); Variável (É aquela na qual o vendedor recebe um percentual sobre o valor das vendas efetuadas); Mista (É aquela que é a soma de uma parte fixa mais uma parte variável): Extra (É aquela não programada, de ocorrência eventual e a critério da empresa. Normalmente, é dado um prêmio em dinheiro pelo bom desempenho do vendedor).

A remuneração indireta é aquela voltada a dar benefícios (previstos, ou não, na lei), tais como: colônia de férias, plano de saúde coletivo, seguro em grupo, auxílio refeição, auxílio transporte, plano de complementação da aposentadoria, sala de jogos, cesta de alimentos, auxílio educação, programas culturais. A seguir, alguns conceitos adredes ao conceito de salário:

Recompensa – Toda organização tem um sistema de recompensa para estimular determinados comportamentos. As recompensas são classificadas em intrínsecas e extrínsecas. As recompensas intrínsecas são aquelas inerentes à própria realização da tarefa (trabalho). As mesmas estão vinculadas a: realização de objetivos, resultados positivos, satisfação psicológica, sentimento de segurança, fatores de estima, realização e participação social. As recompensas extrínsecas são aquelas que não estão diretamente ligadas ao cargo. A promoção (por tempo de serviço ou mérito), o aumento salarial por desempenho excepcional e os símbolos de status são exemplos de tais recompensas.

Promoção – A promoção nem sempre significa aumento salarial, pois uma pessoa pode ser promovida de gerente a diretor e permanecer, por algum tempo, com o mesmo salário. Hoje, as empresas promovem as pessoas, em função de um sistema meritocrático, isto é, ganha mais quem sabe mais ou resolve problemas com rapidez.

Incentivos – Os incentivos são contribuições (pagamentos) feitas pela organização aos seus participantes, tais como: prêmios, oportunidades de crescimento, segurança no emprego, supervisão aberta, elogios, bom ambiente de trabalho, esforço significativo, desafios. Qualidade do atendimento significa uso inteligente de incentivos. Sem incentivos não se consegue apelar para o desejo natural de crescimento dos empregados, da necessidade de desafios e do senso de propriedade com relação ao trabalho e à empresa. Não é somente o volume que determina o sucesso dos incentivos. É a forma como são organizados, isto é, precisam ser sistemáticos e não eventuais. Muito menos, em função do humor da direção. É importante acrescentar que o incentivo é um estímulo muito empregado, na empresa, para ajudar a melhorar a performance da Força de Trabalho. Em geral, consideramos três tipos de incentivos:

- **Incentivos Monetários** – Sistema de remuneração em que as receitas da empresa com vendas e outras realizações são consideradas para cálculo do incentivo do vendedor.
- **Incentivos Não Monetários** – Devem ser utilizados pelos gerentes para reconhecer realizações do vendedor que não estejam vinculadas a resultados financeiros, tais como: jantar de confraternização, carta de agradecimento por serviços prestados, placa por tempo de empresa, diploma de honra ao mérito, certificado do funcionário do ano, certificado de Zero Defeito.
- **Incentivos Mistos** – Mais utilizados, pois combinam os dois anteriores, pela flexibilização que proporcionam. É muito comum o uso de convenções de vendas para premiar os que mais se destacaram, agregando viagens e passeios ao evento.

Pró-Labore – Pró-Labore é a remuneração do sócio que trabalha. Seu pagamento será, em função do cargo que ocupa, estimado pela média do mercado.

6.20 ADMINISTRAÇÃO DE SALÁRIO

Embora o conceito de salário tenha sido abordado, vale acrescentar que o salário tem sido o principal conflito de interesse entre empregados e empregadores, se acentuando em economias instáveis. Em uma organização, cada função ou cada cargo tem o seu valor. O salário médio pago pelo mercado para um determinado cargo serve de padrão para medir se há, ou não, uma superavaliação daquilo que está sendo gasto com uma pessoa. Os objetivos da administração de salários são os seguintes:

- Remunerar cada empregado de acordo com o valor do cargo que ocupa.
- Remunerar a pessoa pelo seu desempenho, dedicação e conhecimento.
- Atrair e reter os melhores candidatos para os cargos, de acordo com os requisitos exigidos para seu adequado preenchimento.
- Ampliar a flexibilidade da organização, dando-lhe os meios adequados à movimentação do pessoal, racionalizando as possibilidades de desenvolvimento.
- Obter dos empregados a aceitação dos sistemas de remuneração adotados pela empresa; manter equilíbrio entre os interesses financeiros da organização e sua política de relações com os empregados.
- Facilitar o processamento da folha de pagamento.

A administração de salários de uma empresa é o conjunto de princípios e regras que refletem a orientação e a filosofia da organização, no que tange aos assuntos de remuneração de seus empregados, em função dos cargos ocupados. A seguir, algumas considerações sobre conceitos ligados à administração de salários:

Faixa Salarial – A faixa (ou intervalo) salarial dependerá da empresa e do cargo. As observações mostram que a faixa salarial é inversamente proporcional ao nível hierárquico. Em geral, a situação é assim retratada: Nível

Institucional: de dois a três níveis salariais; Nível Gerencial: de três a cinco níveis salariais; Nível Operacional: de quatro a sete níveis salariais. A seguir, uma simulação de um Quadro de Funcionários de um Pequeno Varejo de Alimentos:

Função	Q	Salário (R$)	Total	Acumulado
Gerente	1	3.000,00	3.000,00	3.000,00
Assistente Administrativo	1	1.100,00	1.100,00	4.100,00
Auxiliar Administrativo	2	900,00	1.800,00	5.900,00
Chefe de Cozinha	1	2.500,00	2.500,00	8.400,00
Auxiliar Cozinha	2	900,00	1.800,00	10.200,00
Auxiliar de Serviços Gerais	2	650,00	1.300,00	11.500,00
Chefe dos Garçons	1	1.900,00	1.900,00	13.400,00
Garçom	5	950,00	4.750,00	18.150,00

Quadro 6.2: Funcionários de um Pequeno Varejo de Alimentos.

Piso Salarial – O piso salarial, muitas vezes, é uma imposição dos governos. Outras vezes, é determinado por meio de um acordo coletivo de trabalho, via sindicato da classe. O piso salarial atinge os menos favorecidos pela educação, intelectualidade, cultura, conhecimento e informação. Um trabalhador do campo, muitas vezes, nem piso salarial ganha. Reajustar salários não representa dar um aumento a pessoa e, sim, tentar manter um padrão de vida condizente com suas necessidades.

Folha de Pagamento – É um documento que espelha o cálculo da remuneração da mão de obra com os descontos e encargos legais. A seguir, um exemplo de Folha de Pagamento:

Nomes	Salário Base	C	Hora Extra	1/3 Férias	Total Salário	S F	INSS	IRRF	C T	C R	Falta	C S	L R
Maria	1.420,31	666,76	0,00	0,00	2.087,07	0,00	229,57	90,05	10,03	22,00	0,00	0,00	1.735,42
João													
Ana													
Isabel													
Janete													
Leda													
Fabio													
Total													

Quadro 6.3: Folha de Pagamento.

138 • Gestão de Restaurante

Onde:

Liquido a Receber (LR) = (Salário Base + Comissões (C) + Horas Extras + 1/3 Férias) – [(Salário Família (SF) + INSS + IRRF + Cartão Transporte (CT) + Cartão Refeição (CR) + Faltas + Contribuição Sindical (CS) + Descontos Diversos]

A seguir, um quadro complementar à folha de pagamente:

Empresa	Terceiros	FGTS	PIS	Subtotal	S. Família/Mat.	Parcial	INSS	IRRF	Sindicato	Total

Quadro 6.4: Encargos Sociais a Recolher.

Onde:

Empresa = Recolher 21% do Salário Bruto Total

Terceiros = Recolher 2,5% do Salário Bruto Total

FGTS = Recolher 3,0 % do Salário Bruto Total

PIS = Recolher 1,0% do Salário Bruto Total

Subtotal = Soma de empresa + terceiros + FGTS + PIS

Salário Família / Maternidade = Total Pago aos Funcionários

Parcial = Subtotal – Salário Família

INSS = Recolher, em função do salário do funcionário

IRRF = Recolher, em função do salário do funcionário

Sindicato = Recolher para o órgão de classe (sindicato), uma vez por ano, 1/10 do salário.

Total = Somatório de todos os encargos a recolher

Contracheque – Documento emitido por uma organização, no qual se especifica o salário bruto, bem como as respectivas deduções (imposto de renda, desconto do INSS etc.), como os acréscimos (salário família, gratificações, comissões etc.). Documento também conhecido como recibo de pagamento, cujo valor líquido o funcionário está apto a receber, isto é, aquilo que lhe é devido.

6.21 CONTRATAÇÃO

O processo de admissão propriamente dito é realizado mediante um contrato de trabalho entre a empresa e o empregado, sendo o vínculo empregatício estabelecido a partir da assinatura da carteira de trabalho. A jornada de trabalho, aprovada pela Constituição Brasileira, de 5 de outubro de 1988, é de 220 horas por mês (44 horas por semana), incluindo o descanso remunerado de um dia por semana, normalmente, o domingo. Além do descanso remunerado, há outros dias em que não se trabalha, como demonstrado no Quadro, a seguir:

Itens	Valor
Dias por Ano	365
Descanso Remunerado	52
Férias	22
Faltas Abonadas por Lei	3
Feriados	13
Total de Dias Trabalhados por Ano	275
Horas de Trabalho por Dia	7,33
Total de Horas Trabalhadas por Ano	2.015,75

Quadro 6.5: Total de Dias e Horas Trabalhadas.

Quando as jornadas diárias ultrapassam o máximo permitido por Lei, de 8 horas/dia, o excesso, dentro dos limites legais, pode ser compensado com folgas. As empresas adotam escalas de trabalho, como por exemplo:

a) 8 horas/dia, de 2ª a 6ª-Feira, e 4 horas aos sábados, com folga aos domingos, sem precisar substitutos de folgas.
b) 8 horas/dia, de 2ª a 6ª-Feira, e 4 horas aos sábados, com folga aos domingos, requerendo substitutos de folgas.
c) Carga horária semanal distribuída por igual, nos 6 dias úteis da semana.
d) Para serviços ininterruptos, as folgas semanais podem ser marcadas em um outro dia da semana.
e) A substituição do funcionário na folga gera um aumento no quadro de empregados.
f) Para 12 horas de trabalho/dia, trinta e seis horas de folga. Para este tipo de jornada de trabalho, há a necessidade de um substituto de folga. Isso implica em haver uma turma que trabalha e outra de folga.
g) Para 24 horas de trabalho, 60 horas de folga, isto é, um dia de trabalho e 2 dias de folga. Essa jornada implica para cada empregado, dois substitutos de folgas.
h) Todo empregado tem direito a férias de 30 dias por ano.

A seguir, um demonstrativo de quanto custa, hoje, para as empresas gerar um emprego formal:

- Contribuições Sociais: INSS (20%) + FGTS (8,5%) + Salário-Educação (2,5%) + Seguro de Acidente (2%) + Sesi/Sesc/Sest (1,5%) + Senai/Senac/Senat (1,0%) + Sebrae (0,6%) + Incra (0,2%) = 36,3%
- Remuneração do Tempo Não Trabalhado: Repouso Semanal (18,10%) + Férias (9,4%) + Abono de Férias (3,64%) + Feriados (4,36%) + Aviso Prévio (1,32%) + Licença-Enfermidade (0,55%) + 13º Salário (10,91%) + Indenização de Dispensa sobre 50% do FGTS (3,21%) = 51,49%
- Incidências Cumulativas (efeito cascata) sobre Contribuições Sociais + Remuneração de Tempo Não Trabalhado = 15,67%
- Total Geral = 103,46%

6.22 CONTRATO DE TRABALHO

O contrato de trabalho é um contrato bilateral por gerar obrigações para ambas as partes contratantes, ou seja, a prestação de serviços pelo empregado e a remuneração pelo empregador. É consensual, porque depende do acordo de vontades para a sua concretização. Ele é oneroso por gerar vantagens a ambos os contratantes. É não solene pela faculdade de poder ser contratado verbalmente ou por escrito. A prova testemunhal para a prestação de serviços é plenamente válida, seja qual for o valor do contrato.

O objeto da obrigação do empregado é a execução do trabalho, que tanto pode ser intelectual ou material. O executor do trabalho tem direito a uma remuneração como pagamento do seu desempenho. A remuneração é, portanto, o elemento essencial na prestação de serviços. Esta, normalmente, é feita em dinheiro mas nada impede que seu pagamento seja em outras espécies. Como acontece em todos os tipos de contrato, é bom lembrar que o consentimento implica liberdade na manifestação da vontade.

O tempo despendido no exercício do contrato não é decisivo para a retribuição que neste caso é denominado de honorários. O que se leva em conta é a habilidade do profissional, a importância do serviço e o poder aquisitivo do cliente. O trabalho que requer constância do empregado na empresa fica submetido aos dispositivos da Consolidação das Leis do Trabalho (CLT). O trabalho de natureza eventual permanece submisso ao Direto Civil.

140 • Gestão de Restaurante

Os mais importantes contratos de trabalho são: Contrato Individual de Trabalho; Contrato de Trabalho por Tempo Determinado; Contrato de Prestação de Serviço Educacionais; Contrato de Prestação de Serviço de Consultoria; Contrato de Prestação de Serviços de Treinamento.

A seguir, um exemplo de um Contrato Individual de Trabalho:

Contrato de trabalho que celebram a (o) _____, com sede na cidade _____, (endereço), doravante denominada empregador e _____, portador da carteira de trabalho _____, doravante denominado empregado, tem justo e acordado o presente contrato de trabalho, mediante as cláusulas e condições seguintes:

Cláusula 1 – Do Cargo e Funções:
O empregado é contratado para exercer o cargo de _____, cujas funções são _____, estando de acordo com sua designação para exercer qualquer outro cargo compatível com sua categoria profissional, caso seja necessário, a critério do empregador.

Cláusula 2 – Da Remuneração:
Como remuneração pelos serviços prestados o empregado receberá o salário de _____ (_____), proporcional ao número de horas trabalhadas, tomando por base o acordo sindical da classe, percebendo um salário/hora de _____.

Cláusula 3 – Da Jornada de Trabalho:
A jornada de trabalho do empregado será de _____ horas por semana, ficando o horário de trabalho ao inteiro arbítrio do empregador, respeitadas as prescrições legais. O empregador poderá a seu critério fixar um horário diurno, noturno ou misto, mediante sistema de revezamento, podendo modificá-lo sempre que for necessário. O empregado deverá preencher formulário de disponibilidade de tempo que ficará anexado ao contrato de trabalho para confecção de sua jornada de trabalho. A critério do empregador, poderá ser acrescida de horas suplementares a jornada de trabalho do empregado. O empregador poderá reduzir a jornada de trabalho do empregado, o que terá sempre caráter provisório, não importando em alteração de jornada. A carga horária poderá sofrer acréscimo em virtude de substituição por licença médica, maternidade, paternidade, gala ou nojo. A carga horária poderá sofrer redução por questões de mercado ou por motivos de ordem pessoal do empregado. A solicitação de redução da carga horária deverá ser feita através de ofício e encaminhada ao Departamento Pessoal (órgão substituto) do empregador que poderá aprovar ou não, cabendo ao empregado cumprir o disposto no contrato.

Cláusula 4 – Do Serviço Extraordinário:
 O empregado se compromete a prestar até duas horas extraordinárias por dia, bem como trabalhar aos domingos e feriados, sempre que o empregador assim exigir. Essas horas serão pagas com acréscimo legal ou compensadas com correspondente redução da jornada em outro dia da mesma semana. O empregador obriga-se a pagar o empregado, a título de horas extras, todas as horas fora da jornada normal de trabalho. Os serviços executados após as 22 horas, serão acrescidos de adicional noturno.

Cláusula 5 – Do Local de Trabalho:
O empregado trabalhará em qualquer dos estabelecimentos do empregador, podendo ser transferido para qualquer cidade do território brasileiro onde exista ou venha a ser criada qualquer dependência ou estabelecimento, mesmo que importe em mudanças de domicílio, sem outro encargo que o pagamento das despesas de transferência e uma

ajuda de custo de valor igual a um mês de salário. O empregado concorda em prestar seus serviços não só ao empregador, como também a qualquer empresa do mesmo grupo, respeitadas as condições do presente contrato.

Cláusula 6 – Das Obrigações do Empregado:

O empregado se obriga a registrar do próprio punho ou mecanicamente, a critério do empregador, livro ou cartão relativo ao cumprimento do seu horário de trabalho, tendo caráter provisório qualquer dispensa dessa formalidade. Cumprir a sua carga horária pontualmente e assiduamente. Comparecer a todas as convocações da diretoria, zelar pelo patrimônio do empregador e respeitar as normas do Regulamento Interno. Em caso de dano causado pelo empregado, fica o empregador autorizado a efetuar o desconto da importância correspondente ao prejuízo, nos termos da Consolidação das Leis do Trabalho (CLT). A infração de qualquer cláusula contratual ou do Regimento Interno implicará na imediata rescisão do presente contrato de trabalho, com base na CLT.

Cláusula 7 – Do Licenciamento do Empregado:

O empregado obtém o direito de solicitar licença sem vencimentos, pelo prazo máximo de 12 meses. A licença sem vencimentos deverá ser feita através de ofício e encaminhada ao chefe de departamento do empregado. Ao empregador é reservado o direito de indeferir a licença. Vencida a licença sem vencimentos o empregado de imediato deverá reassumir suas funções.

Cláusula 8 – Das Mudanças do Empregado:

No caso de mudança de residência, estado civil, nascimento de filhos e modificações de nome fica o empregado obrigado a informar sobre tais modificações, cabendo ao empregador o direito de cobrar judicialmente eventuais prejuízos, em função da desídia do empregado, na forma da Lei.

Cláusula 9 – Do Foro:

As partes elegem o Foro da cidade do _____ para dirimir quaisquer dúvidas ou controvérsias oriundas do presente contrato, em detrimento de qualquer outro, por mais especial que seja ou venha a se tornar.

E por estarem justos e contratados, as partes assinam o presente instrumento em 3 (três) vias de igual teor e forma para um só efeito, na presença das testemunhas abaixo.
Local de data.

Assinatura do empregador.
Assinatura do empregado.
Testemunhas.

> **Nota**: Deve-se sempre ter em mente que as legislações sofrem alterações, à medida que avançam no tempo. Assim, o gestor tem a obrigação de estar sempre atualizado neste quesito.

7

PRODUTO

"Como se pode governar um país que tem 246 espécies de queijo?"
Charles de Gaulle

OBJETIVOS DO CAPÍTULO

- Capacitar o leitor a entender, realmente, o que seja um produto.
- Mostrar os diversos valores associados ao produto.
- Mostrar que qualquer produto nasce, cresce e morre, pois nada é para sempre.
- Mostrar que a prosperidade da empresa depende tanto da função comercial quanto da função técnica, pois saber comercializar é tão importante quanto saber fabricar. Às vezes, até mais.
- Mostrar as principais ferramentas de vendas.

7.1 PRODUTO

Um produto é tudo aquilo que, oferecido ao mercado, seja capaz de satisfazer a um desejo ou uma necessidade. O mais importante de um produto é o serviço que ele presta. O produto não é somente o que o vendedor diz dele, mas, também, o que está implicado por sua concepção, embalagem, distribuição, preço, qualidade, garantia. Um produto é a síntese do que o vendedor pretende que o consumidor perceba.

O produto pode ser um bem, um serviço ou uma ideia. Uma informação, ou uma ideia, se for paga, é um produto. É algo que as pessoas compram. Se não vende, não é produto. As pessoas não compram produtos e sim as expectativas de seus benefícios. Em vestuário, não são os vestidos que são vendidos, mas a moda. O produto é tudo aquilo com que se acha cercado, elaborado, reforçado e que tem o poder de afetar a escolha do consumidor.

As empresas estão sempre supondo que os consumidores reagirão, favoravelmente, aos seus produtos. Mas, se um produto não for fundamentalmente bom ou necessário, até o mais glorioso esforço de marketing do mundo estará fadado ao fracasso. Um produto é fator básico no processo de troca. A expectativa de que será conseguida determinada satisfação, através de troca, é o que representa um produto, isto é, ele é o foco da reunião entre comprador e vendedor. Por outro lado, vivemos numa época em que nossa ideia do que seja um produto é muito diferente do que foi no passado.

Hoje, o que conta é o aglomerado de satisfações. Pouco vale fazer um produto muito bem elaborado, se "melhor" tem o significado de bonito, funcional, prático, útil e barato. Em geral, as características básicas de um bem, ou serviço, estão fundamentadas na tecnologia empregada. Podemos classificar estas características em:

Características Intrínsecas do Produto – Nas características intrínsecas do produto devemos observar: composição, forma, tamanho, desenho, peso, cor, facilidade de manutenção, portabilidade, aparência, embalagem, resistência do material, validade para consumo, por exemplo.

Características Extrínsecas do Produto – Nas características extrínsecas do produto a produção deve se ater ao seguinte: gosto dos consumidores; quem consome o produto; como estocar e armazenar o produto; quais os riscos do produto; como determinar as formas e tamanhos econômicos.

A seguir, algumas premissas básicas do produto: Um produto, na realidade, nada mais é do que um instrumento para resolver um problema; Um produto é, principalmente, identificado pelos serviços que gera; Um produto é o resultado de um processo, porque, se não fosse assim, não teria como justificar sua existência; Um produto é qualquer coisa que pode ser oferecida a um mercado para aquisição ou consumo; Um produto é visto de forma diferenciada pelo comprador e pelo vendedor; Um produto específico tem determinadas características para seu público-alvo; Um produto tem vida limitada; Um produto permanece no mercado, em função do lucro; Um produto sobrevive por meio de estratégias, demandas e falta de concorrentes; Um produto, durante seu ciclo de vida, sofre numerosas mudanças e aperfeiçoamentos constantes.

7.2 ELEMENTOS DO PRODUTO

Nível de Qualidade do Produto – No nível de qualidade a produzir, a empresa deve estar atenta ao mercado que vai atuar (público-alvo), para saber se o produto deve ter um nível de qualidade que seja compatível com a renda do consumidor.

Cor do Produto – Hoje é inadmissível lançar um produto sem pensar na cor. É uma pena que a maioria das empresas não dá a este quesito a importância que ele merece. As cores são estudadas de acordo com o mercado a que se destina o produto. Para gente jovem, cor viva. Para aqueles mais idosos, uma cor sóbria. Para os produtos de alto consumo, uma mistura equilibrada.

Modificações do Produto – A alteração do produto é o processo natural que atua na sua composição, gosto, odor e forma. A adulteração do produto é a forma mentirosa de se comercializar um produto que terá sua composição, propriedade e peso modificados, embora a embalagem diga outra coisa. A falsificação do produto ocorre alheia à vontade do fabricante. Ela pode ser provocada por intermediários ou produtores inescrupulosos.

Nome do Produto – O nome de um produto tem que ser curto. Cada vez mais, a propaganda é visual, porque a visão domina os demais sentidos. Um nome curto é mais fácil de ser lido num cartaz de rua, mais econômico no espaço e no tempo.

Adoção do Produto – A adoção é a decisão de uma pessoa tornar-se usuário regular de um produto. O processo de adoção do produto pelo consumidor começa quando termina a última etapa de desenvolvimento do produto. No processo de adoção de um novo produto, o consumidor passa através de uma série de estágios de aceitação. As pessoas diferem acentuadamente em suas propensões a experimentarem novos produtos. A influência pessoal exerce um papel muito grande na adoção dos novos produtos.

Diversificação do Produto – Apesar dos riscos inerentes à diversificação inadequada, o contingente daqueles que continua insistindo nessa prática é muito grande. Perigosamente, desperdiçam preciosos recursos, indispensáveis ao fortalecimento da cadeia de produtos que têm sob domínio e podem aprimorar. Esquecem que uma empresa também precisa especializar-se, formar uma cultura própria, adquirir uma tradição num determinado campo ou em atividades mais ou menos afins.

Desenvolvimento do Produto – O desenvolvimento de um produto exige o emprego de métodos de pesquisa semelhantes aos usados para melhorar um produto já existente. A maior diferença é que o desenvolvimento de um produto envolve maior número de problemas. A pesquisa responde quais propriedades os consumidores julgam ser necessárias ao produto.

Registro do Produto – Todo produto precisa ser registrado no órgão competente. Assim, um produto alimentício deve ser produzido de acordo com o padrão de identidade e qualidade, e demais diretrizes estabelecidas pela ANVISA (Agência Nacional de Vigilância Sanitária).

Gerente do Produto – O gerente do produto relaciona-se com: os atendentes/vendedores, intermediários, consumidores, compradores, fornecedores, projetistas, serviços acessórios, propaganda, promoção, produção, pesquisa, desenvolvimento, tributação, mercado de recursos. É o centro dinâmico da atividade mercadológica.

Seleção do Produto – Na seleção do produto deve a empresa cuidar dos seguintes problemas: Existência de produtos similares no mercado; Aceitação do produto ofertado; Condições de competição no mercado; Consumidores potenciais; Estimativas de consumo e de demanda de mercado.

Valor do Produto – Há uma preocupação da empresa em saber que valor o consumidor dá a um determinado produto, sendo muito comum se falar na relação custo/benefício.

Valor Agregado do Produto – O produto cresce em função de valores que se podem agregar ao mesmo, tais como: maior durabilidade, melhor serviço prestado, maior tempo de garantia, melhor utilização, melhor desempenho, melhor tecnologia de construção, maior confiança do consumidor.

Valor Percebido no Produto – É muito comum usar-se de artifícios, que se chamam *apelos*, para fazer com que o consumidor veja o produto de forma aumentada.

Valor Empresarial do Produto – A empresa vê o produto sob determinados enfoques, como: Econômico (oferta, demanda, custo); Financeiro (lucro, liquidez, retorno); Operacional (produção, produtividade, tecnologia); Mercado (consumidores, vendas, fatia de mercado).

Ciclo Mercadológico do Produto – O ciclo mercadológico é, na realidade, o ciclo operacional de um produto. O estudo do ciclo operacional é muito importante, tendo em vista que, quanto menor este for, maior é o giro do produto e, consequentemente, mais rápido é o retorno do investimento.

Desempenho do Produto – O desempenho esperado de um produto é enfocado sob o aspecto da empresa e do consumidor. Quanto à empresa, os requisitos principais são: rentabilidade, retorno do capital investido, lucro, custo baixo, nível de qualidade aceitável pelo mercado, preço competitivo, acessibilidade do público-alvo, espaço mínimo, otimização dos recursos, visual do produto, embalagem padronizada. Quanto ao consumidor, os requisitos principais são: preço baixo, visual bonito, embalagem prática e resistente, cor, tamanho, peso, variedade de modelos, máxima utilidade, simplificação no uso, facilidade de pagamento, máxima qualidade, maior durabilidade, melhor serviço prestado, maior tempo de garantia, melhor tecnologia de construção, instruções para transporte, bom manual do usuário.

Extensão de Vida do Produto – Empresas interessadas em crescimento e lucro continuado devem encarar a extensão de vida do produto como uma atividade estratégica. Para seu próprio bem, a estratégia de sobrevivência do produto deve tentar prever, em certa medida, a probabilidade e a época de acontecimentos competitivos. Mesmo antes de entrar no estágio de desenvolvimento, deve-se ter uma noção da vida do produto, levando em conta as possibilidades de expandir seus usos num futuro próximo.

Obsolescência do Produto – Obsolescência é a ação decorrente do aparecimento de novas tecnologias, que reduzem o valor do produto. A obsolescência existe sob quatro formas:

a) Obsolescência Técnica – É aquela que resulta quando se fabrica um produto, num determinado processo já ultrapassado, por questão de custo, qualidade e preço.

b) Obsolescência Adiada – É uma situação em que há novas disponibilidades tecnológicas, mas que não são introduzidas, enquanto a demanda não declinar e os estoques não se esgotarem.

c) Obsolescência Programada – É a que ocorre quando os produtos são feitos para durar apenas um tempo limitado, como é o caso de baterias de automóvel.

d) Obsolescência de Estilo – É a que ocorre quando a aparência física de um produto é modificada para fazer com que os produtos existentes no mercado pareçam desatualizados e/ou fora de moda.

Descontinuidade do Produto – Um dos mais complexos problemas para um gerente de produto é decidir quando deve retirar um produto do mercado. Muitas empresas não conseguem estabelecer com precisão o momento exato de retirar um produto do mercado. A falta de critérios para manter ou retirar um produto do mercado costuma levar em conta apenas sua contribuição para o lucro, sem considerar o fenômeno de que um produto deficitário pode puxar outros mais lucrativos. Os critérios mais comuns para retirar um produto do mercado são baseados em volume de vendas, geração de lucro, potencial de mercado, devoluções, defeitos, reclamações, encalhes, posição do produto no mercado.

Composição do Produto – Para compor um produto, precisa-se de: matéria-prima, insumo, mão de obra, informação, custeio, qualidade, comunicação, marca, embalagem, cor, pesquisa, rótulo, garantia e preço.

Ciclo de Vida do Produto – O ciclo de vida do produto é o tempo em que o produto existe desde a sua concepção até seu abandono (uso final) pelo consumidor. O ciclo pode ser considerado como uma série de eventos, etapas ou processos que se repetem numa ordem determinada. É possível considerar ainda os seguintes ciclos de vida para o produto:

a) Ciclo de Vida de Consumo – Período de tempo em que um produto atende às necessidades de um consumidor.

b) Ciclo de Vida de Receita – Período de tempo em que um produto gera receita.

Retirada do Produto – Duas questões são fundamentais para a retirada de um produto:

- O que fazer quando temos um produto em decadência?
- Um produto que também apresenta um lucro inferior ao previsto?

Numa análise rasteira, ou de critérios combinados, o produto que não cumpre seus objetivos deve ser um forte candidato a ser retirado do mercado.

Padronização do Produto – A padronização do produto é a ação de determinar limites (especificações) para os produtos com o intuito de atender melhor o mercado. A padronização é a aplicação de padrões em uma organização para obter uniformidade na redução de custo e no aumento da eficiência (produtividade). A padronização oferece inúmeras vantagens, como, por exemplo: facilita o processo de compra e venda; minimiza custo e risco de manuseio; oferece proteção ao comprador; ajuda a distribuição, o armazenamento e o financiamento. A determinação dos padrões para produtos visa dois aspectos básicos:

a) Aspecto Quantitativo – Os aspectos quantitativos referem-se a: tamanho, peso (bruto e líquido), portabilidade, temperatura, pressão e resistência do material.
b) Aspecto Qualitativo – Os aspectos qualitativos referem-se a: cor, cheiro, gosto, sabor, aparência, validade para consumo, grau de amadurecimento.

Risco do Produto – Os riscos que os produtos possam vir a sofrer são: alteração, adulteração e falsificação.

7.3 MARCA

Marca é um nome, termo, sinal, símbolo, desenho, logotipo ou a combinação dos mesmos, que tem o propósito de identificar um produto, uma imagem ou uma empresa. Pode significar qualidade, atendimento, preço, desempenho, status, garantia, estima, confiança, perpetuidade, atualidade e prestígio. Ela é o instrumento de relacionamento entre a empresa, o mercado, o produto e o consumidor. Por isso, é um erro considerar a marca um assunto exclusivo do Departamento de Marketing.

Um logotipo é aquela parte da marca que pode ser reconhecida, mas não é pronunciável, tais como um símbolo, um desenho, um colorido, letras distintas. Uma grife é uma assinatura registrada como marca.

Os comerciantes identificam e distinguem seus produtos pelo uso de marcas nominais e marcas registradas. Estas marcas se acham entre os bens mais valiosos de uma empresa. Elas podem proporcionar uma propriedade única a um produto que, em si próprio, não seja muito glamuroso, como a marca registrada. Algumas marcas nominais são mais notáveis que as marcas registradas.

Marca registrada refere-se a uma marca que recebeu proteção legal, porque se tornou propriedade exclusiva de uma pessoa (física ou jurídica). Todas as marcas registradas são marcas, mas nem todas as marcas são marcas registradas. Uma marca registrada pode ser tanto um nome ou um desenho. A palavra Ford é uma marca nominal. Mas quando ela é impressa numa certa forma de letra (grife), torna-se uma marca registrada. Não é preciso que uma marca registrada seja vinculada a um produto, nem tem de ser um nome.

O simples ato de registrar um nome não concede propriedade. Para alegar posse, uma empresa tem de ter um produto com marca registrada, no Instituto Nacional de Propriedade Industrial (INPI). O direito de propriedade é feito por meio de marcas registradas, patentes e dispositivos para ajudar a estabelecer direitos de propriedade. As patentes são basicamente opções. Estabelecem direitos associados à rentabilidade de uma ideia específica, mas têm de ser aplicadas pelo titular da patente.

A Logomarca (Logotipo) deve dar destaque ao nome da empresa e trazer um desenho que lembre o produto. Também a cor deve ser tomada em consideração.

A importância da marca, no âmbito do consumo, resulta no fato de que a distinção final de um produto se dá pelo valor da marca, ou seja, o que ela é e o que ela representa. A marca traduz, portanto, de forma marcante e decisiva, o valor do uso para o comprador de determinado produto. É, também, o principal recurso do marketing para criar fortes apelos que estabeleçam a melhor relação possível entre o consumidor e o produto.

148 • Gestão de Restaurante

As decisões sobre marca serão tomadas depois de ter respostas para as seguintes perguntas: Ter ou não ter marca? Usar a sua própria marca? Usar a marca do distribuidor? Manter marcas de família? Usar a marca do varejista? Por que o produtor se apressa em definir marcas, já que a marca claramente envolve um custo? E se a marca do produtor não satisfizer o distribuidor e o consumidor?

Criar e manter o nome de uma marca também é custo fixo.

A criação de uma marca não se limita a colocar um nome numa etiqueta. As marcas criam um valor perceptível ao consumidor. Por meio de uma marca efetiva, o fabricante promete e entrega ao cliente um valor superior e difícil de equiparar. As marcas, quando bem construídas, têm a capacidade de expressar sentimentos e estabelecer relacionamentos de grau afetivo com os consumidores. Estar na mente dos consumidores é um dos elementos mais críticos para a formação da marca.

Embora o valor da marca seja uma força poderosa na tomada de decisão do consumidor, pode ser muito caro mantê-lo. Ele é dado pela clientela, exatamente, como é dado ao produto. Assim, nesta perspectiva, desenvolver este valor é o mesmo que fomentar os relacionamentos entre a marca e seus clientes, bem como seus agentes de influência.

A marca tem um papel de primeiro plano, devendo designar, de maneira rápida e concisa, a razão social, propriedade ou produção. Por isso, ela deve ter uma construção simples, permitindo uma rápida apreensão da mensagem a ser transmitida, e ter características que possibilitem sua reprodução em diversos meios e materiais. Entretanto, a marca só alcança significado quando adequadamente ligada a contextos gráficos, como: diagramações, cores, fundos de contraste, tipos de letra e formas de desenho, por exemplo.

7.4 EMBALAGEM

Todo produto necessitará de embalagem para protegê-lo e melhorar a sua própria aparência. A embalagem inclui todas as atividades em planejamento de produto, que se relacionam a desenhar e produzir o recipiente ou envólucro para um produto. Conquanto, a embalagem de um produto possa parecer que não tem consequência, na realidade ela é tão complexa como qualquer outra parte do pacote de utilidades, e, muitas vezes, determina a diferença entre sucesso ou fracasso do produto. É preciso informar que a embalagem é o primeiro contato que o consumidor faz com o produto e, por isso, merece cuidado especial.

Criar embalagem, que seja resistente, facilite o manuseio, identifique o conteúdo, seja padronizada, tenha instruções para o transporte, possibilite reaproveitamento, defina a personalidade do produto e dê instruções para evitar poluição ambiental, é básico para a marca e a imagem da empresa. Para as indústrias, a embalagem significa vendas a um número crescente de consumidores, porém ela pode significar sujeira e poluição, problemas cada vez maiores de acúmulo de resíduos sólidos, causando uma ameaça ao ambiente. Não há dúvida de que o público deseja as conveniências práticas das embalagens para uma única pessoa, as garrafas que não precisam ser devolvidas e os alimentos que podem ser consumidos em qualquer lugar.

Algumas empresas de embalagens estão tentando se associar aos fabricantes de alimentos e varejistas para fornecer embalagens personalizadas. Isso será mais fácil de conseguir se todas as unidades empresariais, ao longo da cadeia de fornecedores, estabelecerem vínculos entre si, focalizando o consumidor final. A solução de problemas em conjunto, entre fabricantes, transportadores e distribuidores, talvez, produza soluções integradas, oferecendo transporte eficaz, redução de produtos danificados, armazenamento otimizado e risco mínimo. Os empresários precisam acostumar-se à ideia de que os resíduos de embalagens e outras formas de poluição constituem um problema de saúde pública, como o são as doenças contagiosas, e que o povo, o governo e as empresas precisam ajudar a encontrar soluções.

Além da função de elemento direto de venda, a embalagem pode ter diversos objetivos, tais como: Facilitar o manuseio e armazenamento; Facilitar a identificação do produto; Maximizar a utilização do equipamento de transporte; Fornecer instruções sobre a maneira de transportar; Possibilitar novos aproveitamentos; Definir a personalidade do produto; Facilitar a padronização; Proteger o produto; Promover a venda do produto; Alterar a densidade do produto para conseguir custos logísticos mais favoráveis; Facilitar o uso do produto; Prover valor de reutilização para o consumidor.

O rótulo representa um subconjunto da embalagem. Os produtos, portanto, devem ser rotulados. O rótulo pode ser uma simples etiqueta afixada ao produto ou um desenho artisticamente elaborado que faz parte da embalagem. Ele pode conter apenas a marca do produto ou muitas informações. Mesmo que o fabricante prefira um rótulo simples, a lei exige informações de composição e finalidade. O rótulo desempenha várias funções: identifica, classifica, descreve e promove o produto. Eventualmente, os rótulos tornam-se antiquados e devem ser renovados.

O governo exige, por exemplo, que os fabricantes de alimentos processados, incluam informações sobre proteínas, gorduras, carboidratos, calorias, além de vitaminas e sais minerais e as porcentagens recomendadas para uso diário. Ultimamente, os rótulos contêm palavras como light, diet, alto teor de fibras, baixo colesterol, baixo nível de açúcar, data de validade, percentagens dos componentes e outras informações, que ajudam a vender para consumidores, cada vez mais, exigentes, diversificados e instruídos.

A rotulagem é uma característica do produto que se soma ao "pacote de utilidades". Um rótulo comunica informações sobre o produto ou sobre a empresa que o vende. Isto pode estar impresso como parte da embalagem, ou pode estar em uma etiqueta colada ao produto. Existem três tipos básicos de rótulos:

a) Rótulo de Gradação – Rótulos, em geral, exigidos para alimentos, como: primeira qualidade; oferta especial, produção limitada.
b) Rótulo Informativo – Rótulos que avisam os consumidores a respeito do cuidado, uso ou preparação do produto, como: mantenha longe do calor ou da luz solar direta.
c) Rótulo Descritivo – Rótulos que explicam as características importantes ou os benefícios de um produto, como: baixo nível de gordura e colesterol, sem adição de açúcar.

Nota: Recente pesquisa da FIESP revelou que as preocupações do consumidor, quando lê o rótulo da embalagem, são com: Calorias (52%); Gordura (39%); Colesterol (29%); Açúcar (27%); Proteína (25%); Carboidratos (22%); Conservantes (22%); Glúten (10%).

A rotulagem se aplica aos alimentos e bebidas produzidas, comercializadas e embaladas na ausência do cliente, ficando prontos para serem consumidos. De acordo com a legislação geral e específica vigente a rotulagem deve conter: Denominação de venda do alimento; Lista de ingredientes; Conteúdo líquido; Identificação do fabricante; Identificação da origem, para importados; Datas de fabricação e de validade; Instruções para o preparo e uso do alimento; Informação nutricional; Registro, quando necessário. As embalagens de 80 cm^2 podem, dependendo do caso, serem dispensadas de rotulagem nutricional. A rotulagem é regida pelas Resoluções 39 e 40 da ANVISA.

A codificação é o procedimento técnico pelo qual os dados são categorizados. Através da codificação, os dados brutos são transformados em símbolos, necessariamente numéricos, para serem contados e tabulados. No dia 3 de abril de 1973 chegou, ao Brasil, o código de barras. Barras e números que aparecem em tudo, do detergente à mistura para fazer bolos caseiros.

O código de barras fez mais do que acelerar a fila dos caixas para milhões de fregueses e reduzir erros na contabilidade gerencial. Com milhares de novos produtos substituindo, continuamente, os antigos produtos, o poder foi transferido para o varejista, que pode manter o controle do estoque, juntamente com suas vendas, sua lucratividade, a hora certa para fazer propaganda, custos, preços, descontos, localização, promoções, fluxo de clientes e outros benefícios. As leitoras óticas recolhem vastos volumes de dados, que então ajudam seus gerentes a decidirem qual o espaço nas prateleiras a destinar a quais produtos, quando e quanto. As principais vantagens da codificação do produto são:

- **Identificação** – Uma vez que o sistema tenha sido compreendido, qualquer pessoa pode deduzir qual o código aproximado.
- **Simplificação** – Um sistema de codificação, sistematicamente projetado, pode constituir uma ferramenta poderosa para reduzir e controlar a diversificação.
- **Estocagem** – O controle do nível de estoque é facilmente identificado, além de reduzir seu custo.
- **Estimativa** – Examinando os registros de itens, o analista pode fazer estimativas, interpolando custos atuais com custos passados para determinar a variação média da inflação do período.

7.5 LINHA DE PRODUTOS

A linha de produtos é um grupo de produtos com funções similares, que são nomeadas, por exemplo, pelo modo de preparação. São vendidos aos mesmos grupos de consumidores, comercializados pelos mesmos canais ou vendidos dentro de uma faixa de preço específica. A diversidade de linhas e produtos dificulta o cálculo exato dos custos de comercialização de cada produto e a identificação, no momento da venda, da interdependência que existe entre eles.

A análise da linha de produtos objetiva determinar que itens devem ser desenvolvidos, mantidos, explorados, otimizados, inovados, eliminados, descontinuados, progressivamente ou não. É comum se achar que são muitos os tipos de alimentos diferentes, o que exigiria muita matéria-prima e um aumento nos custos. Entretanto, a matéria-prima é basicamente a mesma. O que modifica em um produto para outro é a quantidade e o processo de preparação. Quando produzimos em grande quantidade, fazemos uma diminuição do custo de produção, pois o custo marginal (custo de produção de mais uma unidade) tende a zero.

Os gerentes de linha de produtos precisam conhecer as vendas e os lucros de cada item de sua linha, para determinar quais devem ser desenvolvidos, mantidos, revisados, inovados, explorados ou eliminados. Precisam também conhecer o perfil do mercado de cada produto. Obviamente, o planejamento da linha de produtos baseia-se na compreensão completa do consumidor, do mercado e de todas as forças que nele atuam. Tal planejamento tem uma influência muito visível no futuro da empresa.

Uma linha de produtos pode também ser ampliada pelo acréscimo de itens à sua faixa atual de abrangência. Há vários motivos para a extensão da linha, tais como: lucro, capacidade ociosa, insatisfação dos distribuidores/intermediários, preenchimento de lacunas do mercado, imagem de linha completa, novas características, desequilíbrio qualitativo/quantitativo entre linhas. A seguir, algumas considerações sobre as extensões de linha de produtos:

- As extensões de linha de produtos que recebem maior apoio de propaganda e de promoção são mais bem--sucedidas do que as que recebem menos apoio.
- As extensões de linha de produtos, às vezes, são programadas para se tornarem desatualizadas num determinado período de tempo.

7.6 NOVO PRODUTO

Algumas razões levam a empresa a lançar um novo produto, tais como: aproveitamento de uma oportunidade; identificação de novas necessidades do consumidor; necessidade de sobrevivência da empresa face à concorrência; minimização de riscos na produção; possibilidade de aumentar a lucratividade; diluição de custos fixos; melhor utilização de subprodutos; redução do custo com vendas; possibilidade de ter uma vantagem competitiva; diminuição do ciclo operacional; melhor utilização de recursos; queda na demanda; mudanças de estação; desejo de diversificar; pesquisa/teste de mercado favorável.

Segundo pesquisa da FIESP, os produtos que mais despertam o desejo do consumidor, quando são lançados no mercado, são: Iogurtes (32%); Bolachas de Biscoitos (28%); Suco (27%); Chocolate (25%); Queijos (24%); Alimentos Congelados (21%); Arroz (19%).

Um estudo de viabilidade de um produto simula o que acontecerá no futuro, a partir de diversos cenários alternativos. Uma das partes mais importantes do estudo de novos produtos é a justificativa econômica do projeto, bem como uma análise de mercado. Esta análise deve levar em consideração uma multiplicidade de fatores que no seu somatório possa, efetivamente, conduzir o projeto ao mais próximo possível da realidade consensual, porque a realidade é própria de cada indivíduo. Levantamentos estatísticos servem, em primeira mão, para identificar oportunidades e fornecer dados para ajudar os gerentes de marketing, produção e finanças, na viabilização do projeto.

O lançamento de um novo produto obriga a uma pergunta que pode levar aos mais altos índices de rentabilidade ou de prejuízo. A pergunta é: A quem vender? Uma complexa pesquisa de mercado indicará a receptividade que poderá ter o novo produto. Analisará até mesmo a existência de concorrentes na praça. Se o produto se mostra vendável, procura-se saber qual deverá ser o seu preço, qual o nível de qualidade, qual a margem de lucro?

Um novo produto envolve uma série de complexas operações, muitas horas de trabalho e uma grande aplicação de dinheiro, além de representar uma decisão estratégica da maior relevância. Seu preço de venda, em geral, é muito alto. As estatísticas mostram que a maioria dos novos produtos tem uma vida curta e os administradores, para evitar o fracasso, cercam-se de todas as precauções possíveis. A sobrevivência de qualquer empresa está intimamente ligada à sua capacidade de rentabilidade, daí a razão para a procura de novos produtos.

O lançamento de um produto é, em geral, feito nos fins de semana, quando as pessoas prestam mais atenção à televisão, lêem mais jornais e revistas e dão buscas em sites na Internet. E este evento configura-se quando a empresa observa as seguintes questões: O novo produto é compatível com os objetivos da empresa? A empresa possui recursos físicos, financeiros, humanos, tecnológicos, mercadológicos, administrativos e sistêmicos, que podem viabilizar o novo produto? Os indicadores financeiros e econômicos estão dentro do esperado? A análise dos custos mostrou ser possível desenvolver e lançar o novo produto?

Para a decisão de lançar um produto no mercado, é necessário questionar sobre: Oportunidade; Concorrência; Produção; Distribuição Física; Finanças. Num mundo em que a velocidade das transformações é cada vez maior, empresas que não forem inovadoras, ou melhor, constantemente inovadoras, tendem a minguar. Segundo muitos

152 • Gestão de Restaurante

autores, a prosperidade das empresas está vinculada à inovação. Esta não se limita ao produto que é apenas uma parte do processo de gestão. A seguir, um programa de lançamento de um novo produto:

a) Listar as razões que justificam o lançamento do produto.
b) Buscar consenso entre os polos de decisão da empresa.
c) Escolher o canal de comunicação mais conveniente (televisão, rádio, jornal, revista, mala direta...).
d) Escolher a data do lançamento, observando sazonalidade, fins de semana, hora, data festiva, feriados, férias escolares, por exemplo.
e) Controlar e avaliar resultados.

7.7 PLANEJAMENTO DO PRODUTO

Planejamento do produto é o conjunto de esforços voltados a criar, desenvolver, viabilizar e lançar um produto. A função do planejamento do produto visa ter certo número de produtos, seguindo-se uns aos outros, numa mesma progressão, de maneira que, enquanto todo produto mais antigo perde suas vendas, outro novo inicia seu ciclo de vida. Portanto, devemos ter cuidado para distinguir entre um produto completamente novo e outro modelo ligeiramente alterado. O planejamento do produto deve ser feito considerando-se as seguintes fases:

a) Seleção do Produto – A empresa deve observar a existência de produtos similares no mercado; aceitação do produto existente; condições de competição no mercado; consumidores potenciais; estimativa de consumo e demanda de mercado.
b) Determinação das Quantidades a Produzir – A empresa deve considerar todos os problemas relacionados aos condicionamentos de quantidades a serem absorvidas pelo mercado, bem como a capacidade de atendimento, os fornecedores de recursos, a distribuição e a armazenagem.
c) Determinação da Forma e Dimensões do Produto – A empresa deve ater-se aos gostos dos consumidores, bem como seu público-alvo, embalagem, modalidades de armazenamento e transporte.
d) Fixação do Preço – A empresa deve considerar: preço de fabricação, preço concorrente, margem de lucro, tecnologia empregada, nível de qualidade.

Portanto, ajudará questionar sobre os seguintes aspectos: Existe a necessidade do produto? O produto pode ser criado? Existem recursos disponíveis? Marketing, produção e finanças chegaram a um acordo quanto ao preço de venda? O *design* atende ao mercado? Podem ser feitos tantos protótipos quantos necessários? Serão distribuídas amostras? Há uma preocupação no estabelecimento de procedimentos que assegurem qualidade? É boa a posição matricial que o produto ocupará em relação aos demais? O ciclo de vida do produto já está bastante definido? Existem canais de comunicação e distribuição já definidos? O produto tem um mercado potencial? O produto, em dois anos, atingirá a maturidade? A margem de lucro deverá ser mantida a mesma, por quanto tempo?

No planejamento do produto serão definidos todos os atributos que o mesmo deve ter, isto é, aquilo que será desenvolvido no projeto. Deve-se salientar que a qualidade não tem de ser, necessariamente, a melhor possível. Assim, ao projetarmos uma câmara fria precisamos perguntar: Para quem o produto será entregue?

7.8 ANÁLISE DE VALOR DO PRODUTO

A análise procura, sobretudo, apontar fraquezas, qualidades, oportunidades e restrições. A visão geral que se tem da análise é dela ser um processo, visando descobrir as causas de determinadas coisas ou os efeitos de ações, produzindo procedimentos, quanto ao que deva ser feito para melhorar um trabalho. Desse modo, a análise resume-se tão somente em apontar alternativas, em fazer sugestões e em procurar soluções, as mais diversas, para os males encontrados ou apontados.

A análise de valor pode ser definida como o exame crítico das funções do produto, com o objetivo final de dotar o mesmo de condições, para que realize suas funções pelo custo mínimo. O valor de um produto é dado, principalmente, pelo uso, custo, novidade e preço. Uma boa análise de valor de um produto deve ser dividida em etapas, que podem começar com o objetivo do novo produto e terminar com um relatório recomendando ou não o produto.

A análise de um novo produto objetiva estudar a viabilidade do projeto, quanto aos aspectos econômicos e mercadológicos. Esta análise deve levar em consideração uma multiplicidade de fatores, que, no seu somatório, possa efetivamente conduzir o projeto ao mais próximo possível da realidade. Levantamentos estatísticos servem, em primeira mão, para identificar oportunidades e fornecer dados para ajudar os gerentes de marketing, produção e finanças na viabilização do projeto. Como de cada dez produtos lançados, anualmente, no mercado sete desaparecem em menos de cinco anos, é bom fazer uma análise de valor de um projeto de produto. O caminho a ser percorrido na análise de valor do projeto de um produto terá como cronologia as seguintes análises:

- Análise da Demanda – Análise que implica em se conhecer a evolução do consumo, a concorrência, os preços praticados, a elasticidade da demanda do produto.
- Análise da Oferta – Análise voltada a conhecer as capacidades nominal e efetiva do mercado, grau de utilização, prática de comércio.
- Análise da Relação Custo/Benefício – Análise que viabiliza o projeto em termos de lucro.
- Análise do Ponto de Equilíbrio – Análise que estuda as variáveis que permitem assegurar se é possível concorrer no mercado.
- Análise da Qualidade – Análise voltada para a conformação do produto, evidenciada pelo desenho, especificações, tolerâncias, confiabilidade e padrões.
- Análise da Capacidade Instalada – Análise que determina qual a capacidade em máquinas, equipamentos e instalações deve ter o projeto para que o produto atenda as exigências: do mercado, do projetista, da qualidade e das especificações.
- Análise Colateral – Análise que dimensiona quais os efeitos que o produto terá sobre os demais da empresa e da concorrência.
- Análise da Embalagem – Análise que estudará a cor, o rótulo, o formato, o código de barras e tudo o mais que formará o produto com um visual agradável, ajudando a imagem da marca e da empresa.
- Análise da Variedade – Análise que estuda a variedade do produto que pode atrapalhar a qualidade e produtividade.
- Análise da Segmentação – Análise que examina para qual público-alvo o produto é destinado.
- Análise do Risco – A análise do risco objetiva saber o que se quer resguardar e qual a melhor forma de fazer isso, buscando informações vitais para dimensionar, mesmo de maneira probabilística, os possíveis resultados de cada curso alternativo. Somente com esta análise pode-se criar a atmosfera de redução de risco e incerteza. Portanto, reprimir a incerteza é evitar conhecer que tipos de fatores externos incidem e que, possivelmente, continuarão a influenciar a organização. Decidir no escuro é um ato de grande risco, mesmo que o ambiente nos forneça certo grau de certeza.

7.9 AVALIAÇÃO DO PRODUTO

A avaliação de um produto pelo consumidor requererá um padrão ou um referencial anteriormente conhecido. Assim, para um novo produto a avaliação fica comprometida já que não há nenhum conhecimento das novas especificações. O consumidor na realidade avalia um produto mais pelos aspectos subjetivos do que por outra coisa. Uma avaliação de produto só poderá ter valor se for feita por métodos estatísticos e para um universo significativo de pesquisados.

Assim, é importante que haja um acompanhamento, durante um período de, pelo menos, seis meses, porque a comparação com os novos resultados alcançados torna possível avaliar se as medidas aplicadas resolveram a problemática em pauta e, também, para verificar se existem ajustes, mudanças e modificações convenientes a serem realizadas. Se realizarmos testes preliminares, verificaremos que certas propriedades não foram incorporadas ao produto de maneira adequada. É, pois, imperativo que seja feito teste piloto, para evitar que um novo lançamento fracasse, devido à deficiência técnica.

Em muitas situações, os testes são, diretamente, feitos junto aos consumidores. Amostras do produto e do concorrente são entregues para testes de consumo, desde que as mesmas não sejam identificadas pelos consumidores. Tais testes ajudam a determinar pontos fracos e pontos fortes. A empresa, ao planejar um novo produto, deve, paralelamente, planejar o seu lançamento no mercado. O teste de venda do novo produto deve ser feito dentro de uma zona delimitada do mercado, a que chamamos de mercado experimental. As condições para os testes de venda devem ser as mais normais possíveis.

Ao ser realizado um teste de avaliação de um produto, é importante lembrar que não apenas um, mas vários fatores estão sendo avaliados. Também, estão sendo testados simultaneamente: o produto, a mensagem, o meio da propaganda, o canal de distribuição, o preço de lançamento, a aceitação do nível de qualidade, por exemplo. Estes testes, embora dispendiosos e demorados, são vitais. Segundo Roberto M. Braga, a avaliação do produto poderá ser feita por meio de um teste brinde, seguindo a metodologia:

1 – Convidar um grupo de pessoas (seis a dez), de categorias profissionais diferentes.
2 – Oferecer transporte gratuito de ida e volta para o local do teste.
3 – Elaborar os novos alimentos que vão ser avaliados.
4 – Preparar uma sala especialmente para o teste, designando um coordenador.
6 – Providenciar produtos concorrentes e misturá-los com os nossos.
7 – Identificar os provadores (degustadores) com crachás.
8 – Identificar os produtos a serem testados, apenas por um número.
9 – Ter o chefe da cozinha presente ao evento.
10 – Anotar tudo que for dito e comentado sobre os alimentos colocados em teste.
11 – Elaborar um pequeno questionário para facilitar a tabulação de dados.
12 – Explicar o motivo da reunião e como o teste será realizado.
13 – Explicar que cada participante pode provar quantas vezes quiser cada amostra.
14 – Aplicar, ao final da reunião, o questionário de pesquisa.
15 – Desenvolver um relatório com os detalhes observados e suas sugestões de melhoria.
16 – Realizar uma reunião com os funcionários envolvidos no processo, para corrigir erros.

Nota: Os produtos concorrentes deverão ter o mesmo tratamento dado aos alimentos da empresa.

7.10 COMERCIALIZAÇÃO

A comercialização, bem como a produção, é vista como um processo que envolve diversas atividades mercadológicas, em várias etapas, pois engloba, por exemplo: pesquisa de mercado, desenvolvimento de produto, vendas, comunicação do produto, previsão de vendas, distribuição, determinação do preço de venda, armazenagem, plano de vendas, necessidade e alocação de recursos, treinamento de vendedores, acompanhamento pós-venda...

Mesmo a empresa industrial precisa ter preocupações com as atividades mercadológicas, porque, se não conseguir vender seus produtos, terá problemas de sobrevivência, fato já observado por Fayol na década de 1920. Todas as atividades comentadas acima são executadas quando do planejamento e da preparação de um programa mercadológico. Numa economia existem dois grandes blocos voltados para os negócios. A produção cria bens, serviços e ideias. O comércio se ocupa da transferência (movimentação, distribuição, compra, venda) e propriedade dos produtos. Pode-se conceituar a comercialização, segundo três enfoques, a saber:

Conceito Descritivo – A comercialização é toda atividade voltada a transferir e orientar o fluxo de produtos dentre os mercados.

Conceito Legal – A comercialização é toda atividade que causa mudança na posse e propriedade de um produto.

Conceito Econômico – A comercialização é a atividade que trata das satisfações dos seres humanos através de produtos.

A comercialização é muito importante, porque presta os seguintes serviços: vende, compra, distribui, retalha, transporta, armazena, registra, codifica, financia, assume riscos, emprega, empresta, treina, avalia, desenvolve, negocia, estoca, promove, padroniza, classifica, sistematiza, comunica, planeja, controla, organiza, pesquisa, prevê. Existem dois tipos básicos de comercialização:

Comercialização Direta – A comercialização direta ao consumidor diz respeito à distribuição do produtor ao comprador (consumidor final), sem a participação de intermediários no processo. Hoje, o melhor exemplo disso é a Internet, onde o consumidor faz o pedido e ainda paga com cartão. Se a empresa adotar tal tipo de comercialização, deve questionar em que circunstâncias este processo pode ser bem-sucedido. No questionamento, a organização terá de considerar a natureza: da Mercadoria; do Produtor; do Mercado; do Intermediário; do Serviço; do Canal de Distribuição; da Concorrência. Como qualquer processo, a comercialização direta ao consumidor tem vantagens e desvantagens:

- Vantagens: Comercialização mais rápida; Redução dos gastos de comercialização; Destaque da venda especializada; Possibilidade de controlar preços; Melhor controle da prestação de serviço; Mais estreito contato com os consumidores.
- Desvantagens: Maior investimento e imobilização de capital em estoque e instalação; Aumento do pessoal de escritório (mão de obra indireta); Preocupação maior com a propaganda e promoção.

Comercialização Indireta – A comercialização indireta é feita por meio de intermediários.

7.11 VENDAS

A mais clássica definição de venda foi formulada pela Associação Americana de Marketing e diz que: "Venda é o processo pessoal, ou impessoal, de assistir e/ou persuadir um comprador potencial a adquirir um bem ou serviço, ou reagir, favoravelmente, a uma ideia que tenha significado comercial para o vendedor". Ela é a ação que precede a transferência de propriedade, ou utilização, de um bem ou serviço, representando uma atividade útil, necessária, difícil e desafiante, porque o vendedor tem a oportunidade de cumprir uma operação completa com início, meio e fim, refletindo responsabilidade e maturidade.

Vender é a forma de comunicação dirigida, personalizada, persuasiva, interativa e eficaz, realizada por meio do contato pessoal, face a face, entre um vendedor e um comprador (consumidor, usuário, paciente), visando eliminar as objeções deste e realizar as expectativas daquele. A arte de vender foi muito negligenciada nos últimos anos, porque a função vendas foi engolida pela função marketing. Infelizmente, a palavra marketing deixa as pessoas cristalizadas e se tornou, para incautos, a chave do sucesso. Mas, nenhuma empresa, por maior e magnífica que seja, pode prescindir do setor de vendas. No final do dia, é o faturamento que conta; dá ânimo para enfrentar o dia seguinte. O processo de venda é um conjunto de fases (etapas) de forma sequencial, apresentando mudanças ao longo do tempo, tendo certa continuidade. As fases de venda são:

Localização do Consumidor – Existem muitas maneiras de buscar indícios de consumidores potenciais. Obviamente, que a pesquisa de mercado é o melhor dos meios. Esta pesquisa procura obter informações sobre os consumidores dos produtos que a empresa pretende colocar no mercado, onde estão localizados, em que quantidades compram, seus hábitos, seu poder aquisitivo, seu perfil socioeconômico e como abordar o consumidor, por exemplo.

Apresentação do Produto – Armado de dados, o vendedor está pronto para fazer contato. O primeiro passo, é obter atenção para aquilo que quer vender. Depois o vendedor precisa dar uma explicação que ajude o comprador em perspectiva a compreender que o produto pode lhe ser bastante útil.

Objeções – A maioria dos vendedores (atendentes) não sabe como tratar objeções, isto é, as razões para não comprar. As objeções nada têm a ver com realizar vendas, mas muito com o estilo do vendedor atuar, que carece de uma argumentação convincente e persuasiva. Muitas vezes, durante a apresentação do produto, um comprador, em perspectiva, fará objeções. Comportamento muito natural do ser humano. Ele pode indicar ao vendedor o quanto longe ele está de efetuar uma compra. A objeção mostra onde há uma incongruência entre o desejável e o oferecido. Mas, os vendedores precisam ter certeza de que descobriram o motivo da objeção, muitas vezes, despercebido. As objeções proporcionam uma oportunidade para o vendedor mostrar-se capaz diante do comprador.

Venda – Não é fácil fechar um negócio. Muitos vendedores vão muito bem até a hora de realizar a venda propriamente dita. É a fase fundamental do processo de venda. Consiste na transferência do produto do vendedor para o comprador. É a etapa crucial da venda, pois significa que o negócio foi "fechado".

Pós-Venda – O trabalho do vendedor não fica completo depois de efetuada uma venda. São necessárias ações complementares que garantam a satisfação plena do consumidor.

> **Nota:** O vendedor arguto procura fazer amizade por meio de atos sinceros e sutis. Dar indicações de novos negócios para os clientes, trazer novas ideias para lucro, ajudar a obter pessoal capaz, mostrar interesse pelo negócio do comprador. Todos estes movimentos podem trazer bons resultados.

7.12 PREVISÃO DE VENDAS

Uma previsão é uma tentativa de determinação de futuros eventos, que poderão ocorrer (registros de uma série probabilística) ou não. Ela é uma função administrativa que serve para estimular uma situação futura, para um determinado período, a partir de dados, informações e recursos presentes e existentes. Toda previsão é, por definição, errada, porque não há um grau de certeza absoluto. A previsão de vendas é a estimativa de situação futura, em função de um mercado conhecido.

A previsão de vendas significa a previsão de receita da empresa e se constitui, portanto, no elemento básico da orientação gerencial. Ela deve ser encarada como uma variável dependente que é afetada, entre outras coisas, pelas atividades planejadas de marketing. As previsões de vendas mostram a demanda esperada de mercado e não a demanda de mercado mais elevada possível. A previsão de vendas é feita, por meio de modelos matemáticos.

A previsão de vendas é uma função do Departamento de Vendas, porque este é o departamento que tem o melhor conhecimento do mercado. Ela é vital para o Departamento de Finanças, na elaboração de orçamentos de receita. Para o Departamento de Produção, a previsão de vendas é informação básica para a determinação das quantidades a serem produzidas, cujo conhecimento decorre, logicamente, dos produtos a serem vendidos e dos níveis de estoque.

Grande parte do planejamento administrativo é, necessariamente, baseada em previsões e estimativas, e até as melhores delas podem se perturbadas por situações imprevistas. Portanto, é, às vezes, necessário raciocinar em termos de probabilidade ou risco calculado. Junto com o conceito de previsão precisam ser colocados outros conceitos, tais como:

Estimativa – Estimativa é a quantificação de determinada demanda de um produto, suficiente para gerar receita que dê um lucro satisfatório.

Projeção – Projeção é uma previsão, perfeitamente, calculável, isto é, a situação futura tende a se comportar como no passado.

Predição – Predição é uma previsão baseada numa expectativa, isto é, situação em que o futuro tende a ser diferente do passado, mas a empresa não tem nenhum controle sobre o seu processo e desenvolvimento.

Prognóstico – Conjectura sobre o desenvolvimento de um cenário de uma situação futura.

Nível de Previsão – O nível ótimo de previsão é aquele, cujo custo de execução de um método de previsão compensa exatamente o custo de operação, decorrente de se trabalhar com uma previsão inferior ou inadequada. À medida que a atividade de previsão aumente, os custos crescerão. Por outro lado, as previsões de qualidades inferiores podem resultar em custos não previstos de recursos.

Erro de Previsão – Uma medida simples de erro de previsão é a de computar o desvio entre os valores reais e os de previsão. Os desvios irão variar de mais para menos, mas devem tender a zero, se a previsão estiver no alvo.

7.13 COMUNICAÇÃO DO PRODUTO

Sem comunicação seriam feitas poucas trocas (compra e venda) de produtos. Os consumidores que formam um mercado precisam saber que existe um produto e se este pode ou não satisfazer suas necessidades. Um sistema global de comunicação em vendas deve ser tal que permita todos os esforços para vender. Este sistema é mais ou menos complicado, dependendo da dimensão da empresa, dos valores transacionados e das informações necessárias. Atinge ponto máximo nas empresas multinacionais, em muitos casos. Quando de mercados muito sensíveis, com competição muito acirrada, um bom e rápido sistema de comunicação decide a venda. É preciso que o consumidor de um determinado mercado saiba que o produto existe e está disponível. Por isso, o produto precisa ser comunicado ao público.

O conceito moderno de comunicação de um produto é aquele processo que gera resposta imediata do consumidor, porque é importante saber o que ele pensa e o que ele quer. Os avanços tecnológicos fornecem aos comunicadores os meios de mostrar às pessoas as inovações mercadológicas.

As ferramentas de comunicação em vendas são muitas, tais como: propaganda, publicidade, promoção, relações públicas, marketing direto, telemarketing, anúncios, encartes em revistas e jornais, cartazes, displays, material audiovisual, concursos, sorteios, amostras grátis, exposições, feiras, convenções, demonstrações, cupons, descontos, juros baixos, adesivos, seminários, relatórios, doações, patrocínios, publicações, catálogos, folhetos, anuário, eventos, incentivos, televisão, rádio, internet, telefone...

Algumas categorias de produtos solicitam muito pouca persuasão por parte dos vendedores. Mas, em geral, há a necessidade de muita persuasão antes que seja efetuada a troca. Muitas vezes, a combinação oferta do vendedor (fabricante, distribuidor) e desejo do consumidor não é tão óbvia quanto parece. Por esta razão, há a necessidade de todo um trabalho de venda, que começa com a persuasão. Assim, fica a dúvida: Como uma empresa comunica, naturalmente, os seus produtos? Por diversos aspectos, tais como: utilidade de forma, satisfação do consumidor, realização do comprador, marca de sucesso, qualidade assegurada, embalagem elucidativa, rótulo adequado, preço de venda, desconto, garantia, serviço pós-venda, sistema de distribuição, utilidade de tempo, utilidade de lugar.

7.14 RELAÇÕES PÚBLICAS

As relações públicas de uma empresa é o conjunto de atividades de comunicação com públicos, direta ou indiretamente, interessados nas atividades da organização, tais como: governos, concorrentes, organismos de representação social, associações patronais, associações de classe, fornecedores, funcionários, colaboradores, líderes de opinião pública, bancos, institutos de pesquisa, universidades, artistas, líderes comunitários, visando criar uma imagem favorável às marcas, aos produtos e às suas atividades junto à comunidade.

O pessoal de relações públicas ajuda a empresa a atingir objetivos de marketing à medida que desenvolve as seguintes atividades: Manter boas relações com os meios de comunicação; Influenciar formadores de opinião; Fazer publicidade dos produtos e das marcas da empresa; Ter um sistema de comunicação voltado para fora e para dentro da empresa; Trabalhar junto aos políticos; Criar expectativas antes do início da propaganda; Opinar na criação e descontinuidade de um produto; Dar assistência ao lançamento de novos produtos; Desenvolver técnicas para influenciar determinados públicos; Trabalhar constantemente para construir uma imagem positiva; Construir um relacionamento permanente com o consumidor; Transformar consumidores satisfeitos em defensores da empresa e de suas marcas.

Nota: As empresas tendem a subestimar as relações públicas ou usá-las apenas como complemento. Todavia, um programa de relações públicas, bem coordenado, com outros elementos do composto promocional pode ser extremamente eficaz.

8

LEGISLAÇÃO, POLÍTICA e PROCEDIMENTO

"A velocidade com que uma organização se adapta ao ambiente é traduzida como vantagem competitiva."

Michael Porter

OBJETIVOS DO CAPÍTULO

- Mostrar que a vontade de ser empresário muitas vezes fica no sonho, devido às múltiplas dificuldades e adversidades.
- Mostrar que os problemas empresariais são causados por uma ingerência exagerada do governo na livre iniciativa.
- Mostrar os diversos tipos de legislação e de regulamentação.
- Mostrar que uma organização que tenha boas políticas não perderá muito tempo na busca de soluções, para problemas semelhantes.

8.1 LEGISLAÇÃO

Legislação é o conjunto de leis acerca de determinado assunto. A lei é uma norma (regra) de direito, ditada pela autoridade governamental e tornada obrigatória para manter, numa sociedade, a ordem e o desenvolvimento. Existe a lei natural que é uma constatação empírica de uma realidade, fenômeno ou fato. As leis englobam certas entidades admitidas que não podem ser diretamente observadas ou medidas. Na lei, é importante observar as seguintes premissas:

- A lei possui, invariavelmente, um conteúdo determinado, que, em princípio, pode sempre ser controlado por elementos jurídicos, obtidos através de procedimentos próprios.
- A lei é formulada, por intermédio de um só e único enunciado.

Qualquer que seja a legislação, ela estabelece basicamente: Quem é o responsável; Como fazer; Onde atuar; Com que frequência acompanhar; Por que das precauções; Quais produtos são autorizados; Quanto de obrigatoriedade assumir; Qual documentação utilizar; Quais as boas práticas de obediência; Quando é preciso mudar; O que fazer. A seguir, abordaremos as principais legislações, que afetam a vida empresarial e que são, cada vez mais, restritivas para a livre iniciativa:

Legislação Comercial – A legislação comercial visa proteger as empresas da concorrência desleal; os consumidores de práticas comerciais injustas; os interesses da sociedade contra o comportamento desenfreado das empresas; os consumidores dos abusos da propaganda enganosa; os agentes do governo da corrupção. Um importante propósito dessa legislação e/ou obrigação é cobrar das empresas os custos sociais gerados por seus produtos ou processos de produção. Esta legislação restringe as horas de trabalho dos empregados e limita, por exemplo, o horário dos estabelecimentos comerciais. Seria aceitável se, para a sua promulgação, se estudasse devidamente o equilíbrio a estabelecer entre as concessões legítimas a fazer aos empregados e as necessidades dos mesmos, não menos legítimas, da produção e do consumo. A legislação sobre o comércio eletrônico ainda está sendo definida. Não há consenso sobre assuntos como a natureza dos contratos eletrônicos, a distribuição de material protegido por direitos autorais, a pornografia, a indevida divulgação.

Legislação Ambiental – A maior parte das vezes, o governo atravanca o crescimento econômico por omissão. Mas, há momentos em que a administração pública atrapalha o progresso pela ação. É exatamente isso que está acontecendo no manejo do meio ambiente, em que as autoridades responsáveis pela aprovação dos projetos criam dificuldades em nome de causas nobres. Hoje, por pressão de grupos verdes, de Ongs e de alguns setores do governo, obras importantes para o crescimento do país estão paralisadas, fazendo com que o Brasil tenha um dos mais baixos índices de concessão de licenças ambientais do mundo. O processo demora, em média, o dobro do que nos Estados Unidos, conhecido como um país rigoroso até demais na preservação dos seus recursos naturais.

Legislação Trabalhista – Contratar e descontratar no Brasil se baseia inteiramente na regulação criada por lei e não por negociação. Isso significa que as despesas geradas pelas leis não podem ser negociadas entre as partes, mesmo que elas queiram. Ao criar um novo emprego formal, as empresas têm de arcar com despesas que podem chegar a 100% do salário líquido do empregado. Nenhum dos itens pode ser negociado. As despesas, altas e rígidas, até podem ser eventualmente toleradas pelas grandes corporações, mas são inviáveis para micros, pequenas e médias empresas.

Para o cálculo dos custos de mão de obra é necessário se determinar quais as incidências sociais e trabalhistas, sobre os valores das remunerações pagas. Cada empresa ou atividade tem suas próprias características de composição de custos. Também as empresas que estão sujeitas à desoneração da folha de pagamentos têm encargos mais reduzidos, pois a contribuição previdenciária não incide sobre a folha de pagamentos e sim sobre o faturamento da empresa.

O cálculo do valor e da quantidade a recolher de encargos sociais e trabalhistas dependerá de muitos fatores, como por exemplo: tamanho da empresa em ativos; números de empregados; valor do faturamento; regime de pagamento do salário (mensalista ou horista); empresa optante pelo Simples Nacional ou não. O Documento de Recolhimento da Previdência Social (GPS), por exemplo, terá os seguintes campos de preenchimento: nome ou razão social; vencimento (data limite de pagamento); código de pagamento (site da Receita Federal); competência (mês/ano); Identificador (CNPJ); valor do INSS (percentual em função da folha de pagamento); multa; juros; total.

Nota: O leitor deve voltar ao item 6.21, para melhores esclarecimentos.

Legislação Protecionista – A legislação protecionista, quando sabidamente orientada, consegue realmente proteger a indústria e proteger a saúde do consumidor, minimizar os conflitos entre produtores e consumidores, bem como direcionar as ações dos órgãos fiscalizadores do poder público. E, se estes interesses se equilibram, não se trata de uma lei restritiva, porém de uma simples medida econômica sem caráter especial.

Legislação Tributária – Entende-se como tributo à prestação monetária compulsória devido ao poder público ou, de forma mais simples, o somatório de impostos mais taxas e contribuições. O empreendedor deve saber, de antemão, qual a carga tributária a incidir sobre o seu negócio, pois um país, como o Brasil, desanima qualquer investidor. O conselho é se informar sobre impostos e taxas antes de se aventurar num empreendimento. Assim, ao planejar os impostos observe: o regime jurídico apropriado; as melhores formas de integralizar capital; as melhores alternativas para o financiamento; as melhores maneiras de distribuir lucros; como acelerar ou adiar receitas; quando e como incorrer em despesas; os melhores métodos para aplicar depreciação e valorizar estoque.

Se você não tiver conhecimento das exigências tributárias ou se por qualquer outro motivo deixar de pagar imposto nos prazos e valores corretos, poderá ter sérios transtornos em sua empresa, vários anos mais tarde, porque a cobrança de impostos passados fatalmente será executada em algum momento. Pior ocorre quando se desconsideram as notificações oficiais, que, se não levadas a sério, podem encerrar sua empresa. Por menor que seja o negócio, é mais sábio contratar um especialista e fazer um bom planejamento tributário. Entenda-se por isso a adoção de estratégias para minimizar o impacto dos impostos e, assim, aumentar a rentabilidade. O custo inicial pode até ser alto, mas a economia que pode ser feita é para toda a vida da empresa. Há muitos casos de empreendedores que, ao fazer esse planejamento, perceberam que se mudassem as características de seu produto, ou mesmo a área de atuação, pagariam menos impostos do que se mantivessem o projeto original.

Além disso, as empresas que agem corretamente ainda se vêem obrigadas a custear, na forma de benefícios sociais: plano de saúde, cartão transporte, cartão refeição, seguro de vida, previdência privada, plano de educação, treinamento e reciclagem profissional, programa de saúde dentária, programa de apoio educacional à família e outros benefícios, como colônia de férias. É um duplo pagamento. Um feito ao governo e outro para pagar benefícios que são responsabilidade do estado.

A interpretação incorreta das normas fiscais, faz com que os empresários e profissionais da área fiscal deixem de aproveitar alguns créditos nas apurações, pois exige muito estudo da legislação, como no caso do cálculo incorreto dos créditos do estoque inicial que, em inúmeras vezes, o empresário deixou de aproveitar os créditos. Assim, a realização de um planejamento tributário possibilita a regularização das apurações, evitando penalidades por parte da Receita Federal.

Legislação de Franquia – A franquia oferece um modelo único, em termos de adaptabilidade, aos mais diversos mercados e às empresas dos mais variados portes e ramos de atividade, permitindo, na maioria dos casos, obter o maior equilíbrio possível entre as variáveis: cobertura de mercado, custo operacional e controle de estoque. Neste negócio, o sucesso do franqueador depende do sucesso do franqueado. Da mesma forma, se apenas o franqueado for bem-sucedido, ele acabará ficando à frente de uma unidade individual, o que redundará no desaparecimento do sistema de franquia. As franquias mais bem-sucedidas são aquelas estruturadas de modo a permitir um retorno equitativo dos investimentos colocados pelo franqueador e pelo franqueado. Manter a homogeneidade dos produtos à venda constitui o ponto chave de qualquer franquia. A qualidade tem de ser exatamente a mesma, qualquer que seja o ponto de distribuição.

É bom lembrar que, embora elaborado por profissionais de franquia, o contrato deverá garantir a situação de insolvência de cada parceiro. Não existe uma generalização para contratos de parceria, porque as características e peculiaridades dos componentes da franquia são inteiramente diversas. A experiência nos ensina que a legislação de franquia deve conter alguns dispositivos, tais como:

162 • Gestão de Restaurante

- O franqueado deve se obrigar a acatar, sem quaisquer reservas, todas as instruções e orientações que lhe der o franqueador.
- É vedado ao franqueado utilizar suas instalações para atividades que não sejam objeto do contrato.
- É preciso ficar esclarecido se será permitido ao franqueador ter seus próprios pontos de vendas, ou que trabalhe com outros produtos que não os listados no contrato de franquia.
- O franqueado se obriga a guardar absoluto sigilo sobre suas negociações com o franqueador.

8.2 SIMPLES NACIONAL

O Simples Nacional estabelece normas gerais relativas ao tratamento tributário diferenciado a ser dispensado às microempresas (ME) e as empresas de pequeno porte (EPP), no âmbito da Federação, Estado e Município, mediante regime único de arrecadação, inclusive para obrigações acessórias. As ME e EPP são cobertas pela Lei 10.406, Art. 966, de 10 de janeiro de 2002, do Código Civil. A receita bruta total anual prevista par tal enquadramento é de até R$ 3.600.00,00. O Simples Nacional implica o recolhimento mensal, mediante Documento Único de Arrecadação (DAS) do: IRPJ, IPI, CSLL, COFINS, PIS, INSS. ICMS e ISS. Entretanto, em alguns desses tributos há exceções, pois o recolhimento será realizado de forma distinta, conforme a atividade empresarial.

Serão consideradas inscritas no Simples Nacional as microempresas e empresas de pequeno porte optantes pelos Simples Federal (Lei 9.317/1996), salvo as que estiverem impedidas de optar por algum impedimento pelo novo regime do Simples Nacional. O DAS, como o GPS, terá campos a serem preenchidos, tais como: razão social; competência; CNPJ; data de vencimento; valor principal; valor da multa;valor total. Os documentos fiscais, relativos ao Simples Nacional, se referem aos registros e controles das operações de compra e venda da empresa. Os mais importantes são:

- Livro Caixa – Livro onde deverá estar escriturada toda a movimentação financeira da empresa.
- Livro Registro de Inventário – Livro onde deverão constar registros dos estoques existentes no término de cada ano-calendário, quando contribuinte do ICMS.
- Livro Registro de Entradas – Livro destinado à escrituração dos documentos fiscais das aquisições de bens pela empresa.

Os documentos fiscais deverão ser mantidos em boa guarda, ordem e conservação, enquanto decorrido o prazo de uma década ou por força maior de ações na justiça. A seguir, serão dados dois exemplos, para cálculo do custo de aquisição de mercadorias em duas situações de tributação:

Primeiro Exemplo: Suponhamos que uma empresa, que não goze de incentivos fiscais, comprou 30 kg de queijo ao valor de R$ 10,00 o quilo. Na nota fiscal vê-se que há a indicação de 17% de ICMS. Além disso o fornecedor cobrou R$ 5,00 de frete, não colocado na nota fiscal. Assim, para obter o custo de aquisição do queijo, devemos levar em consideração o seguinte:

Custo Total (Nota Fiscal) = 30 x 10,00 = 300,00
ICMS destacado na nota fiscal = 300,00 x 17% = 51,00
Valor do Crédito do ICMS = 51,00
Frete = 5,00
Custo Total de Aquisição = 300,00 – 51,00 + 5,00 = 254,00
Custo Unitário de Aquisição (compra) = 254,00 / 30 = 8,47/Kg

Segundo Exemplo: Suponhamos, agora, que a empresa optou pelo Imposto Simples Nacional e sua receita bruta está entre R$ 480.000,00 e R$ 600.000,00, sendo que a alíquota a ser paga é de 7,6% sobre o faturamento total e todos os impostos e contribuições estarão incluídos nessa alíquota. Dessa forma, o valor do ICMS não entra no cálculo do custo de aquisição do queijo. Assim, temos:

Custo Total (Nota Fiscal) = 30 x 10,00 = 300,00
Frete = 5,00
Custo da Aquisição = 300,00 + 5,00 = 305,00
Custo Unitário de Aquisição = 305,00 / 30 = 10,17/Kg

Análise:
Se compararmos os dois valores, vamos encontrar uma diferença a mais, neste exemplo, porque a empresa não se beneficiou do crédito do ICMS. Mas, haverá vantagens sobre os demais tributos, pois tudo está incluído nos 7,6%.

A seguir, algumas considerações sobre o Tributo Simples Nacional:

- Recolhimento – A partir de 2015, com o início de vigência da chamada Lei do Super Simples, fica estendida a possibilidade de recolhimento pelo Simples a mais 140 atividades, com o objetivo de facilitar a formalização e eliminar a burocracia para milhares de prestadores de serviço que até então eram impedidos de realizar a opção tributária.
- Cobertura – A opção pelo Simples Nacional passou a ser permitida para mas 140 novas atividades, como médicos, advogados, engenheiros e representantes comerciais. A ideia é que mais profissionais saiam da informalidade.
- Contabilista – A aparente simplicidade do regime do Simples Nacional e as alíquotas relativamente baixas são os grandes atrativos deste regime. Porém, é fundamental ressaltar que há questões que exigem a presença de um contabilista, principalmente, no que se refere à legislação tributária.
- Adesão – A solicitação para aderir ao Simples Nacional deve ser feita somente pela Internet, pelo portal Simples Nacional e será irrevogável até o fim do ano-calendário. O deferimento depende da total ausência de pendências cadastrais e fiscais em nome da empresa. Os empreendimentos recém-criados devem solicitar a adesão até 30 dias após a obtenção do CNPJ.

A seguir, as tabela das Alíquotas do Simples Nacional para o Comércio e a Indústria:

Receita Bruta / Ano (R$) no Comércio	Alíquota
Até 180.000,00	4,00%
De 180.000,01 a 360.000,00	5,47%
De 360.000,01 a 540.000,00	6,84%
De 540.000,01 a 720.000,00	7,54%
De 720.000,01 a 900.000,00	7,60%
De 900.000,01 a 1080.000,00	8,28%
De 1080.000,01 a 1.260.000,00	8,36%
De 1.260.000,01 a 1.440.000,00	8,45%
De 1.440.000,01 a 1.620.000,00	9,03%

De 1.620.000,01 a 1.800.000,00	9,12%
De 1.800.000,01 a 1.980.000,00	9,95%
De 1980.000,01 a 2.160.000,00	10,04%
De 2.160.000,01 a 2.340.000,00	10,13%
De 2.340.000,01 a 2.520.000,00	10,23%
De 2.520.000,01 a 2.700.000,00	10,32%
De 2.700.00,01 a 2.880.000,00	11,23%
De 2.880.000,01 a 3.060.000,00	11,32%
De 3.060.000,01 a 3.240.000,00	11,42%
De 3.240.000,01 a 3.420.000,00	11,51%
De 3.420.000,01 a 3.600.000,00	11,61%

Receita Bruta / Ano (R$) na Indústria	Alíquota
Até 180.000,00	4,50%
De 180.000,01 a 360.000,00	5,97%
De 360.000,01 a 540.000,00	7,34%
De 540.000,01 a 720.000,00	8,04%
De 720.000,01 a 900.000,00	8,10%
De 900.000,01 a 1080.000,00	8,78%
De 1080.000,01 a 1.260.000,00	8,86%
De 1.260.000,01 a 1.440.000,00	8,95%
De 1.440.000,01 a 1.620.000,00	9,53%
De 1.620.000,01 a 1.800.000,00	9,62%
De 1.800.000,01 a 1.980.000,00	10,45%
De 1980.000,01 a 2.160.000,00	10,54%
De 2.160.000,01 a 2.340.000,00	10,63%
De 2.340.000,01 a 2.520.000,00	10,73%
De 2.520.000,01 a 2.700.000,00	10,82%
De 2.700.00,01 a 2.880.000,00	11,73%
De 2.880.000,01 a 3.060.000,00	11,82%
De 3.060.000,01 a 3.240.000,00	11,92%
De 3.240.000,01 a 3.420.000,00	12,01%
De 3.420.000,01 a 3.600.000,00	12,11%

Tabela 8.1: Alíquotas de Recolhimento do Simples Nacional para Comércio e Indústria.

8.3 REGULAMENTAÇÃO

Os regulamentos e controles governamentais têm produzido grandes efeitos, porque afeta tanto a compra quanto à venda, já que se trata, simplesmente, de dois aspectos do mesmo processo. A regulamentação é uma iniciativa dos governos sobre as empresas, os mercados, os consumidores, os usuários, as sociedades, os distribuidores, os industriais, os fornecedores. A história das regulamentações, em todo o mundo, revela os seguintes objetivos: manter a concorrência, repelir monopólios e oligopólios, estimular interesse para projetos especiais, cuidar para que a população tenha maior poder de compra, coibir propaganda enganosa, criar mecanismos de defesa do consumidor, proteger a propriedade de marcas e patentes. É preciso estar atento às regulamentações governamentais e seus objetivos. A seguir, as principais regulamentações:

Regulamentação Econômica – A regulamentação econômica objetiva monitorar as atividades industriais, comerciais e de serviços, cuidar para que a população tenha maior poder de compra, apresentar medidas antidumping.

Regulamentação do Comércio – Esta regulamentação objetiva a defesa do consumidor, bem como mostrar restrições legais de instalações comerciais.

Regulamentação da Indústria – A regulamentação da indústria objetiva monitorar: segurança no trabalho, insalubridade, condições ambientais de trabalho, perigo de contaminação, melhoria ambiental, poluição, degradação ambiental, higiene, limpeza, embalagem, qualidade do produto, validade de duração, garantia, qualidade de vida do empregado, controle de acidentes.

Regulamentação do Transporte – A regulamentação do transporte objetiva estabelecer controles de tarifa, posse e operação do meio de transporte (duto, fluvial, marítimo, esteira, terrestre, aéreo).

Regulamentação do Armazenamento – A regulamentação do armazenamento objetiva higiene, qualidade ambiental, normas de segurança, limpeza, validade do produto, prazo de armazenagem.

Regulamentação do Preço – A regulamentação do preço objetiva não permitir desabastecimento, vigiar a evolução dos preços, questionar os motivos de alta, evitar congelamento dos preços, dar bom exemplo quando do aumento das tarifas públicas, interferir em aumentos abusivos.

Regulamentação do Seguro – A regulamentação do seguro objetiva controlar os repasses, controlar a relação preço/valor, controlar o cumprimento dos contratos (forma legal).

Regulamentação das Comunicações – A regulamentação das comunicações objetiva controlar o abuso da mídia e da transmissão de dados.

Regulamentação Tributária – A regulamentação tributária objetiva o arrocho (controle) fiscal, taxa de juros, alíquota do imposto de renda. Cuida, ainda, das contribuições, taxas e impostos sobre produtos, empresas e pessoas físicas.

8.4 LICENCIAMENTO

Uma empresa tem como dever legal licenciar aquilo que projeta, desenvolve e constrói. Pode ser uma tecnologia, um processo, um produto, uma marca, por exemplo. Em geral, as licenças são buscadas para aumentar a rentabilidade ou adquirir uma vantagem competitiva. A concessão de licenças pode ser aconselhável em termos estratégicos sob uma série de circunstâncias, tais como: Incapacidade de explorar a tecnologia; Abrir nichos de mercado; Desenvolver padrões; Estrutura organizacional insatisfatória; Criar bons concorrentes. As principais licenças são:

Licença Tecnológica – A licença tecnológica é uma forma de obter acesso a uma determinada tecnologia. Quando a tecnologia constitui uma fonte importante de vantagem competitiva, as decisões sobre licenças são vitais.

Licença de Funcionamento – Os estabelecimentos que produzem e/ou manipulam alimentos, somente poderão funcionar, mediante licença de funcionamento e alvará expedido pela autoridade sanitária competente. Para a concessão da licença e alvará, os estabelecimentos deverão estar cadastrados no Cadastro Municipal de Vigilância Sanitária, do Sistema Estadual de Vigilância Sanitária. Esta licença de funcionamento é um documento obrigatório. A fiscalização observará os seguintes aspectos técnicos: Higiene; Organização; Áreas de Operação e Entorno da Fábrica; Máquinas e Equipamentos; Quadro de Funcionários; Produtos; Procedimentos; Preparações; Armazenamentos e outros aspectos.

166 • Gestão de Restaurante

Licença Ambiental – As indústrias deverão submeter seus projetos ao Instituto Estadual do Ambiente (INEA), para obtenção de licenças ambientais. O Sistema de Licenciamento de Atividades Poluidoras (SLAM) foi instituído pelo Decreto Estadual nº 42.159, de 2/12/2009, em consonância com o Decreto-Lei nº 134, de 16/06/1975, alterados, em parte, pela Lei Estadual nº 5101, de 4/10/2007, que criou o Instituto Estadual do Ambiente (INEA). O INEA, instalado em 12/1/2009, unifica e amplia a ação dos três órgãos ambientais, vinculados à Secretaria de Estado do Ambiente (SEA), que reúne a Fundação Estadual de Engenharia e Meio Ambiente (Feema); a Superintendência Estadual de Rios e Lagoas (SERLA) e o Instituto Estadual de Florestas (IEF). O Sistema de Licenciamento Ambiental (SLAM) foi reformulado em 2009, para fiscalizar qualquer empreendimento que interfira no ambiente. Este sistema divide as atividades empreendedoras em seis classes para fins de licenciamento ambiental, de acordo com o potencial poluidor da atividade e com o seu porte. Cada classe definirá quais empreendimentos precisarão ser licenciados ou não.

Nota: A microempresa e a pequena empresa, consideradas pela Lei 9.841/99 (Estatuto da Micro e Pequena Empresa), recebem tratamento diferenciado em vários órgãos governamentais, inclusive quanto à redução ou isenção das taxas de registros e licenças.

O licenciamento ambiental do empreendimento está sendo feito pelas Secretarias Municipais de Meio Ambiente. São os seguintes os documentos para obter o licenciamento ambiental:

- Formulário de requerimento preenchido e assinado pelo representante legal.
- Declaração de entrega de documentos em meio impresso e digital.
- Cópia dos documentos de qualificação daquele que assina o requerimento. Se for pessoa física, deve também apresentar comprovante de residência.
- Em havendo procurador, apresentar cópias da procuração pública, ou particular, com firma reconhecida e cópias dos documentos de qualificação ao INEA.
- Cópias das atas de constituição e eleição da última diretoria, quando se tratar de sociedade anônima. Contrato social atualizado, quando se tratar de sociedade por cotas de responsabilidade limitada.
- Cópia de Inscrição no Cadastro Nacional de Pessoa Jurídica (CNPJ).
- Cópia da Certidão da Prefeitura Municipal, declarando que o local e o tipo de empreendimento estão em conformidade com a legislação aplicável ao uso e ocupação do solo.
- Cópia do registro de propriedade do imóvel, do Serviço Registral de Imóveis, ou do contrato de locação (ou comodato).
- Cópia do IPTU ou ITR, se for o caso.
- Cópia do Registro no Conselho de Classe do profissional responsável pelo empreendimento, operação ou construção, devidamente atualizado.
- Planta baixa da localização do empreendimento, de acordo com mapas do programa Google Earth, indicando: coordenadas geográficas; localização do terreno e seus entornos; usos dos imóveis e áreas vizinhas, num raio de, no mínimo, 100 m.

Nota: De acordo com as características do empreendimento, pode ser exigida mais burocracia. Recomenda-se especial atenção ao gerenciamento de resíduos, controlados pelo INEA.

Nota: A solicitação de licenças, autorizações, certificados e demais documentos devem ser entregues à Central de Atendimento do INEA e/ou a SERLA da região.

8.5 POLÍTICA

Etimologicamente, política deriva da palavra grega "polis" que significa cidade. Por extensão, pode-se dizer que política é a arte de governar as pessoas. Políticas são guias planejadas de raciocínio para a tomada de decisões repetitivas. Quando não existem políticas, já se sabe qual é o resultado: "Cada cabeça uma sentença". A cada dia um caminho diferente. Pode-se operar uma empresa bastante descentralizada, utilizando políticas bem elaboradas e compreendidas.

Uma organização, que tenha políticas bem definidas, utilizará seu tempo, inteligentemente, tendo parâmetros que serão à base de sustentação da governança corporativa. Política é um padrão de ação que facilita a tomada de decisão para situações parecidas, aumentando o poder de comparação e avaliação do administrador. A função de uma política é aumentar as chances dos dirigentes e subordinados fazerem escolhas semelhantes ao enfrentarem, situações análogas. Uma política, bem traçada, ajuda a se cometer menos erros.

O administrador que quiser ser um profissional politicamente correto deve: usar de cautela ao aceitar conselhos; evitar relação entre superior e subordinado muito íntima; manter jogo de cintura; usar resistência passiva quando necessária; não hesitar em ser implacável quando conveniente; limitar o que deve ser comunicado; reconhecer que raramente são guardados segredos na organização; aprender a não depender muito de um subordinado, a menos que veja nele lealdade; estar disposto a transigir em pequenas coisas; ser hábil em dramatização e ser um negociador persuasivo; irradiar autoconfiança, dando demonstração de sucesso material; evitar a rigidez burocrática; lembrar de elogiar em público e censurar isoladamente; ser compreensivo e receptivo em relação às opiniões que difiram das suas.

Na construção de uma política, o administrador se valerá das seguintes premissas:

- Políticas são elaboradas por alguém, em alguma ocasião, dentro ou fora da empresa.
- Políticas definem caminhos congruentes com os objetivos sistêmicos da organização.
- Políticas permitem julgamento e impedem decisões ruins.
- Políticas refletem o desejo da alta administração e moldam a cultura organizacional.
- Políticas não são eternas e exigem flexibilidade na interação com o ambiente.
- Políticas são aplicadas a casos semelhantes e não a casos específicos.
- Políticas devem ser pautadas num comportamento ético e transparente.
- Políticas evitam perda de tempo com estudos e análises sobre questões análogas.
- Políticas devem abranger o máximo de fatores que dificultam a consecução de atividades.
- Políticas precisam ser coordenadas, para que não se percam no meio do caminho.
- Políticas devem ser comunicadas com clareza, para o conhecimento e aceitação de todos.
- Políticas estimulam e facilitam a delegação, a coordenação e o comando.
- Políticas proporcionam padrões de decisão para solucionar problemas.
- Políticas estabelecem limites ao planejamento estratégico.
- Políticas asseguram uma ação administrativa uniforme.
- Políticas reforçam o feedback positivo, as normas, os procedimentos e as rotinas.
- Políticas precisam estar em conformidade com as atividades empresariais.

- Políticas reforçam programas, planos, orçamentos, projetos e estratégias.
- Políticas podem impedir a tomada de decisão mal formulada, baseada em circunstâncias do momento, em detrimento dos melhores interesses futuros da empresa.

8.6 CLASSIFICAÇÃO DAS POLÍTICAS

As políticas podem ter diversas classificações. A seguir, uma classificação das políticas que interessa aos assuntos abordados neste livro:

A – Políticas Empresariais

- Política Administrativa – Política relacionada aos aspectos internos da empresa e desenvolvida, no nível intermediário da estrutura organizacional.
- Política Operacional – Política desenvolvida para aspectos específicos da atividade empresarial, como: redução de custos, lote econômico de compras, salários, controle de qualidade, admissão de pessoal.
- Política de Competitividade – Política voltada a uma espécie de adequação do empreendimento ao seu microambiente, consiste no bom atendimento das necessidades dos clientes, na diferenciação desse atendimento em relação aos concorrentes, no bom relacionamento com os fornecedores e também na existência de barreiras à entrada de novos concorrentes no setor.
- Política Ambiental – Política a preservar o ecossistema.
- Política de Relacionamento – Política a manter um bom relacionamento com consumidores, funcionários, auditores, fornecedores, concorrentes, distribuidores, usuários, pacientes, colaboradores, agentes do governo, empresas, universidades, institutos de pesquisa, sindicatos.
- Política de Negócio – Política voltada a comparar os resultados econômicos com os custos da manutenção de um negócio.
- Política Corporativa – Política voltada a manter a boa prática de relacionamento entre aqueles que participam da corporação.
- Política Financeira – Política voltada para: o emprego, captação e proteção do capital; distribuição dos lucros. No emprego do capital, os fatores a considerar são: proporção do investimento em ativo fixo; limites de estoques; concessão de crédito; necessidades mediatas e imediatas. Nas fontes de capitação de dinheiro, os fatores a considerar são: proprietários; credores a longo prazo; credores a curto prazo. Na proteção do capital, os fatores a considerar são: redução do risco; seguro; transações compensatórias na bolsa de mercadorias; reservas de capital. Na distribuição de lucros, os fatores a considerar são: reinvestimento; taxa estável de dividendos; adequação do lucro.
- Política Verde – Política de tratamento dos despejos, efluentes de toda espécie, materiais de embalagem e policiamento às agressões aos rios, mares, lagos, lagoas, matas, florestas e oceanos.

B – Políticas de Pessoal

- Política de Motivação – Política voltada, principalmente, para incentivo, desenvolvimento e progresso das pessoas. Também se refere ao nível de expectativa e de expectação dos funcionários.
- Política Salarial – Política voltada para o cargo, o salário e a promoção.
- Política de Treinamento – Política voltada a desenvolver, treinar e educar pessoas.
- Política do Conhecimento – Política voltada a reconhecer o conhecimento como peça fundamental para a sociedade, pois maior será a importância da diversidade, da flexibilização e da competição.

Capítulo **8** LEGISLAÇÃO, POLÍTICA e PROCEDIMENTO • **169**

- Política de Recrutamento – Política voltada a buscar as pessoas para o preenchimento dos cargos e funções da empresa.
- Política de Seleção – Política voltada a fazer uma triagem do pessoal recrutado, para se ter a pessoa certa para uma determinada atividade.
- Política de Segurança – Política voltada a definir e desenvolver métodos e técnicas de segurança, a fim de prevenir acidentes, roubos, incêndios, envenenamentos e doenças.

C – Políticas de Produção

- Política Industrial – Política voltada a adequar a empresa ao imperativo tecnológico.
- Política de Otimização – Política voltada a otimizar recursos, visando o lucro máximo.
- Política de Produto – Política voltada a manter vivo o produto, a marca e a imagem da empresa, através de um reestudo da embalagem, do desenho, das especificações, das características e do composto mercadológico do produto. Em relação ao tipo de produto, a política pode ser: Simplificação (fabrica uma variedade reduzida de produtos); Diversificação (fornece ao mercado uma linha bastante variada de produtos).
- Política de Qualidade – Política voltada à conscientização da necessidade da qualidade em tudo que se faz na empresa.
- Política de Recursos – Política voltada a atualizar informações do mercado de recursos.
- Política de Diversificação – Política voltada à análise e avaliação das empresas que diversificam suas linhas de produtos e quais resultados tiveram.
- Política de Inovação – Política que busca as fontes de oportunidade de forma organizada, regular e sistemática. Definem, analiticamente, como a inovação precisa ser para satisfazer uma oportunidade.

D – Políticas de Vendas

- Política de Público-Alvo – Política voltada a definir quais produtos devem ser oferecidos a determinado público-alvo, bem como que preços negociar e que recursos utilizar. Ajuda a empresa a decidir sobre que estratégia ou tática adotar, caso não haja venda de um determinado produto, e também como enfrentar a concorrência; determinar qual o capital de giro necessário para levar a empresa a atender o mercado, fazendo com que os recursos humanos da organização tenham uma atitude proativa em relação ao cliente consumidor, atendendo-o da melhor maneira possível.
- Política de Segmentação – Política que objetiva tratar cada consumidor, ou grupo de consumidores, de acordo com as suas características. Para isso, é fundamental: conhecer o consumidor e suas necessidades; conhecer a imagem que o consumidor faz da empresa; conhecer o que a empresa é. Segmentar, por exemplo, não significa elitizar a clientela nem fazer certo tipo de propaganda ou ainda sofisticar o atendimento através de formas e formatos de comunicação.
- Política Comercial – A política comercial ajuda a empresa a decidir sobre que estratégia ou tática adotar, caso não haja venda de um determinado produto e como enfrentar a concorrência. Uma boa política comercial ajuda a determinar qual o capital de giro necessário, para levar a empresa a atender o mercado, da melhor maneira possível.
- Política de Marketing – Política voltada a atender as necessidades dos consumidores.
- Política de Promoção – Política que leva o produto ao consumidor, procurando tornar o mesmo mais interessante e atrativo depois que o consumidor o vê (influência direta). A promoção de vendas é o lugar comum dos diversos instrumentos que estão classificados como propaganda, venda pessoal e publicidade.
- Política de Consumo – Política voltada a criar e manter consumidores.
- Política de Distribuição – Política voltada para a melhoria dos meios de transporte e dos canais de distribuição.

- Política de Exportação – Política voltada a atender as exigências do comércio internacional que é exigente, dinâmico e muito competitivo. Custo, qualidade e entrega é o chamado trinômio da competência internacional.
- Política de Atendimento – Política a promover um atendimento de qualidade, cujo objeto de estudo é o constante relacionamento humano. O bom atendimento começa com cortesia, empatia e atenção às reclamações e devoluções dos produtos.

E – Políticas de Preço

- Política de Avaliação – Política que estuda como os consumidores avaliam o preço do produto e suas mudanças:
- Política de Penetração – Política voltada para preços baixos e grandes volumes negociados. Aqueles que estabelecem preços baixos acreditam que haja uma correlação entre preço e volume comprado, dessa forma, gerando uma maior demanda. Tal política é adequada a novos produtos não, sociavelmente, visíveis e não simbolizando status. A dúvida é saber se preço baixo atrairá realmente mais consumidores.
- Política de Preço Fixo – Política que atribui um único preço ao produto e o oferece a todos os consumidores que comprem a mesma quantidade sob as mesmas condições. Tal política dá um tratamento igual a todos os consumidores e elimina o tratamento diferenciado, que provoca descontentamento em muitos intermediários (distribuidores).
- Política de Preço Flexível – Política em que os mesmos produtos e quantidades são oferecidos a preços diferentes (preços negociáveis). Tais preços oscilam, em função do potencial de compra do consumidor.
- Política de Preço Nivelado – Política que procura manter os preços ao nível da concorrência, lastreando a ação de vendas em: promoções, liquidações e queima de estoques.
- Política de Desconto – Política que dá desconto em relação ao preço de lista, sob a forma de moeda corrente ou alguma outra coisa de valor, podendo ser até produto.

E – Políticas de Compra

- Política de Abastecimento – Política, que adotará a periodicidade de abastecimento e a forma como determinados alimentos serão adquiridos. A periodicidade de abastecimento poderá intervir, sobretudo, no dimensionamento das áreas de armazenamento e a forma de aquisição dos gêneros. Interferirá na área de processamento, pois a eliminação de algumas fases da preparação descartará a necessidade de determinados equipamentos, o que leva a uma redução da área. Esta política consiste na fixação dos critérios para escolha dos fornecedores e organização do controle de recepção e armazenamento.
- Política de Aquisição – Política que engloba o seguinte: aquisição de mercadorias; compras de estoque, para necessidades orçadas ou para atender pedido; estoque mínimo necessário; ordens de compra; estabilização da produção; previsão de alterações de prazo; seleção de fornecedores (quantidade, qualidade). Política voltada à aquisição de recursos (toda espécie) para fazer a empresa funcionar. Tal aquisição deve ser necessária e suficiente. Nunca comprar mais do que o necessário.
- Política de Armazenamento – Política voltada a minimizar o tempo de espera e guarda, até que o produto seja movimentado para seu destino.
- Política de Negociação – Política que visa bem preparar o processo de negociação, trabalhando suas fases que são: Preparação; Planejamento; Iniciação; Avaliação; Movimentação; Desfecho e Análise do Resultado.
- Política de Estoque – A política de estoque é encarada como um instrumento nos processos de criação e satisfação da demanda. Entretanto, não é realista do ponto de vista do custo que a empresa mantenha um estoque que, virtualmente, garanta a possibilidade de executar todos os pedidos imediatamente. Uma razão importante é que o custo de estoque aumenta a uma taxa crescente, à medida que o nível de serviço ao cliente se aproxima do ideal.

8.7 PROCEDIMENTO E ROTINA

Procedimento é uma série de passos lógicos, através dos quais todas as ações repetitivas numa empresa são iniciadas, executadas, controladas e finalizadas. Um procedimento define que ação é requerida, quem a executa, quando a ação deve ter lugar (cronologia e implementação) e como é executada (método). O procedimento é um conjunto de rotinas padronizadas para permitir a perfeita e ordenada execução de uma operação. Assim, como a política é um guia para pensar e decidir, um procedimento é um guia para fazer. Como exemplo, pode-se citar: a decisão de pagar uma despesa.

O procedimento é como a despesa será paga, se em cheque ou dinheiro. Já a política é a de pagar somente no último dia do vencimento. O que aconteceria, se as políticas que deveriam existir para suportar decisões incorporadas aos procedimentos não existissem? Uma das premissas de um bom projeto é a sua adequação e melhoria aos procedimentos já estabelecidos.

É importante observar a existência de pessoas que aprofundam demais os procedimentos. Acabam se perdendo num cipoal de informações e acabam por identificar e manipular árvores, sem compreender a floresta. Outras tentam agir sobre o mesmo fenômeno como se fossem coisas completamente diferentes. Pior, pretendem subordinar todos os procedimentos ao computador. O papel mais importante do procedimento é servir de canal transportador dos dados até o ponto de decisão. Os procedimentos permitem a execução de ciclos completos de ação.

Um Manual de Procedimentos estabelece conjuntos de atribuições que orientam as ações de pessoas, como um programa de computador estabelece procedimentos de processamento. Nem sempre tal visão é percebida. O papel mais importante do procedimento é servir de canal transportador dos dados até o ponto de processamento dos mesmos. Os procedimentos permitem a execução de ciclos completos de ação.

A rotina é definida como a descrição dos passos dados para a realização de uma atividade (conjunto de operações), envolvendo, geralmente, mais de um agente. Ela é uma sequência de atos, fases, passos, etapas ou procedimentos que se faz, em função de, por exemplo, um hábito, uma observação, um método, uma metodologia, um estudo, isto é, a rotina tem como finalidade descrever os fluxos de trabalho ou estabelecer uma sequência de procedimentos na área a que pertence. As rotinas são próprias de cada empresa. As rotinas escritas também evitam improvisações, na medida em que definem com antecedência os agentes que serão envolvidos, propiciando-lhes treinar suas ações, desta forma eliminando ou minimizando erros.

A análise da rotina objetiva a sua simplificação. Para tal é preciso fazer um levantamento compreendendo: espécie, natureza ou denominação de cada rotina; órgãos e pessoas envolvidas; desdobramento da rotina em fases e operações; referências ao tempo e volume de cada operação; espaços existentes entre cada operação; síntese de cada operação; exposição gráfica; tempos de espera e de execução de cada operação; fixação das unidades de trabalho; indicação das qualificações dos executores; apontamento das falhas; identificação das vinculações entre as rotinas; setor da organização.

A seguir, algumas regras para orientar a simplificação da rotina: Reduza o número de operações; Disponha as operações de maneira racional; Torne as operações tão econômicas quanto possível; Reduza a um número mínimo as manipulações; Combine operações, se for econômico; Encurte ou elimine movimentos; Providencie meios mais econômicos; Reduza o serviço ao mínimo exequível; Use um número mínimo de pontos de controle.

8.8 PROCEDIMENTOS EM RESTAURANTE

A seguir, alguns tipos de procedimento que são básicos no dia a dia de um restaurante:

A – Procedimentos de Recepção:

O setor de recepção tem uma função muito importante, pois, uma vez recebido os materiais, os riscos correm por conta de quem os recebeu. Portanto, é necessário examinar: pedido, nota fiscal, fatura, nota de fornecimento, quantidade, qualidade, estado físico-químico, por exemplo. Qualquer queixa sobre as especificações devem ser relatadas. Esta seção de recebimento e conferência é um setor pertencente ao almoxarifado central. Este setor deve ser estruturado de forma que os materiais não fiquem mofando em suas prateleiras. Assim, tão logo o material comprado chegue, devem ser tomadas as seguintes providências: baixa do pedido e respectiva comunicação ao Departamento de Compras; inspeção do produto; comunicação da chegada do produto à seção requisitante; aviso à Contabilidade.

O recebimento de mercadorias é uma importante etapa do controle de qualidade. É recomendável que a área de recebimento possua pia para a pré-higienização. Também é conveniente ter uma setor, para transferir as mercadorias de caixas de papelão e madeira para recipientes próprios (monoblocos), devidamente limpos, como, por exemplo, sacos plásticos específicos para alimentos. É sempre bom lembrar que a carga e descarga devem ser realizadas sem causar danos aos alimentos.

Nesta etapa é importante observar, para todos os produtos, os seguintes fatores: Os veículos dos fornecedores, além de limpos e higienizados, devem ter Certificado de Vistoria; Os entregadores devem estar adequadamente vestidos; As embalagens não podem estar violadas; O controle microbiológico deve ser realizado, quando necessário. A correta identificação do produto no rótulo exigirá: Nome, composição e lote do produto; Número do registro do produto; CNPJ, endereço e outros dados do fornecedor; Condições adequadas de temperatura e armazenamento; Datas de fabricação e vida útil do produto; Definição de volume e peso. No recebimento de mercadorias, caso haja mais de um fornecedor, dar preferência de atendimento na seguinte ordem: perecíveis resfriados e refrigerados; perecíveis congelados; perecíveis permitidos em temperatura ambiente; alimentos não perecíveis. A seguir, algumas recomendações de recebimento:

- Carnes – Estes gêneros devem ser entregues acondicionados em monoblocos ou caixas de papelão lacradas, embalados em sacos plásticos ou a vácuo, devidamente identificados, inclusive os salgados e defumados. Durante o recebimento destes produtos, deve-se atentar para a observação das seguintes características e procedimentos: Não formação de cristais de gelo; Ausência de água dentro da embalagem; Inexistência de sinais de recongelamento; Registro e controle de temperatura. As temperaturas recomendadas para o recebimento são: Carnes Resfriadas (aves, pescados, bovinos, suínos): Até 6ºC a 7ºC; Carnes Congeladas: Entre -18ºC e -12ºC; Frios e Embutidos Industrializados: Até 10ºC e de acordo com fabricante; Produtos salgados, curados ou defumados: Temperatura ambiente e recomendada pelo fabricante.
- Hortifrutigranjeiros – Para estes gêneros é importante observar tamanho, cor, odor, grau de maturação, ausência de danos físicos e mecânicos. A triagem deve ser feita retirando-se folhas velhas, frutos verdes e deteriorados, antes da pré-higienização e acondicionamento adequado. Os ovos devem estar em caixas de papelão, protegidos por bandejas, tipo gaveta, apresentando a casca íntegra, sem rachaduras e sem resíduos que indiquem a falta de higiene do fornecedor. As temperaturas recomendadas para o recebimento são: Hortifrutigranjeiros pré-processados congelados: Até - 18ºC a -12ºC; Hortifrutigranjeiros pré-processados resfriados: Até 10ºC (em conformidade com fabricante); Hortifrutigranjeiros "in natura": Temperatura ambiente.

- Estocáveis – Os produtos estocáveis, quando recebidos à temperatura ambiente, devem apresentar-se em embalagens íntegras, próprias para cada tipo, dentro do prazo de validade e identificadas corretamente. Os cereais e leguminosas não devem apresentar vestígios de insetos, umidade excessiva e objetos estranhos. As latas não devem estar enferrujadas, estufadas ou amassadas, ou, ainda, qualquer sinal de alteração do produto. A temperatura recomendada para o recebimento é a ambiental.
- Descartáveis – Os materiais de limpeza e os descartáveis devem apresentar-se com embalagens próprias para cada produto e com identificação correta no rótulo. No caso dos produtos de limpeza, deve-se observar ainda, o prazo de validade e o número de registro no Ministério da Saúde.

A Figura 8.1 mostra um fluxograma da recepção de materiais:

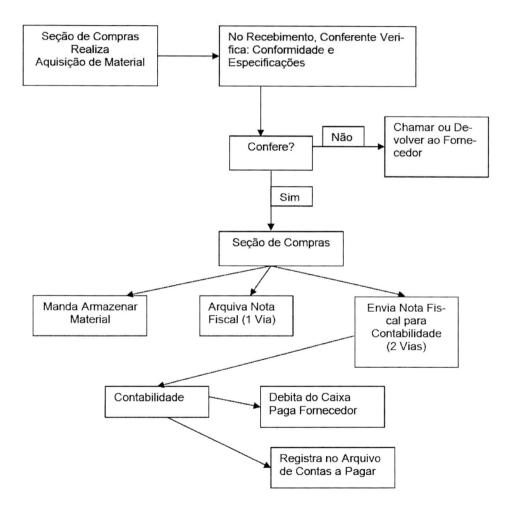

Figura 8.1: Fluxograma da Recepção de Materiais.

B – Procedimentos de Armazenagem

O armazenamento é definido como uma função da distribuição e do tempo de espera, até que o produto seja movimentado para seu destino. A transferência de bens do produtor ao consumidor exige grande manuseio físico. Os produtos acabados (ou semiacabados) precisam ser armazenados, tanto no estabelecimento do produtor como no do distribuidor. As matérias-primas devem ser armazenadas em condições, cujo controle garanta: Proteção contra a contaminação; Redução, ao mínimo, das perdas da qualidade nutricional; Não deterioração do produto. Os critérios básicos de armazenagem visam à preservação da qualidade dos alimentos, a disposição adequada dos produtos e o controle na utilização.

Armazenagem da Matéria-Prima:

- Apoiar alimentos, ou recipientes com alimentos, sobre estrados ou em prateleiras, não permitindo contato direto com o piso.
- Não manter caixas de madeira na área de estoque ou em qualquer outra área.
- Manusear as caixas com cuidado, evitando submetê-las a peso excessivo.
- Não arrastar pelo piso: monoblocos, caixas plásticas. Usar carrinhos para a movimentação.
- Dispor os alimentos em estrados, garantindo boa circulação de ar, mantendo-os afastados da parede.
- Organizar os produtos de acordo com suas características: enlatados, farináceos, grãos, garrafas, descartáveis.
- Dispor os produtos obedecendo a data de fabricação. Os produtos mais antigos devem ser posicionados na frente e em cima, para serem consumidos em primeiro lugar.
- Proporcionar boa ventilação, mantendo os produtos a uma distância de no mínimo 60 cm e afastados da parede em 35 cm, sempre que possível, sendo 10 cm o mínimo aceitável.
- Manter sempre limpas as embalagens dos produtos.
- Conservar alinhado o empilhamento de sacarias, em altura que não prejudique as características do produto e com amarração em forma de cruz, para favorecer a ventilação.
- Respeitar o espaçamento mínimo necessário (10 cm) que garanta a circulação de ar entre os produtos armazenados em estrados e/ou prateleiras.
- Preservar a qualidade dos produtos e higiene da área, retirando sucatas, materiais fora de uso, embalagens vazias.
- Observar, constantemente, a data de validade dos produtos, a fim de evitar o vencimento dos mesmos. Nunca utilizar produtos vencidos.
- Identificar todos os alimentos armazenados. Na impossibilidade de manter o rótulo original do produto, as informações devem ser transcritas em etiquetas.
- Depois de abertas às embalagens originais, os produtos devem ser transferidos para recipientes descartáveis ou containeres higienizados.
- Proteger os alimentos prontos para consumo, sendo a cobertura isolada para cada recipiente.
- Sacos plásticos ou papéis impermeáveis devem ser de uso único, jamais devem ser reaproveitados.
- Quando armazenar diferentes gêneros alimentícios num mesmo equipamento, respeitar a seguinte ordem: alimentos prontos para consumo nas prateleiras superiores; semiprontos no meio; crus e outros nas prateleiras inferiores.
- Não manter caixas de papelão em áreas sob ar frio, porque essas embalagens são isolantes térmicos.
- Colocar os produtos destinados à devolução em locais apropriados.
- Manter as portas de refrigeradores sempre fechadas, abrindo-as o mínimo necessário.

Armazenagem Pós-Manipulação:

- Respeitar rigorosamente as recomendações do fornecedor.
- Após a abertura das embalagens originais, perde-se imediatamente o prazo de validade.
- Não congelar os alimentos destinados à refrigeração, quando em suas embalagens o fornecedor assim o indicar.
- Alimentos descongelados só poderão submeter-se a novo congelamento se forem processados.

Capítulo 8 LEGISLAÇÃO, POLÍTICA e PROCEDIMENTO • 175

- Programar o uso de carnes congeladas, considerando que após o descongelamento as mesmas só poderão ser armazenadas sob refrigeração (até 4ºC) por 72 horas para bovinos e aves e por 24 horas para os pescados.
- Os alimentos prontos devem ser refrigerados ou congelados, devidamente etiquetados.
- Os alimentos retirados de suas embalagens de fábrica, para serem manipulados crus, poderão ser armazenados, sob refrigeração ou congelamento, desde que devidamente identificados.
- Colocar, segundo a legislação, as etiquetas para identificação dos produtos pré-processados ou prontos, mantidos armazenados.

C – Procedimentos de Refrigeração e Congelamento

A refrigeração e o congelamento são etapas do Controle de Alimentos que abrangem desde a recepção até a distribuição. Sendo assim, é de vital importância a prática das seguintes condutas:

- Departamentalizar as unidades refrigerantes, mantendo os alimentos separados de acordo com a sua natureza e preparo: produtos in natura (crus) e produtos processados e/ou cozidos, prontos para consumo.
- Observar as regras para produtos vencidos e sua inutilização.
- Os alimentos devem ser identificados.
- Manter os alimentos, mesmo que em recipientes, distantes do chão.
- Conservar os alimentos cobertos, protegidos, tampados e bem vedados.
- Dispor os produtos de forma que haja espaço livre, para a circulação de ar frio.

D – Procedimentos para Descongelamento

O descongelamento é mais uma das etapas que é favorecido, quando a porção do alimento congelado é pequena, como observado anteriormente. Recomenda-se utilizar peças já filetadas e embaladas por peças ou por lotes de até 2 kg. O descongelamento pode ser realizado optando-se por uma das seguintes técnicas:

- Em equipamentos específicos.
- Em fornos de convecção ou microondas.
- Em água parada com temperatura inferior a 21ºC, por 4 horas, com o alimento protegido por embalagem adequada. A temperatura na superfície do alimento não deve ultrapassar 4ºC.
- Em temperatura ambiente, sob controle.
- Não recongelar alimentos crus ou prontos, que tenham sido descongelados.
- Após o descongelamento de carnes, as mesmas devem ser consumidas em até 72 horas e para pescados em até 24 horas.
- Após o descongelamento, os produtos devem ser armazenados sob refrigeração de até 4ºC e devem ser consumidos em 72 horas.

E – Procedimentos para o Pré-Preparo e a Preparação

- Garantir que todos os manipuladores obedeçam às normas de higienização.
- Utilizar utensílios adequados na manipulação de alimentos e evitar tocar os alimentos com as mãos.
- Planejar a tarefa antes de executá-la.
- Não permitir que os alimentos entrem em contato com objetos já manipulados manualmente.
- Higienizar as superfícies de trabalho, placas de altileno, utensílios e equipamentos, antes e depois da cada tarefa.

176 • Gestão de Restaurante

- Evitar a contaminação cruzada entre alimentos de diferentes gêneros, quando utilizar a mesma superfície de trabalho.
- Manter os alimentos em preparação ou preparados sob temperaturas de segurança.
- Lavar latas, garrafas e sacos antes de serem abertos e antes de serem armazenados.
- Utilizar utensílios devidamente limpos.
- Transferir os conteúdos não utilizados para recipientes próprios, protegidos e identificados.
- Escolher a seco os grãos, como arroz, feijão, lentilha.
- Lavar as leguminosas em água potável e enxaguar 3 vezes, no mínimo.
- Levar o alimento à cocção, observando temperatura e tempo.
- Evitar as preparações de véspera.
- Manipular os produtos perecíveis pelo tempo recomendado, ou seja, em temperatura ambiente não deve exceder 30 minutos por lote e em áreas climatizadas, entre 12ºC e 18º C, até 2 horas por lote.

F – Procedimentos para Cocção e Reaquecimento

- Garantir que os alimentos cheguem a atingir 74º C no seu interior ou combinações conhecidas de tempo e temperatura, que confirmam a mesma segurança, tais como 65º C por 15 min e 70ºC por 2 min.
- Planejar o processo de cocção, para que mantenha, tanto quanto possível, todas as qualidades nutritivas do alimento.
- Elevar a temperatura de molhos a serem adicionados a alguma preparação, garantindo que ambos (molho e alimento) voltem a atingir novamente 74ºC no seu interior.
- Elevar a temperatura do leite a ser servido, frio ou quente, garantindo que atinjam 74ºC.
- Observar que os óleos e gorduras utilizadas nas frituras não sejam aquecidos a mais de 180ºC, verificando a qualidade do óleo com frequência (odor, gosto e cor).
- Manter registro das temperaturas de cocção.
- Manter a temperatura ideal de 180ºC, sempre que possível para frituras.
- Evitar a adição de óleo novo ao usado.
- Filtrar o óleo após o uso ou quando muitos resíduos se acumularem. Usar filtro de papel próprio.
- Desprezar o óleo sempre que apresentar uma das seguintes alterações: cor escura; cheiro modificado; viscosidade alterada; nível de fumaça aumentando; formação de espuma.
- A reutilização do óleo deve ser congruente com o alimento frito, peixe com peixe, por exemplo.
- Evitar exposição ao ar quando o óleo não estiver em uso.
- Guardar o óleo para futura utilização, após a filtragem, em refrigerador e sempre coberto.
- Trocar o óleo a cada 6 horas, na ausência de controle.
- Não utilizar excesso de óleo. O nível deve ser adequado para otimizar a distribuição do calor.
- Não sobrecarregar a fritadeira.
- Fritar por períodos longos, ao invés de usar a fritadeira por vários períodos curtos.
- Manter a frigideira sempre limpa.

G – Procedimentos de Espera

Procedimentos de Porcionamento – O processo de porcionamento deve ser completado dentro do menor espaço de tempo possível, ou seja, essa manipulação deve ser feita em pequenos lotes, que os alimentos não permaneçam abaixo de 65ºC ou acima de 10ºC por mais de 30 min. Vale ressaltar que os utensílios devem estar sempre bem limpos, desinfetados e protegidos. A temperatura deve ser monitorada.

Procedimentos de Pós-Cocção – Nesta etapa, onde os alimentos que sofreram cocção aguardam atingir 55ºC para então serem levados à refrigeração, é muito importante: o uso de um termômetro de penetração para o adequado monitoramento da temperatura; um equipamento de redução rápida de temperatura, para agilizar o processo.

Procedimentos de Distribuição – Os alimentos, nesta etapa, devem ser protegidos de novas contaminações e também devem ser mantidos sob rigoroso controle de tempo e temperatura, para não ocorrer multiplicação microbiana. Assim, os alimentos quentes devem ser mantidos a 65ºC ou mais e os alimentos frios devem ser mantidos abaixo de 10ºC. A temperatura deve ser medida no lugar geométrico do alimento. Também é de grande importância diminuir, ao máximo, o tempo entre a preparação e a distribuição.

H – Procedimentos na Utilização de Sobras

As sobras podem ser classificadas, em função dos alimentos, como: não preparados; pré-preparados; prontos (acabados). Cabe salientar que o excedente de alimentos não consumidos não é considerado sobras e, sim, restos. A utilização de sobras de alimentos prontos que não foram congelados para a distribuição somente pode ser feita segundo as condutas recomendadas para tempo e temperatura. As sobras de alimentos quentes que ficaram acima de 65ºC por até 12 horas ou acima de 60ºC por até 6 horas ou menos que 3 horas para abaixo de 60ºC, podem ser assim conduzidas para uma próxima distribuição em até 12 horas no máximo. Mas, se forem para refrigeração, devem ser reaquecidos até atingirem 74ºC, aguardar atingir 55ºC na superfície, daí serem resfriadas a 21ºC em 2 horas e então, em mais 6 horas atingir 4ºC, para serem reaproveitadas no máximo em 24 horas. Para o congelamento, reaquecer até atingirem 74ºC, aguardar atingir 55ºC na superfície e daí serem congeladas novamente. As sobras de alimentos frios que ficaram até 10ºC por no máximo 4 horas ou menos que 2 horas entre 10ºC e 21ºC, podem ser assim conduzidas:

a) Para refrigeração – Voltar a atingir 4ºC em 4 horas no lugar geométrico do alimento, para serem reaproveitadas no máximo em 24 horas.

b) Para cocção – Para serem reaproveitadas como alimentos quentes (65ºC), os alimentos devem ser consumidos em até 12 horas.

c) Para a cocção seguida de congelamento – Aguardar atingir 55ºC na superfície e 74ºC no interior para daí serem congeladas novamente.

I – Procedimentos de Expedição

O setor chamado expedição é aquele que tem a guarda provisória dos produtos acabados, para que sigam seus destinos, isto é, devem ser despachados com presteza e rapidez, para os distribuidores. O transporte deve obedecer normas que possam garantir a qualidade nutricional, sensorial, microbiológica e físico-química dos produtos. Os meios de transporte de alimentos destinados ao consumo humano, resfriados ou não, devem garantir a integridade dos alimentos a serem transportados. Portanto, é fundamental o controle de higiene, temperatura e tempo de transporte. As recomendações são as seguintes:

- Não transportar os alimentos prontos com alimentos crus, pessoas, animais, substâncias tóxicas, materiais de higiene e limpeza. Assegurar que os materiais usados para proteção e fixação da carga não representem fontes de contaminação e/ou deterioração de alimentos

- Usar viatura com cabine isolada da parte que contém os alimentos.

- Possuir certificado de vistoria, de acordo com a legislação.

- Garantir que o transporte de produtos perecíveis ocorra em material liso, resistente, impermeável, atóxico, lavável e aprovado por autoridade sanitária.
- Garantir que o alimento não esteja em contato com o piso da viatura.

A Figura 8.2 mostra um fluxograma de expedição de materiais:

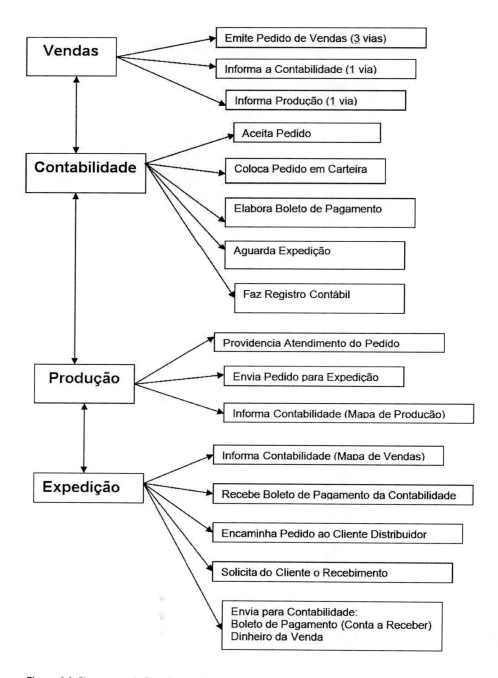

Figura 8.2: Fluxograma de Expedição de Materiais.

9

PRODUÇÃO, QUALIDADE e SEGURANÇA

*"O importante é tornar a empresa forte e não o empresário, pois é
a empresa o polo mais importante para o desenvolvimento econômico e social e,
portanto, a maior fonte geradora de riqueza".*
Paulo B. de Paula

OBJETIVOS DO CAPÍTULO

- Mostrar que a qualidade, em tudo que se faça, é a verdadeira fórmula para criar consumidores cativos.
- Mostrar os principais meios de controle de qualidade.
- Mostrar a importância de se ter modelos de produção.
- Mostrar a segurança como um dos elementos tranquilizadores da empresa.

9.1 PRODUÇÃO

Produção é um conjunto de atividades, procedimentos, operações e movimentos usados para transformar a natureza em bens e serviços. Uma combinação da engenharia de desenvolvimento de produtos com racionalização de espaço e custo, isto é, uma sucessão de elementos de trabalho aplicada a materiais naturais com a finalidade de atender às necessidades humanas. A produção tem padrões de custo e de operação. Tem grande controle sobre seu ambiente interno, processos de produção, máquinas e empregados. Estes elementos são organizados e dirigidos de maneira a produzirem o máximo de eficiência.

O objetivo da produção é transformar as entradas de um sistema em um conjunto específico de saídas. Como objetivos complementares temos: Atender a carteira de pedidos; Assegurar a plena utilização da capacidade instalada; Reduzir custos; Aumentar a movimentação de materiais e produtos; Desenvolver um banco de dados para aplicações futuras; Obter dados sobre os fatores de produção; Registrar e acompanhar as atividades executadas; Obter informações sobre: andamento da produção, quantidades produzidas, refugos e quebras, consumo de matérias-primas, insumos, materiais e energia; Analisar tempos e movimentos; Medir a produtividade; Otimizar o arranjo físico de homens e máquinas.

Erros comuns em produção são: considerar custos baixos e alta eficiência como principais objetivos; não encarar processos produtivos na estratégia global. Tomar a produtividade como a coisa mais importante, sem considerar consumidores, novos mercados, mudanças de hábitos, modismos, novas tecnologias, risco de capital, remuneração do investimento, preços praticados pela concorrência, margem de lucro, economia de escala, terceirização, capacidade de produção, não deve ser a principal prioridade do gerente de produção. O gerente de produção deve se indagar, todos os dias, sobre: Por que produzir? O que produzir? Como produzir? Quando produzir? Quanto produzir? Com que produzir? Onde produzir? A que custo produzir? A que preço de venda operar?

A produção tem como principais funções:

- Controle de Estoques – É a função através da qual a produção é abastecida de matérias-primas e insumos.
- Direção – É a função de decidir que operações deverão ser executadas para fabricar um produto.
- Planejamento – É a preparação do plano de produção e as providências, para se ter, a tempo, todos os itens necessários à produção.
- Programação – É o planejamento detalhado da fabricação de um produto.
- Implementação – É através da implementação que se têm as informações daquilo produzido.
- Movimentação de Materiais – Procurar manter as linhas de produção suficientemente abastecidas.
- Controle – É uma função importantíssima, pois permite fazer correções ao longo do programa.
- Expedição – É a unidade que entrega a encomenda ao cliente consumidor.
- Recepção – Recebe materiais, verifica qualidade, especificações, confere notas fiscais, informando os setores de Compras e de Contabilidade.
- Compras – Recebe informações do controle de estoque e do planejamento para que encomende determinado item a um determinado fornecedor. Depois de realizado o pedido informa a Contabilidade, a Recepção e a Produção.

Para ser um bom administrador da produção, você deve ser responsável: pela qualidade da produção; pelo planejamento e controle da produção; pela fabricação dos produtos nas quantidades exigidas, nos prazos estabelecidos e com a qualidade recomendada; pela escolha do método de produção, pois quase sempre um produto pode ser fabricado de várias maneiras; pelo arranjo físico da fábrica; pela movimentação de materiais; por determinar o lote econômico de fabricação; pela redução dos custos e pela otimização dos recursos disponíveis e aplicados à produção.

9.2 SISTEMA DE PRODUÇÃO

O sistema de produção tem a responsabilidade de reunir as matérias-primas e insumos em um plano de produção aceitável que realmente utilize os materiais, a capacidade e o conhecimento disponíveis nas instalações de produção. Dada uma determinada demanda de mercado, o trabalho é programado e controlado para produzir os bens e serviços exigidos. Entretanto, deve ser exercido um controle sobre o estoque. A seguir, estão apresentados dois modelos de sistema de produção, na forma de fluxograma:

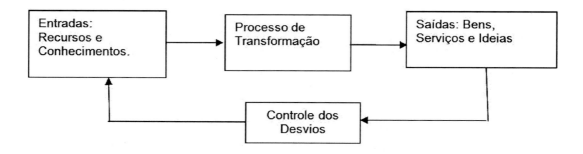

Figura 9.1: Modelo Simplificado da Produção.

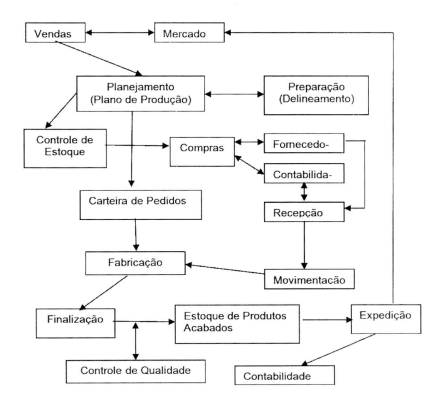

Figura 9.2: Modelo Holístico da Produção.

9.3 FABRICAÇÃO

A fabricação é vista como sendo uma combinação de engenharia industrial, estudo de tempo, leiaute de fábrica, controle de estoques, análise quantitativa, programação e simulação (ensaio e erro). Um exame das causas básicas de muitos problemas de fabricação parece originar-se da combinação de dois fatores: a sensação de inadaptação e a falta de conscientização. Daí a necessidade de: Delinear o relacionamento entre as operações e as estratégias; Chamar a atenção para a existência de limitações específicas no planejamento da produção; Sugerir uma nova forma de se visualizar a fabricação.

Para a maioria dos dirigentes, prevalece o ponto de vista de que uma fábrica com equipamentos razoavelmente modernos, métodos e processos atualizados, grupos de trabalho cooperativo, sistema de informações e uma gerência esclarecida será uma boa fábrica que funcionará eficientemente. A fabricação é parte do conceito estratégico, que relaciona o potencial de recursos da empresa às oportunidades do mercado.

Os planos empresariais estão voltados a determinar as respostas para as questões: por que, onde, quando e como os consumidores poderão ser atingidos e levados a comprar? O que nem sempre se imagina é que, diferentemente do marketing, a produção tem outras exigências, tais como: armazenagem descentralizada; mercadoria disponível para pronta entrega; custos mínimos para competir; grandes áreas de depósitos; equipamentos especializados; grande quantidade de recursos humanos; distribuição exclusiva; produção sob encomenda (carteira de pedidos); alta qualidade com extrema confiabilidade; supervisores com treinamento especializado.

182 • Gestão de Restaurante

É comum uma indústria ser sinônimo de uma empresa de fabricação, tanto que a palavra indústria é, muitas vezes, confundida como fábrica. Na realidade a indústria é uma empresa que fabrica (monta) um grande número de produtos (acabados, semiacabados), a partir de itens de materiais ou partes componentes. Pouquíssimos países foram bem-sucedidos sem uma adequada política industrial. É muito difícil criar uma que funcione, mas é impossível ter sucesso sem nenhuma. Política industrial isolada não existe. Ela é fruto de uma política econômica, envolvendo a definição e a orientação dos instrumentos de intervenção proporcionados pelas empresas, institutos de pesquisa, universidades e governos.

Uma política para a indústria tem de estar acoplada ao processo de capacitação tecnológica, porque ela não pode ser confundida com uma política de fabricação. Ela deve partir da estratégia global da empresa e ser encarada como um processo vital, que interage com os demais segmentos da empresa. As etapas para uma política industrial adequada podem ser, por exemplo:

1. Analisar a situação da concorrência.
2. Medir valores, tais como: aptidões, objetivos, produtos, processos, capacidades.
3. Definir atividades e tarefas.
4. Estudar a relação entre custo, produto, margem de contribuição, volume de fabricação, retorno do investimento, alterações do composto mercadológico, ciclo operacional do produto (giro do produto).
5. Observar qual a tecnologia utilizada pelo mercado.
6. Avaliar a diferença entre os recursos existentes e os necessários.
7. Criar sistemas de informação para suporte à tomada de decisão.
8. Estudar a localização da fábrica, para o menor custo.
9. Treinar recursos humanos para as funções administrativas e organizacionais.
10. Criar controles para avaliar resultados (desvios) e dar feedback.

Na sociedade industrial existem muitas situações, nas quais o estímulo para a perfeição coincide com as necessidades tecnológicas. Na preparação de medicamentos e alimentos, certos organismos nocivos devem ser completamente eliminados ou irão se multiplicar e trazer danos à saúde. As máquinas precisam ser aperfeiçoadas para minimizar os perigos à segurança humana. A busca da perfeição industrial leva as fábricas a consumirem recursos, sem somar, efetivamente, um valor ao uso, ao resultado, ao desenho, ao custo e ao visual. São frequentes os exageros de projetos.

9.4 ELEMENTOS DA PRODUÇÃO

A seguir, serão apresentados os principais elementos da produção:

Sistema de Informações – O sistema de informações da produção é aquele que diz respeito ao fluxo de materiais e à produção de bens e serviços. Ele cobre cada atividade de planejamento e controle da produção, controle de inventário, compras, distribuição e transporte. Num sistema de informações de produção, muitos fluxos de informações podem ser especificamente excluídos, porque muitas questões são rotineiras e programadas e, portanto, já possuem um tratamento automático. Hoje, não basta ter apenas as qualificações tecnológicas necessárias e as instalações apropriadas de fabricação para a obtenção de um determinado produto, porque, hoje, a função produção em indústrias maduras passou a uma posição subordinada à função marketing.

Alternativas de Produção – Em cada área de decisão (instalações, equipamentos, planejamentos, controles) da produção, a empresa precisa reconhecer as alternativas e ficar envolvida nos projetos de produção. Assim, o ver-

Capítulo 9 PRODUÇÃO, QUALIDADE e SEGURANÇA • **183**

dadeiro ponto crucial do problema parece ser como assegurar que o processo contínuo de tomar decisões não fique isolado dos fatos competitivos do ambiente. Um exemplo que diz respeito a instalação de máquinas e equipamentos pode ser:

a) Envergadura do Processo: Fazer ou comprar?
b) Tamanho da Fábrica: Uma grande fábrica ou várias menores?
c) Localização da Fábrica: Localizar junto aos mercados ou junto às matérias-primas?
d) Investimento: Investir em imóveis, equipamentos, estoques ou pesquisas?
e) Tecnologia: Equipamentos de uso geral ou de uso especializado?

Preparação na Produção – A preparação envolve pessoas, máquinas, acessórios, ferramentas, móveis, utensílios, dispositivos apropriados, antes de iniciar o trabalho.

Gerente de Produção – O gerente de produção encontrará problemas nas responsabilidades de:

- Planejamento – No planejamento, o gerente deve se preocupar com projetos de produtos, processos de produção, seleção de equipamentos, sistemas de informação, programas de treinamento, decisão sobre novas tecnologias, materiais, localização da fábrica, arranjos físicos, sistemas operacionais, políticas de fabricação.
- Direção – Na direção, o gerente deve observar: mudanças excessivas nos produtos (modelos e estilos); rendimento baixo das máquinas e equipamentos; redução nas linhas de produção e linhas de expectativa; tempo residual excessivo; baixa produtividade; resposta irreal sobre pedido do cliente; pedidos de afogadilho; altos custos em algumas linhas; pedidos excessivos nas categorias de urgente e especial; cancelamento de pedidos, em função do prazo; padrões de qualidade abaixo dos do mercado; diversificação fora de condições de atendimento; atraso tecnológico em relação à concorrência; conflitos com as demais funções organizacionais.
- Controle – No controle, o gerente deve se preocupar com estoque, qualidade, custo, produtividade, sistema de avaliação, carteira de pedidos, planilhas, gráficos, controlgramas, curvas para análise de resultados, tempo de resposta, encargos sociais.

Tipos de Produção

A seguir, os principais tipos de produção:

- Produção em Linha: Tipo de produção no qual é usado o arranjo físico em linha dos equipamentos e há um fluxo contínuo de materiais ao longo da linha dos centros de produção.
- Produção em Lotes: Produção na qual os produtos e/ou partes são fabricados, intermitentemente, em uma série de lotes.
- Produção Artesanal: Regime de produção individual ou grupal, com divisão do trabalho elementar, no qual o artesão executa todas as etapas da produção, em que o trabalhador é dono dos meios de produção (geralmente instrumentos rudimentares) e do produto do seu trabalho.
- Célula de Produção: Constitui uma unidade autônoma e autossuficiente, contendo todas as ferramentas e operações requeridas para produzir um determinado produto. Constitui uma combinação de processos e arranjos de produtos, nos quais estão presentes as pessoas e equipamentos necessários.
- Produção em Massa: É um tipo de produção, que utiliza, por meio de linhas de montagem e métodos padronizados, para fabricar grandes quantidades de bens. As responsabilidades da administração da produção

184 • Gestão de Restaurante

incluem a reunião dos insumos, em um plano de produção aceitável, que realmente utilize os materiais, a capacidade e o conhecimento disponíveis nas instalações de produção.

- Produção Sazonal: Tipo de produção em que a taxa de produção tende a aumentar ou cair em determinados meses ou estações do ano.
- Produção sob Encomenda: Tipo de produção no qual a quantidade necessária é finita, não repetitiva e geralmente pequena. Toda a quantidade é feita em um só lote, para um período determinado.
- Produção Contínua: Produção em série de operações, com cada item seguindo para uma operação subsequente, tão logo esteja disponível.

Processo de Produção – Processo é um conjunto de etapas sequenciais que apresenta mudança ao longo do tempo, tendo certa continuidade. É dinâmico, cíclico e sistêmico (cada etapa afeta as demais). É o detalhamento de como fazer. Praticamente, todo e qualquer trabalho é visto como um processo. Mesmo que se faça uma atividade de diferentes maneiras, é básico que se siga um processo já estabelecido anteriormente ou que seja fruto de um ato empírico, constituindo-se, em ambos os casos, num padrão momentâneo.

A atividade central com a qual a administração da produção está relacionada é o processo de produção, que está relacionado com todas as decisões, atividades, estratégias, táticas, políticas, restrições, oportunidades, controles, planos, por exemplo. O processo de produção será avaliado, em função das técnicas e práticas operacionais de produção. O tempo de duração do processo é importante, devido à necessidade de se gastar o menor tempo possível, tendo em vista que o tempo, embora seja intangível, ele é muito importante sob o aspecto da efetividade. Assim, a seguir, é mostrada a taxa de duração do processo que é dada pela fórmula:

Taxa de Duração do Processo = Padrão Aferido no Laboratório / Padrão Aferido no Campo

Onde:
Padrão Aferido no Laboratório = Média dos tempos medidos no laboratório
Padrão Aferido no Campo = Tempos medidos no campo / Número de medições

Exemplo:
Tempo Médio de Laboratório = 2 horas
Tempo Médio de Campo = 2,2 horas
Taxa de Duração do Processo = 2 ÷ 2,2 = 0,91 = 91%

Análise:
Obviamente que tempos padrões de laboratório são, geralmente, diferentes dos aferidos no campo. Mas, a tendência é que estes se tornem menores do que aqueles.

Nota: A eficiência de um processo de produção, do ponto de vista do sistema físico, é medida pela relação: saída /entrada. Relação que não pode ser maior ou igual a uma unidade, porque sempre existem perdas.

Automação da Produção – Automação significa a transferência de atividades de controle, regulagem e correção de processos feitos pelo ser humano para equipamentos cibernéticos. As máquinas automáticas são capazes de realizar uma sequência de operações até certo ponto semelhantes aos processos mentais humanos, podendo ainda corrigir erros que ocorram no curso de suas operações, seguindo critérios preestabelecidos. Equipamentos automatizados podem cuidar das funções de observação, memorização e decisão. A automação pode se definida, em um sentido mais amplo, como qualquer forma de equipamento que realiza um programa ou sequência de operações preestabelecidas, no mesmo tempo que mede e corrige seu desempenho real em relação ao programado.

Tradicionalmente, a automação da empresa, especialmente pequena e média, começava pela área contábil. Hoje, empregam as máquinas para integrar suas diversas áreas. Envoltas no mesmo barco, as empresas se dão conta de que, diante da tempestade, o melhor é remar em bloco e impedir que a embarcação vá a pique. Os acordos de cooperação tecnológica são uma alternativa interessante para a otimização de recursos e investimentos, sem que os parceiros percam sua própria identidade no mercado. Mas, antes de tomar a decisão de investir em automação, a empresa deve verificar:

a) A idoneidade do fornecedor da tecnologia é assegurada?
b) A tecnologia a ser fornecida já está ultrapassada?
c) O equipamento comprado pode agregar novas tecnologias, no futuro?
d) O fornecedor é capaz de dar treinamento e manutenção?
e) O equipamento pode ser ampliado com aproveitamento do já existente?

As principais causas da automação são: maior volume de produção, com consequente diminuição dos custos; melhor qualidade dos produtos; maior produtividade; menores salários; desemprego; jornada de trabalho reduzida; mais tempo de lazer; necessidade de um grau mais elevado de formação profissional, intelectual e cultural.

Orçamento da Produção – Orçamento que mostra quantas unidades serão produzidas para satisfazer as necessidades de vendas e de estoque final. Este orçamento é, geralmente, composto dos dois seguintes orçamentos parciais:

- O orçamento do volume de produção, relativo aos elementos: número de unidades a produzir; quantidade de horas de mão de obra direta; consumo de matérias-primas.
- O orçamento do custo de produção, relativo aos elementos: custo de mão de obra direta; custo das matérias-primas; despesas gerais de produção.

9.5 PLANEJAMENTO, DIREÇÃO E CONTROLE DA PRODUÇÃO

No planejamento da produção a empresa deve: Definir e dimensionar objetivos; Preparar programas, estratégias, políticas, estruturas, procedimentos e planos; Desenvolver sistemas de informação e de comunicação; Adotar padrões de qualidade; Dimensionar recursos para que as demais funções administrativas sejam exercidas com efetividade; Preocupar-se com projetos, processos, produtos; Selecionar máquinas e equipamentos; Programar treinamento; Decidir sobre tecnologias, materiais, localizações, arranjos físicos; Identificar possíveis alternativas de produção.

Na direção da produção, a empresa deve observar: Mudanças excessivas nos produtos (modelos e estilos); Rendimento baixo das máquinas e equipamentos; Tempo residual excessivo; Baixa produtividade; Resposta irreal sobre pedido do cliente; Pedidos de afogadilho; Altos custos em algumas linhas; Pedidos excessivos nas categorias de urgente e especial; Cancelamento de pedidos, em função do prazo; Padrões de qualidade abaixo dos de mercado; Diversificação fora de condições de atendimento; Atraso tecnológico em relação à concorrência; Conflitos com Vendas, Marketing, Finanças e Contabilidade.

186 • Gestão de Restaurante

No controle da produção, a empresa deve: Comparar resultados obtidos com os planejados; Determinar as causas das variações e desvios; Preocupar-se com os níveis de estoque e de qualidade; Minimizar custos; Atender a carteira de pedidos; Desenvolver planilhas e gráficos para analisar resultados; Medir os tempos de resposta; Estudar os resultados, em relação às outras empresas concorrentes. A seguir, é mostrada, como exemplo, uma planilha de controle diário da Produção e Venda de produtos acabados de uma pequena indústria de alimentos, no período de dez dias.

Controle Diário do Estoque de Produtos Acabados												
Ano:		Mês:										
Mapa de Produção (+) e de Vendas (-)												
Produtos Acabados	Unid.	AC	1	2	3	4	5	6	7	8	9	10
Aipim p/Fritar	Kg	60	100		-50		20		-60		50	
Almôndega de Carne	Kg	50		50		-20		60		-80		
Aneis de Lula	200g	20	20		-10			40		-30		
Aneis de Lula	300g	0										
Bolinho de Carne Seca	1	30	200		-50		-40		-20		-60	
Bolinho de Feijoada	1	5		50		-30		10		-25		
Camarão Empanado	250g	30		100		-50		-20				
Camarão Empanado	200g	70		200		-60		-70				
Camarão Empanado	300g	20		150		-80		-50				
Escondidinho Bolonhesa	250 g	200			100		-50			150		
Escondidinho Camarão	250 g	40	60			-50		70			-40	
Espaguete	200g	50			150		-100					
Espetinho de Boi (120g)	1	70	200			-50			-30		-50	
Kafta de Carne (120g)	1	30	150			-120						
Kafta de Frango (120g)	1	10		140			-80			50	-100	
Milanesa de Alcatra	Kg	30			50		-40	50			-30	
Milaneza de Frango	Kg	90		200		-50			-60			
Molho Calabresa	200g	40	50		-30		-10			50	-20	
Molho Copa Lombo	200g	70	60		-30			50		40	-50	
Molho de Camarão	200g	30	80		-30			50		30	-100	
Molho de Carne Seca	200g	90	45		30		50		-35			
Molho Funghi	200g	150	50					100				
Molho Gorgonzola	200g	30	50				-40	20				
Nhoque de Aipim	250g	120		200							-80	
Nozete de Aipim	250g	30		150			-100	50			-70	
Penne	200g	30			50		-20			30	-30	
Escondidinho Carne Seca	200g	30		120			-80			20	-30	
Strogonoff Carne	200g	30		60			-50			70	-50	

Planilha 9.1: Controle Diário de Estoque.

Onde:

Unid. = Unidade de Armazenamento

AC = Valor do Estoque

O plano de produção mostra os produtos e as quantidades a serem completadas em determinados períodos de tempo. Mas, antes de montar um plano de produção, é útil pensar num questionamento, tal como:

- Situação Competitiva – O que os outros estão fazendo?
- Valores da Empresa – O que temos ou podemos conseguir para competir?
- Estratégia da Empresa – Como podemos competir?
- Tarefas da Função Produção – O que realizar para atuar no mercado?
- Economia do País – Quais as restrições e oportunidades da indústria?
- Tecnologia – A defasagem tecnológica da empresa é muito acentuada a nível regional e nacional?
- Avaliação – Quais são os pontos fortes e fracos da empresa?
- Política – Que política industrial é a mais adequada no contexto atual?
- Procedimento – Que procedimentos aumentam a produtividade?
- Controle – Qual o grau de controle mais adequado, isto é, aquele controle que não é muito oneroso e que justifique a sua existência?
- Competição – A função produção pode ser uma arma competitiva ou um pesado encargo?
- Operações – Quais os fatores críticos para o sucesso?
- Resultado – Como está a performance da empresa?
- Feedback – Quais mudanças serão necessárias para corrigir os desvios?

O plano de produção deve mostrar a sequência lógica das etapas que o produto passa desde a sua idealização até o momento em que é consumido, num determinado período de tempo. Para tal, considerará os seguintes aspectos: seleção do produto, determinação do custo do produto, cálculo da quantidade ótima a produzir, características intrínsecas do produto (composição, forma, tamanho, cor...), nível de qualidade do produto, capacidade de produção, linha de produtos e outros aspectos ligados às pessoas.

A seguir, um fluxo de produção de um alimento e suas etapas de fabricação:

a) Compra de Matéria-Prima – Envolve a escolha do fornecedor, seleção e transporte até a empresa.
b) Recebimento de Matéria-Prima – Etapa onde se recebe o material entregue por um fornecedor, avaliando-o quantitativa e qualitativamente, seguindo critérios pré-definidos para cada produto.
c) Armazenamento – Etapa que envolve três tipos de armazenamento, como: Armazenamento sob Congelamento; Armazenamento sob Refrigeração; Armazenamento do Estoque Seco.
d) Refrigeração – Etapa onde os alimentos passam para uma temperatura específica de cada produto, desde que respeitados os critérios de armazenamento.
e) Congelamento – Etapa onde os alimentos passam para temperaturas abaixo de 0ºC, em seis ou menos horas.
f) Descongelamento – Etapa onde os alimentos passam da temperatura de congelamento para até 4ºC, sob refrigeração controlada.
g) Pré-Preparo/Preparação – Etapa onde os alimentos sofrem tratamento e/ou modificações, através de higienização, tempero, corte, porcionamento, seleção, escolha, moagem e adição de outros ingredientes.
h) Reconstituição – Etapa onde os alimentos a serem reconstituídos recebem a adição de água própria para consumo imediato ou para aquecimento e refrigeração, conforme o caso.
i) Dessalgue – Etapa onde as carnes salgadas são submetidas à retirada do sal, sempre em condições de total segurança.
j) Cocção – Etapa onde os alimentos devem atingir temperaturas que variam entre 65ºC (por 15 min); 74ºC (medição interna) e 70ºC (por 2 min).

188 • Gestão de Restaurante

k) Espera Pós-Cocção – Etapa onde os alimentos, que sofreram cocção, devem atingir 55°C em sua superfície, para serem levados à refrigeração.

l) Porcionamento – Etapa onde os alimentos prontos para o consumo sofrem manipulações com a finalidade de se obter porções menores.

m) Armazenamento – Etapa de estocagem dos produtos acabados e prontos para distribuição. Exige muito cuidado para evitar descongelamento e novo congelamento, o que comprometerá o produto. Nesta etapa os alimentos devem ser mantidos abaixo de 10°C até o momento da distribuição.

n) Distribuição – Etapa onde os alimentos chegam ao destino.

9.6 ESTRATÉGIAS DE PRODUÇÃO

A expressão estratégia do grego "strategos" (general) é de origem militar e significa a arte de conceber e organizar um plano de operações de guerra, estando ou não no teatro de operações. Estratégia é o caminho (meio) para uma organização, ou alguém, alcançar, preferencial e diferentemente, os objetivos e desafios em um ambiente mutável, cambiante, complexo e altamente competitivo. Imagine você, se é possível sobreviver sem uma estratégia sequer.

O conceito de estratégia começou a ser usado em Administração na década de 1950, com o intuito de incutir nas empresas uma nova perspectiva de futuro, através do conhecimento de onde e como expandir sua atuação e melhorar seu desempenho. De 1950 até 1990, as fronteiras da estratégia eram bem definidas, assim como os consumidores, os mercados, os concorrentes, os fornecedores e as ameaças potenciais. Hoje, esses elementos são cambiantes. As principais estratégias de produção são:

Estratégia de Fabricação – A estratégia de fabricação se envolverá com, por exemplo, as seguintes questões: Como e onde o produto será feito? Qual o local de produção? Quais recursos são necessários? Qual a capacidade instalada necessária para que a empresa possa concorrer no mercado? Qual o grau de flexibilidade? Qual o nível de qualidade dos produtos? Qual o custo? Qual a capacidade de oferta? Qual a capacidade de armazenamento e de pronta entrega? Qual a posição do nível de produtividade com relação aos concorrentes? Qual a política industrial a ser conduzida?

Estratégia da Qualidade – A estratégia da qualidade está envolvida em como desenvolver e treinar recursos humanos, visando melhorar a qualidade das pessoas. Esta qualidade, e somente esta, irá fazer com que a empresa tenha qualidade nos seus produtos. A estratégia da qualidade deverá ser percebida pelos consumidores e refletida em todas as atividades da empresa, pois a qualidade é dada pelo consumidor e não por quem fabrica o produto.

Estratégia de Tecnologia – É a estratégia voltada a desenvolver, usar e licenciar tecnologia de maneira efetiva. No âmago de uma estratégia de tecnologia está o tipo de vantagem competitiva que uma empresa está tentando alcançar, se comparada às probabilidades de sucesso. O desenvolvimento da tecnologia estará sempre ligado a ponte entre a transformação tecnológica e o benefício obtido. A preocupação da estratégia tecnológica deve estar centrada em como otimizar seu uso.

Estratégia de Redução de Custo – É a estratégia voltada a fornecer o maior valor possível aos consumidores a um custo mais baixo do que da concorrência. Adotando procedimentos de compras mais eficientes, reduzindo os custos de mão de obra e empregando equipamentos de produção mais modernos. A empresa pode usar seus custos menores, para fixar preços mais agressivos e, assim, conquistar participação no mercado. Esta estratégia tem sido crítica, para a invasão de produtos importados com preços de arrebentar a concorrência.

Estratégia de Diversificação – A estratégia de diversificação refere-se ao lançamento de novos produtos no mercado em que a empresa atua, ou não. A estratégia de diversificação é aplicada, quando os negócios existentes estão em fase de maturação ou declínio e não dão o retorno adequado aos investimentos aplicados. A filosofia orientadora das estratégias de diversificação de muitas empresas mudou, acentuadamente, desde o início da década de 1970. A maioria enfatiza, hoje, a diversificação relacionada com a performance que a empresa possa ter.

9.7 PRODUTIVIDADE

Produtividade é a relação mensurável entre produtos e fatores de produção, ou seja, entre resultados obtidos e esforços para obtê-los. É, portanto, medida através da relação entre quantidades físicas. Num sentido geral, a produtividade é quantidade produzida por unidade de gasto. Suponhamos que uma empresa, em um ano, aumentou suas vendas reais em 40%, sem qualquer aumento no pessoal da fábrica e da administração, diz-se que houve um aumento de produtividade.

A luta pela produtividade é uma constante, desde que não comprometa a qualidade. A produtividade será maior quando a unidade de gasto é menor. É muito comum observar, através de séries históricas, as variações da produtividade para constatar se o aumento de recursos correspondeu ao mesmo aumento da produtividade, o que nem sempre acontece. Não é produzindo mais que se tem um indicador de produtividade maior. Existem diversas variáveis a serem consideradas, e uma delas, por exemplo, é o custo.

É comum fazermos muito mais movimentos, mais esforços e usarmos mais materiais do que realmente seriam necessários, às vezes, para fazer um simples trabalho. A melhoria da produtividade é conseguida pelo melhor aproveitamento do tempo, dos recursos, da capacidade dos homens e das máquinas. O mais importante é que haja um desejo e um esforço constante para melhorar. Tudo o que fazemos, certamente, poderá ser feito de maneira melhor, pois a perfeição é inatingível. A produtividade pode ser melhorada: Diminuindo-se os gastos e mantendo-se a produção; Aumentando-se a produção e mantendo-se os gastos; Aumentando-se a produção e os gastos, sendo o percentual de aumento da produção maior do que o dos gastos; Conservando-se a produção e os gastos, mas obtendo-se produtos de melhor qualidade, com maior rapidez.

As maiores dificuldades e obstáculos que impedem a melhoria do nível de produtividade são, por exemplo: Desperdício de material; Má utilização de máquinas, ferramentas e equipamentos; Máquina cara utilizada para tarefas aquém de sua possibilidade. Um número elevado de acidentes, relações humanas conflitantes, qualidade do produto abaixo do padrão de mercado, elevado número de refugos e frequentes necessidades de repetições, também, são sinais de baixa produtividade.

O índice de produtividade é dado pela fórmula:

Produtividade = Unidade de Produto / Unidade de Gasto

Onde:
Unidade de Gasto pode ser: matéria-prima, mão de obra, tempo de produção, número de máquinas, capital investido, área ocupada, recursos aplicados, gasto de produção.

A seguir, dois exemplos sobre produtividade:

190 • Gestão de Restaurante

Exemplo 01:

Dados:
Uma fábrica produz 200 peças / dia a um custo de $ 25,00 / peça.
Gasto Total de Produção = 200 × 25,00 = $ 5.000,00
Número de empregados = 200
Produtividade, em função da produção = 200 / 5.000 = 0,04
Produtividade, em função do número de empregados = 200 / 100 = 2

Análise:
Isto quer dizer que cada operário produz 2 peças por dia, e que cada peça corresponde a 4% do gasto de produção.

Exemplo 02:

Desvio de Produtividade
Fórmula Utilizada:
Produtividade = Faturamento/Gasto com Mão de Obra (MO)

Nº	Mês	Faturamento	Gasto MO	P	DM	AC	MP
1	set/15	46.446,00	12.415,00	3,74	-	3,74	3,74
2	out/15	73.807,00	15.619,00	4,73	1,26	8,47	4,23
3	nov/15	65.193,00	18.384,00	3,55	0,75	12,01	4,00
4	dez/15	76.758,00	23.292,00	3,30	0,93	15,31	3,83
5	jan/16	54.157,00	16.315,00	3,32	1,01	18,63	3,73
6	fev/16	39.352,00	12.542,00	3,14	0,95	21,76	3,63

Planilha 9.2: Desvio de Produtividade.

Onde:
P = Produtividade
DM = Média do Desvio
AC = Valor Acumulado
MP = Valor Médio da Produtividade

Análise:
A produtividade foi máxima no mês de outubro de 2015 e a curva mostra uma tendência de queda, embora seis meses de observação é uma série histórica muito pequena. Toda empresa deve lutar para que a produtividade tenha sempre um valor superior a 1(um).

9.8 JUST-IN-TIME

Just-in-time é um sistema operacional que busca o ajustamento ótimo entre consumidores, empresas e fornecedores, eliminando ou reduzindo ao mínimo toda a ociosidade de recursos, custos de estocagem e comprometimento do capital de giro em qualquer material ou componente, não imediatamente usado. A regra fundamental, portanto, é obter ou produzir algo somente quando for necessário. Ora nada mais desejável e perfeito do que seguir o preceito bíblico de ter cada coisa no seu tempo. Não há dúvida de que a rentabilidade dos recursos torna-se maior, se lançamos mão deles apenas quando absolutamente necessários.

Não pagar pelo armazenamento, pelo controle do estoque, pela conservação e guarda, pelas perdas e extravios, pela obsolescência inesperada e por tantos outros desvios e prejuízo, que a estocagem costuma provocar, é de fundamental importância. As principias vantagens e desvantagens do sistema just-in-time são as seguintes:

a) Vantagens: Diminuição do tempo do ciclo de produção; baixo custo pela simplicidade do processo; otimização do arranjo físico; redução dos estoques, dos refugos e das perdas; controles mais eficientes; informações instantâneas para decidir; melhor balanceamento entre processos.

b) Desvantagens: Necessidade de reprogramação cria situações críticas; dependências dos operadores; treinamento dos fornecedores; situações anormais para a linha de produção; ciclos de produção muito curtos e repetitivos; exigências de uma produção estável, nem sempre conseguida; dificuldades de se trabalhar com grandes lotes; falta de flexibilidade.

O crescente interesse por métodos de produção just-in-time promete mudar as práticas de planejamento do estoque, porque este processo está pautado para que os suprimentos cheguem à fábrica, à medida que forem necessários. Se os fornecedores forem confiáveis o fabricante pode manter níveis baixos de estoque e atender sua carteira de pedidos. Os sistemas just-in-time centram seu objetivo na rapidez. Vale analisar que há empresas que produzem de forma não repetitiva, de acordo com as especificações dos clientes, como para equipamentos e máquinas especiais. Isso leva à conclusão de que, para produções de processos repetitivos, vale o just-in-time. Por outro lado, em ambientes competitivos, é possível que este sistema não seja o mais adequado.

A seguir, as principais premissas do just-in-time: O prazo de entrega é sagrado; O ciclo de fabricação deve ser encurtado continuamente; Ficam liberadas as horas extras, quando necessárias; É permitido ter pessoal parado na fábrica; É proibido adiantar o serviço, para não atrapalhar os demais; Não se aumenta produtividade com redução de mão de obra; O investimento em automação nem sempre resolve os problemas; Eliminar a inspeção na fábrica por qualidade assegurada; Tudo tem de ser produzido na hora certa; A fábrica deve funcionar, tendo em conta as necessidades do fim da cadeia de produção; O que puxa a produção é a linha de montagem.

9.9 CAPACIDADE INSTALADA

A capacidade instalada de uma fábrica corresponde aos equipamentos e máquinas que a mesma utiliza na manufatura de seus produtos. Se uma fábrica produz, no máximo, 5.000 produtos, diz-se que este valor corresponde a 100% da capacidade instalada. Em geral, a fábrica utiliza apenas 70 a 80% da capacidade máxima instalada. A análise da capacidade instalada objetiva determinar qual a capacidade em máquinas, equipamentos e instalações deve ter o projeto para que o produto atenda as exigências do mercado.

A capacidade ociosa é considerada como máquinas e equipamentos que não estão sendo utilizados por falta de pedidos dos clientes, por estarem com defeitos ou por estarem na manutenção. Se a taxa de inatividade permanece alta por muito tempo, isto demonstra uma grande ociosidade e que, talvez, a fábrica não precise de tantas máquinas. É aconselhável alienar algumas máquinas velhas, isto é, fazer dinheiro e aplicar o mesmo em fundos de renda fixa. Uma taxa de inatividade máxima deve ser da ordem de 10%. Vale observar um assunto pouco abordado nos livros de gestão, que é a taxa de comprometimento dos equipamentos. A taxa de comprometimento industrial (TCI) é dada pela fórmula:

TCI = Quantidade de Equilíbrio / Capacidade Instalada

Onde:
Quantidade de Equilíbrio = Quantidade produzida no ponto de equilíbrio (lucro zero)
Capacidade Instalada = Máquinas + Equipamentos + Utilidades
Utilidades = Elementos do processo produtivo

Exemplo:
Quantidade de Equilíbrio = 5.000
Capacidade Instalada = 7.000
Taxa de Comprometimento Industrial = 5.000 / 7.000 = 0,72 = 72%

Análise:
Esta taxa diz que a quantidade de equilíbrio da empresa está a 72% da capacidade instalada. É normal que esta taxa gire entorno de 60% a 70% da capacidade máxima instalada. Comprometer 100% da capacidade instalada, só em casos extremos. Assim, se a taxa de comprometimento está a 60%, diz-se que a quantidade de equilíbrio está no nível de 60% da capacidade instalada da fábrica. Quanto maior for a taxa de comprometimento industrial (fator K) maior é o comprometimento da capacidade instalada para a empresa sobreviver, e vice-versa. Quando o ponto de equilíbrio passa a ter um maior valor é necessário maior comprometimento da capacidade instalada, e vice-versa.

Nota: Na capacidade de produção (capacidade instalada) a empresa deve ter o cuidado de verificar se há máquinas e equipamentos suficientes para produzir uma quantidade de um determinado produto de forma que a mesma possa operar no mercado com um preço competitivo.

9.10 DIMENSIONAMENTO DOS EQUIPAMENTOS

Os equipamentos complementam o planejamento do arranjo físico, uma vez que sua localização define o local das atividades. Esta localização deve atender ao fluxo racional das operações, evitando cruzamentos e retornos desnecessários, estrangulamentos dos processos e procedimentos. O dimensionamento dos equipamentos tem estreita relação com o número de produtos, porém sua implementação depende da política da empresa e, muitas vezes, do efetivo da mão de obra e da rentabilidade do investimento.

Outros fatores, como: cardápio, sofisticação dos equipamentos, sistema de distribuição, móveis e utensílios, política de compras, recepção e armazenamento influenciam na decisão de investimento em tecnologias. O dimensionamento dos equipamentos estará em função do número de pratos, tempo de cocção, fator de correção, preparação e consumo per capita, por exemplo. A seguir, dois exemplos de dimensionamento:

Caldeirão – O número de caldeirões necessários será estimado considerando-se as seguintes informações: quantidade per capita líquida (cru) da preparação, fator de cocção da preparação, número de pratos a oferecer.

Exemplo:
Dados:
Consumo per capita de arroz = 80 g
Fator de cocção = 3
Número de porções = 1.000

Cálculo:
Quantidade de arroz in natura (Qn):
Qn = 1.000 x 80 = 80.000 g = 80 kg
Quantidade de arroz a produzir (Qic):
Qic = 80 kg x 3 = 240 kg = 240 Litros

Considerando-se um aumento de 10% para formação de camada de ar, teremos então um caldeirão com capacidade para 264 (240 + 24) litros, para cozinhar 80 kg de arroz. Nos casos em que já existe o caldeirão e se quer saber sua capacidade (volume), utiliza-se a seguinte fórmula: $V = \pi R^2 \times H$

Onde:
$\pi = 3,14$
R = Raio
H = Altura

Assim, se um caldeirão possui 0,50 m de raio e 0,63 m de altura, vem:

$V = 3,14 \times 0,50 \times 0,50 \times 0,63 = 0,495 \text{ m}^3$
V = 500 L (aproximadamente)
Exemplo:
Caldeirão = 500 L
Câmara de ar = 10% de 500 L = 50 L
Resolução:

Se a quantidade a produzir (Qic) é de 240 kg e o caldeirão tem a capacidade para 500 kg, vem:

1.000 porções 264
    X .... 550 $X = (550 \times 1.000) / 264 = 2.083$

Resposta: O equipamento está superdimensionado pata a necessidade diária de 1.000 porções, já que pode produzir, de uma só vez, 2.083 porções (80 g).

Forno – Para dimensionar o forno toma-se como parâmetro o tempo de cocção da preparação de maior per capita e estima-se a quantidade da preparação que vai ser assada por câmara.

Exemplo: Considerando-se que uma câmara de um forno elétrico prepara aproximadamente 14.500 g de galinha em 25 s, quantas câmaras serão necessárias para assar 300 kg em 3 horas?

Como 3 h = 180 s , vem:

14,5 kg ------------------ 25 s
    X   ------------------ 180 s $X = (14,5 \times 180) / 25 = 104,4 \text{ Kg}$

Como calculado, 104,4 kg de galinha podem ser preparados em 1 câmara em 3 horas. Logo para se saber quantas câmaras serão necessárias para assar 300 kg:

104,4 kg ----------------- 1
300,0 kg ---------------- X   X = (300 x 1) / 104,4 = 3

Resposta: O forno deverá ser dotado de 3 câmaras para assar 300 kg de galinha em três horas.

9.11 MANUTENÇÃO DOS EQUIPAMENTOS

A manutenção é tudo o que se faz para serem conservados os equipamentos em serviço durante o maior prazo possível e com o máximo de rendimento, isto é, uma atividade desenvolvida para manter as instalações em condições, que irão mais bem apoiar as metas da organização. Assuntos de segurança, boa qualidade dos produtos, estabilidade dos empregos e até a sobrevivência da empresa e da própria economia, indicam que as atividades de manutenção devem ser suscetíveis a um leque bastante extenso de objetivos, para manter a organização, operando durante um longo tempo. É comum pensar que manutenção diz respeito a máquinas e equipamentos, esquecendo-se que o conceito de manutenção é muito mais abrangente do que isso, haja vista, a manutenção do próprio corpo humano.

Equipamentos (máquinas, ferramentas, instrumentos, aparelhos, dispositivos) que não possam ser usados por não oferecer condições mínimas de utilização, ou que estejam sendo utilizados precariamente, acarretam uma série de problemas à empresa, tais como: operários e máquinas parados; atraso na entrega das encomendas; sobrecarga de outras máquinas e operadores; necessidade de comprar ou tomar emprestado algum equipamento; terceirização dos serviços; elevado refugo; má qualidade do produto; baixa produtividade; acidentes; descontentamentos. São os seguintes os tipos de manutenção:

- Manutenção Corretiva – Troca ou recondiciona, o mais rápido possível, equipamentos que sofreram desgaste de qualquer natureza.
- Manutenção Periódica – Feita para manter o equipamento em bom estado de funcionamento, incluindo, por exemplo: a lubrificação de motores, máquinas e equipamentos; a pintura de tubulações, em períodos preestabelecidos.
- Manutenção Preventiva – Típica dos aviões e equipamentos de segurança, nascida das necessidades da guerra, com base estatística que considera o desgaste pelo uso, fadiga e outros fatores, para que esses limites não sejam alcançados. Uma série de medidas pode proporcionar uma boa manutenção preventiva, tais como: inspeção periódica do equipamento; comunicação imediata dos problemas; limpeza e lubrificação; revisões e pequenos reparos; proteções contra oxidação e apodrecimento; substituições de acessórios com data de validade vencida; estudo das instruções de uso; aprovisionamento de peças sobressalentes; treinamento do usuário.

Se você for encarregado da manutenção, lembre das seguintes premissas:

- A última coisa que se deve fazer é esperar que o equipamento quebre, para depois pensar na manutenção.
- Todos os equipamentos, pequenos ou grandes, seguem a tendência de desgaste e com o tempo o valor dos mesmos diminui (depreciação) e o custo com manutenção aumenta.
- O controle estatístico é fundamental para a manutenção, pois ele é um serviço de alto nível.
- A manutenção deverá ser a menor possível, e, para isso, dependerá da qualidade dos equipamentos e do nível técnico do operador.
- A análise dos custos de manutenção deve sempre ser feita para cada caso particular.

Capítulo 9 PRODUÇÃO, QUALIDADE e SEGURANÇA • 195

- O risco de um equipamento parar será maior, quanto mais sofisticado for o mesmo.
- As intervenções às cegas podem causar mais demora, maior custo ou danos em equipamentos, por causa da pressa e da incompetência de não ter políticas de manutenção adequadas.

O pessoal da manutenção deve atender aos seguintes requisitos: Dispor de um conhecimento perfeito do equipamento; Ter em estoque todas as peças e acessórios prontos para serem utilizados; Haver adquirido, com base na experiência passada, a preocupação de treinar toda a equipe, a fim de minimizar o tempo gasto; Fazer um estudo minucioso do trabalho a executar.

A manutenção não só deve se preocupar com máquinas e equipamentos, mas também com edifícios, móveis, utensílios, instalações, encanamentos de água e esgoto, condutos de força e luz, que devem ser sempre mantidos em perfeitas condições de utilização e em bom estado de conservação. Quando os custos de manutenção de qualquer equipamento, mesmo já depreciado, chegar a 40% do seu valor de mercado, é mais conveniente comprar um novo, que, ainda, terá um período de garantia. São quatro os tipos básicos de eventos que podem gerar a manutenção de um equipamento:

Anomalias na Modelagem – Enquadram-se nesse tipo as anomalias relacionadas com a falta e incorreções do modelo.

Deficiências nas Atividades – Estão classificadas nesse tipo as deficiências relacionadas com áreas funcionais, processos gerenciais, atividades, diagramas de estrutura, ação, prototipação e codificação.

Mudanças das Políticas da Empresa – A dinâmica das políticas da empresa, embora caracterizadas pela instabilidade, é passível de ser planejada e controlada.

Restrições Ambientais – As restrições ambientais se caracterizam por uma dinamicidade mais intensa, ocasionando situações de instabilidade e pouco viáveis de serem planejadas, estando relacionadas comumente com a política econômica e financeira do país.

É necessário encarar a manutenção tão seriamente como qualquer área produtiva, porque é muito claro que sem uma boa manutenção não pode haver produção eficiente, eficaz e efetiva. Um levantamento sobre alguns ramos industriais mostrou que a qualidade da mão de obra empregada em manutenção não é a de primeiro ordem. Também a quantidade empregada deixa a desejar. A fórmula que determina o tempo da vida econômica útil (T) de uma máquina é dada pela Lei de Kelvin, cuja expressão é:

$$T = (I/N) + C + NR$$

Onde:
I = Investimento total
N = Número de anos de vida útil
C = Custo constante de operação na base de uma utilização normal
R = Incremento anual dos custos de manutenção

Como queremos que este custo T seja mínimo, em relação ao tempo de uso da máquina, devemos derivar a expressão da Lei de Kelvin, em relação a N e igualar a expressão a zero. Então, vem:

$$N = \sqrt{I / R}$$

Exemplo:

Um lote de máquinas custou R$ 100.000,00. O aumento anual de manutenção deste grupo de máquinas é de R$ 4.000,00. Qual será a vida útil dessas máquinas?

Solução:
Aplicando-se ao exemplo dado, vem:

$$N = \sqrt{100.000 / 4.000} = \sqrt{25} = 5 \text{ anos}$$

Conclusão:
Após 5 anos de atividades, os custos totais de operação serão crescentes, sendo mais conveniente a compra de novos equipamentos.

9.12 QUALIDADE

A qualidade é um conjunto de propriedades e características de um produto (processo, técnica, método), que atende plenamente a capacidade de satisfazer as necessidades explícitas e implícitas do ser humano. Pode-se dizer mesmo que, hoje, a maioria dos conceitos e orientações empresariais está direcionada para a satisfação do mercado consumidor. E com a qualidade não poderia ser diferente, pois, ao lado do preço e do atendimento, constitui o elemento fundamental na decisão de comprar do consumidor.

As primeiras conceituações de qualidade colocavam-na como sendo uma característica possuída por um bem ou serviço, ao não apresentar defeitos, falhas, desvios de desempenho. Do ponto de vista do mercado, a qualidade de um produto é uma conjugação entre a capacidade de desempenhar funções requeridas pelo consumidor e a posse de características que levem o consumidor a optar por esse ou aquele produto. Do ponto de vista organizacional, a qualidade é a capacidade que tem uma empresa de atender às necessidades tanto do mercado como as suas próprias. Uma empresa terá maior ou melhor qualidade na proporção em que consiga atingir estes dois objetivos. Sob o ponto de vista de função, podemos dizer que a qualidade é uma espécie de sistema voltado para conseguir, em primeiro lugar, a satisfação dos consumidores e, em segundo lugar, acompanhar as atividades da empresa desde o planejamento até o fim da vida útil do produto vendido.

A função organizacional qualidade é o conjunto de atividades, através das quais atingimos a adequação ao uso, não importando em que parte da organização essas atividades são executadas. Ela deve se tornar uma operação bem disciplinada, que transmita o espírito do processo de melhoria contínua da qualidade. Isto significa que a qualidade não se limitará às operações, ou às atividades manufatureiras, mas também auxiliará as outras funções organizacionais para a instalação de um sistema de controle, de modo a nunca ser surpreendido pela falta de qualidade. Isto situa a função da qualidade numa postura, primordialmente educacional, uma vez que ajuda os outros a fazerem o que já desejavam fazer.

Qualidade significa a adequação a padrões e especificações previamente definidos. Quando essas exigências não são atendidas, a qualidade se torna ambígua e a aceitação ou rejeição do produto passa a ser discutida. Os padrões devem se relacionar com o tempo, material, desempenho, resistência ou qualquer característica quantificada. Quando os padrões quantificados estão ausentes, a qualidade torna-se uma questão de opinião e não é controlável, sob um ponto de vista científico.

A qualidade é definida com base nas necessidades e nos interesses dos consumidores, usuários e pacientes, que desejam dispor de produtos livres de deficiências. Essa noção sempre esteve incluída no conceito de qualidade, até os dias de hoje. Assim, a qualidade significa a aplicação dos melhores talentos e esforços para produzir os resultados mais elevados. A qualidade não admite uma segunda classe. A ideia contemporânea de fazer bem feito, na primeira vez, é sinônimo de excelência. A administração da qualidade é orientada para padrões superiores de desempenho.

No início do Século XX, as preocupações com a qualidade passaram a ser sistematizadas e a fazer parte das normas e dos objetivos de uma unidade produtiva. A Segunda Guerra Mundial motivou as indústrias a produzir mais e com maior eficiência, buscando novas técnicas de controle da qualidade. A estatística entrou em cena e os conceitos de confiabilidade foram aprimorados.

9.13 ELEMENTOS DA QUALIDADE

Os principais elementos da qualidade são:

História da Qualidade – A ideia de qualidade foi discutida, primeiramente, pelos filósofos gregos, que pensaram no ideal da excelência, definida como a característica que distingue alguma coisa pela superioridade em relação aos semelhantes.

Finalidade da Qualidade – De nada adianta investir em recursos, treinar pessoas, mudar processos, se esse investimento não tornar nossos clientes mais bem conhecidos. É ingenuidade pensar que qualidade é apenas uma questão de fazer melhor, cortar custos, corrigir defeitos e desvios ou, ainda, fazer um esforço desmesurado, porque tudo isso pode resultar em nada. É, pois, decisivo fazer um trabalho coordenado e planejado para alcançar aquele que é o mais importante para a organização, isto é, o consumidor, o paciente, o usuário, o funcionário, o colaborador, o voluntário. Qualidade é uma opção racional de quem reconhece no consumidor a superioridade sobre a função e o negócio. Sem consumidor não há negócio. Sem qualidade não há um bom negócio.

Nível de Qualidade – No nível de qualidade a produzir, a empresa deve estar atenta ao mercado que vai atuar (público-alvo) para saber se o produto deve ter um nível de qualidade que seja compatível com a renda do consumidor. O nível de qualidade no setor de serviços, ainda é pobre em qualidade, devido ao fato de que em alguns lugares a demanda é muito maior do que a oferta. Tal situação inibe as reivindicações dos consumidores por mais qualidade.

> **Nota:** A empresa deve observar que o que chama mais atenção no produto são duas bandeiras: o preço e o visual.

Administração da Qualidade – Segundo Kotler, a administração da qualidade é uma abordagem organizacional ampla para a melhoria contínua do produto e de todos os seus processos de fabricação.

Consciência da Qualidade – A consciência da qualidade estende-se através de todos os atos gerenciais. A maneira como o pessoal da gerência fala sobre qualidade é ponto importante. Quando a palavra qualidade passa a integrar o vocabulário da organização é que começa a exercer efeito. Mas, lembre-se de que, se a palavra qualidade não for lembrada a todo instante, ela pode ser esquecida.

Cultura da Qualidade – O culto à qualidade não é recente e nem gratuito nas empresas. O que se perde pelo desleixo com a melhor qualidade dos produtos pode ser medido em números. A Associação Brasileira de Controle de Qualidade estima que as empresa industriais deixam de incorporar entre 20% a 30% de seu faturamento, em função da má qualidade. Poucos são aqueles conscientes da importância da qualidade na definição do futuro da empresa, em função da existência de concorrentes e de uma consciência mais seletiva dos consumidores.

Filosofia da Qualidade – Através do empenho de cada um e com o gerenciamento amplo da qualidade é possível envolver todos os funcionários num mesmo ideal de qualidade.

Melhoria da Qualidade – A melhoria da qualidade transfere o desperdício de recursos para a produção de um bom produto e uma melhor prestação de serviços. O resultado é uma reação em cadeia, isto é, custos mais baixos, melhor posição competitiva, pessoas mais felizes no trabalho e mais empregos.

Padrão de Qualidade – O padrão de qualidade é estabelecido, normalmente, com base nos resultados obtidos pela pesquisa de mercado, com relação ao projeto, forma, material, durabilidade, custo e demais características do produto. A fim de atender ao uso que lhe é destinado, o padrão de qualidade é definido pelas especificações do projeto. Estas podem incluir: materiais, componentes, ingredientes, processos de fabricação, ensaios (critérios de rejeição), uso do produto (métodos e limites), características do produto, desenhos, amostras. Os organismos de padronização mais conceituados do nosso conhecimento são:

- International System Organization (ISO) – Um organismo internacional.
- American Standards Association (ASA) – Um organismo americano.
- Associação Brasileira de Normas Técnicas (ABNT) – Um organismo brasileiro.

Análise da Qualidade – A análise da qualidade objetiva verificar a conformação do produto, evidenciada pelo desenho, especificação, tolerância, confiabilidade e padrão.

Avaliação da Qualidade – A qualidade é avaliada pelo valor do serviço que um produto presta a alguém.

Valor da Qualidade – A ideia de produto barato contrasta com produto de luxo ou de alto desempenho. Portanto, qualidade passou a valer mais e para muitas pessoas o conceito de produto de qualidade está associado a um valor mais caro. Ainda ouvimos a expressão: "Se você quer qualidade, tem de pagar por ela".

Regularidade da Qualidade – Qualidade significa minimização da variabilidade de meios de fabricação. Um produto tem qualidade, quando atende às especificações preestabelecidas. Qualidade também é sinônimo de regularidade de processo de produção, de demanda e de preço.

Custo da Qualidade – A qualidade requer investimentos para ser alcançada e mantida. Esses investimentos compõem os custos da qualidade. O custo da qualidade se divide em:

a) Custo do Não Cumprimento – São todas as despesas decorrentes de se fazer as coisas erradas o que inclui os esforços para corrigir os pedidos dos vendedores, os procedimentos de implementação das ordens de serviços, como também, para repetir a tarefa, pagar a garantia e outras alegações.
b) Custo do Cumprimento – São despesas que precisam ser feitas, para que tudo saia nos conformes. Isso inclui: treinamento, educação e recursos.

Planejamento da Qualidade – Historicamente o planejamento da qualidade era feito por pessoas cuja responsabilidade se estendia a examinar folgas e tolerâncias, desvios de custo e segurança das máquinas para evitar acidentes. Hoje, o planejamento da qualidade desenvolve instrumentos de treinamento para responsabilidades, processos, metodologias, estruturas, desvios, acidentes e avaliações, por exemplo.

Programa da Qualidade – Um programa da qualidade, aplicado em todos os níveis organizacionais, estende-se desde a fase de geração e implementação do sistema, ou técnica adotada, até a sua completa aceitação pelos envolvidos. Esta aceitação manifesta-se pela motivação demonstrada e pelos resultados alcançados.

Características da Qualidade – A qualidade de um produto é representada por um conjunto de características que costumamos observar e sobre as quais estabelecemos julgamento. Característica é um atributo que distingue um produto de outro e que permite ao consumidor optar por um deles, de acordo com suas conveniências. Mas, surge a questão: Quais as características da qualidade são importantes?

Responsabilidade pela Qualidade – A responsabilidade pela qualidade não pode ser completamente centralizada num único órgão. Uma importante razão para isso é que os assuntos tecnológicos são mais suscetíveis à mensuração precisa do que a psicologia das pessoas. Mas, este fato não deve levar à ideia de que a qualidade é menos importante em outras áreas da organização. Um gerente de restaurante que instrui seu pessoal sobre as técnicas de atendimento está prestando um serviço de qualidade.

Especificações de Qualidade – Definir qualidade em termos de especificações é o problema dos engenheiros. As especificações descrevem o produto em termos de sua utilidade, desempenho ou de seus atributos. Assim, um produto de qualidade é aquele que está em conformidade com as especificações. A não conformidade significa falta de qualidade. Para a completa especificação de qualidade, outros atributos ainda desempenham sua parte, como, por exemplo, a embalagem, o rótulo e as instruções de uso.

Controle de Qualidade – O controle de qualidade envolve uma comparação entre as especificações do planejamento e os resultados reais obtidos pela inspeção e por outras técnicas. A inspeção pode ir além de uma verificação visual, como, por exemplo, o emprego de testes e uso de equipamentos e máquinas sofisticados. A mais importante função do controle de qualidade é manter fora do mercado produtos de padrão inferior. Os principais benefícios do controle de qualidade são: performance do produto, racionalidade na produção, custo reduzido no longo prazo, moral elevada dos empregados, satisfação das expectativas dos consumidores, aumento da imagem da empresa, taxas de devolução e cancelamento menores, avaliação positiva dos fornecedores de recursos.

A essência do controle de qualidade e a garantia de qualidade são incorporadas numa avaliação realística e complexa, da maneira como os produtos funcionam durante sua vida útil. As duas maiores abordagens ao controle de qualidade são a aceitação por amostragem dos produtos recebidos ou expedidos e o controle de processo das atividades de transformação. Ambos os métodos envolve a amostragem. Os métodos de aceitação por amostragem dependem da avaliação dos níveis dos itens defeituosos antes e depois de um processo ser completado.

Já o controle de processo é mais útil para assegurar que a produção não está fora dos limites aceitáveis pelo mercado. Um relatório de gestão da qualidade, na produção de alimentos, abordará questões relacionadas a: edifícios e instalações; equipamentos e utensílios; higiene dos manipuladores; processos de fabricação; procedimentos de cozinha; movimentação e transporte; higiene ambiental; controle de pragas; suprimentos; distribuição; desempenho dos recursos humanos.

9.14 TIPOS DE QUALIDADE

Qualidade Total – Processo que envolve todas as pessoas da organização para assegurar que cada atribuição relacionada com a produção de bens e serviços tenha um mínimo de comprometimento para atender às necessidades da clientela. O foco da qualidade total está nas pessoas, cujo desempenho determina o alcance de altos padrões de desempenho. Também se pode definir qualidade total como um sistema administrativo para conseguir, em primeiro lugar, a satisfação do cliente, por meio da participação de todas as áreas da organização.

Qualidade Assegurada – Em qualidade, há evidências estatísticas, não palpites. Para deixar de lado a inspeção, será preciso confiar mais no Controle Estatístico de Processo. Isso esbarra em pelo menos dois obstáculos: o primeiro, é o despreparo da mão de obra para utilizar métodos estatísticos; o segundo, é o da qualidade das peças, componentes, matérias-primas, insumos e produtos semiacabados de fornecedores e parceiros. A qualidade assegurada é o sistema que estabelece e mantém o padrão especificado da qualidade do produto.

Qualidade do Produto – A qualidade do produto pode ser definida como o grau até o qual um produto satisfaz os requisitos descritos na sua concepção a todos os clientes de um mercado específico. Pois, a insatisfação entre os consumidores que não reclamam é uma ameaça a qualquer empresa.

Qualidade do Alimento – Para que um alimento apresente qualidade na textura, cor, sabor e durabilidade, por exemplo, é suficiente seguir as seguintes regras:

- Cozinhar os alimentos com os critérios de tempo e temperatura.
- Diminuir ao máximo o tempo intermediário entre cocção, armazenamento e distribuição.
- Guardar cuidadosamente os alimentos cozidos em temperaturas de segurança.
- Reaquecer adequadamente os alimentos cozidos.
- Evitar o contato entre os alimentos crus e cozidos.
- Observar a higiene dos manipuladores dos alimentos.
- Higienizar e desinfetar corretamente: superfícies, equipamentos e utensílios.
- Manter os alimentos fora do alcance de: insetos, roedores e quaisquer animais.
- Utilizar água potável.

Qualidade Pessoal – A qualidade pessoal é a base de todas as outras qualidades. Você será um patrimônio para a sua organização, quando realizar produtos com qualidade.

Qualidade Organizacional – Por qualidade organizacional entende-se como a resultante de três vetores: eficiência, eficácia e efetividade. A qualidade da empresa é definida pelo grau até o qual seu desempenho global pode satisfazer as exigências e expectativas do mercado.

Qualidade Industrial – Esta qualidade se traduz pela investigação das causas, efeitos e reações do mercado. É o estudo dos métodos e especificações de qualidade para a produção em níveis mais econômicos, que garantam a satisfação do público-alvo. Qualidade industrial é sinônimo de: limpeza, higiene, beleza, embalagem, etiquetagem, codificação, rotulagem, arranjo físico, racionalidade, por exemplo. A qualidade industrial não é avaliada por quem faz o produto, mas por quem o consome.

Qualidade de Desempenho – Esta qualidade refere-se aos níveis pelos quais as características básicas do produto operam. A maioria dos produtos é estabelecida, inicialmente, para oferecer um entre quatro níveis de desempenho: baixo, médio, alto, superior. O vínculo da qualidade à rentabilidade não significa que a empresa deve sempre desenvolver o nível de desempenho mais elevado possível e, sim, um nível apropriado ao mercado alvo, equiparado aos níveis de desempenho dos concorrentes.

Qualidade do Serviço – Quanto mais tecnologicamente sofisticado for o produto, mais suas vendas dependem da qualidade dos serviços prestados. Presume-se que os artigos produzidos na fábrica são geralmente mais uniformes, em suas características de qualidade, do que os serviços executados no campo. Susceptível a fatores que envolvem desde a instabilidade econômica até a adoção equivocada de novas tecnologias, o setor de serviços peca, principalmente, pela ausência de uma mentalidade voltada para o bem-servir. Uma vez que os serviços exigem, geralmente, qualidades de experiências e credenciais altas, os consumidores confiam mais na propaganda boca a boca. Eles dão mais valor na aparência do prestador do serviço do que na sua competência técnica.

Qualidade Tecnológica – Para se ter uma qualidade tecnológica é preciso minimizar o desperdício, acabar com tempos mortos, diminuir os índices de sucata e refugos a um nível quase zero, não mais justificar as deficiências do planejamento estratégico. Para a modernização da empresa, não basta só investimento em máquinas e equipamentos, é preciso saber gerir os recursos. A nova visão estratégica está orientada para a qualidade tecnológica, que gera um diferencial competitivo de atuação. Mas, não custa lembrar que não adianta ter a mais avançada tecnologia do mundo, se seus recursos humanos ainda estão na idade da pedra.

Qualidade do Sistema de Informações – A qualidade de um sistema de informações pode ser medida pelas seguintes propriedades: utilidade, necessidade, confiabilidade, oportunidade, facilidade de operação, aprendizado, ergonomia, portabilidade, dinâmica, flexibilidade, compatibilidade, rentabilidade, segurança, continuidade e robustez. A primeira preocupação que se deve ter na construção de um sistema de informações é com relação às necessidades de cada usuário. Assim, o construtor do sistema se lança ao estudo dos fluxos de informação existentes na empresa e o propósito de cada um.

Qualidade do Projeto – A qualidade do projeto compreende as características que atendam às necessidades ou aos interesses da clientela. Quanto mais o projeto for capaz de cumprir a finalidade para a qual o consumidor pretende utilizá-lo, mais elevada é a sua qualidade, caracterizada por: satisfação, competitividade e desempenho.

9.15 SEGURANÇA

A segurança pode ser conceituada como um estado, ou condição daquele ou daquilo, que se pode confiar. É impossível aos cidadãos, ou a qualquer segmento da coletividade, viverem dentro do alto índice de violência (insegurança), estampado diariamente pela mídia. Um problema de segurança é que não podemos realmente avaliar o valor de um braço, de uma perna ou de uma vida. Embora este valor seja considerado por muitos como de grande valor, não é assim que a maioria das pessoas pensa. Por esta razão, os projetos de máquinas e equipamentos precisam apresentar um nível de segurança razoável para o operador. Em certos casos, as pessoas são suscetíveis a danos, quando a fonte de perturbação ultrapassa a capacidade de sua própria proteção sensorial, como nos casos de gases inodoros e radiações nocivas a saúde.

Infelizmente, muitos problemas de segurança surgem por causa de preguiça, desleixo ou incompetência. A propensão a acidentes tem sido alvo de demorados estudos nas áreas de produção e distribuição. Embora a alma humana seja forte, o corpo é fraco. Os consumidores, usuários e pacientes querem segurança, bem como um controle de qualidade que alerte para condições perigosas. A situação ideal é aquela em que todos os riscos são considerados. Mas, isso é pouco provável, já que os riscos são analisados por sistemas humanos.

O sentimento de segurança, entretanto, abrange muitos aspectos além do econômico. Compreende também a confiança que se adquire pela adaptação ao meio ambiente. O sentimento de confiança com relação ao emprego depende de uma série de fatores entre os quais conhecer suas atribuições, saber como executá-las e fazê-las satisfatoriamente. Todo chefe deve procurar dar aos subordinados confiança sob esses aspectos. O senso de segurança do indivíduo que conhece sua função e sabe que está sendo bem sucedido difere acentuadamente do de um outro que ainda se sente confuso e incerto quanto à sua capacidade para desincumbir-se da tarefa.

A incerteza gera um sentimento de insegurança. Existem indivíduos autossuficientes, mas a maioria de nós tende a esperar o pior quando não sabemos o que poderá acontecer. Os boatos sobre possíveis mudanças de chefia, de métodos ou de outras condições de trabalho dão origem, frequentemente, a rumores e intranquilidade. O esforço, o entusiasmo e o estímulo se deterioram quando o indivíduo se sente inseguro. Por outro lado, quando está livre de preocupações, pode concentrar sua energia em um trabalho construtivo. O chefe que consegue dar a seus subordinados esse sentimento de segurança aumenta, consideravelmente, as possibilidades de êxito na execução de suas atividades. A seguir, alguns tipos de segurança:

Segurança Patrimonial – Uma política de prevenção de roubos, geralmente, inclui: controle de entrada e saída de pessoal; controle de entrada e saída de veículos; estacionamento fora da área da empresa; ronda pelos terrenos da mesma e pelo seu interior; registro de máquinas, equipamentos e ferramentas; controles contábeis. Uma política de prevenção de incêndios pode ser praticada desde que as pessoas saibam o que provoca o incêndio e como fazer para a sua extinção. O fogo que provoca um incêndio é uma reação química onde os seguintes elementos devem estar presentes: Combustível (sólido, líquido ou gasoso); Comburente (geralmente o oxigênio da atmosfera); Catalizador (a temperatura). A extinção de um incêndio pode ser feita por meio dos seguintes princípios: Remoção ou isolamento (neutralização do combustível); Abafamento (neutralização do comburente); Resfriamento (neutralização da temperatura).

Nota: Patrimônio é o conjunto de bens e valores culturais e naturais devidamente reconhecidos.

Segurança de Pagamento – Com a expansão do crédito ao consumidor, com boa oferta de recursos, onde a modalidade de pagamento das compras de bens duráveis ficou facilitada, o consumidor se lançou nas compras a prazo, causando um alto grau de comprometimento de sua renda e gerando um endividamento, muitas vezes, difícil de pagar. A segurança no pagamento de dívidas contraídas pelos consumidores fez com que fosse criado o Serviço Central de Proteção ao Crédito (SCPC). Também outras instituições ajudam na proteção do crédito ao consumidor, informando o número de consultas e taxa de inadimplência. As consultas são um termômetro que reflete o movimento do comércio lojista.

Segurança na Internet – Como é grande o número de transações via internet, cresce a preocupação com a ética e a responsabilidade. As empresas desenvolvem ferramentas para ampliar a proteção dos consumidores virtuais contra a ação de hackers e vírus devastadores. Spam, e-mail indesejável, surge na tela sem permissão do usuário. A capacidade multimídia da internet trouxe maior vulnerabilidade à propriedade intelectual e à falta de sigilo nas redes globais. Além disso, à medida que os serviços, via rede, aumentam, a segurança das transações, que envolvem dinheiro, são seriamente ameaçadas pelo crime organizado e pelos hackers independentes. Os e-mails são as portas de entrada dos hackers. Assim, nunca passe e-mails com arquivos anexos que possam ser executáveis.

Segurança do Varejo – A insegurança afeta nosso dia a dia. Tudo isso reduz o movimento nos varejos, ocasionando menos oportunidades de empregos, menos giro de estoque e menor rentabilidade. Por todo lado que se vá, vemos lojas fechadas, onde antes eram pontos de consumo.

Segurança da Informação – Com o surgimento da Internet foram necessárias medidas de segurança que, infelizmente, não são invulneráveis. Muitas empresas passaram a acumular bens valiosos na forma de bits, uma espécie de ativo digital que reúne registros de transações, projetos de novos produtos, cadastros de clientes, relatórios financeiros e outras informações sigilosas. Na grande maioria das empresas, a segurança da informação fica por conta das divisões de informática e tecnologia. Mas, há uma tendência, iniciada em bancos comerciais e instituições financeiras, de criar equipes especializadas na proteção e vigilância eletrônica dos sistemas de informação de toda a empresa.

A análise de risco é o ponto de partida para estruturar todo o programa de segurança. É preciso saber o que se quer resguardar e qual a melhor forma de fazer isso. Como nenhum sistema é 100% seguro (não existe risco zero), é preciso determinar as medidas necessárias para que o risco seja minimizado a ponto de ser tolerável e quanto uma empresa está disposta a pagar. A seguir, algumas lições de segurança da informação:

- A segurança da informação vai desde a forma como os dados são armazenados e acessados até o transporte dos equipamentos.
- Equipamentos portáteis contendo dados sigilosos devem ser transportados por um funcionário, se necessário com escolta.
- Informações confidenciais podem ser enviadas digitalmente, por uma rede interna da empresa, com a devida proteção.
- Se computadores têm de ser transportados, é importante criptografar os documentos confidenciais. Assim, só quem tem a chave pode decifrar os códigos.
- Pode-se acrescentar aos aparelhos um dispositivo de reconhecimento do usuário, para evitar que pessoas não autorizadas os utilizem.

9.16 SEGURANÇA DO TRABALHO

A segurança do trabalho é um conjunto de medidas técnicas, educacionais, instrucionais, médicas e psicológicas empregadas para prevenir acidentes, roubos e incêndios. As normas de segurança são colocadas na cabeça das pessoas através de treinamento (cursos, palestras, seminários). Os serviços de segurança têm a finalidade de estabelecer normas e procedimentos, pondo em prática os recursos possíveis para conseguir a prevenção de acidentes e controlar os resultados obtidos. Do ponto de vista da administração de recursos humanos, a segurança dos empregados constitui uma das principais bases para a preservação da força de trabalho. Tal segurança tem três áreas principais de atividade, a saber: Prevenção de Acidentes; Prevenção de Roubos e Prevenção de Incêndios.

Uma política de prevenção de acidentes começa pela conscientização do que seja um acidente, seus efeitos e os problemas que causa. Acidente é um ato não premeditado do qual resulta dano considerável. As principais causas de acidentes são: máquina ou equipamento sem proteção; condições físicas ou mecânicas inseguras; instalações sem qualidade de uso; batidas, tombos, escorregões, choques; vestuário inadequado; serviço de manutenção irregular; conversa, distração, fumo e bebida; desconhecimento das normas e regras de segurança.

O acidente de trabalho pode provocar lesão corporal, perturbação funcional, perda ou redução dos movimentos e até mesmo morte. Excetuando-se os empregados domésticos, os demais trabalhadores com vínculo empregatício, avulsos, especiais e os médicos residentes são alcançados pelos benefícios relativos ao acidente de trabalho. Acidentes de trabalho não se restringem apenas às ocorrências havidas no ambiente de trabalho, pois envolvem: imprudência, negligência ou imperícia de terceiros; casos fortuitos ou de força maior; doenças profissionais originadas por esforço repetitivo; contaminação; todas as situações em que o empregado estiver no exercício do trabalho.

Um acidente pode acontecer por uma questão de segundos ou de milímetros. Então a causa de um acidente sem importância pode ser, também, a causa de um acidente grave. Um acidente é função de um fato ou acontecimento, que teve uma ou algumas causas. Sendo um mal que atinge a pessoa, a organização, a família do acidentado e a sociedade, todo esforço deve ser feito para se prevenir acidentes. Embora seja responsabilidade de todos, há aqueles que têm maior grau de responsabilidade. É recomendado que a empresa faça treinamentos de prevenção de acidentes, pois, só assim, poderá ter a certeza do dever cumprido, quanto às regras de segurança.

Os acidentes profissionais são um sério problema de produção, pelas dificuldades que causam dentro da empresa, e um grave problema social, pelo número de pessoas mutiladas ou inválidas e de famílias desamparadas. Um acidente sempre traz uma série de consequências, tais como: interrupção do trabalho, máquina parada, abandono do posto de trabalho, tarefa deficiente, transtorno de substituição, investigação do acidente, rendimento baixo, aumento no custo de produção. Entre um acidente "sem importância" e um acidente grave, a diferença pode ter sido questão de segundos ou de milímetros. A causa de um acidente sem ferimentos poderá ser a causa de um acidente futuro mais grave. Também as perdas de tempo e os estragos de materiais devem ser considerados. Os acidentes de trabalho são causados por condições perigosas, ferramentas impróprias e atos de indisciplina.

Na segurança do trabalho, uma ferramenta muito importante é a sinalização. A sinalização de segurança, por exemplo, indica onde fica a mangueira de incêndio. Outro aspecto a ressaltar é a pintura do interior da empresa e de seus equipamentos. Assim, todas as passagens e faixas de tráfego devem ser marcadas nitidamente. Isso é conseguido pintando-se toda a largura da passagem numa cor contrastante com a cor geral do piso ou deixando faixas espessas de uma cor viva, para servir de limite. Tal pintura atuará como aviso ao funcionário de que ele está na *Corrente de Trânsito* e deve estar alerta para evitar acidente. Caixotes móveis, usados para coletar ou distribuir material, devem ser pintados com cores que chamem a atenção. A superfície interna dos caixotes deve ser pintada com uma cor que torne fácil verificar a quantidade de material que foi colocada nele

Toda pessoa que tenha um corte ou ferimento na pele deve deixar de participar do processamento de alimentos e não pode entrar em contato com os utensílios, enquanto o ferimento não for completamente coberto e protegido por uma bandagem à prova de água, firmemente fixada, e de cor viva. Para evitar acidentes é preciso: Desenvolver condições seguras, fazendo a análise dos riscos do trabalho; Treinar as pessoas para que trabalhem corretamente; Obter a participação de todos no programa de prevenção; Fazer reuniões a respeito deste assunto; Estabelecer um manual de regras de segurança.

A ABNT (Associação Brasileira de Normas Técnicas) estabelece que o custo direto do acidente é o total das despesas decorrentes das obrigações para com os empregados expostos aos riscos inerentes ao exercício do trabalho, como as despesas com assistência médica e hospitalar aos acidentados e suas respectivas indenizações. Em geral, estas despesas são cobertas pelas companhias de seguro. O custo indireto do acidente do trabalho, segundo a ABNT, envolve todas as despesas de fabricação, despesas gerais, lucros cessantes e demais fatores cuja incidência varia conforme a indústria.

Nota: O custo indireto representa quatro vezes o custo direto do acidente no trabalho.

Capítulo 9 PRODUÇÃO, QUALIDADE e SEGURANÇA • 205

Nota: Não se deve confundir o órgão de segurança da empresa com a CIPA (Comissão Interna de Prevenção de Acidentes). A CIPA é uma imposição legal da CLT (Consolidação das Leis do Trabalho).

A taxa de acidentados é dada pela fórmula:

Taxa de Acidentados = Empregados Acidentados / Total de Empregados

Exemplo:
Empregados Acidentados = 15
Total de Empregados = 300
Taxa de Acidentados = 15 / 300 = 0,05 = 5%

Análise:
Uma taxa de acidentados alta indica falta de preocupação da empresa em treinar seus funcionários. Para trabalhar com segurança nas máquinas, é conveniente o uso de: cartazes, reuniões, treinamentos, equipamentos e acessórios. A taxa de acidentes é ótima quando é igual a zero. Acidentes frequentes podem levar ao fechamento da empresa, em função de altas indenizações em causas trabalhistas.

9.17 SEGURANÇA ALIMENTAR

O estudo da segurança alimentar apresenta três aspectos fundamentais e que são: Preservação de alimentos do ataque dos microrganismos; Preparação de alimentos, por meio de microorganismos; Detecção e prevenção de infecções e intoxicações decorrentes da ação de microorganismos patogênicos nos alimentos. Os microorganismos estão presentes em todos os lugares, isto é, na terra, na água, no ar, no corpo humano e nos animais. Sua capacidade de multiplicação depende de uma série de fatores, chamados intrínsecos, quando relacionados com as características próprias do alimento e extrínsecos, quando relacionados com o ambiente onde o alimento se encontra.

Dentre os fatores intrínsecos, podemos observar que o crescimento desses agentes depende da quantidade de água que se encontra em estado livre no próprio alimento. Quanto mais baixa for a atividade de água de um alimento, mais tempo ele poderá ficar estocado, com menor deterioração microbiana, que aqueles com alta atividade de água. Esta atividade microbiana pode ser reduzida pela adição de sal, açúcar e, também, pela desidratação ou congelamento.

Os microorganismos necessitam de nutrientes para sobreviver, como açúcares, gorduras, proteínas, vitaminas e sais (cálcio, fósforo, potássio, ferro ...). Por outro lado, os alimentos precisam de agentes antimicrobianos, tais como: cravo, canela, e ácidos conservantes (ácido bórico, ácido propiônico, ácido sórbico, entre outros). De acordo com o pH (fator que mede a acidez ou alcalinidade de uma substância), que varia de 0 (extremamente ácido) a 14 (extrema alcalinidade), os alimentos podem ser subdivididos em:

a) Alimentos de Baixa Acidez: pH superior a 4,5.
b) Alimentos Ácidos: pH entre 4,0 e 4,5.
c) Alimentos muito ácidos: pH inferior a 4,0.

Os alimentos de baixa acidez são os mais sujeitos a multiplicação microbiana. Já nos alimentos mais ácidos, haverá predominância do crescimento de bolores e leveduras. Os fatores extrínsecos determinam a maior ou menor facilidade com que poderá ocorrer a proliferação dos microorganismos nos alimentos, sendo os principais:

Temperatura – A temperatura é o principal fator do desenvolvimento de microorganismos, sendo que alguns crescem mais rápidos em altas temperaturas e outros em baixas. De modo geral, a faixa ideal de temperaturas que favorecem a proliferação da maioria dos microorganismos se estende entre 5 e 65ºC.

Oxigênio – Dependendo do tipo de microorganismo, a presença de oxigênio poderá influenciar ou não na sua proliferação.

Umidade Relativa do Ar – A umidade relativa do ar influencia diretamente a atividade de água no alimento, que por sua vez influencia diretamente na contaminação de alguns alimentos. Assim, mesmo sendo um alimento de baixa atividade de água, se estocado em ambiente com alta umidade, haverá a elevação da sua deterioração. Os valores de temperatura e umidade precisam ser analisados antes da estocagem dos alimentos. O recomendado é que quanto mais baixa a temperatura, menor deverá ser a umidade relativa do ar ambiente, e vice-versa.

Gases – A estocagem de alimentos em atmosfera contendo CO_2 é considerada estocagem em atmosfera controlada. Sua prática data de 1928. Muitos países usam essa técnica para estocar frutas, provocando, assim, o retardamento da maturação e da putrefação causada por fungos.

> **Nota:** Os microorganismos causadores de doenças, possíveis de serem transmitidos pelos alimentos aos homens são: virus, fungos, bactérias, protozoários, leveduras, bolores, parasitas e vermes, por exemplo.

A contaminação dos alimentos se dá quando ocorre a presença de qualquer material estranho nos alimentos. Ela poderá ocorrer por:

Contaminação Física – Decorre da presença de: pedras, madeiras, cabelos, pregos, lâminas, fragmentos, insetos.

Contaminação Química – É proveniente da presença de compostos químicos estranhos ao alimento, como: inseticida, detergente, metal pesado, medicamento, corante e aditivo.

Contaminação Biológica – Esse tipo de contaminação é causado pela presença de microorganismos patogênicos, como visto anteriormente.

Contaminação Cruzada – A contaminação cruzada ocorre quando produtos contaminados entram em contato direto ou indireto com alimentos prontos para o consumo. O maior exemplo disso é alimento cru armazenado, em clima de alimento cozido.

Nunca é demais lembrar que a contaminação de um alimento pode ocorrer pelas seguintes vias:

Transmissão Direta – Neste caso, o homem faz a transmissão diretamente, por meio de si, de seu corpo ou do que é expelido (fezes, urina, escarro, suor, secreção).

Transmissão Indireta – Neste caso a contaminação é feita por vetores, tais como moscas, insetos, ratos, máquinas, equipamentos, utensílios, pisos, paredes, por exemplo.

Transmissão por Agrotóxicos – Neste caso o alimento já chega ao mercado contaminado.

A palavra agrotóxico é imprecisa e algo carregada de um julgamento de valor, há muito deixado para trás, em que essas substâncias eram colocadas no mercado sem pesquisa suficiente sobre suas propriedades e seus efeitos, e usadas de forma indiscriminada. O nome certo é defensivo agrícola, uma vez que esses produtos servem não para intoxicar a lavoura ou o consumidor, mas sim para defender a plantação de pragas, insetos e parasitas, evitando a sua perda.

9.18 DOENÇAS DE ORIGEM ALIMENTAR

Doenças de origem alimentar são todas as ocorrências clínicas decorrentes da ingestão de alimentos que podem estar contaminados com microorganismos patogênicos, substâncias químicas ou que contenham em sua constituição estruturas naturalmente tóxicas. Atualmente admitem-se quatro divisões para as doenças transmitidas por alimentos:

Toxinose – Quadro clínico consequente à ingestão de toxinas bacterianas.
Infecção – Quadro clínico decorrente da ingestão de microorganismos patogênicos.
Toxinfecção – Quadro clínico decorrente da ingestão de quantidades de bactérias na forma vegetativa.
Intoxicação Química – Quadro clínico decorrente da ingestão de substâncias químicas nos alimentos.

As intoxicações químicas e intoxicações naturais ocorrem com os alimentos enquanto matérias-primas e dificilmente serão prevenidas através da manipulação segura destes alimentos dentro da cozinha. Estas intoxicações dependem da fonte de obtenção destes alimentos, na escolha da matéria-prima. A Organização Mundial da Saúde (OMS) adverte que muitas das doenças de origem alimentar podem levar à morte. Em todo o mundo é possível diagnosticar uma série de agentes etiológicos, ou seja, pontos críticos de controle, que precisam ser monitorados. O controle dos perigos a manipulação e processamento dos alimentos não são garantidos apenas por um tipo de ponto crítico de controle, e sim por vários que, em conjunto, garantem o mínimo de contaminação, eliminam os microorganismos patogênicos e evitam a multiplicação dos mesmos.

Os critérios de controle dos pontos críticos envolvem as temperaturas de cocção e refrigeração; tempos de manipulação e processamento; índice de acidez; atividade aquosa dos alimentos. Na indústria podem ser utilizados processos de criogenia, adição de aditivos conservantes e radiação. Os resultados recolhidos pela OMS mostram que, em todas as partes do mundo, só um pequeno universo de fatores causa a alta proporção de enfermidades transmitidas pelos alimentos. Os erros mais frequentes são os seguintes:

- A preparação dos alimentos com demasiada antecedência ao seu consumo.
- Alimentos deixados em temperaturas propícias à proliferação de microorganismos patogênicos.
- Cocção insuficiente.
- Contaminação cruzada.
- Manipulação dos alimentos por pessoas infectadas.

Assim, dois princípios são básicos: reduzir o risco de contaminação com medidas profiláticas e diminuir a probabilidade de contaminação por todos os meios. Apesar das causas indicadas serem universais, a diversidade dos meios de cultura faz com que a preparação do alimento fique em função do ambiente onde é processado. A Organização Mundial da Saúde estima que as enfermidades causadas por alimentos contaminados constituem um dos problemas sanitários mais difundidos no mundo de hoje. E, portanto, deve atender as seguintes "Regras de Ouro" da não contaminação.

- Escolher alimentos tratados de forma higiênica.
- Cozinhar bem os alimentos.
- Consumir imediatamente os alimentos cozidos.
- Armazenar cuidadosamente os alimentos cozidos.
- Reaquecer bem os alimentos cozidos.

- Evitar o contato entre os alimentos crus e cozidos.
- Lavar as mãos constantemente.
- Manter escrupulosamente limpas todas as superfícies de trabalho na preparação de alimentos.
- Manter os alimentos fora do alcance de insetos, roedores e outros animais.
- Utilizar água potável.

10
COZINHA

"Se examinarmos o modo como a tecnologia é traduzida em termos de requisitos para criação de empregos, veremos uma aceitação generalizada da noção do imperativo tecnológico por parte da maioria dos dirigentes".
Louis Davis

OBJETIVOS DO CAPÍTULO

- Mostrar que a cozinha deve ser operada com eficiência, eficácia e efetividade, por ser o coração do restaurante.
- Mostrar fatores e índices que determinam o rendimento da matéria-prima.
- Mostrar a necessidade imperiosa da higiene e limpeza num restaurante.
- Mostrar que, ainda no projeto, o arranjo físico deverá ser muito bem definido.

10.1 COZINHA INDUSTRIAL

A cozinha industrial é um tipo de cozinha, cuja finalidade é o fornecimento de refeições prontas e semiprontas. Será considerada como uma unidade de trabalho que desempenha atividades relacionadas à alimentação e à nutrição, sendo parte de um sistema maior, o restaurante (empresa). Ela apresenta as seguintes mais importantes funções:

- Preparação de refeições para atender os consumidores.
- Preparação parcial dos alimentos para atender outros varejos de alimentos.
- Preparação de comida para consumo final em bufês.
- Preparação de alimentos congelados.

Algumas empresas mantiveram ou criaram cozinhas com serviços próprios, modalidade em que a empresa assume toda a responsabilidade, pela elaboração e distribuição das refeições, necessitando, portanto, de infraestrutura para um controle de qualidade efetivo. Outras empresas optaram por serviços terceirizados, sob a forma de um contrato de prestação de serviços. Convém mencionar que as empresas prestadoras de serviços, em sua maioria, foram criadas a partir de um esquema familiar, que cresceu em função de recursos humanos devidamente preparados. Há, ainda, o agrupamento de empresas, de uma determinada área geográfica, que decide em comum por uma Cozinha Central, havendo, desta forma, uma redução de investimentos e custos de toda ordem.

É importante salientar que, em qualquer empresa, há a necessidade de se estabelecer uma terminologia (conjunto de vocábulos, sinais e símbolos de um campo de conhecimento, arte ou ciência). Diferente do idioma, ela deve evitar ao máximo os sinônimos, pois, adotando esse princípio, tornará, entre outros benefícios, mais fácil a memorização e a associação com o conceito embutido. Como dentro da cozinha muitos termos técnicos são utilizados, é recomendável que todo profissional de cozinha conheça a linguagem daqueles que trabalham na preparação de comida:

Cocção – É um termo que se refere às técnicas de preparação dos alimentos para serem consumidos, por meio da ação de calor, como: cozimento, fritura, assamento, por exemplo.

Saltear – É uma técnica de cocção rápida, utilizada para alimentos picados ou de tamanho reduzido. Deve ser realizada, em fogo alto, com a utilização de pouca gordura, sendo necessário, ainda, movimentar bem o alimento para que todas as partes tenham contato com o óleo quente. O objetivo deste método é realçar as cores dos alimentos, além de manter a sua textura e de agregar sabor, rapidamente.

Marinar – É um termo utilizado em culinárias que significa deixar alimentos crus em contato com uma mistura de temperos, como caldo de limão, sal, azeite, vinho, entre outros, durante um determinado tempo.

Branquear – Refere-se a um processo de cocção, em que o alimento, principalmente vegetais, é cozido em água quente por poucos minutos. Em seguida, o alimento cozido deverá ser colocado dentro de outro recipiente com água fria para ocorrer um resfriamento rápido. O objetivo é obter vegetais semicozidos e com uma cor bem viva.

Dourar – Significa levar um determinado alimento ao fogo alto, utilizando muito pouca gordura, o suficiente apenas para não grudar na panela, cujo objetivo é cozinhar rapidamente o alimento, sem que ele escureça.

Gratinar – É um método de cocção, no qual a superfície do alimento deverá receber temperaturas elevadas, geralmente, de 250 a 300 ºC, e por pouco tempo. Nesse método, pode-se cobrir o alimento com uma camada de queijo ralado, por exemplo, para obter a formação de uma crosta superior.

Fritar – É outro método de cocção, que consiste em mergulhar o alimento em gordura aquecida para que se forme uma crosta ao seu redor.

Empanar – É um método que consiste em envolver o alimento com uma camada, formada por uma combinação de ingredientes como: farinha de trigo, ovos, farinha de rosca, leite, cerveja e outros.

Refogar – Significa fritar um alimento em gordura aquecida, mas por um tempo inferior ao que é gasto no método de fritura.

Fundo – Líquido aromático, usado para facilitar e padronizar os processos de cozinha, podendo ser claro ou escuro.

Mirepoix – É uma mistura de legumes aromáticos, cortados em tamanhos semelhantes, utilizado para dar sabor às preparações. É composto por 50% cebola, 25% cenoura e 25% salsão.

Bouquet Garni – É um maço de ervas aromáticas, geralmente, composto por uma combinação de: talos de salsa, ramo de tomilho e folha de louro.

Sachê – São temperos como: pimenta em grão, cravo, dente de alho, folha de louro, embrulhados em um pedaço de gaze, formando um saquinho.

Cebola Piquet – Uma cebola branca pequena com a incrustação de 2 cravos e uma folha de louro. Pode ser só com cravos.

Cebola Brulée – Cebola cortada em pétalas e douradas na chapa. Usada para dar cor e sabor.

Roux – Mistura feita com 50% de farinha de trigo e 50% de manteiga quente, usada como espessante.

10.2 CONVERSÃO DE UNIDADES DE MEDIDA

A necessidade de medir é muito antiga e remonta à origem das civilizações. Por longo tempo cada país, cada região, teve o seu próprio sistema de medidas, baseado em unidades arbitrárias e imprecisas. Entretanto, o desenvolvimento científico e tecnológico passou a exigir medições mais precisas e diversificadas. Por isso, em 1960, o sistema métrico decimal foi substituído pelo Sistema Internacional de Unidades (SI), mais complexo e sofisticado, adotado também pelo Brasil em 1962 e ratificado pela Resolução 12, de 1988, do Conselho Nacional de Metrologia, Normalização e Qualidade Industrial, tornando-se de uso obrigatório em todo o território nacional.

Toda vez que você se refere a um valor ligado a uma unidade de medir, significa que, de algum modo, você realizou uma medição. O resultado de uma medição pode ser: 250,80cm

Onde:

250,80 = Valor numérico até a segunda casa decimal

cm = Unidade de medida

Para se trabalhar em uma cozinha profissional, você precisa conhecer muito bem a relação existente entre unidades, uma vez que as receitas nem sempre são padronizadas. É muito comum encontrarmos receitas com as medidas dos ingredientes atribuídas a utensílios muito utilizados como: pires, xícara, colher de chá ou de sopa, por exemplo. No entanto, medir os ingredientes dessa maneira não é um procedimento preciso, uma vez que você dificilmente colocará exatamente a mesma quantidade de um determinado ingrediente em uma xícara, por exemplo, se você fizer isso mais de uma vez. Daí surge então a necessidade de se conhecer a correspondência entre essas medidas.

A seguir, são colocados quadros onde se faz a conversão de medidas:

Líquidos em Xícaras	Equivalência em ml
1 xícara	240 ml
1/2 xícara	120 ml
1/3 xícara	80 ml
1/4 xícara	60 ml

Quadro 10.1: Conversão de xícara de líquidos para mililitros.

Chocolate em Pó em Xícaras	Equivalência em g
1 xícara	90 g
1/2 xícara	45 g
1/3 xícara	30 g
1/4 xícara	20 g

Quadro 10.2: Conversão de xícara de chocolate em pó para gramas.

Manteiga, Margarina e Gordura Vegetal	Equivalência em g
1 xícara	200 g
1/2 xícara	100 g
1/3 xícara	30 g
1/4 xícara	20 g

Quadro 10.3: Conversão de xícara de chocolate em pó para gramas.

Açúcar	Equivalência em g
1 xícara	180 g
1/2 xícara	90 g
1/3 xícara	60 g
1/4 xícara	45 g

Quadro 10.4: Conversão de xícara de açúcar para gramas.

Farinha de Trigo	Equivalência em g
1 xícara	120 g
1/2 xícara	60 g
1/3 xícara	40 g
1/4 xícara	30 g

Quadro 10.5: Conversão de xícara de farinha de trigo para gramas.

Ingredientes Medidos em Colher	Equivalência em g
1 colher de sopa de líquidos	15 ml
1 colher de chá de líquidos	5 ml
1 colher de sopa de pó	6 g
1 colher de sopa de manteiga	60 g
1 colher de sopa de açúcar	12 g
1 colher de sopa de farinha de trigo	7,5 g

Quadro 10 6: Conversão de colher para gramas ou mililitros.

10.3 FATOR DE CORREÇÃO DO ALIMENTO

Uma grande parte das matérias-primas utilizada na preparação de alimentos não está pronta para o uso e necessita ser manipulada, o que provoca perdas as quais precisam ser computadas no cálculo do custo. Assim, parte dela é jogada fora no pré-preparo dos produtos, encarecendo o custo de aquisição, já que o preço pago será dividido por uma quantidade menor por conta das perdas.

Algumas tabelas apresentam fatores que corrigem essas perdas. Esse fator, chamado de fator de correção (FC), mede a relação entre o peso bruto (PB) e o peso limpo (PL) do alimento. Entende-se por peso bruto aquele que é medido, quando adquirido do fornecedor e por peso líquido aquele que é medido depois de limpo e pronto para ser utilizado pelo cozinheiro, isto é após o pré-preparo. O fator de correção (FC) é dado pela fórmula:

FC = PB / PL
PL = PB / FC

Tomemos o exemplo de uma empresa que recebeu 10 kg de alface e após a limpeza pesou 6,85 kg. O fator de correção é:

FC = 10 / 6,85 = 1,46

Se o restaurante adquiriu 20 kg de filé mignon e no pré-preparo pesou 15,63kg, o fator de correção é igual:

FC = 20 / 15,63 = 1,28

Se o chef indica na receita que precisa de determinada quantidade de um alimento, ele está se referindo à quantidade limpa que será utilizada. Logo é necessário calcular quanto do alimento precisa ser pesado ou medido (peso bruto) para que, ao limpá-lo e deixá-lo pronto para o uso (pré-preparo), ele pese ou meça o que foi indicado na receita. Assim, se a receita indicar 20 g de azeitonas e o fator de correção da azeitona é 1,50, usamos a fórmula para calcular o valor necessário:

PB = PL x FC = 20 x 1,50 = 30 g

Isso quer dizer, que na hora de calcular o custo do prato, deveremos considerar o peso bruto e não o peso líquido, como especificado na receita, porque as perdas precisam ser consideradas. Se a cozinha conhece a demanda de um determinado material, como por exemplo, costela de porco e sua compra é feita por semana, a cozinha sabendo que o fator de correção para a costela de porco é de 1,08 e o prato é de 500 g, deverá fazer o seguinte cálculo, para 20 pratos:

PL = 20 pratos x 7 dias x 500 g = 70.000g = 70,00 kg
PB = 70 x 1,08 = 75,60g

Isso quer dizer que deverão ser comprados 75,60 kg de costela, pois 5,60 kg (75,60 - 70,00) serão desperdiçados na limpeza da carne. Nesse caso, o fator de correção é utilizado para determinar a quantidade a ser comprada a fim de oferecer ao cliente o que está especificado no cardápio costelas de porco de 500 g. Outra aplicação interessante do fator de correção é permitir observar e comparar a qualidade do fornecimento das matérias-primas. Às vezes, a empresa opta por um preço mais baixo, mas precisa ficar atenta aos desperdícios.

Assim, quanto maior o desperdício maior é o fator de correção. Há épocas em que certos alimentos estão fora da safra e apresentam problemas de qualidade e significativas perdas. Elevando os custos. A seguir, são apresentados, como exemplo, fatores de correção para Hortaliças, Legumes e Tubérculos:

Nome	FC	Nome	FC	Nome	FC
Abóbora	1,33	Arroz integral	1,01	Ervilha	1,03
Abobrinha	1,26	Arroz Tipo 1	1,00	Ervilha Fresca	2,00
Agrião	1,78	Batata Doce	1,21	Espinafre	1,79
Aipo	1,34	Batata Inglesa	1.06	Feijão em geral	1,03
Alcachofra	2,08	Bertalha	1,80	Milho Verde	2,42
Alface Crespa	1,46	Brócolis	2,56	Palmito	2,04
Alface Lisa	1,31	Cebola	1,53	Pimentão	1,57
Alho	1,08	Cenoura	1,16	Quiabo	1,31
Alho Porro	1,62	Cheiro Verde	1,10	Repolho	1,35

Quadro 10.7: Tabela do Fator de Correção.

Apesar desse fator já estar calculado para muitos alimentos, não se pode esquecer de que são valores médios. A região de cultivo, a cultura local e os vícios do produtor (fornecedor) de insumos, que muitas vezes, não eliminando materiais estranhos, afetam o fator de correção. Esse valor também pode ser alterado por métodos, equipamentos e processos. A seguir, um exemplo para o produto Carne Seca (kg), onde as compras foram realizadas, num determinado período e em diversos fornecedores.

Nº	Data	Fornecedor	C	QB	QL	C x QB	C x QL	FC	QP	%
1	01/02/2014	Prezunic	13,90	6,30	2,98	87,57	41,42	2,11	46,16	53%
2	10/02/2014	Samis	12,09	6,00	3,20	72,54	38,69	1,87	33,85	47%
3	15/02/2014	Extra	16,00	2,30	1,09	38,87	18,42	2,11	20,45	52%
4	20/02/2014	Mundial	13,09	1,06	0,62	14,73	8,62	1,70	6,11	41%

5	25/02/2014	Marba	10,78	15,00	8,00	161,70	86,24	1,87	75,46	47%
6	05/03/2014	Veneza	13,00	10,00	5,72	130,00	74,36	1,75	55,64	43%
7	15/03/2014	Seara	13,00	3,50	1,77	48,65	24,00	1,98	24,05	49%
	Totais			44,16	23,38	554,06	292,35	13,39	261,72	47%
	Médias			12,55	12,50			1,91		

Quadro 10.8: Cálculo do Fator de Correção.

Simbologia:
C = Custo / Kg
QB = Quantidade Bruta
QL = Quantidade Líquida
FC = Fator de Correção
MQB = Média da Quantidade Bruta
MQL = Média da Quantidade Líquida
MFC = Média do Fator de Correção
QP = Quantidade Perdida
% = Percentual de Perda

Cálculo das Médias:
MQB = 12,55 (554,06 / 44,16)
MQL = 12,50 (292,35 / 23,38)
MFC = 1,91 (13,39 / 7)

Nota: Fator é aquilo que contribui para um resultado.

10.4 ÍNDICE DE COCÇÃO DOS ALIMENTOS

O índice é uma medida (relação) idealizada para mostrar a variação, num determinado período de tempo e se este valor oscilou para cima ou para baixo. É possível estabelecer relações do ano em curso com os anos anteriores. Um bem que, em 1995, custava $ 10,00 e, em 2003, passou a custar $ 25,00, diz-se que teve uma variação de:

I = 25,00 / 10,00 = 2,5 = 250%

O valor 2,5 é um índice e o valor 250% é o percentual de variação (ou de desvio).

O índice de cocção (IC) é a relação entre o peso cozido (PC) e o peso limpo (PL) do alimento. Assim, podemos escrever que:

IC = PC / PL

Esse índice expressa a perda de água ou a retração das fibras de um insumo, como é o caso das carnes e vegetais. O IC é muito importante quando a cozinha cobra por peso. Para uma mesma porção de carne crua e limpa podem-se obter pesos diferentes na balança de venda se a carne estiver bem ou mal passada. Segundo Braga, na criação de um prato, o índice de cocção é sempre observado pelo Chef para que as porções servidas sejam generosas ou bem calculadas. Para isso, é preciso definir primeiro o peso final do prato (PC) que lhe parecer conveniente e divide-o pelo IC. Dessa forma, obterá o peso limpo (PL), que usará na preparação da receita.

PL = PC / IC

Exemplo:
PC = 200 g
IC = 0,65
PL = 200/0,65 = 307,69 g (300 g aproximadamente)

Índice de cocção menor que 1,0, significa perda de peso durante a cocção. Se maior do que 1,0, indica ganho de peso. A seguir, uma tabela geral para o índice de cocção:

Alimento	Índice de Cocção
Carnes com muita gordura	0,4 a 0,5
Carnes com pouca gordura	0,6 a 0,7
Cereais (arroz, aveia, milho, trigo,)	2,0 a 3,0
Hortaliças (folhosos) – Calor com pouco tempo	0,5 a 0,6
Hortaliças (folhosos) – Calor misto para refogar com água	0,4 a 0,5
Legumes e Frutas	0,6 a 0,7
Leguminosas (feijões, grão de bico, soja, lentilha)	2,20 a 2,5
Tubérculos	0,9 a 1,0

Quadro 10.9: Tabela do Índice de Cocção.

10.5 FATOR DE CORREÇÃO TOTAL DOS ALIMENTOS

Como PB = FC x PL e PL = PC / IC, vem:

PB = FC (PC / IC)
PB = (FC / IC) PC

Se chamarmos (FC / IC) como um fator de correção total (FCT), vem:

PB = FCT x PC
FCT = PB / PC

Assim, para dar um exemplo, suponhamos que o chef decidiu elaborar uma receita e pensou em partir das quantidades finais que gostaria de ter no prato do cliente. Escolheu ter 150 g de carne de primeira, 50 g de arroz tipo 1 e 60 g de brócolis. Que quantidade bruta (QB) ou peso bruto (PB) de cada insumo deverá usar? Conhecendo-se o fator de correção e o índice de cocção de cada insumo fica fácil orientar o chef. Se FCT = FC / IC, podemos estabelecer uma tabela que calcula o valor do Fator de Correção Total (FCT), em função dos valores determinados nas tabelas dos fatores de correção e dos índices de cocção:

216 • Gestão de Restaurante

Produto	FC	IC	FCT
Carne de Primeira	1,28	0,65	1,97
Arroz do Tipo 1	1,00	2,50	0,40
Brócolis	2,56	0,55	4,65

Quadro 10.10: Fator de Correção Total.

Solução:

Se os fatores de correção total são:

FCT da Carne = 1,97
FCT do Arroz = 0,40
FCT do Brócolis = 4,65

Então os pesos brutos serão:

PB = 1,97 x 150 = 295,5 g de carne
PB = 0,40 x 50 = 20,0 g de arroz
PB = 4,65 x 60 = 279,0 g de brócolis

A seguir, exemplos de tabelas de correção total de alimentos:

Produto	FC	IC	FCT	QL	QB	Desvio
Alcachofra	2,08	0,70	2,97	100	297	197%
Alface Crespa	1,46	0,80	1,83	100	183	83%
Alface Lisa	1,31	0,80	1,64	100	164	64%
Alho	1,08	0,90	1,20	100	120	20%
Alho Porró	1,62	0,90	1,80	100	180	80%
Amendoim c/ Casca	2,00	0,80	2,50	100	250	150%
Amendoim s/ Casca	1,35	0,80	1,69	100	169	69%
Arroz Integral	1,01	2,00	0,51	100	51	-50%
Arroz Parbolizado	1,00	2,50	0,40	100	40	-60%
Arroz Tipo 1	1,00	2,00	0,50	100	50	-50%
Aspargo	2,00	0,50	4,00	100	400	300%
Batata Doce	1,21	0,90	1,34	100	134	34%
Batata Inglesa	1,08	0,75	1,44	100	144	44%
Berinjela	1,08	0,70	1,54	100	154	54%
Bertalha	1,80	0,40	4,50	100	450	350%
Beterraba	1,53	0,80	1,91	100	191	91%
Brócolis	2,56	0,70	3,66	100	366	266%
Cebola	1,53	0,90	1,70	100	170	70%
Cebolinha	1,18	0,60	1,97	100	197	97%
Cenoura	1,15	0,90	1,28	100	128	28%
Cheiro Verde	1,10	0,60	1,83	100	183	83%
Chicória Lisa	1,13	0,60	1,88	100	188	88%
Chicória Crespa	1,35	0,60	2,25	100	225	125%
Chuchu	1,35	0,65	2,08	100	208	108%

Coentro	1,26	0,50	2,52	100	252	152%
Couve	1,50	0,60	2,50	100	250	150%
Couve Flor	2,24	0,50	4,48	100	448	348%
Ervilha	1,03	0,90	1,14	100	114	14%
Ervilha Fresca	1,10	0,90	1,22	100	122	22%
Espinafre	1,79	0,50	3,58	100	358	258%
Feijão em Geral	1,03	2,25	0,46	100	46	-54%
Gengibre	1,11	0,90	1,23	100	123	23%
Grão de Bico	1,02	2,25	0,45	100	45	-55%
Hortelã	1,36	0,60	2,27	100	227	127%
Lentilha	1,02	2,00	0,51	100	51	-49%
Mandioquinha	1,15	1,30	0,88	100	88	-12%
Milho Seco	1,47	2,00	0,74	100	74	-27%
Milho Verde	2,43	2,00	1,22	100	122	22%
Pepino	1,17	1,00	1,17	100	117	17%
Pimentão	1,57	0,80	1,96	100	196	96%
Quiabo	1,31	0,60	2,18	100	218	118%
Repolho	1,35	0,70	1,93	100	193	93%
Soja	1,88	2,00	0,94	100	94	-6%
Tomate	1,61	0,60	2,68	100	268	168%

Tabela 10.1: Fator de Correção Total de Legumes e Verduras.

Produto	FC	IC	FCT	QL	QB	Desvic
Acém	1,17	0,70	1,67	100	167	67%
Alcatra	1,17	0,79	1,48	100	148	48%
Alcatra Completa	1,21	0,79	1,53	100	153	53%
Bacon em Cubos	1,45	0,50	2,90	100	290	190%
Bacon Feijoada	1,14	0,55	2,07	100	207	107%
Bucho	1,11	0,70	1,59	100	159	59%
Calabresa	1,00	0,75	1,33	100	133	33%
Carne Seca	1,13	0,45	2,51	100	251	151%
Chã de Dentro	1,11	0,70	1,59	100	159	59%
Contra Filé c/Cordão	1,14	0,75	1,52	100	152	52%
Contra Filé s/Cordão	1,33	0,78	1,71	100	171	71%
Copa Lombo	1,04	0,62	1,68	100	168	68%
Coração Frango c/t	1,16	0,58	2,00	100	200	100%
Coração Frango s/t	1,09	0,58	1,88	100	188	88%
Costela Grossa	1,08	0,50	2,16	100	216	116%
Costela Porco	1,10	0,75	1,47	100	147	47%
Costela Três Ripas	1,13	0,50	2,26	100	226	126%
Costelinha Porco	1,08	0,75	1,44	100	144	44%
Coxão Mole	1,05	0,70	1,50	100	150	50%
Filé Mignon	1,28	0,70	1,83	100	183	83%
Lagarto	1,15	0,60	1,92	100	192	92%
Linguiça	1,04	0,73	1,42	100	142	42%
Lombo de Porco	1,25	0,75	1,67	100	167	67%
Maminha	1,33	0,63	2,11	100	211	111%
Milanesa Alcatra	1,32	0,92	1,43	100	143	43%

Milanesa Bola da Pá	1,16	0,72	1,61	100	161	61%
Miolo Alcatra	1,16	0,63	1,84	100	184	84%
Músculo	1,12	0,60	1,87	100	187	87%
Orelha de Porco	1,26	0,70	1,80	100	180	80%
Ovo Codorna	1,13	1,00	1,13	100	113	13%
Pá	1,65	0,70	2,36	100	236	136%
Paio	1,00	0,80	1,25	100	125	25%
Paleta	1,12	0,80	1,40	100	140	40%
Paleta Bovina	1,20	0,70	1,71	100	171	71%
Patinho	1,15	0,80	1,44	100	144	44%
Pé de Porco	1,16	0,44	2,64	100	264	164%
Peito	1,25	0,60	2,08	100	208	108%
Picanha	1,27	0,70	1,81	100	181	81%
Picanha/Alcatra	1,27	0,63	2,02	100	202	102%
Ponta do Peito	1,71	0,60	2,85	100	285	185%
Quarto Traseiro	1,59	0,65	2,45	100	245	145%
Quarto Dianteiro	1,15	0,70	1,64	100	164	64%
Rabada	1,13	0,45	2,51	100	251	151%
Rabo de Porco	1,73	0,46	3,76	100	376	276%

Tabela 10.2: Fator de Correção Total de Carnes, Miúdos e Ovos.

Produto	FC	IC	FCT	QL	QB	Desvio
Agulha	1,14	0,75	1,52	100	152	52%
Arenque	1,78	0,75	2,37	100	237	137%
Asa de Frango	2,24	0,65	3,45	100	345	245%
Atum	1,18	0,75	1,57	100	157	57%
Bacalhau	2,52	0,75	3,36	100	336	236%
Badejo	1,20	0,70	1,71	100	171	71%
Cação	1,18	0,75	1,57	100	157	57%
Coxa Frango	1,50	0,70	2,14	100	214	114%
Corvina	1,19	0,75	1,59	100	159	59%
Dourado	1,18	0,75	1,57	100	157	57%
Drumet c/t	1,10	0,65	1,69	100	169	69%
Drumet s/t	1,16	0,70	1,66	100	166	66%
Enchova	1,00	0,75	1,33	100	133	33%
Filé de Peito Frango	1,07	0,70	1,53	100	153	53%
Filé Sobrecoxa	1,09	0,65	1,68	100	168	68%
Frango	2,05	0,65	3,15	100	315	215%
Galinha	1,72	0,65	2,65	100	265	165%
Garoupa	1,13	0,75	1,51	100	151	51%
Linguado	2,56	0,75	3,41	100	341	241%
Lula	1,16	0,70	1,66	100	166	66%
Merlusa	1,66	0,70	2,37	100	237	137%
Pato	1,56	0,65	2,40	100	240	140%
Peito de Frango	1,39	0,65	2,14	100	214	114%
Peru	1,64	0,70	2,34	100	234	134%
Pescadinha	2,00	0,70	2,86	100	286	186%
Pintado	1,03	0,70	1,47	100	147	47%
Rã	1,17	0,50	2,34	100	234	134%

Robado	2,08	0,70	2,97	100	297	197%
Salmão	2,17	0,70	3,10	100	310	210%
Sardinha	1,70	0,70	2,43	100	243	143%
Sobreasa de Frango	1,50	0,65	2,31	100	231	131%
Sobrecoxa	1,31	0,70	1,87	100	187	87%
Truta	2,04	0,70	2,91	100	291	191%
Vermelho	1,21	0,70	1,73	100	173	73%

Tabela 10.3: Fator de Correção Total de Aves e Peixes.

10.6 AMBIENTE FÍSICO DA COZINHA

Ambiente é todo um espaço (contexto) que envolve externamente uma organização de forma direta e indireta. É constituído de: pessoas, sistemas, recursos, grupos, famílias e organizações que formam a sociedade. Alguns autores ainda consideram que existem dois ambientes: externo e interno (a própria organização).

Desnecessário dizer que o ambiente físico onde se trabalha é extremamente importante, pois em condições adversas, o ser humano tem um rendimento muito baixo, se irritando com facilidade, exacerbando conflitos e baixando a produtividade. Para que o alimento fique livre de contaminação, será necessário que as pessoas que irão lidar com esse tipo de produto entendam e pratiquem regras adequadas de fabricação, o que só será possível de ser alcançado, por meio de instalações físicas. Os locais onde os alimentos ficarão acondicionados e, também onde serão preparados, deverão oferecer condições satisfatórias, para que o produto daí resultante seja de qualidade.

Nesse sentido, faz-se necessário que o manipulador de alimentos conheça os aspectos básicos de higiene do local onde irá trabalhar e, com isso, tenha condições de avaliar as possibilidades de realizar um trabalho com segurança, competência, satisfação e profissionalismo. A seguir, serão abordados os princípios e premissas que nortearão o trabalho do pessoal de cozinha:

Quanto ao Local de Fabricação: Ser totalmente livre de focos de insalubridade; Ser um local arejado, com ar limpo e seco; Ter as áreas livres para facilitar as operações; Ser abastecido por água limpa e tratada; Ter fornecimento de energia elétrica, que não sofra frequentes quedas de tensão.

Quanto aos Depósitos: Ser bem arejado, isento de umidade e que não favoreça a entrada de pragas; Ter estantes de aço que fiquem paralelas umas às outras, formando entre elas corredores de 70 cm a 1 m de largura; Utilizar apenas estrados de plástico, para evitar a absorção de umidade, evitando a possibilidade do desenvolvimento de fungos.

Quanto ao Piso: Ter uma aparência de uma ambiente saudável; Ser impermeável e antiderrapante.
Ser de fácil higienização e desinfecção; Ter cantos arredondados, para não permitir o acúmulo de restos de comida ou mesmo sujeira; Possuir uma leve inclinação, permitindo que a água, utilizada na limpeza, seja conduzida para ralos e canaletas; Ter ralos do tipo sifonado e com dispositivos de proteção e limpeza rápida; Ter uma cor clara, sendo o branco a cor mais apropriada; Estar em bom estado de conservação, ou seja, livre de defeitos, rachaduras, trincas e buracos; Ter um índice de reflexão entre 15% a 30%.

Quanto ao Abastecimento de Água: O abastecimento de água potável deve estar ligado à rede pública; A potabilidade da água deve ser atestada através de laudo de análise periódica; A água para consumo deve ser límpida, transparente, insípida e inodora; A água utilizada para o consumo direto, ou no preparo dos alimentos, deve ser controlada, independentemente das rotinas de manipulação dos alimentos; O reservatório de água deve estar isento de rachaduras, livre de infiltrações e deve ser mantido sempre tampado; As águas de poços, minas e outras fontes alternativas, para serem usadas, devem estar livres de riscos de contaminação.

Quanto às Paredes: Devem ser lisas e de cor clara; Serem impermeabilizadas, com azulejos de cerâmica, resistentes à corrosão e de fácil limpeza; Não ter rachaduras e trincas, para evitar que incrustações se formem nestes locais; Ter cantos arredondados nos ângulos retos que fizerem do piso e teto; Deverão receber rejunte que seja resistente à corrosão; Serem impermeáveis para evitar infiltrações de água; Devem ter um índice de reflexão na faixa de 50% a 75%.

Quanto ao Teto: Ser impermeável ao vapor de água, que se forma durante o cozimento dos alimentos; Ser isento de vazamentos, goteiras, rachaduras, umidade, bolor e descascamento; Ser de material lavável e de cor branca; Possuir acabamento liso o suficiente para não permitir o acúmulo de gorduras e sujeiras; Estar em perfeitas condições de limpeza e não deve possuir aberturas que não estejam protegidas com tela milimétrica, ou material similar, removível para limpeza; Ter um pé direito normal de 3,00m.

Quanto às Portas e Janelas: As portas deverão possuir sistemas de fechamento automático com molas; As portas deverão ter aberturas, entre a parte inferior e o piso, iguais a 1 cm, para receber uma boa vedação, evitando a entrada de ratos e baratas; As janelas deverão ser localizadas em pontos que evitem a incidência direta da luz solar sobre as superfícies de trabalho; As janelas devem ser protegidas por tela, se necessária sua abertura para o interior do ambiente; Portas e janelas devem ser de material liso, para facilitar a limpeza; Portas e janelas deverão ser pintadas de cor clara e devem ser bem conservadas.

Quanto às Lixeiras: Nas áreas de manipulação de alimentos, o lixo deverá ter recipientes adequados para coletar lixo; Os recipientes de lixo deverão ser de plástico (aço), que devem ter suas tampas acionadas por pedais; As lixeiras deverão ser revestidas de sacos plásticos, internamente; Os depósitos de lixo deverão ficar em lugares fechados, isentos de pragas; O fluxo do lixo não deverá cruzar com os alimentos in natura e muito menos com os preparados.

Quanto aos Sanitários e Vestiários: Serem amplos e separados por sexo; Serem equipados com armários, para os funcionários guardarem pertences próprios; Deverão possuir vasos sanitários que permitam o descarte do papel higiênico utilizado em seu interior, não sendo permitido que este material seja acumulado em lixeiras; Deverão possuir lavatórios com sabão líquido e papel toalha, descartável em recipientes próprios; Não devem ter comunicação direta com as áreas de manipulação e produção dos alimentos; Deverão ter paredes e pisos revestidos com material cerâmico, para facilitar sua limpeza; Deverão ser do conhecimento de todos os funcionários as normas de utilização dessas instalações.

Quanto aos Lavatórios: Será obrigatório ter lavatórios instalados nas entradas das áreas de manipulação e preparação de alimentos; Deverão ser equipados com os mesmos dispositivos dos sanitários e vestiários; Deverão ter torneiras que sejam acionadas por controle eletrônico ou alavancas sem contato direto com as mãos já lavadas.

Quanto às Tubulações: As tubulações de água, esgoto, vapor e elétrica devem ser pintadas nas cores indicadas pela autoridade competente em segurança e medicina do trabalho, para identificação e facilidade de manutenção; Os tubos de vapor devem ter revestimento térmico de lã de vidro e alumínio para conservação da temperatura de vapor; As tubulações devem ser externas para facilitar a manutenção; As tomadas de força devem ser individualizadas e blindadas, para facilitar a higienização das paredes e evitar a entrada de água na rede elétrica.

Quanto ao Esgoto: Os dejetos devem ter ligação direta com a rede de esgoto ou, quando necessário, devem ser tratados, adequadamente, para serem eliminados em: rios, lagos, lagoas e oceanos; As caixas de gordura e de esgoto não podem localizar-se no interior das áreas de processamento de alimentos.

10.7 AMBIENTE INTERNO DA COZINHA

A seguir, abordaremos os fatores que mais influenciam a qualidade ambiental do interior da cozinha:

Iluminação – A iluminação exerce uma forte influência no comportamento das pessoas. Sua utilização adequada evita doenças visuais, aumenta a eficiência do trabalho e diminui o número de acidentes. A iluminação deve ser distribuída uniformemente pelo ambiente, evitando ofuscamento, sombras, reflexos fortes e contrates excessivos. Deve incidir numa direção que não prejudique os movimentos nem a visão das pessoas que ali trabalhem. As janelas, ou outros tipos de abertura, deverão estar dispostos de maneira que não permitam a penetração direta do sol sobre a superfície de trabalho.

Deverá ser do conhecimento de todos que a iluminação pode interferir no desempenho dos manipuladores e até mesmo provocar alterações nos alimentos. Por isso, o grau de luminosidade não deverá prejudicar a visão dos manipuladores. A iluminação artificial não deverá alterar as características visuais dos produtos.

A iluminação mais recomendada para as cozinhas é a natural que, sendo um acelerador das trocas orgânicas, funciona como bactericida, devido à existência de raios ultravioletas. A iluminação natural age como um tônico estimulando as funções do organismo e propiciando sensações de alegria e maior disposição para o trabalho, está diretamente relacionada ao nível de trabalho produzido. Além disso, a iluminação natural é mais econômica, vez que é obtida da luz solar e pode ser assegurada ao ambiente de trabalho. A má iluminação é a causa de 20% dos acidentes de trabalho. Mas, será que se aumentar a iluminação, aumentará o rendimento? Não, pois há um ponto ótimo a partir do qual ele começará a decrescer. O estudo da fisiologia dos olhos mostra que a acomodação da pupila à claridade do ambiente provoca esforço e fadiga.

Pequenas variações, se forem frequentes, cansarão. Para ser boa, uma iluminação deve satisfazer às seguintes condições: O foco luminoso deve fornecer toda a luz que a pessoa necessita; O foco deve ser constante e uniformemente distribuído; O foco não deve ser resplandecente, porque ofusca a visão. Também é preciso evitar as oposições de claro e escuro e os contrastes violentos de luz e sombra, bem como as superfícies polidas e brilhantes que atrapalham a visada do operador.

A quantidade de luz incidente dentro de um ambiente não deve depender somente do trabalho a ser realizado pelo homem, mas também da interferência dos arredores imediatos, ou seja, a cor do local, o nível de reflexão do mesmo e dos demais objetos ali encontrados. Nem todo trabalho ou ambiente exige o mesmo iluminamento. A necessidade de mais ou menos luz depende do tamanho dos objetos, da sua cor, do seu brilho e do seu movimento, bem como da natureza da operação que se realiza. Objetos pequenos, escuros e em movimento exigem mais claridade para serem vistos. Objetos grandes, claros e parados, ou em movimento lento, são vistos bem, com pouca claridade.

Nota: A Associação Brasileira de Normas Técnicas, na Norma NB-57, estabeleceu os níveis de iluminamento para todas as atividades.

O eficiente aproveitamento da luz solar se obtém, por meio: Da orientação do local de trabalho, de modo que permita iluminação, ação esterilizadora da luz solar, mínimo de calor e boa ventilação; Do tamanho e posição das aberturas de modo que permitam suficiente entrada de luz e boa circulação de ar; Da cor das paredes, escolhendo-se cores mais claras onde é menor a entrada de luz.

Por outro lado, a iluminação artificial, usada para corrigir ou substituir a iluminação natural, deve obedecer aos seguintes requisitos: Quantidade suficiente de lâmpadas; Espaçamento entre lâmpadas, para se obter uma distribuição mais uniforme da claridade; A altura das lâmpadas em relação aos produtos expostos deve permitir maior visibilidade; A lâmpada fluorescente não aquece o ambiente e permite maior uniformidade na distribuição da luz; O tipo de iluminação estará, em função do seu melhor aproveitamento; A reflexão deve ser considerada; Higiene e limpeza precisam ser, conscientemente, entendidas por todos.

A iluminação artificial, quando necessária, deve ser de natureza tal que não altere as características sensoriais dos alimentos. As lâmpadas e luminárias devem possuir sistema de segurança contra explosão e quedas acidentais. Não é recomendado que sejam instaladas sobre linha de produção ou de transporte de alimentos semipreparados. As luminárias devem sempre estar limpas e conservadas. Os níveis de iluminamento, em função da operação podem ser:

Trabalho Rude – Até 100 lux
Trabalho Geral – De 100 lux a 200 lux
Trabalho de Processamento – De 220 lux a 300 lux
Trabalho de Inspeção – De 300 lux a 600 lux

Nota: É bom lembrar que 60 w é igual a 200 lux.

Temperatura – Experiências demonstraram que, numa temperatura de 8ºC até 13ºC os acidentes eram 34% mais numerosos do que o eram nas temperaturas entorno de 20ºC, quando atingiam o seu mínimo. À medida que a temperatura se elevava, os acidentes aumentam. As condições extremas de temperatura sempre afetam o rendimento do trabalho. Uma temperatura demasiadamente elevada deprime o trabalhador, enquanto uma excessivamente baixa provoca inibição para o trabalho. Em ambos os casos, o organismo é obrigado a gastar energia que não é aproveitada pelo trabalho. Uma temperatura de conforto proporcionará maior rendimento.

Em algumas regiões, é difícil ou mesmo impossível manter uma temperatura amena todo ano, não só pelo clima, como pelo calor gerado pelos equipamentos e máquinas. O que justifica a instalação de coifas e exaustores, que além de retirar o ar quente leva também os odores ruins. Um outro fator é o uniforme que pode comprometer a produtividade.

A temperatura do ambiente nunca deve ser estudada isoladamente, pois a sua influência sobre o trabalhador depende do grau de umidade e da movimentação do ar. A mesma temperatura, com ar úmido ou com ar seco, tem influências diferentes, o mesmo ocorrendo se o ar estiver parado ou em movimento. A situação de conforto ou desconforto depende, pois, das condições do ar e da temperatura. Quando o ar está muito úmido, a evaporação é mais lenta, o mesmo ocorrendo quando ele está parado. Com o ar em movimento e com baixo grau de umidade, a evaporação é mais fácil. Para se obter condições de conforto, é preciso combinar a temperatura com o grau de umidade e o movimento do ar. Os meios de que se pode lançar mão para se obter conforto térmico são:

- Refrigeração do ar, quando a temperatura é muito elevada.
- Calefação ou aquecimento do ambiente.

Capítulo 10 COZINHA • 223

- Ventilação por meio de janelas, clarabóias, aberturas no teto, por exemplo.
- Exaustão de poeira, fumaça, fuligem.
- Uso de materiais isolantes.
- Climatização (ar condicionado).

O Quadro, a seguir, relaciona a temperatura, umidade relativa do ar e situação do trabalho:

Temperatura	Umidade Relativa do Ar	Situação Resultante
20 a 25	40%	Conforto
26 a 31	20%	Conforto
26 a 31	65%	Mal Estar
26 a 31	80%	Necessidade de Repouso
26 a 31	85%	Conforto em Repouso Fadiga no Trabalho
32 a mais	65%	Impossível Trabalho Pesado
32 a mais	80%	Limite de Tolerância Mesmo em Repouso

Quadro 10.11: Relação da Temperatura com Umidade Relativa do Ar.

Ventilação – Na área da cozinha é indispensável a existência de um sistema de ventilação e exaustão de vapores produzidos nos processos de cozimento. O sistema de ventilação terá a função de manter a temperatura do ambiente em torno de 26ºC, proporcionando, assim, maior conforto térmico, bem como a renovação do ar. Esta renovação fará com que o ambiente seja mais arejado, eliminando gases, fumaças, gorduras e vapores. É recomendado que o sentido da exaustão seja do mais limpo para o mais sujo.

O conforto pode ser garantido por aberturas de paredes (janelas) que permitam a circulação natural do ar, com área equivalente a 1/10 da área do piso. Quando este conforto não puder ser assegurado por meio natural, o mais indicado é recorrer a meios artificiais. Nas áreas de manipulação e produção, a circulação de ar deve ser assegurada ou por meios naturais ou artificiais, devidamente controlados por filtros. Cabe ressaltar que o ar condicionado e o ventilador são equipamentos que não atendem a estes requisitos e portanto não devem ser utilizados nas áreas de manipulação e processamento de alimentos.

As condições do ar do ambiente de trabalho devem satisfazer aos seguintes requisitos: O recinto deverá ser tão fresco quanto exija o conforto; Deverá haver adequada circulação de ar; A umidade relativa do ar não deve exceder a 70% e nem ficar aquém dos 25%; O ar, ao nível da cabeça, não deverá ser distintamente mais quente do que próximo ao chão, e vice-versa; O ar deverá estar isento de odores desagradáveis, de poeiras, de gases tóxicos, de fungos, de ácaros e de bactérias.

Ruído – Um ambiente de trabalho com sons discordantes e irritantes conduz a reações negativas, interferindo na execução de qualquer tarefa. O ruído é considerado uma das causas de doenças psicológicas, ocasionando elevação da pressão sanguínea, redução das secreções salivares e gástricas, perda da acuidade auditiva e neurose, por exemplo. Fator que não pode ser desprezado, quando se deseja melhorar as condições do ambiente de trabalho, é o ruído. Ruídos provocam fenômenos de intolerância nervosa, os quais criam atritos entre os funcionários. Diminuindo-se os ruídos do ambiente de trabalho, evitam-se problemas de relações humanas, de acidentes, de baixa produtividade. Para que haja conforto acústico, algumas medidas devem ser tomadas: eliminação ou atenuação dos ruídos na fonte, por meio de lubrificação de máquinas; reaperto de peças frouxas, amortecedores, silenciosos; isolamento da operação ruidosa, com paredes e tetos de material absorvente de som; proteção individual do trabalhador.

Mas, ao contrário dos sons musicais, que são harmoniosos e agradáveis, os ruídos são incômodos, desagradáveis e descontínuos. Como vibrações sonoras, os ruídos têm as qualidades comuns do som: altura, intensidade e frequência. No estudo dos ruídos, os fatores, geralmente, analisados, por serem os principais responsáveis pelos seus efeitos, são:

a) Nível de intensidade, ou de pressão sonora, exercida sobre o ouvido, podendo causar surdez temporária ou permanente.
b) Os sons agudos são mais prejudiciais que os graves.
c) O ruído contínuo provoca efeitos nocivos proporcionais à sua duração total.

Além dos aspectos acima, devem ser levados em conta a transmissão e a reverberação dos ruídos. Encontrando obstáculos de diversas naturezas em sua direção, o ruído se reflete, aumentando o tempo de reverberação, com prejuízos para a audição. A capacidade auditiva do homem vai de 0 a 120 decibéis, porém ruídos entre 70 db e 80 db já prejudicam a saúde e, passando dos 80 db, prejudicam o aparelho auditivo. A partir do reconhecimento do efeito negativo dos ruídos no comportamento humano, devem ser observados alguns cuidados na fase do planejamento físico da cozinha:

- As parede, quando paralelas, não devem ficar a mais de 17 m de distância, a fim de evitar o eco.
- Evitar projetos com formas circulares ou triangulares.
- Não instalar equipamentos nos cantos ou junto às paredes, para evitar a reflexão do som.
- Empregar materiais acústicos e isolantes para o teto e as paredes.
- Aplicar material isolante nas bancadas de inox, antes de sua fixação no concreto.
- Dar preferência a equipamentos silenciosos e carros que se movam sob rodízios de borracha.
- Instalar sistema de som com música ambiente, que ajuda a diminuir os ruídos provocados pelos equipamentos e funcionários.

Cor – Embora seja difícil determinar com exatidão os efeitos das cores, o interesse, cada vez maior, pela aplicação inteligente das cores nos ambientes de trabalho e na pintura dos equipamentos vem confirmar a sua importância. As cores têm poder diferente de reflexão. A branca tem 84% e a mais baixa tem 7%, caso da cor azul-marinho. Os efeitos fisiológicos das cores são os representados pela ação sobre o funcionamento dos sistemas do nosso corpo. O vermelho, por exemplo, aumenta a tensão muscular, a pressão sanguínea e o ritmo respiratório. Os efeitos psicológicos das cores são os mais discutidos e também os que maior interesse vem despertando.

A cor laranja provoca sensação de calor, sendo reanimadora e estimulante, também reduz a fadiga. A cor rosa tem um efeito calmante no corpo. O azul-claro tem efeito calmante e tranquilizador. Se quiser estimular a memória o amarelo é a cor ideal. Para se lembrar de algo, escreva em um papel amarelo. A cor amarela tem um efeito energizante, pode ajudar a diminuir a depressão, aumenta a pressão e a pulsação, mas em menor grau do que a cor vermelha. Verde é a cor da primavera e de novos começos, é atraente para quem está de regime, é a cor das pessoas idosas.

É comum classificar as cores em: Frias (violeta, azul, verde e suas derivadas) de efeito calmante; Quentes (vermelho, laranja, amarelo e suas derivadas) de efeito estimulante. As pessoas são, inconscientemente, afetadas pela cor. Um estudo mostrou que estas pessoas cometem muito poucos erros numa sala cuja cor elas gostam. O mais importante fator a considerar no desenvolvimento do trabalho é o contraste entre o produto e a bancada de fundo. Uma boa cor escolhida reduz o contraste e, por conseguinte, sombras, o que evita a fadiga ocular.

Pintura – Os efeitos físicos das cores são aqueles relacionados com a reflexão da luz, porque, como já abordado, as cores têm características diferentes de reflexão. Conhecidos os efeitos das cores, você deve procurar tornar racional a sua aplicação. A utilização das cores, para a otimização dos seus efeitos, é o que se chama de dinâmica das cores. A seguir, estão algumas aplicações racionais sobre pintura:

Pintura de Máquinas – Nas máquinas se deve separar a parte operante da parte não operante. Para a parte operante deve ser escolhida uma cor que atraia a vista rapidamente, uma cor que sobressaia, num contraste forte com a parte não operante. Isso é conhecido como cor focal. Ela concentra a atenção do operador, descansa os olhos e reduz o trabalho desnecessário. Enquanto as partes operantes devem ser salientadas, as partes não operantes devem ficar em segundo plano. Ao selecionar a cor, é necessário lembrar que, ela faz contraste com o material trabalhado.

Pintura de Paredes e Forros – Nas paredes e forros, a cor deve proporcionar alegria, tranquilidade e visibilidade. Assim, as superfícies podem ser:

- Superfícies Congruentes – Nas fábricas em que a temperatura é obrigatoriamente elevada, devem-se usar cores frias, para agir como um estabilizador racional e emocional. Ao contrário, cores quentes são aconselháveis, onde a baixa temperatura deve ser mantida.
- Superfícies Repousantes – As paredes, que ficam diretamente em frente das máquinas, permanecem o dia todo no campo visual do trabalhador. Se a máquina for escura e a parede clara, os olhos terão que efetuar uma rápida acomodação. A energia gasta nessa acomodação é pequena, mas pelas numerosas repetições, no decorrer do dia, promove fadiga ocular. Por esse motivo, a cor ambiente deve ser a mesma que o operador vê, quando está concentrado no seu trabalho.
- Superfícies Diluentes – É útil fazer com que certas superfícies se diluam, de modo que não chamem a atenção do operador. Um teto cheio de vigas, treliças, fios e encanamentos expostos causam confusão mental. No caso de uso de luz direta, em que a refletida é de pouco valor, uma pintura de aparência leve ajuda a fazer o teto desaparecer do campo visual do operador, dando, aparentemente, mais espaço.
- Superfícies Refletoras – Quando a iluminação é indireta, cores com grande qualidade de reflexão são indicadas para o forro.

Pintura de Pisos, Passagens e Equipamento Móvel – Nas fábricas, as faixas de tráfego são uma real ameaça para os descuidados. Não somente devem os funcionários ficar protegidos contra a sua falta de cuidado, como também os motoristas dos carros não devem estar preocupados com as possíveis colisões. Toda passagem e faixa de tráfego devem ser marcadas, isto é, deve-se pintar toda a largura da passagem numa cor contrastante com a cor geral do piso ou deixando-se faixas espessas de uma cor viva, para servir de limite. Isso atuará como um aviso ao trabalhador de que ele está na corrente do trânsito e deve estar atento para evitar acidentes. Caixotes usados para coletar ou distribuir material, devem ser pintados com cores que chamem a atenção. Internamente, a pintura deve ter uma cor que facilite verificar a quantidade de material que foi colocado, dentro da caixa.

Sinalização – Embora já tenhamos abordado a sinalização como elemento de segurança, cabe lembrar que a sinalização bem estruturada facilita bastante o nosso dia a dia e pode até nos tornar mais prósperos à medida que, rapidamente, identificamos um banco pelo seu letreiro, sua cor característica, seu logotipo ou logomarca. Nas empresas mal sinalizadas a sua "boa" imagem institucional se perde com visitantes confusos. Temos certeza que todos estes alertas deixarão nossos dirigentes muito pensativos, contabilizando prejuízos que a falta de comunicação visual tem causado às suas organizações.

Matérias-primas e mercadorias, muitas vezes, são empilhadas em passagens ou diante de equipamento contra fogo, bloqueando toda a área. Espaços do piso que são usados para a armazenagem periódica de material devem ser nitidamente marcados num *Branco Forte,* para deixar livres e seguras as faixas de tráfego. A Associação Brasileira de Normas Técnicas (ABNT) estabeleceu normas que disciplina o uso das cores na sinalização.

10.8 HIGIENE

Pode-se definir higiene como sendo um conjunto de práticas realizadas de forma constante, visando proporcionar benefícios ao homem. Ela engloba todos os hábitos e condutas padronizadas que possam auxiliar a prevenir doenças e a manter a saúde do homem. Portanto, em um ambiente de elaboração de alimentos, ou seja, em uma cozinha, a higiene se faz necessária não somente nos alimentos elaborados e na matéria-prima que os compõe, mas também em todos os elementos envolvidos nesse ambiente. Assim, a busca por melhorias nos padrões de higiene adotados na cozinha deve ser constante. Esses padrões, como o próprio nome sugere, devem ser seguidos por todos que trabalham com manipulação de alimentos. Os procedimentos adotados na higiene são os mesmos para todos os funcionários.

A higienização do local de trabalho é de suma importância na produção de alimentos de qualidade. Não adiantará manter um controle rigoroso das normas de higienização pessoal, dos alimentos e dos equipamentos, móveis, utensílios e acessórios, se as instalações do local de trabalho não forem mantidas bem higienizadas e livres da presença de insetos e roedores. Para completar, além da higienização de rotina, deve-se ainda: remover o lixo diariamente, quantas vezes for necessário, em recipientes apropriados, devidamente ensacados e tampados.

A higiene do trabalho refere-se a um conjunto de normas e procedimentos que visa à proteção da integridade física e mental do trabalhador, preservando-o dos riscos de doença inerentes às tarefas do cargo e do ambiente físico onde são executadas. Também é certo que as pessoas trabalham melhor em condições de higiene, que ajudam a minimizar acidentes de trabalho. Ela previne o aparecimento das doenças ocupacionais. Um plano de higiene envolve, além dos serviços médicos adequados, os seguintes objetivos:

- Eliminação das causas das doenças profissionais.
- Redução dos efeitos prejudiciais provocados pelo trabalho em pessoas doentes ou portadoras de defeitos físicos.
- Prevenção do agravamento de doenças e lesões, por meio da preservação ambiental.
- Manutenção da saúde dos trabalhadores e aumento da produtividade.

A falta de limpeza da empresa custa dinheiro sob três formas: Resulta mais cara, porque interfere na produção; A falta de limpeza nos locais de trabalho promove acidentes; Uma limpeza espaçada em períodos prolongados fica bem mais cara do que uma limpeza continuada.

O manipulador deverá sempre ter em mente que a preparação dos alimentos é uma tarefa que deverá ser realizada com muita atenção e cuidados especiais, pois, o menor e mais simples descuido poderá criar condições favoráveis ao desenvolvimento de microorganismos. A presença de microorganismos, por sua vez, aumenta, de forma potencial, os riscos de contaminação dos alimentos, tendo consequências prejudiciais à qualidade dos mesmos. Além disso, alimentos contaminados, quando consumidos pelo homem, poderão causar várias intoxicações, o que é algo extremamente desagradável à organização, pois podem gerar prejuízos financeiros e morais sérios e, dependendo da extensão, até o fechamento da fábrica.

Existem várias fontes de contaminação dos alimentos, sendo que o homem é considerado a principal delas. Isso, porque é ele, em geral, que manuseia os alimentos, durante os vários processos de manipulação, mesmo que tais processos sejam automatizados. Assim, é necessário que esses profissionais tenham consciência da importância e da prática da higiene e limpeza. A seguir, são colocadas normas básicas de higienização:

Quanto aos Alimentos em Geral: Manter as mãos sempre lavadas na distribuição dos alimentos; Não tocar nos alimentos com ferimentos nas mãos; Pegar os alimentos com as mãos somente quando necessário (utilizar os utensílios para isso); Conservar os alimentos cobertos; Desprezar os alimentos que caírem no chão e não puderem ser lavados; Não falar, tossir ou espirrar em cima dos alimentos; Não provar os alimentos; utilizar somente utensílios para este fim; Cozinhar muito bem os alimentos; Não deixar os alimentos expostos em temperatura ambiente; Manter os alimentos frios em geladeiras, câmaras ou freezeres; Manter os alimentos quentes em banho-maria; Lavar os legumes e frutas em água corrente, unidade por unidade, folha por folha, deixar de molho por 15 min em solução clorada e enxaguar em água corrente; Nunca usar alimentos que apresentem mau cheiro, cor, sabor e aparência alterada; Nunca descongelar carnes em água parada ou em temperatura ambiente, o descongelamento deve ser feito sob refrigeração ou, na sua impossibilidade, em água corrente.

Quanto ao Vestuário: Os uniformes deverão apresentar as seguintes características: ser de cor clara (de preferência brancos), estarem em bom estado de conservação, apresentarem bom visual, estarem limpos e passados, deverão ser trocados diariamente; As calças e blusas deverão ser de tecidos de algodão e confeccionados sem bolsos, sendo que deverão ser confortáveis, de forma a possibilitar os movimentos de braços e pernas; Os aventais deverão ser de tecido, quando não trabalhados com água e de borracha no trabalho com água; Os sapatos deverão ser fechados e as botas de borracha branca; Redes e toucas são acessórios que irão compor o vestuário têm como função principal não deixar que cabelos se misturem aos alimentos. As toucas devem ser da mesma cor das calças e blusas.

Quanto ao Asseio e Aparência: O banho diária é indispensável e de preferência feito no local de trabalho; Os cabelos deverão ser mantidos sempre limpos e penteados, além de estarem sempre cobertos; As mãos e braços deverão estar sempre limpas e com as unhas bem aparadas; Nunca usar adornos, quando estiver manipulando alimentos; Os dentes precisam estar escovados e tratados; Evitar o uso de barba. Se tiver barba, usar uma máscara facial; Os manipuladores de alimentos precisam se preocupar com a higiene e limpeza, sem se descuidar dos pratos bonitos e saborosos; Não trabalhe com alimentos, se estiver doente.

Quanto ao Uso dos Equipamentos: As facas deverão ser utilizadas de modo correto para evitar ferimentos; Para evitar ferimentos o manipulador deve usar luvas com malha de aço; Durante a manipulação de alimentos em bancadas, deve-se utilizar panos próprios para cozinha industrial e não os de algodão, porque estes retêm resíduos; Deve-se utilizar buchas para se fazer a limpeza de máquinas e equipamentos; O uso de máscaras só é recomendado como um mecanismo de prevenção da contaminação; O usos de luvas sintéticas é apenas recomendado e não exigido por lei; Os manipuladores de alimentos devem respeitar as recomendações dos manuais, quando liderem com máquinas e equipamentos.

Quanto aos Vegetais: A higienização dos vegetais consistirá, basicamente, em eliminar as substâncias que possam contaminá-los; Deve-se manter os alimentos protegidos de fontes contaminantes, fazendo um armazenamento adequado; Adotar procedimentos necessários, durante a manipulação de cada tipo de alimento; Verduras, frutas e legumes devem ser selecionados, lavados e imersos em uma solução de hipoclorito de sódio; Depois de sanitizados, os vegetais estarão em condições de serem consumidos.

Quanto as Carnes: Definir a quantidade exata de carne que será retirada do congelador, para evitar sobras; Depois de descongelada, a carne não deverá ser novamente congelada; O descongelamento da carne poderá ser feito: em câmaras de descongelamento, em ambientes climatizados e em água corrente; Para carnes salgadas, a retirada do sal poderá ser feito por: trocas de água; fervura.

Quanto ao Local de Trabalho: Varrer a seco nas áreas de manipulação; Fazer uso de panos para secagem de utensílios e equipamentos; Usar escovas, esponjas ou similares de metal, lã, palha de aço, madeira e materiais rugosos e porosos; Reaproveitar embalagens de produtos de limpeza; Usar nas áreas de manipulação, os mesmos utensílios e panos de limpeza, utilizados em banheiros e sanitários.

Quanto às Instalações: Evitar o acúmulo de restos de alimentos e de utensílios sujos espalhados pela cozinha; Utilizar lixeiras com tampas acionadas por pedais; Lavar os pisos, as superfícies e as paredes com água e sabão.

10.9 LIMPEZA

Manter sempre limpo o local de trabalho facilita a rotina do dia seguinte. A frequência, a rotina e a forma de limpeza das diferentes áreas de trabalho e equipamentos são estabelecidas por uma política. Para manter a higiene no local de trabalho é necessário ordem e limpeza, pois ajudam a manter o bem-estar e a saúde dos funcionários. Portanto, é preciso ter como objetivo o profissionalismo. Tal objetivo poderá ser alcançado pela educação de todos os funcionários, quer superiores e subordinados, para os perigos existentes e ensinando como evitá-los. É mister que sempre seja mantido um estado de alerta, por meio de pesquisas e observações, para novos processos, recursos e tecnologias. A limpeza deverá ser feita em quatro etapas:

a) Pré-Limpeza – Esta etapa deverá ser feita com o objetivo de se retirar todos os restos de alimentos que se encontram aderidos aos equipamentos e utensílios que serão utilizados na preparação do alimento. Os resíduos removidos deverão ser coletados e descartados em lixeiras com tampa, acionada por pedal e, também, devidamente equipadas com sacos plásticos.

b) Limpeza – Esta etapa deverá ser feita imediatamente após a fase anterior. Para tal poderá ser feito com água e sabão (detergente).

c) Enxágue – Para esta tarefa deve-se usar água em abundância, removendo toda a espuma.

d) Sanitização – Borrifar uma solução de álcool (70%) ou hipoclorito de sódio (200 ppm).

Em muitos casos, alguns equipamentos precisam ser desmontados para poderem ser limpos e, neste caso, as peças menores serão tratadas como utensílios, que deverão ser limpos, como mostrado acima. No caso da limpeza de equipamentos elétricos, os mesmos precisam ser desligados, nas tomadas de força. O período entre cada limpeza é variável de acordo com o tipo de equipamento. O Quadro, a seguir, mostra como fazer:

Equipamentos e Utensílios	Quando Limpar	Produto Utilizado na Limpeza
Louças, Talheres, Panelas, Formas	Após o uso	Detergente Neutro; Hipoclorito de Sódio; Álcool
Exaustor	Semanal	Desencrustante; Detergente Neutro
Chapa	Diário	Desencrustante; Hipoclorito de Sódio
Fritadeira	Diário	Desencrustante; Hipoclorito de Sódio
Fogão	Diário e Semanal	Desencrustante
Forno	Diário e Semanal	Desencrustante
Placas de Corte	Após o Uso	Detergente Neutro; Hipoclorito de Sódio
Máquinas	Após o Uso	Detergente Neutro; Hipoclorito de Sódio
Máquinas de Chope	Após o Uso	Detergente Neutro; Hipoclorito de Sódic
Geladeiras, Câmaras, Refrigeradores	Diário e Semanal	Detergente Neutro; Hipoclorito de Sódic

Quadro 10.12: Tabela de Limpeza dos Equipamentos e Utensílios de Cozinha.

A limpeza das áreas de manipulação consiste em manter sempre bem limpos os tetos, as paredes, os pisos, as luminárias, as tubulações internas e externas, as prateleiras, os estrados, as lixeiras e os banheiros. O período de limpeza deve seguir as seguintes recomendações:

Limpeza Diária: pisos, paredes, rodapés, ralos, áreas de lavagem, áreas de produção, maçanetas, lavatórios, pias, sanitários, cadeiras, mesas, monoblocos, recipientes de lixo.

Limpeza Diária e de Acordo com o Uso: equipamentos, utensílios, bancadas, superfícies de manipulação, borrifadores.

Limpeza Semanal: paredes, portas, janelas, prateleiras, armários, coifas, geladeiras, congeladores, freezeres.

Limpeza Quinzenal: depósitos, almoxarifados, engradados, paletes.

Limpeza Mensal: luminárias, acessórios elétricos.

Limpeza Semestral: reservatórios de água.

Produtos de limpeza são materiais que depois de dissolvidos ajudam a remover gorduras e outros resíduos de equipamentos, utensílios e outros objetos. Eles são utilizados com materiais e equipamentos próprios, tendo como veículo diluente, geralmente, a água. Os produtos de limpeza são composições químicas industrializadas e muitas vezes corrosivos e venenosos. A seguir, algumas considerações:

Tipos de Produtos de Limpeza:

Sabões – Preparados em forma líquida, sólida e pó. São produtos próprios para dissolver gorduras. Empregam-se dissolvidos em água e exigem enxágue perfeito, para não prejudicar o sabor dos alimentos.

Detergentes – Produtos com características e usos similares aos sabões. São produtos concentrados em dosagens mais fortes e, geralmente, venenosos.

Limpa Forno – Detergente em pasta, ou líquido, e altamente concentrado. Estes produtos são empregados sem misturar com água, em superfícies metálicas que apresentam incrustações de gordura queimada. Aplicam-se com escovas ou esponjas. Deixa-se que o produto atue sobre o metal que depois é removido com água.

Limpadores Desoxigenantes – São misturas líquidas ou em pó utilizadas para remover manchas de oxidação que cobrem os metais. Esse limpador pode ser uma mistura de: suco de limão, vinagre e farinha. A mistura é aplicada, esfregando sobre os metais com ajuda de um pano.

Salmoura – É uma solução concentrada de sal e água, utilizada sobre metais quentes. Esfrega-se com escova e remove-se com água limpa. A salmoura, não sendo venenosa, pode ser utilizada em chapas e grelhas que entram em contato com alimentos.

Pedra Pome – Produto que serve para tirar manchas a seco, ou com pouca água, de metais oxidados ou remover incrustações não gordurosas.

Sapólio – Produto industrializado resultante da mistura de sabão com areia fina, que serve para dar brilho e retirar pequenas sujeiras dos utensílios. Usa-se com a ajuda de esponja ou pano.

Lixas – São usadas para limpeza das partes externas de fornos, facas de aço inoxidáveis e outras superfícies de ferro sujeitas à oxidação.

Álcool – É usado em baixa concentração para completar a limpeza com o duplo objetivo de esterilizar os recipientes e dar brilho nos pratos e copos. Deve ser aplicado com o auxílio de pano de copa.

Soda Cáustica – Altamente corrosiva e venenosa, é usada, dissolvida em água, na limpeza dos queimadores dos fogões e das caixas de gordura. Os queimadores dos fogões são fervidos, adicionando-se uma porção de soda cáustica.

Querosene – Para a limpeza da coifa onde se alojam gorduras e detritos absorvidos pelos exaustores.

Precauções no Uso de Produtos de Limpeza:

Todos os produtos de limpeza devem ser removidos completamente com água, antes de se usar um recipiente de cozinha. Há perigo, em caso de limpeza incompleta, de envenenamento. Alguns produtos à base de ácidos podem atacar as mãos, que devem ser protegidas com luvas. É desaconselhável o uso de determinados produtos na existência de qualquer ferimento. Recomenda-se estudar as instruções de uso dos fabricantes.

Armazenamento dos Produtos de Limpeza:

Cuidados especiais devem ser tomados na guarda destes materiais: Devem ser afastados dos comestíveis; Não devem ser misturados; Devem ser conservados em lugares secos e ventilados.

Equipamentos de Limpeza:

A seguir, apresentamos os principais equipamentos utilizados na limpeza em geral: Máquinas de Lavar; Tanques; Pias de Lavagem; Trituradores de Resíduos; Escovas; Vassouras; Raspadeiras; Esfregões; Rodos; Baldes; Esponjas; Panos de Limpeza.

10.10 ÁREAS DE TRABALHO

São as seguintes as áreas de trabalho de um restaurante:

Área de Recepção de Consumidores – Local onde existem mesas e cadeiras, tendo um ambiente bem iluminado e refrigerado, para atender e servir a clientela. É o salão do restaurante.

Área de Estocagem – Local destinado à guarda de gêneros alimentícios. Deve localizar-se junto à área de recepção e ser acessível à área de processamento, evitando o transporte de gêneros a longas distâncias, assim como a circulação de pessoas. Fundamentalmente, a área de estocagem deve ser constituída de depósitos, câmaras e refrigeradores.

Área de Armazenagem de Alimentos à Temperatura Ambiente – A fim de garantir as condições ideais para a conservação dos alimentos, ali estocados e permitir um controle eficaz, a área deve ter as seguintes características: Porta única, larga e alta, simples ou em seções; Borracha de vedação na parte inferior da porta; Piso em material lavável e resistente; Não apresentar ralos para escoamento de água; Boa iluminação e ventilação; Janelas abertas e teladas; Temperatura nunca superior a 27ºC; Tubulações de água e vapor devem estar bem isoladas; Prateleiras para armazenamento localizadas a 30 cm do piso e com profundidade de 45 cm; Estrados fenestrados para sacarias, elevados do piso até 40 cm, com pés protegidos com canoplas; Escada com patamar e rodinhas; Extintor de incêndio; Lavatório.

Área de Armazenagem Refrigerada – Destina-se à estocagem de gêneros perecíveis em condições ideais de temperatura e umidade. Devido à grande diversificação das características dos alimentos utilizados, recomenda-se, no mínimo, a instalação de duas câmaras frigoríficas, uma com temperatura de 0ºC e umidade relativa do ar de 60 a 70%, para conservação de carnes e outra com temperatura de 10ºC e umidade de 80%, para frutas e verduras. A necessidade da instalação de câmaras de congelamento deve ser analisada, em função das facilidades de abastecimento, frequência de utilização e quantidade do produto a ser adquirido. As câmaras deverão apresentar as seguintes características: proteção térmica; revestimento lavável e resistente; nível do piso igual ao da área externa; inexistência de ralos internos; interruptores de segurança localizado na parte externa do equipamento; prateleiras em aço inox; porta hermética, revestida de aço inox, ferragens cromadas e dispositivos de segurança, permitindo abertura por dentro.

Área de Preparação – Neste local serão realizadas as operações preliminares de carnes, legumes e verduras. A área de preparação de carnes deverá dispor de uma bancada com tampo de material adequado, tendo gavetas. Esta área deverá contar ainda com um balcão com cuba, onde serão dispostos os equipamentos necessários aos trabalhos específicos. A área para preparação de verduras e legumes deve ser dotada de balcão com tampo de aço inox, cubas e equipamentos apropriados.

Área para Cocção – Local destinado à realização de todas as atividades de finalização dos pratos que serão enviados para uma área de expedição e/ou espera para então serem servidos no Salão do Restaurante ou para o serviço de Delivery. Esta área deve ser dotada de torneiras, pias e toalheiros para toalhas de papel.

Área de Higienização dos Utensílios – Área destinada a este fim deve ser delimitada por paredes completas, porém sem prejuízo da iluminação e ventilação, tendo em vista constituir um local permanentemente molhado e de aspecto pouco agradável.

Área da Administração – É importante que esta área esteja situada em local estratégico, facilitando a supervisão e as operações da cozinha.

Área para Sanitários e Vestiários – Esta área deve ser isolada e nunca se comunicar diretamente com as demais dependências. Estas áreas devem contar com armários, para guarda de roupas, material de higiene e limpeza, pias, sabão líquido, substâncias bactericidas, toalhas de papel, secadores para mãos, sanitários, chuveiros. A legislação prevê a instalação de aparelhos sanitários nas empresas, nas seguintes proporções: um vaso sanitário, um mictório, um lavatório e um chuveiro para cada vinte empregados. Nas indústrias de alimentos, o isolamento das privadas deverá ser o mais rigoroso possível. Não se deve esquecer que estas instalações devem ser separadas por sexo.

Área para Guardar Recipientes Vazios – Área destinada à guarda de embalagens, tais como: caixas, caixotes, latas, vidros, antes de serem despachadas.

Área para Depósito de Lixo – Deve ser localizada em ponto que facilite a sua remoção, ser toda revestida de material lavável e dotada de esguicho com água fria e quente, para limpeza dos latões.

Área para Material de Limpeza – Deverá ser localizada em ponto de fácil acesso aos funcionários, na área interna da cozinha, tendo um tanque para a limpeza dos materiais.

10.11 ARRANJO FÍSICO

O arranjo físico do posto de trabalho consiste em determinar um lugar para cada coisa, de modo que nesse lugar possa ser utilizado de maneira mais eficiente, e em fazer com que cada coisa ocupe, realmente, o seu lugar. Os fluxos de trabalho, sua ordem e movimentação; as máquinas e equipamentos; o volume de trabalho; o recebimento e a expedição de materiais e produtos; os almoxarifados e os sanitários influem com sua disposição racional, no rendimento geral dos serviços e na boa apresentação do ambiente de trabalho. Os objetivos do arranjo físico são:

- Atender ao fluxo do trabalho, de modo que haja uma circulação normal, permitindo caminhos curtos e seguros, facilitando a movimentação geral.
- Facilitar o trânsito de pessoas, máquinas e materiais.
- Receber iluminação adequada.
- Proporcionar temperatura agradável, boa circulação de ar e baixo nível de ruídos.
- Facilitar a supervisão, a limpeza e conservação.
- Facilitar o acesso a dispositivos de segurança, em caso de acidentes.
- Proporcionar um fluxo de comunicação eficiente.
- Proporcionar a melhor utilização da área disponível.
- Tornar o fluxo de trabalho eficiente.
- Proporcionar facilidade de coordenação.
- Proporcionar redução da fadiga.
- Proporcionar situação favorável ao cliente e ao visitante.
- Assegurar economia nas operações.
- Facilitar a otimização dos recursos existentes.
- Permitir facilidades para futuras expansões.
- Permitir controles qualitativo e quantitativo da produção.
- Propiciar conforto e segurança aos funcionários.
- Dar flexibilidade em caso de modificações.
- Otimizar as condições de trabalho do pessoal nas diversas unidades.
- Racionalizar os fluxos de fabricação e de processos.
- Aproveitar todo o espaço útil e disponível.
- Minimizar a movimentação de pessoas, produtos, materiais e documentos.

Basicamente, existem dois tipos de disposição do fluxo produtivo:

Disposição por Processo – Neste tipo de disposição, os pontos de trabalho são agrupados de acordo com o processo que realizam. Os materiais em processo de fabricação têm que percorrer todas as seções onde se realizam as operações necessárias à obtenção do produto.

Disposição por Produto – Neste tipo de disposição, os pontos de trabalho são colocados de acordo com a sequência das fases de trabalho para a fabricação de um produto.

Estes dois tipos de disposição, entretanto, são gerais, e em muitos casos devem sofrer alterações ou adaptações para que os equipamentos sejam aproveitados na forma mais econômica possível. Para se evitar máquinas paradas ou ociosas, enquanto outras estão sobrecarregadas, deve-se fazer um arranjo que, além de atender as exigências do trabalho, também combine a capacidade das máquinas e aproveite melhor o espaço existente. Não se faz um bom arranjo físico sem planejamento. Assim, é importante que o dirigente da organização leve em consideração alguns princípios:

Princípio da Economia de Movimento – Um arranjo físico (layout) ótimo tende a encurtar a distância entre os funcionários e as ferramentas (equipamentos e máquinas) nas diversas operações de produção de bens e serviços.

Princípio do Fluxo Progressivo – Quanto mais contínuo for o movimento entre uma operação e a subsequente, sem paradas, voltas ou cruzamentos, tanto para homens quanto para os equipamentos, mais correto estará o arranjo físico.

Princípio da Flexibilidade – Quanto mais flexível for o layout, com o fim de proporcionar rearranjos econômicos, mais úteis ele será para a empresa.

Princípio da Integração – A integração entre os diversos fatores indispensáveis a um bom arranjo físico, deve ter preferência.

Princípio da Orientação – Um bom arranjo físico deve escolher um lugar para o equipamento, de modo que a sua localização seja orientada para facilitar o processo produtivo.

Princípio da Localização – Quanto mais bem definido for o local de ferramentas, máquinas e materiais, mais bem será a sequência de movimentos e a utilização de controles.

Princípio da Percepção Visual – A boa iluminação é o primeiro requisito para a percepção visual satisfatória. A altura do local de trabalho deve proporcionar a visão de todo o processo, quer esteja o funcionário em pé ou sentado.

Princípio da Estética – Quando se pode combinar as exigências técnicas com as estéticas, de modo que o ambiente tenha uma disposição harmônica e agradável, isso deve ser feito.

De acordo com H. T. Moore, alguns pontos devem ser observados no desenvolvimento de um arranjo físico, tais como: estudar o programa de produção; fazer uma relação dos materiais e partes que integrarão o produto; relacionar as operações necessárias nos diferentes processos; programar as operações da unidade organizacional de produção; decidir sobre a desejada capacidade da produção; selecionar recursos e facilidades necessárias para produzir as variedades e quantidades necessárias; determinar o intervalo de tempo, porventura, existente entre sucessivas operações; estabelecer as necessidades de espaço; reservar o espaço necessário em cada unidade organizacional.

A seguir, vale mostrar a necessidade de se fazer um questionamento voltado a desenvolver um projeto de arranjo físico. Tal questionamento pode ser:

- O que queremos?
- Como aproveitar melhor o espaço disponível?
- Como facilitar a circulação?
- Como proporcionar aos funcionários melhor qualidade ambiental?
- Como maximizar a capacidade instalada?
- Como introduzir sistemas automatizados?
- Qual é a sequência das fases de trabalho?
- Quais são os espaços necessários à movimentação de material e trânsito de pessoas?
- Qual a frequência de utilização de cada equipamento?
- Quais são os níveis de iluminação necessários a cada posto de trabalho?

- Quais os equipamentos que produzem calor (forno, tubulação) ou ruído (máquina)?
- Quais os trabalhos que exigem silêncio ou precisam evitar trepidação, poeira, umidade?
- Quais as dimensões dos materiais, máquinas e equipamentos utilizados?
- Quais as soluções reais?
- Quais as soluções possíveis?
- Quais as soluções vantajosas?
- A disposição será feita por processo produtivo?
- A disposição será feita por produto?
- A disposição será mista?
- O arranjo físico usará técnicas próprias ou empíricas?
- Haverá necessidade de desenhos, plantas, gabaritos, miniaturas ou maquetes?

A CLT, na Portaria 3.214, de 08/06/78, estabeleceu que as áreas previstas para cozinha são:

a)	Estocagem	25%
b)	Preparo	20%
c)	Cocção	20%
d)	Distribuição	15%
e)	Higiene e Limpeza	10%
f)	Administração	10%

10.12 ÁREA DO POSTO DE TRABALHO

Determinar a área total necessária à implantação de novas máquinas em um determinado lugar da empresa poderá vir a ser um problema, se você não souber como fazê-lo. Uma metodologia aplicada a uma implantação de um novo arranjo físico pode ser, por exemplo:

a) Calcular a área do posto de trabalho.
b) Confeccionar a planta baixa do espaço a ser ocupado.
c) Distribuir racionalmente o espaço.
d) Determinar a quantidade e a natureza dos móveis, máquinas e equipamentos a serem utilizados.
e) Confeccionar as respectivas miniaturas.
f) Demarcar a extensão e a localização das instalações dos recursos primários (água, esgoto, energia elétrica, gás, telefone).
g) Submeter a distribuição física proposta à aprovação dos usuários.
h) Implementar novo arranjo.

Para calcular a área do posto de trabalho temos a seguinte fórmula:

$$St = Se + Sg + Sc$$

Onde:
St = área total
Se = área estática
Sg = área de gravitação
Sc = área de circulação

Como:

$Sg = n \times Se$ e $Sc = K (Se + Sg)$

Onde:

n = número de lados utilizados do equipamento
K = fator de segurança.

Normalmente é utilizada a seguinte tabela para o fator de segurança.

Local de Trabalho	Fator K
Grande indústria funcionando sem ponte rolante.	2,0 a 3,0
Indústria de pequeno porte sem ponte.	1,0 a 2,0
Indústria de porte médio com transporte aéreo (ponte).	0,5 a 1,0
Indústria altamente mecanizada.	0,2 a 0,3

Substituindo-se na fórmula geral, vem:

$St = Se + nSe + K (Se + Sg) = Se + nSe + KSe + Kn\ Se$
$St = Se (1 + n + K + nK)$
Se $K = 1$, vem: $St = Se (1 + n + 1 + n) = 2Se + 2nSe$
$St = 2 (Se + Sg)$

A seguir, um exemplo de como calcular a área total necessária do posto de trabalho. Determinar a área total necessária para a colocação de alguns equipamentos numa cozinha industrial, sendo dados:

Equipamento	Se (m2)	n	Sg
Fogão Industrial	3,00	1	3,00
Câmara Frigorífica	4,00	1	4,00
Geladeira	3,00	1	3,00
Bancada	3,50	3	10,50

Solução:

Se o valor de $K = 1,8$ e $St = Se (1 + n + K + nK)$, vem:

Equipamento	Se	n	Se (1 + n + K + nK)	St (m^2)
Fogão Industrial	3,00	1	3,00 (1 + 1 + 1,8 + 1 × 1,8)	16,80
Câmara Frigorífica	4,00	1	4,00 (1 + 1 + 1,8 + 1 × 1,8)	22,40
Geladeira	3,00	1	3,00 (1 + 1 + 1,8 + 1 × 1,8)	16,80
Bancada	3,50	3	3,50 (1 + 3 + 1,8 + 3 × 1,8)	39,20
Total				95,20

Resposta: 95,20 m^2

10.13 FLUXO DE PRODUÇÃO DO RESTAURANTE

A planta de uma cozinha industrial deverá ser planejada, seguindo uma linha de produção a mais racional possível. Suas unidades operacionais deverão obedecer um fluxo coerente, evitando cruzamento e retrocessos, que tanto comprometem a produção. A planta deve mostrar todas as características físicas da instalação.

Para fazer uma distribuição do espaço entre as unidades da empresa, devemos:

a) Determinar as relações entre as unidades e o usuário.
b) Determinar as relações entre as unidades.
c) Verificar as necessidades das seções, sem modificar a estrutura.
d) Determinar a quantidade e a natureza dos móveis, máquinas e equipamentos.
e) Preparar as miniaturas das peças.

Ao se estudar a distribuição dos móveis e equipamentos, na planta, escreve-se em cada miniatura o nome do seu ocupante. Já, no inventário, a identificação dos bens patrimoniais se fará por meio de números.

Uma representação simplificada do fluxo de produção está sendo mostrada na Figura, a seguir:

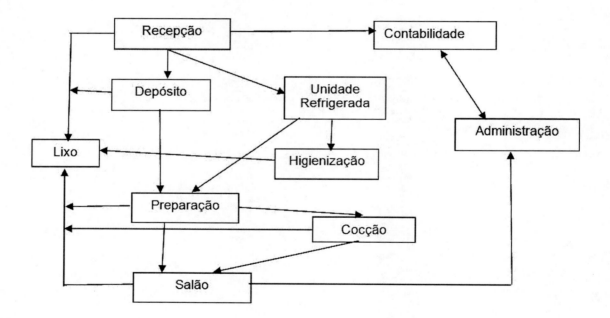

Figura 10.1: Fluxo de Produção de um Restaurante.

10.14 PLANTA BAIXA DO RESTAURANTE

A figura, a seguir, mostra uma planta baixa de um pequeno restaurante, onde as unidades usadas na planta são as seguintes:

Escala: 1/100
Unidade de Comprimento: metro (m)
Unidade de Área: metro quadrado (m²)
Área Útil: 243,00 m²
Área Total: 300,00 m²

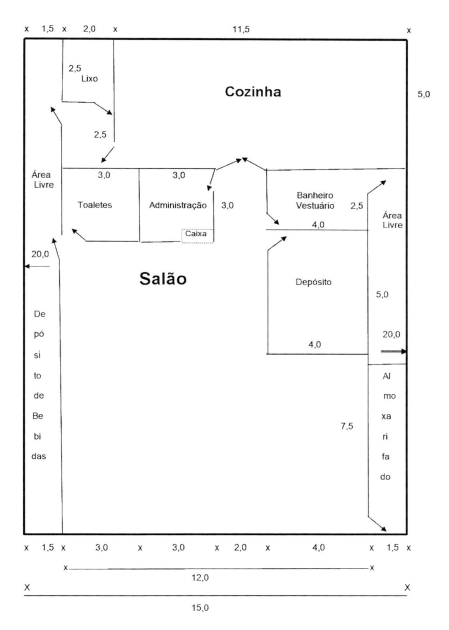

Figura 10.2: Planta Baixa do Restaurante.

11

COMPRA e LOGÍSTICA

"Nossa meta como empresa é prestar serviços aos consumidores
que não sejam apenas os melhores, mas que se tornem lendários".
Sam Walton

OBJETIVOS DO CAPÍTULO

- Mostrar que comprar não é a mesma coisa do que consumir.
- Mostrar a importância de se ter o controle de estoque atualizado.
- Mostrar a importância dos intermediários no processo de distribuição.
- Mostrar que a distribuição em tempos de Internet pode se tornar um fator competitivo.
- Mostrar os principais aspectos da armazenagem e do transporte.

11.1 COMPRA

Comprar resume-se em trocar um ativo por outro. Em geral, o fator de troca é o dinheiro. A compra feita por consumidor é fácil de entender. Mas, quando a compra é feita por uma empresa, se torna mais difícil. Seus principais elementos estão baseados nos seguintes aspectos: o processo decisório de compra, a situação econômica e a modalidade da compra. As principais figuras desse processo são: pessoa que sugere a ideia de comprar (iniciador da compra); pessoa que abaliza a decisão de comprar (influenciador da compra); pessoa que decide o que, como, quanto e quando comprar (decisor da compra); pessoa que autoriza a compra (autorizador da compra); pessoa que realiza a compra (comprador); pessoa que vai dispor da compra (usuário, consumidor, paciente).

A situação econômica determina como o comprador da empresa deve agir, função do mercado. Assim em um mercado em alta inflacionária, o comprador deve evitar a tentação de comprar em excesso; em um mercado de baixa inflação é aconselhável comprar em pequenas quantidades; em um mercado estável, a compra deve ser baseada na média da movimentação do estoque.

A modalidade de compra deve se fundamentar nas condições de negociação, como: preço justo; produto de qualidade, garantia de entrega, cumprimento de prazo, quantidade versus desconto, crédito, forma de pagamento e local de entrega. O cargo de comprador exercido numa empresa deve ser preenchido por uma pessoa com total conhecimento do mercado de recursos de matérias-primas e insumos para restaurantes.

À medida que os grandes varejos assumem o comando do mercado, o gerente de compras adquire maior status, porque as compras, muitas vezes, são maior que a metade dos custos da empresa. Este gerente terá de ter um banco de dados para: fornecedores, produtos, materiais e marcas. Precisará ser um hábil negociador para as variáveis: quantidade, qualidade, preço de compra, prazos de recebimento e de pagamento. Precisará estar envolvido com estratégias de descentralização, diferenciação de produtos, promoção cooperativada e enxovais para novas lojas.

A aquisição refere-se àquelas atividades que ocorrem entre a empresa e os fornecedores e, geralmente, dá a impressão de tratar de compras. O termo aquisição é usado aqui para designar os aspectos da obtenção que afetam a disponibilidade e o fluxo do suprimento. Apesar de o preço e a qualidade do produto serem variáveis vitais na escolha de um fornecedor, a terceira variável é a disponibilidade de entrega. Alguns itens, como matérias-primas, são adquiridos pelo departamento de compras, enquanto outros são adquiridos por gerentes, diretores e supervisores. Portanto, nem tudo passa por Compras. O sistema de aquisição é muito maior do que o sistema de compras.

Uma aquisição pode, em geral, estar associada a uma atividade específica, que não causa um grande impacto na empresa. Mas, o somatório de todas as aquisições pode ser muito maior do que a soma de compras de materiais para a produção. Portanto, muito cuidado com os conceitos de aquisição e de compra. O custo de aquisição não é igual ao preço ajustado pelo fornecedor. Àquele preço, precisam ser adicionados outros custos, dependendo de sua incidência, ou não, no processo de compra. Se a embalagem é cobrada adicionalmente ou se o frete não está incluído no preço, precisam ser considerados. Se vários produtos são faturados pelo mesmo fornecedor e transportados juntos, o frete precisa ser rateado entre os diversos itens.

11.2 COMPRADOR

Compradores são aqueles que têm autoridade formal para selecionar o fornecedor e preparar as condições de compra. Podem ajudar a delinear as especificações do produto, mas desempenham papel importante na seleção de fornecedores e na negociação de compra. Em compras mais complexas, os altos executivos são chamados a opinar. O poder de barganha dos compradores aumenta quando eles se tornam mais concentrados e organizados. O valor do produto é, geralmente, diretamente proporcional aos seus custos. É importante observar que os compradores mudam de fornecedores, em função dos custos. Os compradores tentarão forçar os preços para baixo, exigir mais qualidade dos serviços, colocarem os concorrentes uns contra os outros, diminuir a margem do vendedor.

Apesar de todo avanço tecnológico que vivemos, o comprador de hoje não possui tempo para aprender alguma coisa sobre os materiais que está adquirindo ou sobre novas especificações e processos, tendo em vista ser tudo muito rápido, fazendo com que a obsolescência chegue, às vezes, em poucos meses. Também não possui condições para julgar o valor exato do produto.

Em geral, o comprador utiliza a máxima de que quanto mais caro melhor é a qualidade. Desta forma, o comprador de hoje não conhece se o material cotado tem um preço mais alto dos que os demais e não sabe o seu valor real. Os problemas que se apresentam a um comprador são de uma diversidade incontestável, como: dificuldade para encontrar o material, melhores condições de pagamento, localização de fontes de suprimento confiáveis.

O comprador não pode estar indiferente quanto às matérias-primas e insumos que sua empresa necessita. Ele não deve ter preferências de fornecedor, pois tal atitude, além de comprometer seu desempenho, pode ser considerada como venal. O grau em que comprador industrial será competente em produzir lucros para sua empresa dependerá de seu conhecimento, capacidade analítica e habilidade de negociar. Ele precisa estar totalmente informado sobre fornecedores, vendedores, concorrentes, produtos, condições de prazo e de pagamento. Terá de possuir o domínio intelectual dos modelos formais de avaliação de custos e dos setores da economia.

11.3 TIPOS DE COMPRA

A seguir, serão abordados os principais tipos de compra:

Compra Industrial – Os bens e serviços são adquiridos por compradores industriais, porque são necessários para o processo de produção e sobrevivência da empresa.

Compra Organizacional – Compra organizacional é o processo de tomada de decisão em que organizações formais estabelecem a necessidade de comprar produtos, identificando, avaliando e decidindo sobre fornecedores alternativos. Embora duas empresas não comprem da mesma forma, o vendedor espera identificar grupos que comprem de maneira similar, para permitir a adoção de estratégias de marketing.

Compra Governamental – As compras governamentais são norteadas por um objetivo fundamental diferente daquele encontrado nos setores da economia. O governo não exerce um consumo pessoal ou um padrão de realização de lucro. Ao contrário, compra um nível de composto de bens e serviços que ele ou os eleitores estabelecem como necessários para a manutenção da sociedade. Adam Smith declarou que cada governo deve realizar, pelo menos, as funções: defesa, justiça, obras e assistência social. Assim, cabe ao governo, quando compra, observar: localização dos novos negócios, nível de concorrência entre as empresa de um determinado setor (mercado), padrões de contratação de trabalho e de qualidade.

Compra Eletrônica – A compra eletrônica é estimulada por recursos de informação que permitem descrever os produtos, facilitar a tarefa de escolha e fazer pedido utilizando cartão de crédito ou débito. Hoje, é muito comum compradores participarem do "pregão eletrônico". Os mercados eletrônicos permitirão maior agitação na fixação de preços, em função da demanda e da oferta e, principalmente, em função do nível de percepção do consumidor, cada vez mais bem informado. A compra eletrônica mudará o papel do ponto de venda, porque este poderá estar em qualquer lugar do mundo, a qualquer hora. Tais mercados diminuirão o número de intermediários entre fabricantes e consumidores finais. Os compradores trocarão informações e experiências sobre os produtos. A propaganda terá uma característica informativa, em vez de persuasiva. O pregão eletrônico já é uma realidade.

Compra Centralizada – Diz-se que a compra é centralizada, porque cabe a um centro (escritório) de compras selecionar o fornecedor, por meio de um banco de dados que mostra os seguintes atributos dos fornecedores: preço, reputação, confiabilidade, flexibilidade, responsabilidade e pagamento, por exemplo. O órgão de compras identifica as necessidades dos departamentos e passa a comprar de maneira centralizada. Com isso, a empresa passa a ter maior poder de compra, tendo ganhos substanciais.

Compra Descentralizada – Este método se vale da delegação de decidir a alguns funcionários o poder de comprar pequenos itens. A empresa distribui cartões codificados para limites de valores, tempo de uso e locais de compra.

Compra Virtual – As empresas estão criando redes (sistemas), para se conectarem aos seus fornecedores. Esses sistemas possibilitam ter um controle preciso de estoque, custo e demanda a qualquer momento, ajustando os preços instantaneamente.

11.4 ELEMENTOS DA COMPRA

A seguir, os principais elementos de compra:

- Requisição de Compra – É um formulário emitido para aquisição de item faltante no almoxarifado, depósito ou armazém. Esta requisição constitui um processo administrativo interno, além de servir de instrumento para controlar produtos dos depósitos e fornecer subsídios para avaliação do consumo. Caso sejam necessárias informações sobre o custo diário, o formulário deve conter uma coluna relativa a preços de compra.
- Pedido de Compra – É um formulário preenchido pelo órgão de compras e que formaliza o ato de comprar junto ao fornecedor escolhido.
- Processamento do Pedido – Sua importância deriva do fato de ser uma atividade que inicia a movimentação do produto. Os custos de processamento dos pedidos para um fabricante consistem em custos de preparação do pedido e custos operacionais. Se os custos de preparação forem muito baixos, o fabricante poderá produzir com frequência o produto, pois o custo de fabricação é, razoavelmente, constante e igual aos custos operacionais. No entanto, se os custos de preparação forem altos, o fabricante poderá reduzir o custo unitário médio, produzindo um grande lote e mantendo um maior estoque.
- Previsão para Compras – A previsão para compras, atividades obviamente anterior à solicitação de compras, está correlacionada com os cardápios planejados, o consumo per capita bruto dos alimentos, o número estimado de pratos que serão ofertados e a frequência de utilização dos materiais no período da previsão. O cardápio constitui fator importante a ser observado. Aspectos ligados à variedade, à qualidade, ao preparo dos alimentos contribuem para o sucesso do empreendimento. O cardápio deve atender aos hábitos alimentares dos consumidores, possuindo uma composição nutricional rica e específica.
- Solicitação ao Fornecedor – A solicitação ao fornecedor é uma atividade subsequente à sua previsão. É feita através de formulário, ou e-mail, com um número de vias que permita um controle eficaz do fornecimento em relação ao padrão de qualidade e data de entrega. Poderá ser mensal, quinzenal, ou semanal, com entrega única ou parcelada. O material solicitado deve ter suas especificações bem claras para evitar ambiguidades.
- Política de Compra – Assunto já abordado.
- Sistema de Suprimento – Estoques agem como amortecedores entre suprimento e demanda ou, neste caso, entre suprimento e necessidade de produção. São benefícios ao sistema de suprimento, porque garantem maior disponibilidade de componentes para a linha de produção, diminuem o tempo dedicado para manter a disponibilidade desejada e podem reduzir custos de transporte. Manter em estoque todo material necessário para produção pode ser ineficiente. Se algum dos materiais tiver alto valor individual e tiver de ser utilizado apenas num número limitado de produtos, deve-se adquirir uma quantidade mínima.
- Fornecedor – Assunto já abordado.
- Recepção de Materiais – Assunto já abordado.

11.5 LISTA DE COMPRAS

A lista de compra é uma planilha para controlar: a quantidade necessária a comprar, o valor pago por item, o valor total da compra, a entrada de material no estoque da empresa, o nome do comprador, a data da aquisição, o percentual de desvio (inflação ou deflação) apurado no período, o valor do débito no caixa ou no controle de contas a pagar. A seguir, um exemplo de lista de compras;

Lista de Compras de Matéria-Prima — Seco

Comprador: **Data:**

Matéria-Prima	Marca	Unid.	Q	Custo	Valor	Prev.	Pago	Desvio
Açafrão	X	50 g	1	6,02	6,02	6,02	6,34	5%
Açúcar	U	Kg	5	1,79	8,95	8,95	8,90	-1%
Alcaparra	Z	110 g	1	4,89	4,89	4,89	5,30	8%
Alho	A	Kg	2	6,50	13,00	13,00	14,00	8%
Amaciante	Z	Kg	1	9,77	9,77	9,77	10,20	4%
Arroz Parbolizado	AP	Kg	1	1,90	1,90	1,90	1,85	-3%
Azeite	B	500 ml	3	10,48	31,44	31,44	32,00	2%
Azeite	Q	500 ml	6	5,79	34,74	34,74	33,00	-5%
Azeitona s/caroço	AC	170 g	1	3,89	3,89	3,89	4,10	5%
Caldo Carne	C	Kg	1	4,90	4,90	4,90	5,30	8%
Caldo Galinha	K	1,3 Kg	2	11,98	23,96	23,96	24,30	2%
Carvão 6 kg	CA	Saco	6	11,80	70,80	70,80	71,00	0%
Cebola	C	Kg	5	1,99	9,95	9,95	9,90	-1%
Cenoura	B	Kg	1	2,98	2,98	2,98	2,80	-6%
Champignon Fatiado	CH	Kg	2	22,00	44,00	44,00	49,00	11%
Creme Leite Caixa	I	200 g	28	1,59	44,52	44,52	44,56	0%
Creme Cebola	CH	Kg	2	6,90	13,80	13,80	13,50	-2%
Creme Cebola	MG	68 g	1	3,79	3,79	3,79	3,90	3%
Ervilha Lata	PPR	200 g	2	1,09	2,18	2,18	2,15	-1%
Ervilha Partida	P	500 g	1	3,89	3,89	3,89	3,90	0%
Espaguete Nº 8	S	500 g	2	1,45	2,90	2,90	2,95	2%
Extrato Tomate	A	840 g	3	4,99	14,97	14,97	15,90	6%
Extrato Tomate	B	840 g	4	3,39	13,56	13,56	12,50	-8%
Farinha Mandioca	F	Kg	2	3,50	7,00	7,00	7,50	7%
Farinha Mandioca	C	Kg	3	3,89	11,67	11,67	11,50	-1%
Farinha Mandioca	Y	5 Kg	1	11,67	11,67	11,67	12,00	3%
Farinha Milho	Y	500 g	1	2,95	2,95	2,95	3,05	3%
Farinha Rosca	MG	Kg	1	4,00	4,00	4,00	4,10	2%
Farinha Trigo	G	Kg	2	1,72	3,44	3,44	3,50	2%
Farinha Trigo	RB	Kg	8	1,95	15,60	15,60	15,70	1%
Feijão Preto	FP	Kg	5	2,99	14,95	14,95	15,60	4%
Funghi Seco	L	Kg	2	55,90	111,80	111,80	110,00	-2%
Gás	X	13 kg	1	34,00	34,00	34,00	35,00	3%
Ketchup	E	950 g	1	2,89	2,89	2,89	2,90	0%
Laranja Pera	S	Saco	1	10,00	10,00	10,00	11,00	10%
Leite Condensado	E	395 g	1	2,39	2,39	2,39	2,45	3%
Leite Condensado	I	395 g	1	2,79	2,79	2,79	2,80	0%
Leite Condensado	M	395 g	4	3,79	15,16	15,16	15,80	4%
Leite Caixa	LG	L	2	1,99	3,98	3,98	4,06	2%
Lentilha Pink	P	500 g	2	2,69	5,38	5,38	5,42	1%
Molho Pimenta	K	150 g	1	1,59	1,59	1,59	1,65	4%
Molho Tomate	P	340 g	49	1,19	58,31	58,31	56,00	-4%
Molho de Alho	S	900 ml	1	4,80	4,80	4,80	6,50	35%
Molho Inglês	CH	150 ml	1	1,29	1,29	1,29	1,32	2%
Molho Madeira	W	2 kg	1	3,20	3,20	3,20	3,23	1%
Molho Madeira	E	200 g	1	2,95	2,95	2,95	3,05	3%
Total					717,81	717,81	726,99	1%

Quadro 11.1: Lista de Compras.

11.6 ORÇAMENTO DE COMPRAS

Embora já tenhamos abordado o conceito de orçamento, vale lembrar que a elaboração de orçamentos pode ser usada para determinar se cursos de ação particulares apresentam boa relação custo/qualidade/preço/lucro. Uma eficiente contabilidade de custos é condição básica para a correta aplicação de um sistema de controle orçamentário. É importante que o orçamento seja congruente com os objetivos da empresa.

Executar o processo orçamentário não significa apenas traçar um plano. Envolve, primeiro, executá-lo e fazer acompanhamentos, o que se traduz em esforço, tempo e recursos. Segundo, porque o orçamento agrega pouco valor e é mais uma ferramenta para controlar o comportamento do que ajudar uma empresa a ser mais competitiva. Terceiro, porque o orçamento vem acompanhado de defeitos funcionais graves.

O orçamento não dá uma visão realista do futuro, só mostra um desejo de programar a organização para um ano inteiro, o que não é possível, quando o cenário muda. O orçamento de compras precisa equilibrar: estabilização da produção (eficiência, produtividade) e minimização do nível de estoque (redução de custos). Qualquer orçamento terá a seguinte estrutura:

Item	Áreas	Descrição	Q	Custo	Valor	Acumulado
1	Exaustão	Coifas com Filtros	1	1.500,00	1.500,00	1.500,00
2	Exaustão	Climatizadores	4	2000,00	8.000,00	9.500,00
3	Exaustão					
4	Higienização					
5						
6						
7	Armazenamento	Depósito				
8						
9						
10	Pré-Preparo	Congelamento				
11						
12						
13	Resfriamento					
14						
15						
16	Distribuição					
17						
18						
19	Cocção					
20						
21						
22	Preparação					

23						
24						
25	Escritório					
26						
27						
28	Vendas	Salão				
29						

Quadro 11.2: Orçamento de Compras.

Nota: O orçamento de compras está ligado, principalmente, aos orçamentos de: vendas, produção e estoque.

11.7 MOVIMENTAÇÃO DE MATERIAIS

Materiais são bens que entram na produção e/ou venda de um produto. São classificados em: matérias-primas, insumos, peças (componentes), produtos semiacabados e produtos acabados. O bom aproveitamento da máquina e da mão de obra exige que haja um abastecimento ininterrupto de materiais. A falta dos mesmos pode redundar em sérios prejuízos para a organização.

A movimentação de materiais é a técnica que permita a forma, a maneira ou os meios de utilização em fazer render, em sua plenitude, os materiais, isto é, sua otimização. A continuidade do abastecimento de materiais depende da estocagem e da sua entrega. A operação de levar os materiais do depósito e almoxarifado aos postos de trabalho, de um ponto a outro e de levar ao depósito os produtos prontos, bem como remover as sobras e detritos surgidos durante a produção, dá-se o nome de movimentação de materiais.

Nenhuma empresa poderá melhorar o nível de sua produtividade, se não tiver perfeitamente organizada a sua movimentação de materiais, que tem como finalidade precípua, cuidar de todos os problemas que tenham relações com suprimentos, controlando para que sejam efetuados a tempo e a hora. Materiais, máquinas, equipamentos e instalações valem dinheiro e como tal precisam ser zelados. A movimentação de materiais sempre estará associada à outra atividade, visto que não pode, por si só, assumir a condição de uma atividade discreta, isolada e independente.

Os meios de transporte constituem um importantíssimo serviço auxiliar da movimentação de materiais. Eles servem para deslocar recursos de um lado para outro, isto é, das fábricas para os distribuidores e destes para os consumidores e usuários. Também ajudam a transferir materiais de toda espécie entre: almoxarifados, depósitos, armazéns, fábricas, fornecedores, fazendas, minas. Sua classificação pode ser:

- Quanto ao tipo de via utilizada, em: terrestre, rodoviário, ferroviário, aquático, hidroviário, marítimo, aéreo, duto, esteira, pontes rolantes, correias transportadoras, calhas.
- Quanto ao espaço envolvido, em: urbano, municipal, intermunicipal, interestadual, internacional.
- Quanto ao conteúdo, em: pessoas e cargas.

O transporte interno pode causar prejuízos à empresa, quando os meios de movimentação são insuficientes, estão mal conservados, oferecendo perigo; são vagarosos ou inadequados. Para ser eficiente, o transporte interno deve possuir certas características, tais como:

a) Oferecer rapidez, dando um fluxo contínuo ao abastecimento e à retirada de materiais. Essa rapidez, naturalmente, está condicionada ao ritmo de trabalho.

b) Possuir capacidade de carga compatível com o volume a transportar, bem como com o peso, a distância que será percorrida e as vias que serão utilizadas.

c) Oferecer segurança ao material que é transportado ao equipamento e ao pessoal.

d) Flexibilizar a utilização, servindo a vários tipos de carga, no caso de grande diversidade dos materiais por transportar.

e) Apresentar economia de operação e manutenção.

Nota: O êxito de uma empresa depende, em grande parte, dos meios rápidos que possui, não só para buscar a matéria-prima, como também para entrega dos produtos aos consumidores.

11.8 ARMAZENAMENTO

Embora já tenhamos abordado o conceito de armazenamento, é importante observar que as empresas realmente necessitam de espaço físico para estocagem. Se as demandas pelos produtos da empresa forem conhecidas com exatidão e se as mercadorias puderem ser fornecidas a tempo, teoricamente, não há necessidade de manter espaço para estocagem. Entretanto, não costuma ser prático nem econômico operar desta maneira, pois, geralmente, a demanda não pode ser prevista precisamente.

Para alcançar boa coordenação entre oferta e demanda, a produção deve ter tempo de resposta e transporte confiável, com tempo de entrega. A armazenagem propicia condições de estabelecimento de uma política de estoque, cuja finalidade é a satisfação da demanda, por meio do controle do giro do estoque. As empresas querem ter estoques suficientes de produtos acabados disponíveis para satisfazer a procura dos consumidores, mas isso tem de ser contrabalançado pelo custo da manutenção de estoques.

Toda empresa precisa estocar seus bens acabados até que sejam vendidos. Uma instalação de estocagem é necessária, porque os ciclos de produção e consumo raramente coincidem. Muitos produtos agrícolas, cujo consumo é diário, são produzidos de forma sazonal. Então é preciso a estocagem para superar os conflitos entre quantidades demandadas e tempo de atendimento. Como não é possível, nem econômico, efetuar compras a todo o momento, a empresa deve possuir um órgão que se encarregue de manter uma quantidade desejável de materiais, para ir suprindo o setor de produção, à medida que for sendo necessário.

Portanto, é importante conceituar almoxarifado e depósito. Almoxarifado é o nome dado a um local onde estão guardadas utilidades, materiais, ferramentas, componentes, equipamentos que a empresa comprou para serem consumidos em suas operações. Depósito é o local onde estão guardados os produtos que se vai vender ou consumir na produção de outros produtos.

Prazo de validade é o período de tempo de armazenamento no qual o alimento é conservado de modo a manter suas características nutricionais, físico-químicas e microbiológicos próprias para consumo. Neste sentido, é importante ressaltar que a partir do momento em que ocorre a abertura da embalagem original, perde-se imediatamente o prazo de validade informado pelo fabricante. Assim sendo, os alimentos pós-manipulados requerem o estabelecimento de um novo prazo para serem utilizados em condições seguras. Tal prazo é chamado de Recomendação (Critério) de Uso.

Para produtos industrializados em suas embalagens originais deve-se observar e obedecer às informações do fabricante, referentes às recomendações de armazenamento e uso, tanto antes como depois de aberto. Entretanto, na ausência destas informações, para produtos manipulados, inclusive embalagens abertas de produtos industrializados, deve-se seguir os critérios de uso, determinados a seguir:

Alimentos Congelados	Temperatura de Congelamento	Tempo Máximo de Armazenamento
Alimentos Diversos	De 0ºC a 5ºC	Até 10 dias
Alimentos Diversos	De - 5ºC a - 10ºC	Até 20 dias
Alimentos Diversos	De -10ºC a - 18ºC	Até 30 dias
Alimentos Diversos	Abaixo de - 18ºC	Até 90 dias

Quadro 11.3: Tempo de Armazenamento para Alimentos Congelados.

Alimentos Refrigerados	Temperatura de Refrigeração	Tempo de Armazenamento
Carnes e seus produtos manipulados crus	Até 4ºC	Por 72 horas
Pescados e seus produtos crus	Até 4ºC	Por 24 horas
Alimentos pós-cocção (exceto pescados)	Até 4ºC	Por 72 horas
Pescados pós-cocção	Até 4ºC	Por 24 horas
Sobremesa, frios e Laticínios manipulados	Até 4ºC	Por 72 horas
Sobremesa, frios e Laticínios manipulados	Até 6ºC	Por 48 horas
Sobremesa, frios e Laticínios manipulados	Até 8ºC	Por 24 horas
Maionese manipulada com outros alimentos	Até 4ºC	Por 48 horas
Maionese manipulada com outros alimentos	Até 6ºC	Por 24 horas
Hortifruti in natura pós-manipulados	Até 10ºC	Por 72 horas
Amostras de alimentos	Até 4ºC	Por 72 horas
Descongelamento de Alimentos sob refrigeração	Até 4ºC	Tempo necessário
Dessalgue de Carnes sob Refrigeração	Até 4ºC	Tempo necessário
Hortifruti manipulado	Até 10ºC	Por 72 horas
Massas frescas	Até 4ºC	Por 72 horas
Ovos in natura	Até 10ºC	14 dias

Quadro 11.4: Tempo de Armazenamento para Alimentos Refrigerados.

11.9 CONGELAMENTO DE ALIMENTOS

O emprego de baixas temperaturas é um dos métodos mais antigos para conservar alimentos. A produção contínua de frio aplicado à indústria alimentícia, data do início do Século XIX. Esta tecnologia permitiu o armazenamento e a logística dos alimentos perecíveis. A existência de alimentos de elevada perecibilidade, propiciou o desenvolvimento de técnicas capazes de garantir sua conservação a longo prazo. O congelamento surgiu como uma tecnologia que alia a qualidade à redução de perdas.

O crescimento populacional nos grandes centros urbanos e a distância considerável entre produtores e consumidores fez do congelamento uma realidade. O congelamento é a operação na qual a temperatura de um produto é reduzida abaixo de seu ponto de congelamento e uma parte da água, contida no produto, sofre uma mudança no seu estado físico, formando cristais de gelo. A preservação é alcançada pela combinação de baixas temperaturas, redução da atividade da água e, em alguns alimentos, pelo branqueamento (pré-tratamento). Na maioria dos alimentos, o congelamento inicia-se a temperaturas inferiores a 0ºC. Para conservação a longo prazo, os alimentos, normalmente, são congelados e mantidos a - 18ºC. O congelamento permite prolongar a vida útil dos alimentos, com pouquíssima perda das propriedades nutritivas e organolépicas.

O efeito conservador do frio baseia-se na inibição total ou parcial dos principais agentes responsáveis pela alteração da composição do alimento, como: o crescimento e a atividade dos microorganismos; as atividades metabólicas dos tecidos de animais, após o abate; o apodrecimento acelerado dos vegetais, após a colheita; as reações químicas, em função do ambiente.

Para que o congelamento seja feito corretamente, alguns princípios devem ser estabelecidos. O alimento deve ser sadio, pois o frio não restitui a qualidade perdida, antes do congelamento. Os produtos devem ser conservados em temperatura constante e o processo nunca deve ser interrompido, para que os alimentos não percam suas propriedades. O congelamento como método de conservação possui vantagens e desvantagens. A vantagem é que não se acrescentam nem se eliminam componentes, não altera o aroma, não reduz a digestibilidade e não causa perdas significativas do valor nutritivo. A desvantagem se caracteriza por ser um método onde os microorganismos e as toxinas não são destruídos e ocorre desidratação rápida e intensa, quando não há acondicionamento (armazenamento) adequando.

Quanto à tecnologia aplicada, o congelamento utilizado será à base de nitrogênio, que consiste em congelar os alimentos por meio de um Túnel de Congelamento, que permite o congelamento rápido e em alta qualidade, garantindo aparência, textura, sabor, valor nutritivo, que é atingido, através da exposição, imersão ou injeção do gás nitrogênio, na forma líquida. Após o congelamento, o produto pode ser embalado e despachado para o consumidor, ou pode ficar estocado.

Em rápidas palavras, o processo de congelamento, chamado de criogenia, consiste em um choque térmico, onde o alimento, depois de preparado, sofre uma queda na temperatura, que vai dos 80ºC (temperatura do prato pronto), para - 12ºC, tendo tal processo a duração máxima de 3 horas. Todo este processo deve cumprir as exigências da ANVISA (RDC 216, de 15/9/2004).

O processo de congelamento pode ser feito em equipamentos menores como os armários criogênicos. O congelamento é utilizado também nos meios de transportes, para garantir uma viagem com segurança e longa autonomia. A criogenia é o estudo de tecnologias para a produção em baixas temperaturas (- 150ºC; - 238ºF; 123ºK). O comportamento dos agentes patogênicos nestas temperaturas é quase que o da imobilidade. Os gases liquefeitos de nitrogênio e hélio são armazenados em Garrafas Dewar, que têm, aproximadamente, 1,80 m de altura e 0,90 m de diâmetro, embora existam tanques para operações industriais.

11.10 ESTOQUE

Estoque é o somatório de matérias-primas, insumos, produtos acabados e semiacabados. O valor do estoque é um valioso item (conta) do ativo circulante, porque mostra o giro de cada produto (material) e o quanto o produto participa no valor total do estoque. Toda empresa deve preocupar-se com seu estoque, principalmente, para compensar erros na projeção de demanda. Desde que a demanda possa ser maior do que a prevista, a empresa precisará estocar matérias-primas, insumos, peças, utilidades, produtos semiacabados, produtos acabados, como medida de segurança. Também a manutenção de estoques permite a empresa comprar ou produzir lotes econômicos. Lote econômico é a quantidade a produzir para um custo mínimo.

Geralmente, não é viável providenciar produção ou entrega instantâneas aos clientes. Para se atingir um grau razoável de disponibilidade de produto, é necessário manter estoques, que agem como amortecedores entre a oferta e a demanda. O uso extensivo de estoques resulta no fato de que, em média, eles são responsáveis por aproximadamente um a dois terços dos custos logísticos, o que torna a manutenção de estoques uma atividade chave da empresa. Enquanto o transporte adiciona valor de lugar ao produto, o estoque agrega valor de tempo. Para agregar este valor dinâmico, o estoque deve ser posicionado próximo aos consumidores ou aos pontos de fabricação. A seguir, alguns elementos adredes ao conceito de estoque:

Classificação do Estoque – Os materiais devem ser estocados, segundo a quantidade e o valor. Assim, são classificados em três categorias:

Classe A – Pequena quantidade de itens (10%), mas grande valor (70%) investido/imobilizado.
Classe B – Quantidade média de itens (30%) e médio valor (20%) investido/imobilizado.
Classe C – Grande quantidade de itens (60%) e pequeno valor (10%) investido/imobilizado.

A seguir, alguns princípios de classificação do estoque: Manter rígido controle de entradas e saídas; Comprar somente baseado em necessidades calculadas, nunca por impulso; Manter baixo estoque de segurança para a classe A; Negociar com fornecedores a garantia de entrega, para manter baixo o nível de estoque; Minimizar o custo de contatos com fornecedores; Manter estoques de segurança maiores para a classe C; Equilibrar a despesa de frete com o volume de compra para custo mínimo.

Questionamento da Compra – Depois de ter sido tomada a decisão de que se deve manter determinado item em estoque, surge uma outra ordem de questões: Por que comprar? O que comprar? Quanto comprar? Quando comprar? De quem comprar? Como comprar?

Nível de Estoque – Considera-se nível de estoque a quantidade que garanta o fluxo de vendas de forma contínua, sem interrupções e que minimize os custos de manutenção do mesmo. A seguir, algumas considerações sobre estoque mínimo e estoque máximo:

Estoque Mínimo – Quantidade mínima de uma mercadoria que a empresa deve manter em estoque para atender às suas necessidades por determinado período, até reposição ao nível normal de operação. O estoque mínimo de um bem é dado pela fórmula:

Estoque Mínimo = (Vendas / Consumo Médio Diário) x Prazo de Cobertura

Onde:

Prazo de Cobertura = Tempo para fazer o pedido + Prazo de entrega + Prazo de conferência e codificação + Margem de segurança

Margem de Segurança = 20% do prazo de entrega

Estoque Máximo – Quantidade máxima de uma mercadoria e/ou material que a empresa deve estocar para operacionalizar suas atividades durante determinado período. Uma fórmula prática é ter o estoque máximo igual ao dobro do estoque mínimo.

11.11 CONTROLE DE ESTOQUE

O controle de estoque é um valioso controle do ativo circulante, porque mostra quanto cada item do estoque pesa no total e quanto de dinheiro está imobilizado. Mostra o giro de cada produto (material) e o quanto o produto participa no valor total do estoque. O sistema de controle de estoque é uma necessidade que ajuda a decidir quais os níveis de bens que podem ser economicamente mantidos. Tal sistema é utilizado para descrever inspeção, recebimento, movimentação, alienação de ativos, inventário, distribuição e armazenagem.

Controlar o movimento do estoque assegura o suprimento oportuno e conveniente, melhora o equilíbrio do capital de giro próprio, evita compras desnecessárias e facilita o ajuste da empresa às mudanças do ambiente e do mercado. O ideal é que o empresário saiba, dia a dia, qual é o valor imobilizado no estoque, que quantidades estão disponíveis, qual a movimentação, qual é o custo da inflação na compra e outros detalhes. O risco do descontrole não se limita apenas à superestocagem. Uma má administração de materiais pode prejudicar, econômica e financeiramente, a empresa. Em épocas de juros altos, prestar atenção na movimentação dos produtos evita encalhes.

Os principais objetivos do controle de estoque são:

- Evitar custos financeiros por: desvios, perdas, ocorridos por vencimento do prazo de validade, extravios, roubos e furtos.
- Acompanhar o investimento em estoque e verificar se ele é compatível com as necessidades operacionais.
- Identificar os itens que estão com baixa rotação e promover aumentos em seu giro.
- Conhecer as quantidades reais, tanto físicas quanto financeiras, dos estoques.
- Auxiliar no momento da compra, informando os dados reais sobre o giro dos produtos.
- Gerar dados para cálculo do custo e preço de venda dos produtos.
- Evitar perdas, em função de manuseio inadequado.

A seguir, são dados exemplos de controle de estoque, cuja simbologia é:

UA = Unidade de armazenamento
Q = Quantidade em estoque
Custo = Custo unitário da unidade de armazenamento
Valor = Quantidade x Custo
AC = Valor acumulado

Capítulo 11 COMPRA e LOGÍSTICA • **251**

Controle Geral do Estoque de Produtos Acabados

Data do Inventário:

Produtos	UA	Q	Custo	Valor	AC
Aipim para Fritar	Kg	18,5	4,20	77,70	77,70
Almôndega de Carne	kg	0	1,00	0,00	77,70
Anéis de Lula	200 g	0	10,00	0,00	77,70
Anéis de Lula	300 g	22	13,00	286,00	363,70
Bolinho de Carne Seca	1	821	0,90	738,90	1.102,60
Bolinho de Feijoada	1	679	0,90	611,10	1.713,70
Camarão Empanado	200 g	0	8,50	0,00	1.713,70
Camarão Empanado	250 g	0	10,50	0,00	1.713,70
Camarão Empanado	300 g	0	13,00	0,00	1.713,70
Camarão Empanado Médio	Kg	3,5	42,00	147,00	1 860,70
Escondidinho Bolonhesa	250 g	5	5,00	25,00	1.885,70
Escondidinho Camarão	250 g	34	5,50	187,00	2.072,70
Escondidinho Carne Seca	250 g	4	5,50	22,00	2.094,70
Espaguete	200 g	11	0,50	5,50	2.100,20
Espetinho de Boi 120 g	1	7	3,50	24,50	2.124,70
Kafta de Carne 120 g	1	40	2,50	100,00	2.224,70
Milanesa de Alcatra	Kg	5,6	19,00	106,40	2.331,10
Milanesa de Frango	Kg	1,825	11,00	20,08	2.351,18
Molho Bolonhesa	200 g	37	5,00	185,00	2.536,18
Molho Calabresa	200 g	0	5,90	0,00	2.536,18
Molho Copa Lombo	200 g	0	4,90	0,00	2.536,18
Molho de Camarão	200 g	26	5,90	153,40	2.689,58
Molho de Carne Seca	200 g	0	6,50	0,00	2.689,58
Molho Funghi	200 g	51	5,90	300,90	2.990,48
Molho Gorgonzola	200 g	59	5,90	348,10	3.338,58
Nhoque de Aipim	250 g	24	1,50	36,00	3.374,58
Nhoque de Aipim Empório	250 g	44	1,50	66,00	3.440,58
Penne	200 g	0	0,50	0,00	3.440,58
Strogonoff de Carne	200 g	18	5,00	90,00	3.530,58
Strogonoff de Frango	200 g	0	4,50	0,00	3.530,58

Quadro 11 .5: Controle Geral de Estoque de Produtos Acabados.

Controle de Estoque por Produto

Produto: **Arroz Agulhinha**

Nº	Data	Histórico	Q (kg)	QAC	CU	CUAC	CMd	Valor	VF
1	02/10/15	Inventário	50	50	1,85	1,85	1,85	92,50	92,50
2		Compra	50	100	1,95	3,80	1,90	97,50	190,00
3		Compra	100	200	1,90	5,70	1,90	190,00	380,00
4		Compra	50	250	1,92	7,62	1,91	96,00	476,00
5		Compra	20	270	1,95	9,57	1,91	39,00	515,00
6		Compra	50	320	1,80	11,37	1,90	90,00	605,00

7		Compra	20	340	2,00	13,37	1,91	40,00	645,00
8		Compra	30	370	2,05	15,42	1,93	61,50	706,50
9		Compra	40	410	1,90	17,32	1,92	76,00	782,50
10	02/12/15	Inventário	150				1,92	288,00	494,50

Quadro 11.6: Controle de Estoque por Produto.

Simbologia:

Q(kg) = Quantidade por Unidade de Compra
QAC = Quantidade Acumulada
CU = Custo/Kg
CUAC = Custo Acumulado
CMd = Custo Médio do Período
Valor = valor do Estoque
VF = Valor Final

Análise: Após 2 meses de atividades foi constatado que houve um consumo de 494,50 Kg do produto, significando que o consumo mensal do arroz agulhinha é de aproximadamente 250 kg/ mês.

Nota: No Capítulo 9, foi mostrado um exemplo de Controle Diário do Estoque de Produtos Acabados.

11.12 LOGÍSTICA

Em todo e qualquer processo de comercialização, a logística assume um caráter, muitas vezes, mais importante do que a própria produção, pois seu estudo envolve o produto (características, padrões, embalagens), os intermediários (custo, propriedade, transporte, distribuição) e a armazenagem (obsolescência, guarda, movimentação, classificação). A logística é entendida como o controle do rápido movimento dos recursos organizacionais, que devem ser colocados nos tempos e locais ótimos. Na realidade, é um modelo que estabelece medidas de controle, por meio de esquemas que buscam custos mínimos de um sistema de distribuição física.

A logística estuda como a administração pode prover melhor nível de rentabilidade nos serviços de distribuição aos consumidores, através de planejamento, organização e controle efetivos para as atividades de movimentação e armazenamento, que visam facilitar o fluxo de produtos. Na realidade, é um modelo que estabelece medidas de controle, por meio de esquemas que buscam custos mínimos de um sistema de distribuição física. O problema da logística é diminuir o hiato entre a produção e a demanda de modo que os consumidores tenham bens e serviços quando e onde quiserem, nas condições físicas que desejarem. Mas, é preciso estar atento aos custos associados a estas ações.

Os avanços do varejo eletrônico dependem cada vez mais da logística, hoje, o "Calcanhar de Aquiles" do comércio globalizado. A logística foi definida na década de 1970, como a arte de administrar o fluxo de recursos materiais de um lugar para outro quando se fizerem necessários. Os principais elementos de logística são:

Atividades de Apoio: Transporte, manutenção de estoques, processamento de pedidos, armazenagem, movimentação de produtos, embalagem de proteção, fontes de suprimento, programação da produção, sistema de informações.

Posição da Logística – Estrategicamente, a logística ocupa posição intermediária entre produção e marketing.

Ciclo do Pedido – O tempo transcorrido entre a colocação do pedido pelo cliente até sua entrega é chamado de tempo de ciclo do pedido.

Custo Logístico – O custo logístico estará em função do: volume negociado, canal de distribuição, economia de escala, desconto por volume, tipo de transporte, tecnologia de processamento do pedido, rota, documentação necessária, meios de expedição, equipamento de manuseio.

Âmbito da Logística – Há uma visão ampla e uma visão limitada do âmbito da logística. Na visão ampla, o fluxo começa com a localização de matérias-primas e mão de obra e se estende até a localização do mercado de consumo. A empresa define seu mercado alvo e depois realiza o trabalho inverso, isto é, consegue intermediários, armazéns e localização da fábrica. A visão estrita pressupõe que a empresa já esteja estabelecida no mercado e que já esteja compromissada com fornecedores, distribuidores e consumidores, tendo como problema encontrar condições eficazes de localização, estocagem, embarque e sistemas de informação e de comunicação.

Visão Sistêmica da Logística – A visão sistêmica é dada àquele que encara a empresa como um sistema, que tem subsistemas de sustentação e preservação dos negócios (recursos, estratégias, funções, métodos, programas, planos, projetos, políticas, mudanças, regras, avaliações). No caso da logística, esta visão passa por um sistema que vai da previsão de vendas até a expedição de produtos acabados. Mas, todo o sistema centraliza-se na engrenagem da administração de estoques. A logística é o elo entre o atendimento do pedido e a receita com vendas da empresa.

Objetivos da Logística – O primeiro objetivo da logística pode ser resumido na palavra serviço, isto é, o objetivo do sistema de distribuição é garantir o atendimento do consumidor, hora, data, lugar e local certos. A este grande objetivo associam-se: disponibilidade do produto; exatidão do pedido; seguro de acidente; serviço rápido e confiável.

Problemas de Logística – Por que precisamos de tantos tipos de intermediários? Para atender distância que existe entre o vendedor e o comprador? Por que a alocação do produto para estimular a troca? Quais consumidores têm reações diferentes? Como o fabricante sabe das coisas e orienta a produção para atender as necessidades e desejos dos consumidores? Por meio dos intermediários?

11.13 DISTRIBUIÇÃO FÍSICA

O movimento percorrido pelo produto do fabricante até o consumidor final chama-se distribuição física. Este serviço envolve um planejamento meticuloso, cujo fator principal é o custo do transporte dos intermediários. Este planejamento considera: a utilidade de lugar (em geral, os consumidores não gostam de ir longe ou de se esforçarem muito para obter produtos) e a utilidade de tempo (elemento que conta como se fosse "dinheiro").

A distribuição física é o ramo da logística que trata da movimentação, estocagem e processamento de pedidos dos produtos. Costuma ser a atividade mais importante em termos de custo para a maioria das empresas. Sua preocupação maior é com os produtos acabados. Muitas empresas declaram que seu objetivo de distribuição é o de levar as mercadorias certas para os lugares certos, nos momentos certos e pelo menor custo. Mas, nenhum sistema de distribuição física pode, simultaneamente, maximizar o serviço ao consumidor e minimizar o custo de distribuição.

A maximização do serviço de distribuição implica políticas de grandes estoques, transportes com custos adicionais e muitos armazéns, todos aumentando o custo de distribuição. A minimização dos custos de distribuição implica políticas de transporte rápido e barato, estoques baixos e poucos armazéns. Frequentemente, nos deparamos com sistemas de distribuição em que cada empresa (fabricante, atacadista, varejista) se preocupa apenas em planejar sua produção, suas vendas e seus lucros, não buscando a interação e integração com os demais componentes. Um sistema de distribuição bem organizado e coordenado gera sinergias e resultados positivos, que podem se transformar em uma vantagem competitiva. Para tal, a prática do feedback deve ser acentuada e constante.

O produto precisa estar acessível, disponível, e deve ser facilmente adquirido pelo cliente no momento em que o mesmo decide comprá-lo. O tipo de intermediário é importante, já que é necessária uma compatibilização entre a imagem do produto e a imagem da empresa que estiver comercializando. Produtos de luxo em lojas de aparência ruim não terão sucesso, e vice-versa.

Os distribuidores são os intermediários entre a fábrica e o varejo, isto é, são os detentores dos canais de distribuição. Um dos princípios da distribuição moderna exige que o fabricante não passe a ignorar seu produto, tão logo este tenha passado de suas mãos para agentes, atacadistas e varejistas. A distribuição bem feita estimula a demanda. Os tipos de distribuição são:

- Distribuição Direta – Distribuição que dispensa a participação do intermediário.
- Distribuição Indireta – Distribuição que se caracteriza por utilizar, no fluxo dos produtos, as figuras do intermediário (atacadista, varejista).
- Distribuição Geral – Distribuição que utiliza intermediários, dispostos a repassar e estocar produtos.
- Distribuição Integrada – Na distribuição integrada a empresa planeja, executa e controla o fluxo de produtos desde a fonte fornecedora até o consumidor final.
- Distribuição Seletiva – A distribuição seletiva envolve a utilização de mais de um intermediário, mas seleciona, entre estes, aqueles que estão dispostos a lidar com determinado produto.
- Distribuição Intensiva – É aquela que procura colocar o produto o mais próximo possível do maior número de consumidores. Esta distribuição é caracterizada pelo fato de o fabricante dispor de seus bens e serviços no maior número de estabelecimentos possível.
- Distribuição Exclusiva – O intermediário adquire o direito de representar, com absoluta exclusividade dentro de determinado território, os produtos do fabricante.
- Distribuição Reversa – É a logística do caminho contrário, isto é, aquela que pode retornar ao ponto de origem, onde começou a distribuição.

11.14 MEIOS DE TRANSPORTE

Embora já tenham sido abordados, os meios de transporte são de extrema importância na logística. A maioria das empresas está, perfeitamente, equipada com modernos serviços de transportes que são organizados para atender a intensa demanda dos setores de produção e serviço. O êxito de uma empresa depende, em grande parte, dos meios rápidos que possui, não só para buscar a matéria-prima, como também para entrega dos produtos aos consumidores. Quando se faz a distribuição, utiliza-se um meio de transporte. A utilidade do transporte é maximizada quando as mercadorias são alocadas nos lugares de maior demanda na maior velocidade possível.

A eficiência do transporte é determinada por padrões, tais como:

- Conformidade com as exigências de carga normal e máxima.
- Adequação dos terminais de transporte para vendedor e comprador.
- Manuseio cuidadoso das mercadorias em movimento.

- Tempo mínimo de transporte.
- Relação adequada do custo do transporte com o valor da mercadoria.

As escolhas de transporte afetarão o preço do produto, a pontualidade da entrega e as condições físicas dos bens que afetarão a satisfação do consumidor. Os responsáveis pelo transporte consideram velocidade, frequência, dependência, capacidade, disponibilidade e custo, como variáveis para dimensionar custo e qualidade no atendimento. As empresas têm de tomar decisões quanto à maneira que proporcionam melhor custo/benefício de transportar seus produtos. Isso envolve a decisão de comprar, arrendar, alugar ou contratar uma empresa transportadora.

Ao se procurar combinar as características do bom transporte com os meios de que se pode lançar mão, é interessante observar algumas premissas:

- Sempre que possível, deve-se usar a força da gravidade, que nada custa.
- O transporte deve ser bem planejado, para garantir o fluxo contínuo da circulação de materiais.
- O transporte por meio de carros, pontes, guindastes deve ser bem coordenado, para não deixar materiais (máquinas, pessoas), ocupando espaços desnecessários, esperando passar o transporte, porque este os atrapalha.
- O serviço de manutenção deve garantir um mínimo de paradas de máquinas e equipamentos.
- Cada alternativa de transporte implica um tempo médio de entrega diferente.
- Os meios de transporte mais lentos são mais baratos em frete, porém, mais caros em vendas.

O veículo de transporte de produtos alimentícios devem ser, como visto anteriormente, adequado para cada grupo de gêneros alimentícios, tendo Certificado de Vistoria, dado pela autoridade sanitária.

11.15 CANAL DE DISTRIBUIÇÃO

O canal de distribuição é a rota (caminho) seguida pelo direito de posse de um produto, à medida que ele se movimenta do produtor para o consumidor/usuário final. Canais de distribuição, com dispositivos de venda e facilidades de crédito, são importantes para o desenvolvimento econômico, financeiro, comercial, agrícola e industrial, pois estes complementam a rede de distribuição física, composta pelas rodovias, ferrovias e outros serviços de transporte. O produtor deve procurar o canal de distribuição mais efetivo e de menor custo. Ao contrário do que em geral se acredita, a eliminação dos intermediários não reduz, automaticamente, o custo da distribuição.

A escolha do canal levará em conta os seguintes fatores:

Fatores Corporativos: Eficiência, eficácia, efetividade, velocidade de resposta, comunicação, tecnologia, tempo, custo, lucro, sistema, informação, padronização, codificação, rastreamento.

Fatores Operacionais: Natureza do produto (modelo, vida útil, valor, aspectos mecânicos, inovações); natureza do mercado (hábitos dos consumidores, preços, volumes, objetivos, concorrentes); natureza do intermediário (assistência, armazenagem, serviços, estoques, embalamento, compras, cooperação); natureza do consumo (bens de consumo, bens industriais, bens de emergência, bens de manutenção, suprimentos); natureza do transporte (rodoviário, marítimo, ferroviário, aéreo, intermodal, duto, esteira, multimodal, contêiner, misto).

Ao desenvolver canais de distribuição, os produtores sempre tiveram de lutar entre o ideal e o disponível. Na prática, a escolha de mercados e a escolha de canais podem ser independentes. A empresa poderá descobrir que os mercados que deseja servir não poderão ser atendidos lucrativamente com os canais existentes. Cada produtor ajusta seus objetivos específicos de canal a partir das restrições existentes em nível: dos consumidores, dos produtos, dos intermediários, dos concorrentes, das políticas e dos ambientes.

O ponto de partida do plano de distribuição é que sempre haverá um canal para atingir um mercado por mais difícil que ele seja. Um plano de distribuição sempre fará parte do plano de marketing, mas em muitas empresas a distribuição é tão importante que há também um plano de distribuição, no plano estratégico da organização. Os melhores planos de distribuição podem fracassar, se o canal de distribuição não tiver um bom suporte de um sistema de informações. Algumas premissas ajudarão o leitor a mais bem administrar o canal de distribuição:

a) Quanto melhor a satisfação do consumidor com o produto, mais ele tenderá a exigir a reposição pelo distribuidor.

b) Quanto maior a importância da marca, maior a probabilidade do distribuidor manter o produto em estoque e participar das promoções.

c) Quanto maior o vínculo do fabricante com o varejo, melhor será o desempenho de suas marcas e produtos.

d) Quanto melhor a qualidade do atendimento, maior a possibilidade de ocorrer a fidelização do consumidor.

e) Quanto melhor for o sistema de retaguarda logística, mais rápida será a reposição e maior a facilidade de gestão do sistema.

À medida que o produto se desloca do fabricante (fornecedor) para o consumo, ocorrem várias transações. Primeiro, o produto é trocado por alguma forma de pagamento. Na maioria dos casos, o direito de usar o produto também troca de mãos através do canal de distribuição. Segundo, a comunicação entre as entidades do canal permite detectar as necessidades de recurso do canal. Terceiro, as trocas são a chave para prover satisfação ao mercado. Os distribuidores escolhem as rotas para que os produtos resultem em vantagens durante todo o tempo.

Assim, os canais, basicamente, são:

- Canais de distribuição de bens de consumo.
- Canais de distribuição de serviços.
- Canais de distribuição de produtos industriais.

11.16 DELIVERY

Delivery é a palavra em inglês que significa entrega, distribuição ou remessa. É um substantivo que tem origem no verbo "deliver" que remete para o ato de entregar, transmitir ou distribuir. Atualmente, a palavra delivery é muito usada no âmbito de restaurantes, que entregam comida na casa, ou no trabalho, das pessoas, para que elas não tenham que cozinhar, nem se deslocar até o restaurante. Também existe delivery para frutas, legumes, verduras, bebidas, roupas, remédios.

O serviço de delivery é exigente, dinâmico e muito competitivo. As pessoas envolvidas neste tipo de canal de distribuição devem mostrar um alto nível de competência. São muitas as variáveis da equação da entrega em domicílio. Mas, as mais importantes são:

Custo – Para minimizar o custo, muitas vezes, a empresa utiliza serviço terceirizado. A terceirização proporciona vantagens, tais como: permite direcionar melhor os investimentos; divide riscos do mercado; proporciona elevada agilidade decisória e administrativa pela maior flexibilidade nos processos; provoca reduçãc na cadeia de custos indiretos; ameniza o impacto dos encargos trabalhistas em seus custos fixos; proporciona melhor qualidade pela atuação de empresas especializadas, contribuindo para a melhoria do produto; permite redução cos serviços de apoio; simplifica a organização; incrementa a produtividade.

Qualidade – A qualidade no atendimento já foi abordada no Capítulo 9.

Tempo de Entrega – O tempo de entrega é tão ou mais importante do que as duas anteriores. De nada adianta ter preço de venda baixo e qualidade competitiva, se houver falha na entrega e nas condições de fornecimento. É preciso observar que o produto seja entregue com presteza e em perfeitas condições de utilização.

12

CUSTO, PREÇO e LUCRO

"As pessoas que usam o seu tempo para atividades, sem pensar
nos resultados que pretendem alcançar, provavelmente, estarão desperdiçando boa parte dele"
Peter F. Drucker

OBJETIVOS DO CAPÍTULO

- Mostrar ao leitor que, nem sempre o produto que mais vende, é aquele que dá o maior lucro.
- Observar que o preço de venda vem se tornando, cada vez, mais um fator competitivo.
- Mostrar o valor de se conhecer custos, para poder definir o preço que atenda ao mercado.
- Mostrar ao empreendedor que, sem compreender os conceitos de preço, custo e lucro, ele não conseguirá viabilizar o seu negócio.

12.1 CUSTO

Custo são gastos relativos para fabricar produtos (bens e serviços). Como exemplos de custos podem ser citados os gastos com matérias-primas, embalagem, mão de obra, fabricação, aluguéis e seguros de instalações. Não são investimentos. O custo é, sem dúvida, o ponto de partida na determinação do preço de venda. Mas, esta consideração tem a desvantagem de não levar em conta o consumidor. Muitas vezes, a gerência decide preços baseado exclusivamente no custo, quando deveria considerar outros fatores. O custo é muito importante quando calculamos o preço de venda de um produto, mas não é tão importante num mercado competitivo.

O somatório dos dispêndios para se obter um produto se chama custo do produto. Toda despesa com a transformação de matéria-prima e uso de insumos na realização de um produto se chama custo de produção. Conhecer os custos de suas atividades é condição básica para tocar qualquer empresa, seja ela comercial, industrial, de serviços, agrícola, independentemente, de seu porte. Os custos devem refletir a empresa que os apura, para:

- Atender as exigências legais quanto à apuração e à avaliação dos resultados de suas atividades.
- Conhecer os seus custos para a tomada correta de decisões e o exercício de controles contábeis, financeiros e econômicos.
- Adequar-se às novas realidades ambientais.
- Fornecer dados para os sistemas de apoio gerencial.

A necessidade de dados analíticos concernentes aos custos de produção resulta de vários motivos. Os mais conhecidos e importantes são os seguintes:

- Determinação do preço de venda e o valor do estoque.
- Controle da eficiência de utilização dos fatores produtivos.
- Determinação da conveniência do processo de produção e da composição do produto.

260 • Gestão de Restaurante

- Utilização da capacidade instalada, em função do volume de produção.
- Análise da conveniência de utilização de meios (tecnologia) mais sofisticados.
- Cálculo dos lotes econômicos de aquisição e produção.
- Decisão entre comprar ou produzir.

É difícil determinar um único tipo de custo de produção que possa corresponder a todas as exigências. Como teremos ocasião de ver, cada utilização se baseia em diferentes conceitos de custo. Por outro lado, quando sacrificamos algum valor, esforço, tempo ou dinheiro para bens e serviços, esperamos um benefício em troca.

O custo final de um produto dependerá, fundamentalmente, da quantidade produzida, como mostra o Quadro, a seguir:

Produto:		
Quantidade Produzida (Q): 500		
Período:		
Nº	Itens	Valor
1	Matérias-primas	5.000,00
2	Insumos (matéria-prima indireta)	1.000,00
3	Embalagens	2.000,00
4	Mão de obra direta	2.500,00
5	Encargos sociais	2.875,00
6	Custo variável (1 + 2 + 3 + 4 + 5)	13.375,00
7	Custo fixo (rateio)	600,00
8	Custo de fabricação	1.200,00
9	Custo de comercialização	800,00
10	Despesas financeiras	600,00
11	Mão de obra indireta	5.000,00
12	Custo total (6 + 7 + 8 + 9 + 10 + 11)	21.575,00
13	Custo unitário (12/Q)	43,15

Quadro 12.1: Controle do Custo Unitário do Produto.

12.2 REDUÇÃO DO CUSTO

Devido à escassez, as empresas precisarão ficar, cada vez mais, atentas na elaboração de programas, planos e políticas que minimizem custos. Assim, se faz necessário uma atenção para: A racionalização de energia e água não pode comprometer a qualidade de bens e serviços; A reciclagem de materiais deve ser incentivada, desde que não comprometa o visual e a saúde pública; O monitoramento ambiental para rejeitos industriais deve ser pensado, quando do desenvolvimento do produto; O aproveitamento de embalagens deve ser uma prática da chamada logística reversa. A seguir, algumas responsabilidades departamentais, com relação à redução de custos:

Departamentos	Responsabilidades
Produção	Custo variável
Finanças	Custo fixo
Marketing	Custo do produto
Contabilidade	Custo do recurso
Materiais	Custo de estocagem
Vendas	Custo direto
Serviços	Custo indireto

Quadro 12.2: Responsabilidades sobre Custos.

Dois aspectos precisam ser mencionados, como contribuintes para a redução de custos:

Produtividade – Assunto já abordado.

Economia de Escala – A economia de escala segue duas linhas de pensamento. A primeira, trata do aumento da produção de forma controlada e de acordo com a Lei dos Rendimentos Decrescentes, pois não adianta aumentar a produção, indefinidamente, para que o custo do produto atinja um patamar que ajude a solapar a concorrência, pois existe um limite para isso. Tudo o que se sabe é que há mais probabilidade de variarem os rendimentos do que de permanecerem constantes. Sabemos que a divisão do trabalho, muitas vezes, permite conduzir a produção mais eficientemente, quando o seu volume se torna muito grande. Mas, também, sabemos que, num determinado ponto do volume de produção, os custos voltam a crescer. A segunda linha, também chamada de integração vertical, observa que o aumento da produção deve estar em função da otimização dos processos ao longo da fabricação. Uma fábrica de alimentos trabalha com matérias-primas, insumos, materiais, recursos hídricos e energéticos, por exemplo. Se houver a possibilidade de a empresa desenvolver (criar, cultivar) alguns dos seus materiais ou captar a energia solar e a água da chuva, ela estará fazendo economia de escala.

12.3 TIPOS DE CUSTO

A seguir, os principais custos:

Custo Fixo – É aquele decorrente da estrutura produtiva instalada na empresa, que independe da quantidade que venha a ser produzida, dentro do limite da capacidade instalada. O custo fixo deve ser uma preocupação do empreendedor iniciante, que sempre aposta na sorte, esquecendo que este custo existe independente de haver ou não produção, como, por exemplo: Água e Esgoto; Força e Luz; Telefones; Honorários; Extintor de Incêndio (carga); Mão de Obra Indireta; Despesas Indiretas; Amortizações; Material de Escritório; Pró-Labore; Taxa de Alvará; Correios; Treinamento; Propaganda; Encargos Sociais; Taxa de Incêndio; Aluguel de Ativos; Seguros; IPTU; Material de Higiene e Limpeza; Manutenções Diversas; Depreciação; Segurança; Despesas Financeiras.

Custo Variável – Custo que oscila diretamente com o volume de bens e serviços produzidos. É custo diretamente ligado à produção. Se uma fábrica não produz, o seu custo variável é zero. Exemplos de custos variáveis são: Mão de obra direta, matéria-prima, insumo, gasto de energia com produção, manutenção da fábrica, fretes, embalagens, combustível, despesas de comercialização

Custo Total – Consiste na soma dos custos fixos mais os custos variáveis, para qualquer nível de produção.

Custo Médio – É o custo unitário, em um determinado nível de produção, igual ao custo total dividido pelo total de unidades produzidas.

Custo do Comprador – É igual ao preço de venda do fornecedor (custo + carga tributária).

Custo Direto – É igual a soma de matéria-prima mais mão de obra direta.

Custo Indireto – Soma de mão de obra indireta mais aluguel, mais seguros, mais impostos, mais taxas, mais depreciação.

Custo Indireto de Fabricação (CIF) – Custo relativo à manufatura de um produto, exceto materiais diretos e mão de obra direta. Esses custos incluem materiais indiretos, mão de obra indireta e outras despesas de manufatura, como: depreciações, suprimentos, utilidades públicas, manutenções, seguros e impostos.

Custo Administrativo – Custo associado com a gestão geral de uma organização que não pode ser atribuído à comercialização e a produção.

Custo Ambiental – Somatório dos custos que são incorridos por causa da existência, ou possível existência, de má qualidade ambiental, ou ainda, gastos com a preservação do ambiente onde a organização opera.

Custo País – Custo da dificuldade em trazer recursos de fora para dentro da fábrica, função da infraestrutura deficiente do país. O mesmo raciocínio se aplica no caso da importação e da exportação.

Custo da Qualidade – Custo incorrido por causa da existência de falhas nos produtos, por não estarem em conformidade com suas especificações. Este custo está associado aos defeitos encontrados antes da transferência do produto ao consumidor. Tais defeitos podem causar: sucata, desperdício, retrabalho, reinspeção, perda de tempo, novo teste.

Custo de Oportunidade – A transferência dos fatores de produção de um bem A para produzir um bem B implica um custo de oportunidade que é igual ao sacrifício de se deixar de produzir parte do bem A para se produzir mais do bem B. O custo de oportunidade também é conhecido como a diferença entre a melhor alternativa (máxima contribuição de lucro) e a alternativa possível (uso de recursos limitados ou utilização para um propósito particular).

Custo de Produção – É todo gasto na transformação de matéria-prima, insumo e mão de obra direta, acrescido do custo indireto de fabricação.

Custo de Aquisição – É o valor pelo qual um ativo imobilizado (fixo) é registrado na contabilidade de uma empresa. Esse custo pode ser tanto aquele pago pelo ativo, quanto o de fabricação ou de construção do mesmo.

Custo de Manutenção – Gasto para manter em bom estado (condições ambientais e operacionais) estoques, viaturas, produtos, materiais, máquinas, equipamentos. Tal custo se resume a compra de materiais para serem consumidos nos trabalhos de manutenção, conservação e embelezamento.

Custo do Transporte – Somatório de despesas relativas à racionalização de rotas das frotas, otimização de espaços de estocagem, através de estudos de modularização para cargas e fracionamento das mesmas, e de depósitos que venham a ser o lugar geométrico (ponto equidistante) de pequenos centros de distribuição.

Custo Marginal – O custo marginal é o custo adicional requerido para aumentar a produção em uma unidade.

Custo Logístico – Já abordado.

Custo do Canal de Comunicação – Despesa para manter tal canal em funcionamento, bem como sua manutenção, enquanto for necessária a comunicação.

Custo do Controle – Despesas relativas à implantação de um determinado controle. Um administrador pode deixar-se absorver tão profundamente pelos controles que venha a gastar mais do que poderia valer a descoberta de um erro. O processo pode resultar em custos além de qualquer eventual benefício.

Custo de Mercadoria Vendida – Custo de mercadoria vendida é igual ao somatório do estoque inicial mais compras, mais despesas, menos estoque final. Considerando-se que no início do período temos uma determinada quantidade em estoque, como no final, e que também podem ocorrer compras. O valor da quantidade de mercadoria vendida é dado pela fórmula:

$$Qv = Ei + C - Ef$$

Onde:
Qv = Quantidade de mercadoria vendida
Ei = Estoque inicial
C = Compras do período
Ef = Estoque final

Custo Real – Custo real é o custo resultante da soma algébrica do custo estimado de um projeto com o custo de sua implantação. O custo real também pode ser o valor aproximado e aceitável do verdadeiro custo de produção de um produto.

Custo Previsto – Custo determinado através de estudos preliminares de estimativas. Os custos previstos ou estimados permitem uma rápida noção do custo e serve de referencial de comparação com os custos efetivos.

Custo Padrão – Valor estabelecido, em laboratório, segundo um determinado conjunto de variáveis. É um tipo especial de custo estimado, obtido por meio de padrões de eficiência e produtividade. Diferentemente dos custos estimados, os custos padrões são valores estabelecidos em relação às condições e situações de pura normalidade. A comparação do custo apurado no campo com o determinado em laboratório permite uma análise mais profunda das alterações que se fazem necessárias para uma melhor adequação à realidade do mercado.

Custo de Mão de Obra – A natureza direta do custo é bastante óbvia para as faturas de matérias-primas. Mas, há diferenças no tratamento da mão de obra. Isso ocorre devido às diferentes práticas regulamentares. A princípio, os custos diretos de mão de obra são para horas gastas em produzir um bem ou serviço.

Custo do Pedido – Somatório dos custos para pedir material, pagar salários do pessoal envolvido, receber e inspecionar material (produto), comunicar, processar arquivos e banco de dados, manter produtos em estoque (armazenamento).

Custo da Mão de Obra de Fabricação – Este custo está vinculado diretamente ao valor dos salários pagos ao pessoal de fabricação de um determinado produto. A seguir, são colocados exemplos de como se calcula o custo da mão de obra direta de fabricação:

Exemplo 01: Se no setor de produção de uma linha de produtos trabalham 3 pessoas, cada uma, em média, trabalha 184 horas por mês e o valor da folha de pagamento é de $ 2.400,00. Considerando-se que o tempo de fabricação do produto é de 5 minutos e a empresa define como encargos sociais 62% da folha de pagamento. Qual o custo da mão de obra direta de fabricação do produto?

Solução:

Cálculo da folha de pagamento:
Folha de pagamento mensal = 2.400,00
Encargos sociais (62%) = 1.488,00
Total da folha = 3.888,00

Cálculo do Custo/hora da mão de obra direta:
Horas trabalhadas = 3 x 184 = 552 horas/mês
Custo/hora = 3.888,00/552 = 7,04/h

Cálculo do custo da mão de obra de cada unidade:

60 min – 7,04
5 min – x   x = 0,62

Resposta: R$ 0,62

Exemplo 02: Se os gastos com mão de obra de cozinha são:

Leandro: 1.700,00
Aracy: 1.200,00
Valdir: 1.500,00
Willian: 300,00
Adriano: 1.300,00
Total: R$ 6.000,00

Cálculo de homem/hora de cozinha:
Horas Trabalhadas (normais e extras) /mês = 300 h
Valor da Hora (M.O.D/Horas/Mês) = R$ 20,00 (6.000/300)
Número de Funcionários de Cozinha = 5
Homem/Hora = R$ 4,00

Custo M.O.D. do Prato:

Fração de Tempo/Prato (Arbitrado) = 45 min
Fração de Tempo em Horas = 0,75 (45/60) h
Custo M.O.D. de Fabricação = R$ 3,00 (0,75 x 4,00)

Resposta: R$ 3,00

12.4 SISTEMAS DE CUSTEIO

A primeira preocupação que existe, em toda e qualquer empresa, relativo aos custos, é a da sua formação. A mão de obra direta mais a matéria-prima e insumos, associados às despesas gerais de produção, como planejamento, preparação, manutenção, armazenamento, gastos com energia determinam o custo de fabricação. Somando-se a este custo estão os custos de comercialização, as despesas administrativas, as de logística, resultando no custo total de todo o processo. Os sistemas de custeio referem-se às formas como os custos são registrados e transferidos internamente na empresa. De forma similar aos custos, os sistemas de custeio também podem receber diferentes classificações:

Custeio por Atividade – Sistema de custeio, voltado para as atividades que emprega o custo dessas atividades como base de apropriação dos custos a outros objetos de custo. Este sistema rastreia, primeiramente, os custos para as atividades e depois rastreia os custos para objetos de custos.

Custeio por Ordem de Serviço – Sistema de custeio em que o custo de um produto é obtido pela apropriação dos custos a uma unidade isolada, grupo ou lote de um produto, isto é, usa o custeio por ordem de serviço para atribuir os custos dos materiais de produção.

Custeio por Processo – Sistema de custeio no qual o custo de um produto é obtido pela distribuição dos custos por grandes quantidades de unidades semelhantes (iguais). Os custos unitários são calculados com base na média. Este sistema é utilizado para produção em massa.

Custeio por Apropriação – Sistema onde os custos são calculados à medida que o processo de fabricação avança, desde a matéria-prima até a entrega ao consumidor final. A seguir, um diagrama retrata tal sistema:

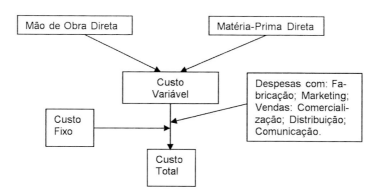

Figura 12.1: Sistema de Custeio por Apropriação.

Custeio por Consumo – Sistema para determinar o custo de um produto baseado no preço que os consumidores estão dispostos a pagar. Também é conhecido como custeio alvo e custeio direcionado pelo preço. Alguns autores consideram que este sistema tem como objetivo a redução sistemática do custo do produto por todo seu ciclo de vida.

Custeio por Absorção – Sistema de custeio em que todos os custos de fabricação, variáveis e fixos, são levados em conta para a avaliação dos estoques. Tal sistema consiste em atribuir aos produtos fabricados todos os custos de produção, quer de forma direta ou indireta (rateios). Assim, todos os custos, sejam eles fixos ou variáveis, são absorvidos pelos produtos. É o sistema utilizado para custear os estoques e determinar o custo de produtos vendidos. O custeio por absorção pode ser mostrado através de um diagrama de fluxo que retrata onde os custos e as despesas influem no resultado de uma empresa, deixando claro o "peso" que as despesas operacionais têm no resultado da fabricação e comercialização de um determinado produto.

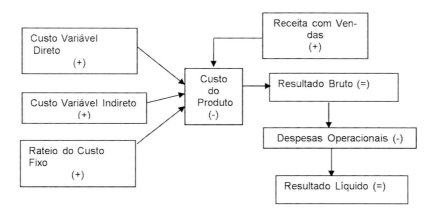

Figura 12.2: Sistema de Custeio por Absorção.

Custeio Standard – Sistema onde o custo é determinado em laboratório (ensaio e erro). É o custeio baseado na Ficha Técnica. Qualquer diferença acentuada entre o custo efetivo e o custo presumido significa que algo anormal está ocorrendo.

12.5 RATEIO DO CUSTO FIXO

Rateio é o acréscimo que se soma ao custo unitário do produto, em função dos diversos custos indiretos (custos fixos), segundo critérios diferenciados, isto é, baseados em: matéria-prima, aluguel, produção, horas, mão de obra, imposto e área ocupada, por exemplo. Se uma indústria opera em regime de produção única, todas as despesas são destinadas a produzir um único produto. Assim, fica fácil achar o custo do produto, bastando, para isso, dividir o total de despesas pela quantidade produzida. Se a empresa fabrica diversos produtos é necessário ratear (distribuir) os custos fixos sobre estes produtos. Os pagamentos de aluguel, impostos e mão de obra indireta, por exemplo, precisam ser rateados sobre os custos diretos dos produtos.

Os critérios para ratear custos indiretos sobre os produtos são muitos e dependem de cada processo. É bastante fácil de se perceber que a alteração de um critério poderá provocar mudanças no valor apontado como custo de um produto, sempre que de fato nenhuma outra modificação tenha ocorrido no processo de produção. Os custos indiretos são amortizados aos produtos, em função de uma base de rateio.

Essa base de rateio deve guardar uma relação próxima entre o custo indireto e o objeto de custeio, evitando causar distorções no resultado final. No custo de energia elétrica, o rateio pode ser feito proporcionalmente às horas de máquinas em funcionamento, considerando que o consumo de energia tenha uma relação de causa e efeito muito próxima dessas horas.

A base de rateio do custo fixo de determinado produto é dada pela fórmula:

Base de Rateio do Custo Fixo = Gastos Indiretos / Gastos Diretos

Exemplo:
Gastos Diretos = $ 130.000,00
Gastos Indiretos = $ 26.000,00
Base de Rateio do Custo Fixo = 26.000 / 130.000 = 0,20 = 20%

Análise:
No caso acima, a parcela relativa ao custo fixo que cabe na composição do custo unitário do produto corresponde a 20% do custo fixo total, tendo em vista que o rateio foi feito, em função de uma relação. O cálculo da base de rateio pode ser tomado, em função de: mão de obra, matéria-prima, insumo, luz e força, combustível, transporte, área, salário, horas trabalhadas, horas/máquina, ou ainda, em função da média de todos os rateios das variáveis apontadas acima.

A seguir, um exemplo de uma planilha que acompanha a evolução (série histórica) da base de rateio de um restaurante num período de 1 (um) ano:

Nº	Mês	Gastos Dir.	Gastos Ind.	Base	Fator	FT AC	Média
1	Mar	35.620,00	30.000,00	0,84	1,84	1,84	1,84
2	Abr	42.584,00	30.000,00	0,70	1,70	3,55	1,77
3	Maio	31.168,00	30.000,00	0,96	1,96	5,51	1,84
4	Jun	40.000,00	35.346,00	0,88	1,88	7,39	1,85
5	Jul	25.964,00	27.214,00	1,05	2,05	9,44	1,89
6	Ago	26.689,00	26.509,00	0,99	1,99	11,43	1,91
7	Set	24.359,00	22.405,00	0,92	1,92	13,35	1,91

8	Out	41.653,95	24.116,25	0,58	1,58	14,93	1,87
9	Nov	43.295,73	22.310,77	0,52	1,52	16,45	1,83
10	Dez	54.157,91	23.721,23	0,44	1,44	17,89	1,79
11	Jan	41.092,35	15.598,70	0,38	1,38	19,27	1,75
12	Fev	22.069,56	15.161,88	0,69	1,69	20,95	1,75
13	Mar	36.685,00	14.228,00	0,39	1,39	22,34	1,72

Planilha 12.1: Cálculo da Base de Rateio.

12.6 RECEITA, DESPESA E GASTO

Normalmente, uma empresa só reconhece como missão cumprida quando da realização de receita, ou seja, no momento em que há a transferência do produto do vendedor para o comprador. Assim, podemos considerar como receita toda entrada de ativos recebidos (entradas de caixa) ou a receber (alienação de ativos, recebíveis de curto prazo, valores a receber de longo prazo ou de exercícios anteriores). As receitas são acréscimos brutos de ativos que são obtidos sem a ampliação das dívidas ou do capital da empresa. Receitas correspondem a acréscimos ao Patrimônio Líquido e resultam, geralmente, da venda de bens e/ou serviços pela empresa.

Existem na empresa noções erradas relativas aos conceitos de:

Total de Vendas – É o somatório de todas as vendas realizadas num período, independente de terem sido faturadas ou não.

Faturamento – É o somatório de todas as notas fiscais tiradas no período.

Receita com Vendas – É definida pela entrega e aceite da mercadoria pelo cliente, independente de haver recebimento de dinheiro ou não.

É importante observar que não precisa ocorrer, necessariamente, um acréscimo de caixa para se configurar uma receita. Se, por exemplo, a venda for realizada a prazo, o caixa permanece no mesmo nível, mas aparece uma conta no ativo, tal como duplicatas a receber. A receita com vendas é igual ao somatório da quantidade vendida de todos os produtos multiplicado pelos seus respectivos preços de venda. Outros conceitos associados à receita são:

a) Receita Social – Receita proveniente do propósito do negócio.
b) Receita Operacional – Receita ligada diretamente ao objeto do negócio.
c) Receita Não Operacional – Diferentemente da receita operacional, ela não se relaciona à natureza do negócio.
d) Receita Bruta – Total nominal das vendas, onde não são consideradas as deduções (descontos, impostos e devoluções).
e) Receita Líquida – Diferença entre a receita bruta com vendas e as deduções (descontos + impostos + devoluções).
f) Receita Marginal – É o acréscimo de receita, quando esta vende uma unidade adicional de seus produtos.
g) Receita Tributária – Receita obtida pelo governo por meio de impostos, taxas e contribuições, para utilizar tal receita com a finalidade de cobrir gastos com programas sociais e investimentos em infraestrutura.

A despesa são gastos correspondentes a bens e serviços, direta ou indiretamente, para a obtenção de receitas. Não estão associadas à produção de um bem ou serviço. Como exemplos de despesas podem ser citados gastos com salários de vendedores e gastos com funcionários administrativos. Mas, na linguagem comum, os termos custo e despesa são praticamente sinônimos. Pior, é que nenhum deles está diretamente relacionado a desembolso ou perda. Na realidade, o custo só aparece na aquisição de um ativo e a despesa quando este ativo for consumido. No momento em que o ativo é vendido, o custo se transforma em despesa. A despesa representa o efetivo consumo do recurso.

A seguir, alguns tipos de despesa:

Despesas Operacionais – Despesas para manter o ciclo operacional da empresa. Podemos considerar que a despesa operacional é uma despesa, desembolso ou provisão que se relaciona diretamente com o objetivo do negócio de uma empresa.

Despesas com Vendas – Despesas com distribuições, salários, comissões, viagens, representações, propagandas, seguros e impostos.

Despesas Financeiras – Despesas com juros, comissões, bancos e diversos. As despesas de juros não nascem diretamente da operação da empresa, mas da decisão de financiamento. Na verdade, as decisões de financiamento e investimentos são independentes.

Despesas Administrativas – Despesas com salários, materiais, honorários, equipamentos, sistemas de informação, correios, transporte de pessoas, despesas gerais. Se tais despesas não são relacionadas, diretamente, à produção, ela será descarregada no Demonstrativo de Resultado do período.

Despesa Total – Somatório de despesas de fabricação, despesas com vendas, despesas administrativas, despesas mercadológicas e despesas financeiras.

Despesa Direta – Despesa diretamente ligada ao custo variável de fabricação. Estas despesas são chamadas diretas, porque podem ser facilmente identificadas.

Despesa Indireta – Despesa ligada ao custo fixo do negócio.

Despesas Mercadológicas – Despesas com pesquisa, análise, previsão de vendas e avaliação de desempenho.

Despesas de Fabricação – Despesas com planejamento, preparação, manutenção, armazenamento, luz e força, salários.

Despesas de Manutenção – Valores referentes aos materiais consumidos nos trabalhos de manutenção e conservação de instalações e máquinas.

Despesa com Segurança – Gastos com outra empresa para serviços de segurança física e patrimonial.

Gasto é todo dispêndio (saída de caixa) para cobrir um compromisso financeiro. Ele pode se referir a: aquisição de um produto (gasto de consumo), dispêndio com energia (gasto de produção), dispêndio com ativos para futuras utilizações (gastos de investimento), dispêndio não associado à produção (gastos administrativos), por exemplo. Como um gasto corresponde ao valor pago para obtenção de um ativo, quer tenha sido desembolsado à vista ou assumido a obrigação de pagá-lo posteriormente, seu destino pode ser para: custos, despesas, investimentos, desembolsos e amortizações, por exemplo.

Acompanhar os gastos diretos e indiretos é de extrema importância para saber a evolução da Base de Rateio do Custo Fixo. Assim, a seguir, são listados os principais gastos diretos e indiretos:

Gastos Diretos com Matéria-Prima: Bebidas; Carnes; Farinhas; Frutas; Legumes; Peixes; Crustáceos; Temperos; Verduras; Descartáveis.

Gastos Diretos com Mão de Obra: Cartão Transporte; Comissões; Décimo Terceiro Salário; Despesas com Admissão; Despesas com Dispensas; Despesas Extras com Acidentes; Despesas Extras com Médicos; Diárias; Encargos Sociais; Férias; Horas Extras; Multas Trabalhistas; Prêmios por Produtividade; Rescisão Contratual; Salários Líquidos a Pagar; Seguro de Vida em Grupo para Funcionários; Seguro Saúde em Grupo; Treinamento Funcionários.

Gastos Indiretos: Água e Esgoto; Aluguel de Imóveis, Máquinas e Utensílios; Amortização de Empréstimos; Aplicativos e Pacotes de Software; Associação Patronal; Brindes; Cardápio; Cópias; Correios; Despesa com Combustível; Despesa com Segurança; Despesas Bancárias; Despesas com Reposições de Utensílios; Despesas com Alterações Contratuais; Despesas Diversas; Despesas Financeiras; Domínio do Site; Encadernações; Força e Luz; Gorjetas a Terceiros; Gratificações de Agentes do Governo; Honorários (advogado, contabilista, engenheiro, arquiteto); Impostos, Taxas e Contribuições; Informática; IPTU; IPVA; Manutenção das Instalações; Manutenção de Máquinas e Equipamentos; Manutenção de Viaturas; Material de Higiene e Limpeza; Material de Sinalização; Material para Decoração; Meios de Divulgação; Multas do Governo por Improbidades; Net ou Similar; Pró-Labore de Sócio; Prosoft; Recarga de Extintores; Seguros; Site (domínio, performance); Taxa de Alvará; Letreiros; Taxa de Incêndio; Telefones; Transporte Pessoas; Meios de Divulgação.

12.7 DEPRECIAÇÃO E DESCONTO

A depreciação é a diminuição do valor real de um bem, devido à exaustão, uso, desgaste e obsolescência, num determinado período de tempo. Pode também ser entendida como o valor da soma dos resultados obtidos pela aplicação dos percentuais específicos de depreciação por diversos bens que compõem o ativo operacional da empresa. A depreciação (exaustão, amortização) nada mais é que um valor retirado do valor nominal de compra de um bem ao longo dos anos. Normalmente, o período de 5 anos é o mais considerado para bens industriais, pois se acredita que estes bens, em cinco anos, já estarão obsoletos e totalmente exauridos. A taxa de depreciação é dada pela fórmula:

Taxa de Depreciação = Valor de Mercado / (Valor de Compra – Depreciação Acumulada)

Onde:
Valor de Mercado = Valor dado em função do equilíbrio entre a oferta e a procura
Valor de Compra = Soma do preço pago, gasto com tempo e gasto de energia física e psíquica
Depreciação Acumulada = Soma das depreciações ao longo dos anos

Exemplo:
Veículo comprado no ano 2000 = $ 50.000,00
Depreciação/Ano = 20% do valor de compra
Período = 3 anos
Depreciação Acumulada = (0,20 × 50.000) 3 = $ 30.000,00
Valor de Mercado = $ 25.000,00
Taxa de Depreciação = 25.000 / (50.000 - 30.000) = 25.000 / 20.000 = 1,25

Análise:
Embora o veículo esteja com um valor depreciado de $ 20.000,00 (50.000,00 – 30.000,00), é possível encontrar alguém que o compre por $ 25.000,00, ou seja, 25% a mais que teoricamente deveria ter. Então, se a taxa de depreciação for maior que a unidade, isso indica que o veículo foi muito bem conservado.

A depreciação é um custo fixo, calculado com base em uma taxa anual, como, por exemplo: Prédios e Construções (4%); Veículos (20%); Ônibus (25%); Móveis e Utensílios (10%); Máquinas e Equipamentos (10%); Ferramentas (20%).

Desconto é uma quantia reduzida do preço de venda por um vendedor, sob a forma de moeda corrente ou alguma outra coisa de valor, podendo ser até produtos. Como há muita confusão entre desconto, dedução e abatimento, a seguir, tais conceitos:

Dedução – Subtração ou diminuição de valores para receitas com vendas, em função de descontos e de impostos faturados, possuindo um caráter estritamente financeiro.

Abatimento – Subtração de valores, em função de devoluções de mercadorias. Para abatimento existem dois tratamentos contábeis: pelo valor bruto e pelo valor líquido. É comum, quando examinamos um demonstrativo de resultado, observamos que a empresa registra o abatimento pelo valor bruto.

A seguir, o cálculo do Fator de Desconto:

Fator de Desconto = 1 - Desconto

Onde:
Desconto = Percentual do Preço de Venda (x% Pv)
Valor Líquido = Preço de Venda × Fator de Desconto

Exemplo:
Preço de Venda do Produto = 1.000,00
Desconto = 30%
Fator de Desconto = 1 - 0,30 = 0,70
Valor Líquido = 1.000,00 (1 - 0,30) = 0,70 × 1.000,00 = 700,00

Análise:
Se a loja trabalha com um desconto de 30%, basta multiplicar o preço de venda do produto pelo fator de desconto de 0,70 (1,00 - 0,30). Se o preço de venda for de $ 500,00, o valor líquido a pagar será igual a $ 500,00 × 0,70, ou seja, igual a $ 350,00.

12.8 PREÇO DE VENDA

Preço é razão de troca entre o objeto que se negocia e qualquer outro objeto. Em geral, uma unidade monetária determina o preço, isto é, a quantidade de unidades monetárias que se deve despender na obtenção de uma unidade de determinado produto. Então, um bem ou serviço pode ser avaliado como caro ou barato, em função do mercado, da necessidade do comprador, da persuasão do vendedor, da escassez, da fartura, do governo.

Uma das principais tarefas da Teoria Econômica é explicar porque os bens têm preços e porque alguns deles são caros e outros baratos. Por que é que bens, serviços, ideias e fatores de produção têm preços? É porque eles são úteis e escassos em relação aos usos a que se destinam. A carne, por exemplo, jamais alcançaria preço numa economia composta inteiramente de vegetarianos, fossem muitos ou poucos os bois e carneiros ali existentes. Quando se forma no mercado o preço de qualquer bem, é porque a utilidade e a escassez se exprimem concretamente na procura por parte dos compradores e na oferta por parte dos vendedores. O preço se forma pela interação de duas ordens de influências: a da Procura e a da Oferta.

O preço de venda de um produto é o preço resultante da soma do custo total de fabricação do produto mais uma margem de lucro. A margem de lucro é para compensar o esforço de produção e comercialização. O lucro por produto pode ser predeterminado, através de uma taxa (ou percentual) de marcagem do próprio custo unitário ou do preço de venda. Logo, a variável que realmente interessa é o custo do produto. Num mercado competitivo o custo tem uma preponderância muito grande, porém influenciará muito mais nos resultados (lucros).

O preço de venda adotado pela empresa estará dentro do intervalo (preço mínimo – preço máximo) que o mercado pode pagar. Se o produto da empresa é melhor em qualidade que o produto concorrente, então é possível aumentar o preço de venda, fazendo com que a margem de lucro seja maior.

O preço é uma parte substancial para a empresa, mas nem sempre para o consumidor, como no caso de produtos comprados por impulso ou para uma necessidade imediata ou, ainda, numa emergência. É muito raro que uma pessoa pense no preço, quando compra uma aspirina, para minimizar a dor de cabeça.

A seguir, os principais tipos de preço encontrados na literatura de vendas:

Preço Justo – Valor subjetivo, em função do público-alvo a quem o produto é ofertado.

Preço de Mercado – Preço que o mercado pode pagar.

Preço com Desconto – Pagamento correspondente à diferença entre o valor de face (nominal) e o desconto concedido.

Preço Padrão – Um preço cuidadosamente determinado que uma empresa espera receber por uma unidade de produto.

Preço Diferenciado – Também chamado de preço discriminatório, ocorre quando uma empresa vende um produto a dois ou mais preços que não refletem diferença proporcional ao custo. Exemplos muito comuns são preços com descontos para dias de fraco movimento.

Preço Geográfico – Preço para consumidores localizados em diferentes lugares. O problema é se a empresa deve cobrar preços maiores para consumidores mais distantes e como enviar e receber a fatura.

Preço Promocional – Muitos varejistas reconhecem que os consumidores adoram negócios de ocasião. Sabem que preço mais baixo do que o normal exerce considerável apelo. Muitos usam a variável preço não apenas para a promoção de vendas para produtos de baixo preço, mas também para atrair consumidores para gerar vendas de outros produtos.

Preço de Penetração – Preço baixo, na esperança de que o volume vendido seja grande.

Preço Isca – Preço de um produto abaixo do custo para atrair consumidores a comprar outros produtos bem mais caros. Preço praticado para mostrar que o varejo vende muito barato todos os seus produtos. É comum os supermercados reduzirem os preços de seus produtos de marcas famosas para estimular o tráfego de consumidores.

Preço de Tabela – Também chamado preço base, é determinado como ponto de partida para o preço de um novo produto. Em outras palavras, o preço de tabela é o preço que, normalmente, os compradores são compelidos a pagar.

Preço Concorrente – Preço que ajuda a empresa a estabelecer sua política de preço. Desde que a empresa esteja consciente dos preços dos concorrentes, ela pode usá-los como ponto de referência para seu próprio preço.

Preço de Valor Percebido – Um número crescente de empresas está baseando seu preço no valor percebido do produto. Elas vêem as percepções de valor dos consumidores, não seus custos, como fatores para determinar o preço.

12.9 DIAGRAMA DE RISCO DO PREÇO DE VENDA

O diagrama, a seguir, ajudará o gestor a determinar se seu preço é competitivo no mercado:

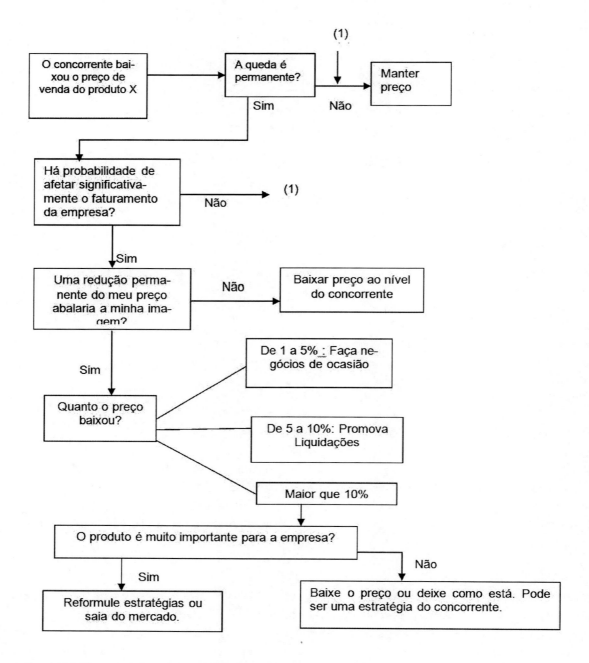

Figura 12.3: Diagrama de Risco do Preço de Venda.

Mas, a grande questão dos riscos, na política de preços, é: Como reagir às alterações de preço? Em algumas situações de mercado, a empresa não tem escolha, a não ser enfrentar a mudança de preço efetuada pelo seu concorrente. Isto é particularmente verdadeiro quando o preço é reduzido num mercado de produtos homogêneos. A não ser que a empresa não reduza o preço, a maioria dos consumidores comprará do concorrente de menor preço.

A política de preço se relaciona com estratégias e táticas. A seguir, um quadro mostrando algumas dessas relações:

Estratégias	Táticas
Mudar preços e prazos de pagamento.	Dê preços baixos e obtenha lucro com peças de reposição.
	Estabeleça prazos e preços diferenciados.
	Coloque o preço 10% abaixo do líder do mercado.
	Diminua a margem de contribuição (lucro).
Conquistar mercados seletivos.	Estabeleça o preço do novo produto 30% acima do anterior.
	Promova os benefícios do novo e revolucionário desenho.
Penetrar no mercado.	Estabeleça um preço baixo.
	Aumente o giro dos produtos.
Dar descontos.	Ofereça descontos por volume.
	Ofereça descontos retroativos.
	Ofereça descontos maiores para futuras compras.

Quadro 12.3: Relações da Política de Preço com Estratégias e Táticas.

12.10 DETERMINAÇÃO DO PREÇO DE VENDA

A determinação do preço é problemática em quatro tipos de situação: quando uma empresa deve determinar o preço pela primeira vez; quando as circunstâncias levam a empresa a observar a possibilidade de uma alteração no preço; quando a concorrência inicia uma mudança de preço; quando a empresa produz diversos produtos que possuem demandas interrelacionadas. Os modelos de determinação do preço de venda mais utilizados são, em função do: Custo, Venda, Mercado e Concorrência.

Nota: A literatura moderna de Administração & Negócios utiliza a expressão Precificação do Procuto.

Antigamente o preço de venda era uma decisão interna da empresa. Hoje, isso não mais acontece, devido a grande influência que o mercado tem sobre o preço de venda de um produto, bem como sua concorrência. Os principais objetivos na determinação do preço de venda são: Buscar a perpetuidade do produto e a sobrevivência da empresa; Permitir a maior participação possível no mercado; Evitar capacidade instalada de produção ociosa; Otimizar o capital investido para um negócio autossustentável; Capacitar liquidez à empresa; Atender a demanda de mercado; Responder às necessidades do mercado consumidor; Cobrir custos e despesas, com margem de lucro.

Para estabelecer o preço de venda de determinado produto, você não precisa conhecer matemática com profundidade ou ser especialista em administração financeira. Basta saber levantar os custos e fazer algumas operações simples. Muitos produtores recorrem a uma fórmula para chegarem a seu preço de venda. É uma prática comum para eliminar a responsabilidade de quem estabelece o preço de venda. Estas fórmulas são usadas na esperança de que o preço final seja suficiente para cobrir todos os gastos e ainda deixar algum lucro. O problema dessa abordagem é a não consideração se o mercado pagará, ou não, tal preço. A fórmula do preço unitário de venda é baseada na equação do lucro, que é a seguinte:

$L = R - D$
$L = V - CT = PvQ - (CV + CF)$
$PvQ = L + CV + CF$

Pv = (L + CV + CF) / Q
Pv = (L / Q) + (CV + CF) / Q
Pv = (L / Q) + CT / Q

Pv = Lu + Cu

Onde:
L = Lucro
R = Receita com Vendas
D = Despesas
CT = Custo total (CF + CV)
V = Vendas
Pv = Preço de venda unitário
Q = Quantidade vendida
Cv = Custo variável unitário
CF = Custo fixo total
Cu = Custo unitário do produto
Lu = Lucro unitário do produto
CV = Custo variável total

A seguir, um método prático para calcular o preço de venda de um produto:

01 – Elaborar uma planilha para auxiliar o cálculo do custo.
02 – Determinar a quantidade de matéria-prima e outros materiais (insumos) utilizados para produzir uma unidade ou lote de cada produto.
03 – Determinar o número de horas de mão de obra direta necessárias para produzir uma unidade ou lote.
04 – Levantar os custos fixos mensais e critérios de rateio sobre os produtos.
05 – Levantar encargos sociais por folha de pagamento.
06 – Levantar custos de comercialização.
07 – Estabelecer margem de lucro.
08 – Calcular o preço de venda.

12.11 PREÇO DE MARKUP

O método do cálculo do preço de venda mais elementar é acrescentar um markup (margem de lucro, margem de comercialização, taxa de marcagem) ao custo do produto. O preço de markup permanece popular por várias razões. Primeiro, os vendedores têm mais certeza do custo do que da previsão de demanda. Segundo, os preços tendem a ser similares ao longo do tempo. Terceiro, muita gente considera este método como mais justo. A taxa de marcagem é um valor tomado, percentualmente, em relação ao custo ou em relação ao próprio preço de venda.

Em função do custo a fórmula do preço de venda é:

Pv = Cu + xCu = Cu (1 + x)
Pv = Cu (1 + x)

Onde:

Pv = Preço de venda do produto
Cu = Custo de fabricação do produto
x = Fator percentual de markup

Exemplo:
Custo do Produto = $ 200,00
Markup em função do custo = 50%
Pv = 200,00 (1 + 0,50) = 200 × 1,5 = $ 300,00

Em função do preço de venda a fórmula do preço de venda é:

Pv = Cu + xPv
Pv - xPv = Cu
Pv (1 - x) = Cu   Pv = Cu / (1- x)

Exemplo:
Custo do Produto = $300,00
Markup em função do preço de venda = 30%
Pv = 300,00 / (1 - 0,30) = 300 / 0,70 = $ 428,00

Análise:
   O markup adotado será em função da política de preço da empresa e da concorrência. Conhecido o markup, é fácil montar uma tabela para os preços de venda. Usar o markup, em função do preço de venda, facilita muito o varejo quando este está promovendo descontos e dando comissões aos vendedores. O markup adotado deve cobrir tanto a taxa de inflação interna (da empresa) quanto à taxa de inflação do governo, bem como o lucro possível.

   A seguir, um exemplo do cálculo do preço de venda, cujo markup está em função do preço de venda:

Produto: Molho Funghi
Porção: 200 g
Data de Revisão:

Custo de Fabricação do Produto = 1,85

   Aplicando-se as margens, vêm:

Margens	Taxa	Absoluto	Acumulado
Custo de Distribuição	20%	0,20	0,20
Mão de Obra Indireta	5%	0,05	0,25
Despesas de Comercialização	5%	0,05	0,30
Rateio Energia/Manutenção	25%	0,02	0,32
Tributação	5%	0,05	0,37
Lucro	30%	0,30	0,67

Quadro 12.4: Margens de Comercialização.

Preço de Venda:

$$Pv = Cu / (1 - x\%Pv)$$
$$Pv = 1,85 / (1 - 0,67) = 1,85 / 0,33$$
$$Pv = 5,61$$

Nota: Custo de Fabricação do Produto = Matérias-Primas + Insumos + Mão de Obra Direta + Embalagem

12.12 TABELA DE PREÇOS

Tabela é uma matriz de duas entradas em que são mostrados os valores, resultados, atividades, datas, assuntos, eventos, em função das condições, dos critérios e dos recursos utilizados. Uma tabela de preços de um restaurante precisa na sua construção de ser congruente com o seu portfólio, folder, prospecto, site e cardápio. A seguir, um exemplo de tabela de preços de um pequeno restaurante.

Nome do Prato	Componentes	Preço
Cafta de Carne à Carioca	Cafta de Carne; Arroz Branco; Fritas; Farofa	18,90
Cafta de Carne à Portuguesa	Cafta de Carne; Arroz de Brócolis; Fritas; Alho Pipoca	19,90
Camarão Empanado	Camarão Empanado; Arroz de Brócolis; Fritas	22,90
Carne Assada ao Espaguete	Carne Assada; Espaguete; Parmesão	16,90
Contra Filé da Casa	Contra Filé; Arroz Branco; Feijão; Farofa; Fritas	25,90
Copa Lombo	Lombo de Porco; Arroz Branco; Feijão; Farofa; Aipim Frito	15,90
Escalopinho de Alcatra	Alcatra; Arroz Branco; Feijão Preto ;Farofa; Fritas	20,90
Espaguete à Bolonhesa	Espaguete; Molho Bolonhesa; Parmesão	15,90
Filé de Peixe à Moda do Chefe	Filé de Peixe; Arroz de Brócolis; Fritas; Alho Pipoca	18,90
Filé de Peixe ao Cachambi	Filé de Peixe; Arroz Branco; Feijão; Salada de Legumes	16,90
Frango à Milanesa	Milanesa de Frango; Arroz Branco; Feijão; Farofa; Fritas	15,90
Grelhado de Frango	Filé de Frango; Arroz Branco; Feijão; Farofa; Fritas	15,90
Linguiça à Toscana	Linguiça Toscana; Arroz Branco; Feijão; Farofa; Aipim Frito	16,90
Lula ao Chef	Anéis de Lula;Arroz Branco; Fritas; Alho Pipoca	23,90
Milanesa de Carne à Grega	Milanesa de Carne; Arroz à Grega; Fritas	18,90
Milanesa de Carne ao Rio	Milanesa de Carne; Arroz Branco; Feijão; Farofa; Fritas	16,90
Milanesa de Frango	Milanesa de Frango; Arroz à Grega; Fritas	16,90
Nhoque à Bolonhesa	Nhoque de Aipim; Molho à Bolonhesa; Parmesão	17,90
Parmegiana de Frango	Milanesa de Frango; Arroz Branco; Molho Parmegiana; Purê	17,90
Parmegiana de Carne	Milanesa Carne; Arroz Branco; Molho Parmegiana; Purê	18,90
Picanha à Campanha	Picanha; Arroz Branco; Feijão; Farofa; Fritas; Molho Campanha	29,90
Rolê à Willian	Bife Rolê; Arroz Branco; Feijão Preto; Purê de Batata	16,90
Strogonoff de Carne	Strogonoff de Carne; Arroz Branco; Batata Palha	18,90

Tabela 12.1: Tabela de Preços.

12.13 LUCRO

O lucro é a diferença entre as receitas com vendas de uma empresa e as suas despesas. É comum se ter expectativa de lucro em qualquer transação comercial que se faça, pois sem lucro é impossível uma empresa investir em novas tecnologias, criar novos postos de trabalho e treinar seus recursos humanos, por exemplo. A evolução do lucro durante sucessivos exercícios leva a concluir que a organização vai bem ou mal. Neste caso o lucro é mais uma ferramenta de referência do que de expectativa.

Lucro não é uma designação ampla nem prescritiva do objetivo da empresa. É meramente o resultado ou a decorrência da atividade nos negócios. Não diz nada sobre o que essas atividades deverão ser. Dizer-se que um negócio existe para dar lucro aos seus proprietários não oferece prescrição acerca de como conseguir isso, não é um guia de como essa ação deve ser para acomodar exigências, conflitos e mudanças.

Para Drucker, o lucro não é uma causa e sim uma consequência. É um resultado necessário para medir o desempenho econômico da empresa. Além disso, o lucro tem uma função importante, caracterizada pelo prêmio do risco de investimento. A obrigação fundamental da empresa em um sistema de livre iniciativa é gerar lucros para cumprir obrigações e se desenvolver sob todas as formas tecnológicas, organizacionais e humanas possíveis.

Segundo Chiavenato, uma empresa que não gere lucros está fadada a desaparecer, pois a rapidez de sua morte dependerá da: paciência dos credores, liquidez para pagar compromissos, demanda por seus produtos, rentabilidade do capital aplicado e retorno do investimento, por exemplo.

A equação do lucro (L) é dada pela fórmula:

$$L = R - G$$

Onde:
R = Receita
G = Gasto

Uma vez por ano, todos os anos, a empresa deve apurar o resultado do exercício que se encerra. Apurado o resultado do exercício, devemos somá-lo aos resultados anteriores para se chegar a um resultado acumulado, que aparece no balanço patrimonial. A demonstração de lucros (ou prejuízos) nada mais é do que a exposição do que ocorreu na empresa, sob o aspecto econômico e financeiro.

Apurado o lucro de um período, após todas as deduções legais e contratuais, a administração pode propor sua permanência na empresa (retenção de lucros) ou distribuição aos sócios. Esta última, se malfeita, pode provocar a descapitalização. A distribuição de lucros, portanto, é uma das formas da empresa remunerar o capital investido.

Dizer-se que um negócio existe para dar lucro aos seus proprietários não oferece prescrição acerca de como conseguir isso, não é um guia de como essa ação deve ser para acomodar exigências, conflitos e mudanças. O lucro, na verdade, é uma noção não acumulativa de dinheiro, mas de distribuição do mesmo. Está bastante claro que o mito da empresa, fundamentalmente, preocupada com lucro, continua suficientemente livre para tratar das responsabilidades sociais como uma opção extra.

Mas, aceitando ou não, a empresa sempre esteve obrigada a adaptar-se às expectativas altamente mutáveis da comunidade. A verdade é que a empresa é uma instituição de caráter muito especial, pois representa uma fonte de riqueza econômica para a comunidade, e, como tal, ela não poderá ficar isenta deste mister. Isso será cada vez mais acentuado a cada dia que passa.

Os mais importantes problemas de lucro são:

Transparência – A transparência é uma atitude corporativa que pode ser decisiva, não apenas para a imagem da empresa, mas para as suas vendas. Hoje, ela é fundamental para a sobrevivência de um negócio, seja ele qual for.

Destinação do Lucro – O problema com que se defronta o empreendedor é o conflito entre a responsabilidade social e o lucro da empresa, porque há um pensamento completamente divergente entre empresários e pessoas do povo, pois estas acham que a empresa é para dar emprego e os empresários que é para dar lucro. Mas, é preciso parar de dizer que a empresa só tem responsabilidade social para com a sociedade. Sem lucro a empresa fecha, não reinveste, não avança tecnologicamente, não cria novos produtos, não capacita, profissionalmente, as pessoas e não desenvolve: novos mercados, novos produtos e novos postos de trabalho.

Reservas – As reservas representam a separação de parcelas provenientes de ganhos, com o objetivo de preservar o patrimônio líquido de uma sociedade de negócios. Se uma empresa distribuísse entre seus proprietários todos os ganhos que auferisse, em breve, provavelmente, estaria com uma posição bastante desfavorável. Portanto, ao invés de distribuir todos os seus ganhos, a empresa deve reservar uma parte dos mesmos para que possa se prevenir de dificuldades futuras. Na prática as reservas são provenientes dos lucros. Mas, é preciso fazer diferença entre o lucro contábil e o dinheiro existente, pois muitos acreditam que o lucro deve ser representado por dinheiro em caixa e bancos. Porém, é possível que o lucro esteja na aplicação (investimento) do dinheiro em ativos (imóveis, ações, patentes, marcas, participações).

12.14 PROBLEMAS RESOLVIDOS SOBRE LUCRO

01 – Se uma empresa consegue vender 30.000 unidades de seu produto a $ 5,00 por unidade, pergunta-se qual o lucro se ela vender o mesmo produto a $ 4,00, considerando-se que esta diminuição no preço de venda faz aumentar em 60% a quantidade vendida. Sabe-se também que o custo fixo total é da ordem de $ 90.000,00 e o custo variável unitário do produto é de $ 2,00. Analise as duas alternativas.

Solução:
$V = CT + L$
$L = V - CT$
$L = Pv \times Q - (CF + Q \times Cv)$

Onde:
V = Vendas; L = Lucro; CT = Custo total = $CF + CV$; Pv = Preço de venda; Q = Quantidade vendida
CF = Custo Fixo; CV = Custo Variável = $Q \times Cv$; Cv = Custo variável unitário

Análise da Alternativa 01:
$L = 30.000 \times 5 - (90.000 + 30.000 \times 2) = 150.000 - 150.000 = 0$ (zero)

Análise da Alternativa 02:

Pv = 4,00

Q = 30.000 + 60%30.000 = 30.000 x 1,6 = 48.000

L = 48.000 x 4 – (90.000 + 48.000 x 2) = 192.000 – (90.000 + 96.000)

L = 192.000 – 186.000 = 6.000

Resposta: A segunda alternativa proporciona um lucro de $ 6.000,00

02 – Admitindo-se que uma firma tenha um custo fixo de $ 100.000,00, um custo variável unitário de $ 24,00 e um preço de venda de $ 40,00. Qual é a sua margem de contribuição? Seu faturamento no equilíbrio? Seu lucro se vender 10.000 unidades?

Solução:

Dados: CF = 100.000,00; Cv = 24,00; Pv = 40,00; Q = 10.000

Respostas:

Margem de Contribuição (Pv – Cv) = 40,00 – 24,00 = 16,00

Quantidade de Equilíbrio (QE) = 100.000,00/ 16,00 = 6.250

Faturamento no Equilíbrio = 6.250 x 40,00 = 250.000,00

Lucro = L = R – CT = R – (CF + CV)

L = 10.000 x 40,00 – (100.000,00 + 24 x 10.000) = 400.000,00 – 340.000,00 = 60.000,00

03 – Qual a alternativa que você escolheria?

Alternativa A: Produção = 20.000; Custo fixo = $ 10.000,00; Custo variável por unidade = $ 0,50; Preço de venda = $ 2,00; Utilização da capacidade instalada = 90%.

Alternativa B: Produção = 20.000; Custo fixo = $ 12.000,00; Custo variável por unidade = $ 0,45; Preço de venda = $ 2,00; Utilização da capacidade instalada = 92%.

Solução:

Alternativa 01:

Q = 0,90 (20.000) = 18.000

L = Q (Pv – Cv) – CF

L = 18.000 (2,00 – 0,50) – 10.000,00 = 17.000,00

QE = 10.000,00/ (2,00 – 0,50) = 6.667

K = 6.667/20.000 = 0,333 = 33%

K = Fator de comprometimento da capacidade instalada

Alternativa 02:

Q = 0,92 (20.000) = 18.400

L = 18.400 (2,00 – 0,45) – 12.000,00 = 19.520,00

QE = 12.000,00/ (2,00 – 0,45) = 7.742

K = 7.742/20.000 = 0,387 = 39%

Resposta: Na alternativa 02 o lucro é 15% maior e o fator K é 18% maior do que a alternativa 01. Se não há muita necessidade de caixa, a alternativa 01 é a preferível, devido ao seu menor fator de comprometimento.

280 • Gestão de Restaurante

04 – Você terá lucro ou prejuízo se vender um determinado produto cuja composição de preço no momento da venda é a seguinte: mão de obra = 40,00; custo do produto = 30,00; administração = 20,00; lucro = 10,00; preço de venda = 100,00. Considerando-se que o produto foi vendido a prazo de 60 dias e a inflação é de 0,5%/mês.

Solução:

Itens	Hoje	30 dias	60 dias
Mão de obra	40,00	40,20	40,40
Custo de produção	30,00	30,15	30,30
Administração	20,00	20,10	20,20
	90,00	90,45	90,90

Resposta: Daqui a 30 dias o produto já estará custando $ 90,45 e daqui a 60 dias estará custando 90,90. Logo, haverá um lucro de aproximadamente 9% e não 10% como previsto.

12.15 GERÊNCIA DO LUCRO

Gerenciar o lucro é imprescindível para a continuidade do negócio. Exige uma postura diligente e uma atenção dirigida a toda a cadeia produtiva, que vai desde o fornecedor até o serviço pós-venda, quando a satisfação do consumidor é medida. Para tal, é necessário conhecer e dispor de informações pertinentes, de forma a orientar a tomada de decisão, tais como: custos, despesas, resultados, retornos do investimento, pontos de equilíbrio, margens de contribuição, simulações e cenários.

A parcela mais significativa dos custos fixos e indiretos não provém de produtos físicos ou das atividades da produção, mas de transações que, em geral, não agregam valor. Com esse raciocínio é que as empresas mais competentes e proativas têm analisado, detalhadamente, seus processos, tentando eliminar tudo o que não agrega valor e aperfeiçoando o que não é possível ainda eliminar.

A automação é hoje uma saída para a solução de grande parte desses problemas, pois promove a integração dos diversos sistemas. A padronização é outra prática que colabora muito na eliminação de atividade improdutivas, pela estabilidade que promove nas operações produtivas, evitando falhas e inspeções desnecessárias. É bem verdade que muitas atividades que não agregam valor ao produto são indispensáveis para a saúde da organização e algumas delas devem continuar existindo.

Uma das preocupações mais frequentes entre os empresários pequenos e médios é saber qual o lucro ou o retorno ideal para o seu negócio. Assim, é importante distinguir lucro de retorno. Um lucro pode parecer excelente e não representar um bom retorno quando comparado ao investimento feito. Que retorno seria um bom valor para remunerar o capital aplicado? Se o investidor não tem uma ideia de retorno para o seu negócio pode pensar numa referência muito usada no mundo inteiro – Os Títulos do Governo Federal.

No Brasil, a taxa desses títulos é conhecida como Taxa Selic (Sistema Especial de Liquidação e Custódia). A Selic e o CDI (Certificado de Depósito Interbancário) são taxas de referência para se determinar o retorno adequado do investimento, pois, se o empresário não investisse no negócio, essas taxas seriam uma opção segura. Há, no entanto, outra variável importante – O Risco.

A taxa interna de retorno (TIR) é o valor mínimo de remuneração do investimento; corresponde ao que seria obtido investindo-se em taxas livres de risco mais um prêmio pelo risco (lucro). Assim:

TIR (%) = Taxa Livre de Risco + Taxa de Risco

Para compreender melhor, acompanhe o seguinte:

Taxa Selic = 14% ao ano
Taxa de Inflação = 6% ao ano
Taxa de Risco País = 3% ano
Taxa de Risco do Negócio = 5% ao ano

O investidor por precaução elege a TIR = 30% ao ano, que é considerada alta profissionalmente, numa atitude bastante conservadora. Todo este estudo mostra que, se margem de lucro não for maior do que 30% ao ano, é melhor deixar o dinheiro aplicado em fundos de investimento de um banco.

12.16 OTIMIZAÇÃO DO LUCRO

Otimizar, na linguagem administrativa, significa usar os recursos da melhor maneira possível, em função das contingências do momento, do ambiente e do mercado. Um produto pode apresentar uma boa margem de lucro, mas um estudo mais acurado de otimização mostra que não é viável, economicamente, produzi-lo em grande quantidade e em detrimento dos demais produtos. A falta de uma visão estratégica leva o dirigente, inevitavelmente, a incapacidade de otimizar recursos, meios e processos para obter uma maximização do lucro e, consequentemente, uma redução do custo e do tempo gasto.

Os estudos de otimização em produção, por exemplo, correm por conta do volume de produção ou pela utilização de matéria-prima e insumo. Os meios, métodos, metodologias e processos podem ser quantitativos, gráficos (árvores), algébricos, geométricos, estatísticos, probabilísticos, simulatórios, analógicos, heurísticos, matriciais.

A maximização dos lucros envolve, simultaneamente, o aumento das receitas e a diminuição dos custos. Assim, logicamente, qualquer decisão empresarial capaz de baixar os custos sem baixar as receitas ou aumentar as receitas sem aumentar os custos produzirá um aumento dos lucros.

O valor máximo do lucro ocorre, quando a receita marginal se iguala ao custo marginal da última unidade produzida. Se a situação do mercado é tal que seja indiferente produzir e vender o produto A ou B, escolher-se-á o produto que oferecer uma margem de contribuição maior. Se a utilização está próxima da saturação dever-se-á empregar o critério do máximo aproveitamento dos meios disponíveis. O processo produtivo exige essencialmente o uso: de máquina, de trabalho humano e de matéria-prima.

Assim, a prevalência de um fator sobre outro caracteriza o processo. Este pode estar situado em um departamento ou em uma máquina crítica e pode, desproporcionalmente, limitar a produção de outros itens, os quais talvez apresentassem menos lucro por unidade, mas contribuem mais, especificamente, para o lucro total, quando o custo final for levado em consideração.

282 • Gestão de Restaurante

A programação matemática ajuda a administração da produção na combinação ótima, tal que maximize o lucro total. No cálculo da quantidade ótima a produzir, observar que alguns produtos, em função do processo de fabricação, custam mais caros que outros. Logo, numa matriz de produção, as equações são estabelecidas para lucro máximo ou custo mínimo. Os modelos de otimização do lucro se fundamentam, basicamente, em três métodos: Matemático, Gráfico e Algébrico.

A seguir, são colocados dois exemplos de estudo de otimização do lucro em um modelo matemático, onde são escolhidos fatores vinculantes, como: produção/hora e matéria-prima.

Exemplo para o fator Volume de Produção:

Nº	Itens	Produto A	Produto B
1	Preço de venda	70,00	56,00
2	Custo variável unitário	52,00	42,00
3	Margem de contribuição (1 - 2)	18,00	14,00
4	Custo fixo unitário	10,00	7,00
5	Lucro unitário (3 - 4)	8,00	7,00
6	Valor da produção/hora	20,00	30,00
7	Lucro/hora (5 x 6)	160,00	210,00
8	Contribuição marginal/hora (3 x 6)	360,00	420,00

Quadro 12.5: Otimização do Lucro, Função Produção/Hora.

Resposta: Embora o produto A tenha uma margem de contribuição maior, a contribuição do produto B, em função da produção/hora, é maior. Logo, o produto B deverá ter prioridade em produção e venda.

Exemplo para o fator Matéria-Prima:

Produtos	Pv	Cvu	MC	MP (kg)	Contribuição da MP	%
A	4,00	2,00	2,00	1,00	2,00	18
B	5,00	3,00	2,00	0,60	3,33	30
C	8,00	5,00	3,00	1,00	3,00	27
D	6,00	2,00	4,00	3,00	1,33	12
E	10,00	5,00	5,00	4,00	1,25	13
					10,91	100

Quadro 12.6: Otimização do Lucro, em Função da Matéria-Prima.

Resposta: Embora o produto E tenha a maior margem de contribuição, a contribuição do produto B, em função da matéria-prima, é maior. Logo, a prioridade em produzir e vender é do produto B.

Capítulo 12 CUSTO, PREÇO e LUCRO • **283**

12.17 PONTO DE EQUILÍBRIO

O ponto de equilíbrio é conhecido como o ponto onde as receitas se igualam às despesas e que, portanto, o lucro é zero. O ponto de equilíbrio, onde a receita se iguala às despesas (custos), é um indicador que sinaliza se a empresa tem condições de competir no mercado já que o preço de venda do produto é dado pelo mercado. A fórmula do ponto de equilíbrio se chega da seguinte maneira:

$R = CT + L$
$R = CF + CV + L$
$R = Pv \times Q$
$CV = Cv \times Q$

Então: $Pv \times Q = CF + Cv \times Q + L$
Se o lucro é zero, vem:

$Pv \times Q = CF + Cv \times Q$
$Pv \times Q - Cv \times Q = CF$
$Q (Pv - Cv) = CF$

A quantidade no ponto de equilíbrio (lucro zero) é:

$QE = CF / (Pv - Cv)$

Onde:
R = Receita
CT = Custo Total = $CF + CV$
CF = Custo Fixo Total (ou rateio do custo fixo se o estudo for feito para um produto em particular).
CV = Custo Variável Total
Pv = Preço de Venda Unitário
Cv = Custo Variável Unitário
L = Lucro
Q = Quantidade Vendida
QE = Quantidade de Equilíbrio
$Pv - Cv$ = Margem de Contribuição
$R - CV$ = Margem de Contribuição Total

Exemplo:
Custo Fixo = $ 100.000,00
Preço de Venda do Produto (Pv) = $ 50,00
Custo Variável Unitário do Produto (Cv) = $ 30,00
Margem de Contribuição (Pv - Cv) = 50,00 – 30,00 = $ 20,00
Quantidade de Equilíbrio = $ 100.000 / $ 20 = 5.000

Análise:
No ponto de equilíbrio não há lucro nem prejuízo. No exemplo acima, a empresa precisa produzir a quantidade de 5.000 produtos para chegar ao ponto de equilíbrio. O fator que mais pesa no cálculo do ponto de equilíbrio é o custo fixo.

A margem de contribuição indica a importância do produto na formação do lucro e no pagamento dos custos fixos, permitindo consultas rápidas e comparações com os preços de mercado. A seguir, algumas observações sobre a margem de contribuição:

- A margem de contribuição terá de ser sempre positiva.
- Considerar custos fixos constantes (para determinado período).
- Quanto maior a margem de contribuição menor é a quantidade a produzir para se chegar ao equilíbrio.
- Quanto menor a margem de contribuição maior é a quantidade a produzir para se chegar ao equilíbrio.
- É através da margem de contribuição que se verifica se a empresa tem condições para entrar no mercado e ser competitiva.
- Quando a empresa trabalha com muitos produtos, é comum ratear a parcela do custo fixo que cabe a cada produto, em função da sua contribuição percentual na receita com vendas.

O gráfico que relaciona receitas com custos é chamado de diagrama do ponto de equilíbrio. O volume de produção pode ser indicado em termos de valor das unidades produzidas ou em termos de capacidade instalada (utilizada). Neste diagrama, consideramos: o preço do produto constante e a curva (reta) de custos obedecendo a normas lineares de comportamento.

A seguir, um exemplo:

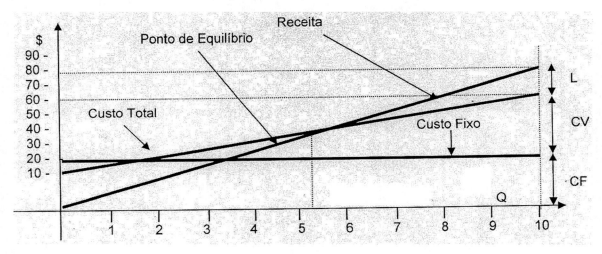

Figura 12.3: Gráfico do Ponto de Equilíbrio.

Onde:
L = Lucro
CV = Custo Variável
CF = Custo Fixo

Como é mostrado no gráfico, até certo volume de produção, os custos totais são superiores aos ingressos (vendas) totais e, por isso, a empresa está com prejuízo. É evidente a importância do ponto de equilíbrio no planejamento da atividade empresarial, pois o mesmo mostra a evolução dos lucros em função da produção.

O faturamento no ponto de equilíbrio (PE) é dado pela fórmula:

$$FE = Pv \times QE = Pv \, [CF / (Pv - Cv)]$$

Exemplo:
Custo fixo total = 90.000,00
Custo variável total = 50.000,00
Faturamento = 200.000,00
Custo total = 90.000,00 x 50.000,00 = 140.000,00
Margem total = 200.000,00 – 50.000,00 = 150.000,00
Faturamento de equilíbrio = (90.000 / 150.000) x 200.000,00 = 120.000,00

A seguir, alguns problemas resolvidos sobre ponto de equilíbrio:

01 – Qual o volume de vendas no ponto de equilíbrio de uma empresa com custo fixo de $ 90.000,00 e vendas de $ 450.000,00? Os custos variáveis correspondem a 70% de vendas.

Solução:
$$L = R - CT = R - (CF + CV)$$

Se: L = zero; R = V = Vendas; CF = 90.000,00; CV = 450.000,00; CV = 70%V = 0,70V
V – (90.000,00 + 0,70V) = 0
V = 90.000,00 + 0,70V
V – 0,70V = 90.000,00
V (1 – 0,70) = 90.000,00
V (0,30) = 90.000,00
V = 90.000,00 / 0,30 = 300.000,00

Resposta: Volume de vendas para o ponto de equilíbrio deve ser de $ 300.000,00.

02 – Qual a quantidade de equilíbrio, se as condições são as seguintes: CF = 42,00; Pv = 0,50; Cv = 0,34

Solução:
QE = 42 / (0,50 – 0,34) = 42 / 0,16 = 263

Resposta: Quantidade de equilíbrio é igual a 263.

03 – Determinar os valores no equilíbrio para a seguinte situação: receita com vendas = $ 80.000,00; custo variável total = $ 40.000,00; custos fixos = $ 20.000,00; produção = 10.000 unidades.

Solução:
Dados: R = 80.000,00; CV = 40.000,00; CF = 20.000,00; Q = 10.000,00

Pv = 80.000,00/10.000 = 8,00
Cv = 40.000,00/10.000 = 4,00
QE = 20.000,00/ (8,00 – 4,00) = 5.000
F= 5.000 x 8,00 = 40.000,00

Resposta: Faturamento no equilíbrio é igual a $ 40.000,00.

04 – Calcule o ponto e o faturamento de equilíbrio do exercício anterior, se as vendas tiverem um desconto de 10%.

Solução:
R = 80.000,00 – 0,10 (80.000,00) = 72.000,00
Pv = 72.000,00/10.000 = 7,20
QE = 20.000,00/ (7,20 – 4,00) = 20.000,00/3,20 = 6.250
FE = 6.250 x 7,20 = $ 45.000,00

12.18 FICHA TÉCNICA DO PRODUTO

A ficha técnica é muito negligenciada por cozinheiros, supervisores, gerentes e donos de negócios de alimentos. Esta ficha garante a qualidade do produto, não só do ponto de vista da segurança alimentar, mas também, para se controlar contabilmente o custo do produto e medir os desvios do padrão preestabelecido. Contém informações que vão do nome do produto até o lucro líquido.

A construção da ficha técnica do produto pode ser desenvolvida de diversas maneiras. Assim, a seguir, são dados diversos exemplos de fichas técnicas utilizadas em restaurantes com capacidade de controlar os custos de seus produtos:

Ficha Técnica do Produto

Produto: Bolinho de Feijoada
Data de Criação:
Data de Atualização:
Quantidade Produzida: 100 Unidades

Composição	QL (kg)	Custo/kg	Parcial	Total AC
Feijão	0,600	3,60	2,16	2,16
Carne Seca	0,150	10,70	1,61	3,77
Lombo	0,120	12,08	1,45	5,21
Calabresa	0,170	9,90	1,68	6,90
Couro Bacon	0,130	3,95	0,51	7,41
Cebola	0,220	2,00	0,44	7,85
Pasta Alho	0,100	8,70	0,87	8,72
Farinha Mandioca	0,600	3,60	2,16	10,88
Polvilho	0,060	8,35	0,50	11,38
Bacon Cubo	0,670	10,00	6,70	18,08
Couve	0,300	4,20	1,26	19,34
Farinha Rosca	0,400	3,50	1,40	20,74
Ovos (3)	0,300	3,00	0,90	21,64
Insumo	0,100	3,00	0,30	21,94
M.O.D. (3 h)			30,00	51,94
Custo Variável Total (CV)				51,94
Despesas Operacionais:				
Logística (10% CV)			5,19	5,19

				1,56	6,75
Embalagem (3% CV)				1,56	6,75
Divulgação (5% CV)				1,56	8,31
M.O.I. (5% CV)				2,60	10,91
Insumos (2% CV)				1,04	11,95
Total do Rateio					11,95
Custo Total					63,89

Onde:

Custo Total Unitário (Ctu) = 0,64 (63,89/100)
Margem de Comercialização em Função do Custo (Mk) = 50% (Valor arbitrado)
Preço de Venda (Pv) = 0,96 (0,64 x 1,5)
Custo Variável Unitário (Cvu) = 0,52   (51,94 / 100)
Custo Fixo (CF) = 11,95 (Total do Rateio)
Margem Contribuição (MC) = 0,44 (0,96 - 0,52)
Quantidade de Equilíbrio (QE) = 27.15 (11,95 / 0,44)

Simbologia:

QL (kg) = Quantidade Bruta – Perdas por Quilo
Custo/kg = Custo do Quilo da Matéria-Prima
Parcial = QL (kg) x Custo/kg
Total AC = Totalização do custeio por absorção
M.O.I. = Mão de obra indireta
M.O.D. = Mão de obra direta

Ficha Técnica com Índice de Cocção

Produto: Choradinho de Feijão com Arroz
Data de Criação:
Data de Atualização:

Quantidade Produzida: **1**   **Porção**

Composição	QL (kg)	Custo/kg	Parcial	I C	QAC
Linguiça Defumada	0,116	9,96	1,155	0,500	0,058
Arroz	0,100	1,90	0,190	2,000	0,200
Taioba	0,010	2,27	0,023	0,500	0.005
Feijão de Corda	0,100	3,98	0,398	2,000	0 200
Castanha de Caju	0,050	25,00	1,250	1,000	0 050
Tomate	0,150	1,82	0,273	0,700	0 105
Cebola	0,195	1,18	0,230	0,700	0.137
Alho	0,011	12,65	0,139	0,700	0,008
Azeite	0,045	29,38	1,322	1,000	0,045
Manteiga	0,036	10,95	0,394	1,000	0,036
Pimenta Branca	0,002	33,00	0,066	0,900	0,002

Sal	0,002	0,89	0,002	1,000	0,002
Salsinha Crespa	0,003	14,00	0,042	0,500	0,002
Subtotais	0,820		5,484		0,849
Custo Variável			5,484		
Índice de Perdas (30%)			1,65		
M.O. D. (1h)			5,00		
Custo Variável Unitário			12,13		
Supervisão (10% CV)			1,21		
Rateio CF (2% CV)			0,24		
Total do Rateio CF			1,46		
Custo Total do Produto			13,59		

Onde:

Custo Total Unitário (Ctu) = 13,59
Margem f (Custo) (Mk) = 30% (arbitrado)
Preço de Venda (Pv) = 17,66 (13,59 x 1,3)
Custo Variável Unitário (Cvu) =   12,13 (5,48 + 1,21+ 5,00)
Custo Fixo/Produto (CF/P) = 1,46 (1,21 + 0,24)
Margem Contribuição (MC) = 17,66 – 12,13 = 5,53
Quantidade de Equilíbrio/Produto (QE/P) = 0,26 (1,46 / 5,53)

Simbologia:

IC = Índice de cocção
QAC = Quantidade após Cocção = QL x IC
QL (Kg) = Quantidade Bruta – Perdas por Quilo

Ficha Técnica de Produção Mensal

Produto: Pizza Calabresa
Data de Criação:
Data de Atualização:

Quantidade Produzida: **2. 400 Unidades / Mês**

Composição	Q(Kg)	Custo/kg	Parcial	Total AC
Farinha de Trigo	1.200	1,46	1.752,00	1.752,00
Fermento Enriquecido	60	1,46	87,60	1.839,60
Ovos	250	2,35	587,50	2.427,10
Gordura Hidrogenada	120	4,13	495,60	2.922,70
Fermento em Pó	24	29,50	708,00	3.630,70
Sal	8	5,32	44,69	3.675,39
Tomate Maduro	720	1,53	1.101,60	4.776,99
Mussarela Picada	400	3,20	1.280,00	6.056,99
Orégano	25	13,90	347,50	6.404,49
Azeite de Oliva	90	10,00	900,00	7.304,49

Lingüiça Calabresa	240	4,89	1.173,60	8.478,09
Cebola em Rodelas	288	1,13	325,44	8.803,53
Azeitona Preta s/Caroço	192	9,80	1.881,60	10.685,13
Bacon Picado	160	11,28	1.804,80	12.489,93
Queijo Parmesão	15	10,50	157,50	12.647,43
Alho Picado	16	2,50	40,00	10.725,13
M.O. D. (40 h)			400,00	11.125,13
Custo Variável Total				11.125,13
Despesas Operacionais:				
Logística (5% CV)			556,26	556,26
Embalagem	2.400	0,15	360,00	916,26
Divulgação (5% CV)			333,75	1.250,01
Supervisão (2% CV)			222,50	1.472,51
Rateio CF (5% CV)			556,26	2.028,77
Total do Rateio				6.223,81
Custo Total				17.348,93

Fórmulas:

Custo Total Unitário (Ctu) = 7,23 (17.348,93 / 2.400) = 7,23
Margem f (Custo) (Mk) = 50% (arbitrado)
Preço de Venda (Pv) = 10,84 (7,23 x 1,5)
Custo Variável Unitário (Cvu) = 4,64 (11.125,13 / 2.400)
Custo Fixo (CF) = 6.223,81
Margem Contribuição (MC) = 6,21 (10,84 – 4,64)
Quantidade Equilíbrio = 1.003 (6.223,81 / 6,21)

Fichas Técnicas de Guarnições

Guarnição: Arroz Branco
Cálculo do Custo da Guarnição: **Fator de Rateio = 1,20**

Ingredientes	QL	UM	CU	FC	QB	CI	IC	QS
Arroz Branco	0,230	Kg	1,000	1,000	0,230	0,230	2,500	0,575
Cebola Prada	0,010	Kg	4,500	1,530	0,015	0,069	0,900	0,009
Alho	0,005	Kg	11,550	1,080	0,005	0,062	0,900	0,005
Óleo Soja	0,010	Kg	3,660	1,880	0,019	0,069	0,730	0,007
Sal Fino	0,010	Kg	1,100	1,000	0,010	0,011	1,000	0,010
Totais	0,265				0,280	0,430		0,606
Cálculo do Custo Variável (CV):								
Custo MP	0,43							
MODF	1,50							
CV	1,93							
Cálculo do Custo Total (CT):								
CT = (Custo Variável) x (Fator de Rateio)								
CT	2,32							

Guarnição: Feijão Preto
Cálculo do Custo da Guarnição:　　　　　　　　　　**Fator de Rateio = 1,20**

Ingredientes	QL	UM	CU	FC	QB	CI	IC	QS
Feijão	0,200	Kg	3,300	1,000	0,200	0,660	2,250	0,450
Cebola Prada	0,010	Kg	4,500	1,530	0,015	0,069	0,900	0,009
Alho	0,005	Kg	11,550	1,080	0,005	0,062	0,900	0,005
Calabresa	0,010	Kg	8,800	1,040	0,010	0,092	0,730	0,007
Carne Seca	0,020	Kg	17,500	1,130	0,023	0,396	0,450	0,009
Bacon	0,020	Kg	3,000	1,450	0,029	0,087	1,500	0,030
Louro	0,001	Kg	5,000	1,000	0,001	0,005	1,000	0,001
Sal Fino	0,010	Kg	1,100	1,000	0,010	0,011	1,000	0,010
Totais	0,276				0,294	1,365		0,521
Cálculo do Custo Variável (CV):								
Custo MP	1,37							
MODF	1,50							
CV	2,87							
Cálculo do Custo Total (CT):								
CT = (Custo Variável) x (Fator de Rateio)								
CT	3,44							

Simbologia:

QL = Quantidade Limpa

UM = Unidade de Manipulação

CU =Custo Unitário de Fabricação

FC = Fator Correção Alimento (Tabela)

QB = Quantidade Bruta (QL x FC)

CI = Custo do Ingrediente (CU x QB)

IC = Índice de Cocção (Tabela)

QS = Quantidade Servida (QL x IC)

MP = Matéria-Prima

CV = Custo Variável

CT = Custo Total

MODF = Custo de Fabricação da Mão de Obra

Observação: Não foi listada, com os ingredientes, a água que é utilizada no preparo da guarnição. Em geral, a quantidade de água para o arroz é o dobro. Já para o feijão é quatro vezes.

Fichas Técnicas de Prato

Nome Comercial do Prato: Contra Filé da Casa

Markup (Mk) = 70%

Ingredientes	QL	UM	CUF	FC	QB	CI	IC	QS
Conta Filé	0,180	Kg	26,800	1,140	0,205	5,499	0,780	0,140
Guarnições:								

Arroz Branco	0,230	Kg	2,300	1,000	0,230	0,529	1,000	0,230
Feijão Preto	0,200	Kg	3,000	1,000	0,200	0,600	1,000	0,200
Farofa de Alho	0,030	Kg	3,350	1,000	0,030	0,101	1,000	0,030
Fritas	0,100	Kg	8,080	1,000	0,100	0,808	1,000	0,100
Totais	0,740				0,765	7,537		0,700

Cálculo do Custo Variável (Cv)			
MP	7,54		
MODF	3,00		
Cv	10,54		
Cálculo do Custo Total (CT):			
CT = (Custo Variável) x (Fator Rateio)			
CT	13,70		
Cálculo do Preço de Venda (Pv):			
Pv = (CT) / (1 - Mk)			
Mk= 70%	1,70		
Pv	23,29	23,90	Tabela
Cálculo da Margem de Contribuição (MC):			
MC = Pv - Cv			
MC	12,75		
G) Cálculo do Lucro por Prato:			
L = Pv - CT			
L =	10,20		

Mk = f (Preço de Venda)

Definição do Mark-up:
Lucro: 50%
Comissões: 10%
Encargos: 10%
Total = 70%

Simbologia:

QL = Quantidade Limpa

Cv = Custo Variável Unitário

UM = Unidade de Manipulação

CT = Custo Total

CUF = Custo Unitário de Fabricação

FR = Fator de Rateio do Gasto Indireto

FC = Fator Correção Alimento (Tabela)

Mk = Margem de Lucro

QB = Quantidade Bruta (QL x FC)

Pv = Preço de Venda

CI = Custo do Ingrediente (CU x QB)

MC = Margem de Contribuição

IC = Índice de Cocção (Tabela)

MODF = Custo MOD de Fabricação

QS = Quantidade Servida (QL x IC)

L = Lucro Líquido

MP = Matéria-Prima

MOD = Mão de Obra Direta

Observação: Os índices de correção e cocção das guarnições foram considerados igual a um, porque os valores dos custos de preparação já foram calculados anteriormente.

13

CONTROLES CONTÁBEIS

"Assumir uma atitude responsável perante o futuro sem uma compreensão do passado é ter um objetivo sem conhecimento. Compreender o passado sem um comprometimento com o futuro é conhecimento sem objetivo".

Ronald T. Laconte

OBJETIVOS DO CAPÍTULO

- Mostrar as principais planilhas de controle contábil.
- Mostrar a relevância de ter controles atualizados.
- Mostrar a importância do controle dos desvios.
- Mostrar as mais importantes ferramentas de avaliação do resultado.

13.1 CONTROLES CONTÁBEIS

Suponhamos que você vá ao banco e efetue um depósito em seu próprio nome. Sendo correntista do banco, você terá uma conta própria. O que significa dizer que o valor depositado vai ser anotado em um registro, destinado a demonstrar todas as suas transações com o banco, chamado conta. Uma conta deve indicar também se é do ativo, passivo ou patrimônio líquido. Para cada possível ponto de origem de recursos e para cada possível ponto de destinação de recursos, a empresa abre uma conta, ou seja, um registro individualizado que vai recebendo acréscimos e deduções à medida que as transações vão ocorrendo.

Assim, podemos conceituar conta como sendo o registro de uma transação que envolve valores. Se o registro mostra a liquidez da transação é comum ser chamada de conta corrente, tendo um nome específico. O saldo de conta, ou diferença, é o resultado do confronto entre os totais de débito e de crédito levados a esta. Este saldo, como é óbvio, poderá ser nulo, devedor ou credor. Cada conta deve corresponder a uma única natureza de relação entre a transação e o titular (nome) da conta.

As contas utilizadas na empresa nada mais são do que valores de lançamento, função das operações que nela se realizam. Assim, quando vendemos mercadorias à vista movimentamos duas contas: Caixa (entrada) e Estoque (saída). Tal sistema leva o nome de "Partidas Dobradas", porque sempre que há um débito, há um crédito, e vice-versa. Os controles são necessários, porque, constantemente, surgem distúrbios, desviando a empresa dos seus objetivos.

A contabilidade gerencial enfatiza os conceitos e os procedimentos contábeis que são relevantes à preparação de relatórios para os usuários internos e externos. Num sentido mais amplo, está voltada, única e exclusivamente, para a administração da empresa, procurando suprir informações que se encaixem de maneira válida e efetiva no modelo decisório do dirigente. Esta contabilidade também se vale, em suas aplicações, de outros campos do conhecimento não circunscritos à contabilidade. Atinge e aproveita conceitos da administração da produção, da administração de vendas, bem como da administração financeira, campo mais amplo, no qual toca a contabilidade da organização se situa.

13.2 CONTROLE DO CAIXA

Embora simples, é um controle de extrema importância, mostrando, através do saldo, o disponível imediato em dinheiro. O conhecimento financeiro básico de todo futuro empreendedor passa pela elaboração e interpretação do fluxo de caixa, movimento que registra as entradas e saídas de dinheiro. Trata-se de uma ferramenta de avaliação e análise indispensável para o sucesso de um novo negócio. Ao pôr no papel as projeções de receitas e despesas, o empresário estará antecipando, por tabela, as necessidades de captação de recursos e preparando-se para tomar decisões na hora certa. Tão logo a empresa comece a funcionar, o confronto entre as projeções e as operações, efetivamente, realizadas deve entrar para a rotina da Contabilidade Gerencial.

A seguir, um exemplo de controle do caixa de um hipotético restaurante que também distribui congelados e trabalha com bufês para eventos.

Bar e Restaurante João e Maria

Dia	Histórico	Entrada	Saída	Saldo	CGL	Bufê
1	Abertura	5.626,00		5.626,00		
1	Receita Bufê	683,00		6.309,00		683,00
1	Receita Restaurante	528,40		6.837,40		
1	Fornecedor MP		1.495,61	5.341,79		
2	Receita Restaurante	822,90		6.164,69		
2	Fornecedor MP		302,50	5.862,19		
2	Cartão Transporte		792,00	5.070,19		
2	Salário Aracy		900,00	4.170,19		
2	Material Higiene e Limpeza		15,58	4.154,61		
3	Receita Restaurante	679,50		4.834,11		
3	Fornecedor MP		953,72	3.880,39		
3	Divulgação (2/2)		200,00	3.680,39		
3	Aluguel Louça		40,00	3.640,39		
3	IPVA Fiat (2/3)		440,86	3.199,53		
3	IPVA Kombi		283,41	2.916,12		
4	Receita Restaurante	3.074,91		5.991,03		
4	Fornecedor MP		20,06	5.970,97		
4	Cartão Transporte		220,00	5.750,97		
4	Música		200,00	5.550,97		
4	Manutenção Instalações		60,00	5.490,97		
5	Receita Restaurante	3.489,24		8.980,21		
5	Fornecedor MP		562,90	8.417,31		
5	Diárias		440,00	7.977,31		
5	Transporte Pessoas		20,00	7.957,31		
6	Receita Restaurante	2.630,30		10.587,61		
6	Fornecedor MP		86,00	10.501,61		
6	Salários Pagos		2.920,92	7.580,69		
6	Diárias Frank		481,00	7.099,69		
6	Material Higiene e Limpeza		20,00	7.079,69		
6	Combustível		50,00	7.029,69		
7	Fornecedor MP		307,01	6.722,68		
7	Fornecedor MP		570,00	6.152,68		
7	Gás		770,93	5.381,75		

7	NET		250,32	5.131,43		
7	Força e Luz HB		330,80	4.800,63		
8	Receita Restaurante	655,90		5.456,53		
8	Receita Congelados	435,00		5.891,53	435,00	
8	Salários Pagos		2.520,88	3.370,65		
9	Receita Restaurante	849,70		4.220,35		
9	Diárias Willian		100,00	4.120,35		
9	Fornecedor MP		1.663,50	2.456,85		
9	Site - Domínio (Jan/Fev)		400,00	2.056,85		
10	Receita Restaurante	762,20		2.819,05		
10	Receita Bufê	595,00		3.414,05		595,00
10	Receita Congelados	600,00		4.014,05	600,00	
10	Comissão Expedito		800,00	3.214,05		
10	Fornecedor MP		561,24	2.652,81		
10	Aluguel Loja		2.000,00	652,81		
10	Manutenção Viaturas		180,00	472,81		
10	Telefone		116,93	355,88		
10	Sistema Wyse		290,17	65,71		
11	Receita Restaurante	1.361,45		1.427,16		
11	Fornecedor MP		2.312,88	-885,72		
11	Música		100,00	-985,72		
11	Material Higiene e Limpeza		46,34	-1.032,06		
11	Divulgação		465,00	-1.497,06		
12	Receita Restaurante	2.335,20		838,14		
12	Diárias Bufê		690,00	148,14		
12	Diárias		130,00	18,14		
12	Fornecedor MP		663,96	-645,82		
12	Transporte Pessoas		20,00	-665,82		
12	Material Higiene e Limpeza		10,07	-675,89		
12	Combustível		50,00	-725,89		
13	Receita Restaurante	2.411,49		1.685,60		
13	Receita Bufê	2.125,00		3.810,60		2.125,00
13	Fornecedor MP		85,00	3.725,60		
13	Diárias Frank		480,00	3.245,60		
13	Comissão		270,00	2.975,60		
13	Despesas Diversas		20,00	2.955,60		
15	Receita Restaurante	568,80		3.524,40		
15	Fornecedor MP		1.148,68	2.375,72		
15	Associação Patronal		179,81	2.195,91		
15	Serviço Médico		462,00	1.733,91		
15	Manutenção Máquinas		5,00	1.728,91		
16	Receita Restaurante	1.022,00		2.750,91		
17	Receita Restaurante	802,85		3.553,76		
17	Receita Congelados	360,00		3.913,76		
17	Diárias Willian		100,00	3.813,76		
17	Fornecedor MP		91,83	3.721,93		
17	Material Higiene e Limpeza		41,41	3.680,52		
18	Receita Restaurante	3.216,86		6.897,38		
18	Fornecedor MP		763,96	6.133,42		
18	Material Higiene e Limpeza		8,99	6.124,43		
18	Música		200,00	5.924,43		
18	Alarme (6/12)		151,05	5.773,38		

19	Receita Restaurante	3.789,92		9.563,30		
19	Salários Pagos		3.200,00	6.363,30		
19	Fornecedor MP		751,08	5.612,22		
19	Transporte Pessoas		40,00	5.572,22		
19	DAS Simples Trabalhista		378,31	5.193,91		
19	Telefone		395,57	4.798,34		
19	Música		200,00	4.598,34		
20	Receita Restaurante	3.261,33		7.859,67		
20	Diárias		572,00	7.287,67		
20	Fornecedor MP		9,25	7.278,42		
22	Receita Restaurante	639,76		7.918,18		
23	Receita Restaurante	1.145,60		9.063,78		
23	Fornecedor MP		2.212,80	6.850,98		
23	Salários Pagos		500,00	6.350,98		
23	Material Higiene e Limpeza		20,77	6.330,21		
23	Aluguel Louças		30,00	6.300,21		
23	Seguro Loja (1/6)		296,39	6.003,82		
23	Água e Esgoto Loja		468,70	5.535,12		
23	Força e Luz Loja		2.971,40	2.563,72		
23	Honorários		240,00	2.323,72		
24	Receita Restaurante	1.551,90		3.875,62		
26	Receita Restaurante	1.165,90		5.041,52		
26	Diárias		140,00	4.901,52		
26	Fornecedor MP		76,28	4.825,24		
27	Receita Restaurante	1.427,80		6.253,04		
27	Diárias		556,50	5.696,54		
27	Fornecedor MP		18,50	5.678,04		
29	Receita Restaurante	769,90		6.447,94		
29	Fornecedor MP		9,00	6.438,94		
30	Receita Restaurante	835,60		7.274,54		
30	Receita Bufê (sinal)	2.000,00		9.274,54		2.000,00
30	Fornecedor MP		2.087,54	7.187,00		
30	Dedetização		150,00	7.037,00		
31	Receita Restaurante	991,73		8.028,73		
31	Fornecedor MP		293,17	7.735,56		
31	Tarifa Bancária		150,43	7.585,13		
31	Recebíveis Sodexo	1.836,38		9.421,51		
31	Recebíveis TR	1.786,86	.	11.208,37		
31	Passe Expresso		295,00	10.913,37		
31	Combustível		470,00	10.443,37		
31	Combustível		220,00	10.223,37		
31	Alarme (5/12)		83,33	10.140,04		
31	Fornecedor MP		3.826,14	6.313,90		
31	Microonda (5/5)		95,23	6.218,67		
31	Passe Expresso		295,00	5.923,67		
		56.838,38	50.914,71	5.923,67	1.035,00	5.403,00
	Resumo:					
	Entradas de Caixa Mês	51.212,38				
	Saídas de Caixa Mês	50.914,71				
	Saldo do Movimento Mês	297,67				

Análise Vertical:					
Receita Congelados (CGL)	1.035,00	2%			
Receita Bufê	5.403,00	11%			
Receita Restaurante	44.774,38	87%			
Total	51.212,38	100%			

Planilha 13.1: Controle do Caixa.

O fluxo de caixa é o instrumento que permite ao administrador lidar com os recursos financeiros para um determinado período. Uma vez programadas as necessidades financeiras e determinadas as fontes de recursos que serão captados, resta ao administrador financeiro a tarefa de distribuí-los, de forma racional e adequada, pelos diversos itens do ativo. A função principal da administração financeira é poder saldar, em tempo hábil, os compromissos assumidos com terceiros e maximizar os lucros. O fluxo de caixa tem como objetivo básico, a projeção das entradas e das saídas de recursos financeiros para determinado período, visando dar a maior liquidez possível à empresa. As decisões a serem tomadas em relação ao fluxo de caixa são:

- Quando há superávit (sobra de caixa): aumentar estoques; aumentar prazos e condições de venda; melhorar as instalações e maquinários; aplicar o saldo em fundos de renda fixa; desenvolver novos empreendimentos; rever os recursos tecnológicos em uso; contratar pessoas.
- Quando há déficit (falta de caixa): melhorar o processo de cobrança; reduzir os estoques; renegociar as contas a pagar; diminuir prazos de vendas; aumentar prazos de compra; promover vendas especiais; cortar custos e despesas dispensáveis; vender imobilizações ociosas; aumentar o capital próprio com injeção de recursos dos sócios atuais (novos); reduzir o nível das atividades; buscar financiamentos.

13.3 CONTROLE DAS DESPESAS DE INSTALAÇÃO

O controle das despesas de instalação é aquele em que são registrados os valores gastos no desenvolvimento e na implementação de um projeto.

Controle de Despesas de Instalação			
Projeto:			
Data	**Descrição**	**Valor**	**Acumulado**
01.03.XX	Cabos, fios e conduites.	1.500,00	1.500,00
10.03.XX	Argamassa	500,00	2.000,00
15.03.XX	Luminárias	2.000,00	4.000,00
20.03.XX	Tubos de PVC	800,00	4.800,00
22.03.XX	Concreto	1.000,00	5.800,00
22.03.XX	Tampos de mármore	1.500,00	7.300,00
25.03.XX	Revestimento do Piso	800,00	8.100,00
30.03.XX	Portas	1.200,00	9.300,00
05.04.XX	Pintura	1.000,00	10.300,00
10.04.XX	Armário em alvenaria na cozinha	500,00	10.800,00
10.04.XX	Sistema de climatização	5.000,00	15.800,00
10.04.XX	Sistema de exaustão	3.500,00	19.300,00
-	-	-	-
-	-	-	-
-	-	-	-
-	-	-	-
	Total		250.000,00

Planilha 13.2: Controle das Despesas de Instalação.

13.4 CONTROLE DE GASTOS

O controle de gastos é aquele em que são registrados os valores gastos, direta e indiretamente, bem como seus respectivos desvios. A seguir, exemplos de planilhas para controle de gastos;

Controle dos Gastos Diretos

Dia	Histórico	Valor	AC.	MO	MP	Obs.
1	Fornecedor MP	1.495,61	1.495,61		1.495,61	
2	Fornecedor MP	302,50	1.798,11		302,50	
2	Cartão Transporte	792,00	2.590,11	792,00		
2	Salário Aracy	900,00	3.490,11	900,00		
3	Fornecedor MP	953,72	4.443,83		953,72	
4	Fornecedor MP	20,06	4.463,89		20,06	
4	Cartão Transporte	220,00	4.683,89	220,00		
5	Fornecedor MP	562,90	5.246,79		562,90	
5	Diária Bufê	440,00	5.686,79	440,00		
6	Fornecedor MP	86,00	5.772,79		86,00	
6	Salários Pagos	2.920,92	8.693,71	2.920,92		
6	Diárias Frank	481,00	9.174,71	481,00		
7	Fornecedor MP	307,01	9.481,72		307,01	
7	Fornecedor MP	570,00	10.051,72		570,00	
8	Salários Pagos	2.520,88	12.572,60	2.520,88		
9	Diária Willian	100,00	12.672,60	100,00		
9	Fornecedor MP	1.663,50	14.336,10		1.663,50	
10	Comissão Expedito	800,00	15.136,10	800,00		
10	Fornecedor MP	561,24	15.697,34		561,24	
11	Fornecedor MP	2.312,88	18.010,22		2.312,88	
12	Diárias Bufê	690,00	18.700,22	690,00		
12	Diárias	130,00	18.830,22	130,00		
12	Fornecedor MP	663,96	19.494,18		663,96	
13	Fornecedor MP	85,00	19.579,18		85,00	
13	Diárias	480,00	20.059,18	480,00		
13	Comissão	270,00	20.329,18	270,00		
15	Fornecedor MP	1.148,68	21.477,86		1.148,68	
17	Diárias	100,00	21.577,86	100,00		
17	Fornecedor MP	91,83	21.669,69		91,83	
18	Fornecedor MP	763,96	22.433,65		763,96	
19	Salários Pagos	3.200,00	25.633,65	3.200,00		
19	Fornecedor MP	751,08	26.384,73		751,08	
20	Diárias	572,00	26.956,73	572,00		
20	Fornecedor MP	9,25	26.965,98		9,25	
23	Fornecedor MP	2.212,80	29.178,78		2.212,80	
23	Salários Pagos	500,00	29.678,78	500,00		
26	Diárias	140,00	29.818,78	140,00		
26	Fornecedor MP	76,28	29.895,06		76,28	
27	Diárias	556,50	30.451,56	556,50		
27	Fornecedor MP	18,50	30.470,06		18,50	
29	Fornecedor MP	9,00	30.479,06		9,00	
30	Fornecedor MP	2.087,54	32.566,60		2.087,54	

31	Fornecedor MP	3.826,14	36.392,74		3.826,14	
31	Fornecedor MP	293,17	36.685,91		293,17	
	Totais		36.685,91	15.813,30	20.872,61	
			100%	43%	57%	

Planilha 13.3: Controle dos Gastos Diretos.

Controle do Desvio do Gasto Total

Nº	Mês	Gasto Total	Desvio Mês	Fat. AC.	Média	Obs.
1	mar/15	65.620,00	-	65.620,00	65.620,00	
2	abr/15	72.584,00	11%	138.204,00	69.102,00	
3	mai/15	61.168,00	-16%	199.372,00	66.457,33	
4	jun/15	75.346,00	23%	274.718,00	68.679,50	
5	jul/15	53.178,00	-29%	327.896,00	65.579,20	
6	ago/15	53.198,00	0%	381.094,00	63.515,67	
7	set/15	46.764,88	-12%	427.858,88	61.122,70	
8	out/15	65.772,19	41%	493.631,07	61.703,88	
9	nov/15	65.606,00	0%	559.237,07	62.137,45	
10	dez/15	77.618,00	18%	636.855,07	63.685,51	
11	jan/16	56.691,00	-27%	693.546,07	63.049,64	
12	fev/16	37.231,00	-34%	730.777,07	60.898,09	
13	mar/16	50.914,00	37%	781.691,07	60.130,08	

Planilha 13.4: Controle do Desvio do Gasto Total.

Controle dos Gastos Indiretos

Dia	Histórico	Valor	Acumulado
1	Material Higiene e Limpeza	3,18	3,18
2	NET	249,69	252,87
2	Força e Luz HB	189,15	442,02
2	Gás	895,11	1.337,13
5	Material Higiene e Limpeza	47,51	1.384,64
6	IPVA Anderson (3/3)	440,87	1.825,51
6	Água e Esgoto HB	74,70	1.900,21
7	Material Higiene e Limpeza	7,59	1.907,80
8	Material Higiene e Limpeza	15,00	1.922,80
8	Música	200,00	2.122,80
8	Divulgação	230,00	2.352,80
8	Aluguel Loja	2.200,00	4.552,80
8	Transporte Pessoas	20,00	4.572,80
8	Segurança	151,05	4.723,85
8	Sistema Wise	290,17	5.014,02
8	Telefone	135,28	5.149,30
12	Manutenção Máquinas	50,00	5.199,30
13	Honorários	918,00	6.117,30
14	Material Higiene e Limpeza	7,50	6.124,80
15	Serviço Médico	462,00	6.586,80
15	Associação Patronal	179,81	6.766,61

15	Despesas Diversas	120,00	6.886,61
15	Música	200,00	7.086,61
16	Música	100,00	7.186,61
16	Transporte Pessoas	40,00	7.226,61
17	DAS Tributos	583,88	7.810,49
17	Telefone Anderson	384,45	8.194,94
17	Água e Esgoto Loja	468,70	8.663,64
-	-	-	-

Planilha 13.5: Controle dos Gastos Indiretos.

Controle da Participação nos Gastos Indiretos

Dia	Histórico	Valor	Acumulado	Participação
23	Água e Esgoto Loja	468,70	468,70	3,27%
31	Alarme (5/12)	83,33		
18	Alarme (6/12)	151,05	234,38	1,63%
10	Aluguel Loja	2.000,00		
3	Aluguel Louça	40,00		
23	Aluguel Louça	30,00	2.070,00	14,44%
15	Associação Patronal	179,81	179,81	1,25%
12	Combustível	50,00		
31	Combustível	470,00		
31	Combustível	220,00		
6	Combustível	50,00	790,00	5,51%
19	DAS Tributos	378,31	378,31	2,64%
30	Dedetização	150,00	150,00	1,05%
13	Despesas Diversas	20,00	20,00	0,14%
11	Divulgação	465,00	465,00	3,24%
3	Divulgação (2/2)	200,00	200,00	1,39%
23	Força e Luz	2.971,40		
7	Força e Luz HB	330,80	3.302,20	23,03%
7	Gás	770,93	770,93	5,38%
23	Honorários	240,00	240,00	1,67%
3	IPVA Fiat (2/3)	440,86		
3	IPVA Kombi	283,41	724,27	5,05%
4	Manutenção Instalações	60,00	60,00	0,42%
15	Manutenção Máquinas	5,00	5,00	0,03%
10	Manutenção Viaturas	180,00	180,00	1,26%
2	Material Higiene e Limpeza	15,58		
6	Material Higiene e Limpeza	20,00		
11	Material Higiene e Limpeza	46,34		
12	Material Higiene e Limpeza	10,07		
17	Material Higiene e Limpeza	41,41		
18	Material Higiene e Limpeza	8,99		
23	Material Higiene e Limpeza	20,77	163,16	1,14%
31	Microondas (5/5)	95,23	95,23	0,66%
4	Música	200,00		
11	Música	100,00		
18	Música	200,00		
19	Música	200,00	700,00	4,88%

Capítulo 13 CONTROLES CONTÁBEIS • 301

7	NET	250,32	250,32	1,75%
31	Passe Expresso	295,00		
31	Passe Expresso	295,00	590,00	4,11%
23	Seguro Loja (1/6)	296,39	296,39	2,07%
15	Serviço Médico	462,00	462,00	3,22%
10	Sistema Wyse (Jan/Fev)	400,00	400,00	2,79%
9	Site - Domínio (Jan/Fev)	400,00	400,00	2,79%
31	Tarifa Bancária	150,43	150,43	1,05%
10	Telefone	116,93		
19	Telefone	395,57	512,50	3,57%
5	Transporte Pessoas	20,00		
12	Transporte Pessoas	20,00		
19	Transporte Pessoas	40,00	80,00	0,56%
		14.338,63		

Planilha 13.6: Controle da Participação das Contas Indiretas.

Controle do Desvio do Gasto Direto

Nº	Mês	Gasto Direto	Desvio Mês	Fat. AC.	Média	Desvio Md	OBS.
1	mar/15	35.620,00	-	35.620,00	35.620,00		
2	abr/15	42.584,00	20%	78.204,00	39.102,00	10%	
3	mai/15	31.168,00	-27%	109.372,00	36.457,33	-7%	
4	jun/15	35.346,00	13%	144.718,00	36.179,50	-1%	
5	jul/15	25.964,00	-27%	170.682,00	34.136,40	-6%	
6	ago/15	26.689,00	3%	197.371,00	32.895,17	-4%	
7	set/15	24.359,00	-9%	221.730,00	31.675,71	-4%	
8	out/15	41.653,95	71%	263.383,95	32.922,99	4%	
9	nov/15	43.295,73	4%	306.679,68	34.075,52	4%	
10	dez/15	54.157,91	25%	360.837,59	36.083,76	6%	
11	jan/16	41.092,35	-24%	401.929,94	36.539,09	1%	
12	fev/16	22.069,56	-46%	423.999,50	35.333,29	-3%	
13	mar/16	36.685,00	66%	460.684,50	35.437,27	0%	

Planilha 13.7: Controle do Desvio do Gasto Direto.

Controle do Desvio do Gasto Indireto

Nº	Mês	Gasto Indireto	Desvio Mês	Fat. AC.	Média	Desvio Md	OBS.
1	mar/15	30.000,00	-	30.000,00	30.000,00		
2	abr/15	30.000,00	0%	60.000,00	30.000,00		
3	mai/15	30.000,00	0%	90.000,00	30.000,00		
4	jun/15	40.000,00	33%	130.000,00	32.500,00	8%	
5	jul/15	27.214,00	-32%	157.214,00	31.442,80	-3%	
6	ago/15	26.509,00	-3%	183.723,00	30.620,50	-3%	
7	set/15	22.405,00	-15%	206.128,00	29.446,86	-4%	
8	out/15	24.116,25	8%	230.244,25	28.780,53	-2%	
9	nov/15	22.310,00	-7%	252.554,25	28.061,58	-2%	
10	dez/15	23.721,00	6%	276.275,25	27.627,53	-2%	

11	jan/16	15.598,00	-34%	291.873,25	26.533,93	-4%	
12	fev/16	15.161,00	-3%	307.034,25	25.586,19	-4%	
13	mar/16	14.228,00	-6%	321.262,25	24.712,48	-3%	

Planilha 13.8: Controle do Desvio do Gasto Indireto.

13.5 CONTROLE DA BASE DE RATEIO

O controle da base de rateio do custo fixo é importante já que, como visto nas fichas técnicas, o rateio é uma das variáveis na equação do custo total do produto.

Nota: O cálculo da base de rateio já foi abordado no Capítulo 12.

13.6 CONTROLE DE CONTAS A RECEBER

O controle de contas a receber é um levantamento que se faz, numa data qualquer, para determinar quanto em dinheiro a empresa terá de receber de seus devedores.

Controle de Contas a Receber					
Mês/Ano:		**Responsável**			
Cliente	**Valores a Receber**	**Total a Receber**	**Valores Recebidos**	**Recebimentos**	**Saldo a Receber**
CEDAR	1.000,00	1.000,00	600,00	600,00	
AGIR	2.500,00	3.500,00	1.000,00	1.600,00	
COLIMA	1.500,00	5.000,00	500,00	2.100,00	
LZT	2.000,00	7.000,00	1.000,00	3.100,00	
SERGEN	3.000,00	10.000,00	2.500,00	5.600,00	
LINHO	1.500,00	11.500,00	1.000,00	6.600,00	
Total		11.500,00		6.600,00	4.900,00

Planilha 13.9: Controle de Contas a Receber.

O controle de duplicatas a receber por cliente é aquele em que a empresa observa se os recebimentos foram feitos em dia e quais as duplicatas estão com o pagamento atrasado. Este controle é fato gerador de informações para uma eventual inadimplência.

Controle de Duplicatas a Receber por Cliente							
Cliente:							
Data	**Doc. (nº)**	**Valor a Receber**	**Total a Receber**	**Data Recebido**	**Valor Recebido**	**Total Recebido**	**Saldo a Receber**
02.05.XX	021/8	1.500,00	1.500,00	10.05.XX	1.500,00	1.500,00	
20.05.XX	029/8	500,00	2.000,00	20.05.XX	500,00	2.000,00	
30.05.XX	041/8	2.000,00	4.000,00				
10.06.XX	053/8	1.000,00	5.000,00				
15.07.XX	059/8	1.500,00	6.500,00				4.500,00

Planilha 13.10: Controle de Duplicatas a Receber por Cliente.

Capítulo **13** CONTROLES CONTÁBEIS • **303**

13.7 CONTROLE DE CONTAS A PAGAR

O controle de contas a pagar é um levantamento que se faz, numa data qualquer ou preestabelecida, para determinar quanto em dinheiro a empresa terá de pagar aos seus credores e fornecedores.

Controle de Contas a Pagar					
Mês/Ano:			**Data de Fechamento:**		
Cliente	**Valores a Pagar**	**Total a Pagar**	**Valores Pagos**	**Total dos Pagamentos**	**Saldo a Pagar**
Banco	10.000,00	10.000,00	1.000,00	1.000,00	9.000,00
Água e Esgoto	500,00	10.500,00	500,00	1500,00	
Fornecedor	1.000,00	11.500,00	500,00	2.000,00	
Fornecedor	2.000,00	13.500,00	500,00	2.500,00	
Força e Luz	1.500,00	15.000,00	1.500,00	4.000,00	
IPTU	400,00	15.400,00	200,00	4.200,00	
Salários	3.600,00	19.000,00	3.600,00	7.800,00	11.200,00

Planilha 13.11: Controle de Contas a Pagar.

O controle de faturas a pagar por fornecedor é aquele em que a empresa observa se os pagamentos (dívidas) foram feitos em dia e quais as faturas pendentes de pagamento. Também é fato gerador de informações para o controle geral de contas a pagar.

Controle de Faturas a Pagar / Fornecer							
Fornecedor:							
Data	**Fatura (nº)**	**Valor a Pagar**	**Total a Pagar**	**Data de Quitação**	**Valor Pago**	**Total de Quitação**	**Saldo Devedor**
10.05.XX	101/8	1.500,00	1.500,00	10.05.03	1.500,00	1.500,00	
20.05.XX	104/8	500,00	2.000,00	20.05.03	500,00	2.000,00	
30.05.XX	129/8	2.000,00	4.000,00	30.05.03	2.000,00	4.000,00	0,00
10.06.XX	145/8	1.000,00	5.000,00				1.000,00
15.07.XX	150/8	500,00	5.500,00				1.500,00
20.07.XX	171/8	1.500,00	7.000,00				3.000,00

Planilha 13.12: Controle de Faturas a Pagar por Fornecedor.

13.8 CONTROLE DO DISPONÍVEL CIRCULANTE

O controle do disponível circulante é aquele em que são colocadas as principais contas que retratam a liquidez da empresa, isto é, basicamente a diferença entre o ativo circulante e o passivo circulante. Tal controle pode ser feito a qualquer momento.

Controle do Disponível Circulante				
Mês/Ano:		**Responsável:**		
Dia	**Histórico**	**Créditos**	**Débitos**	**Saldo**
15	Bancos	7.568,00		7.568,00
	Caixa	12.212,00		19.780,00
	Contas a Receber	5.300,00		25.080,00
	Estoque	13.327,00		38.407,00
	Contas a Pagar		1.583,00	36.824,00
	Salários a Pagar		2.743,00	34.081,00
	Fornecedores a Pagar		5.100,00	28.981,00

Planilha 13.13: Controle do Disponível Circulante.

13.9 CONTROLE DOS BENS PATRIMONIAIS

O controle geral do patrimônio é um registro, feito no inventário, relativo aos bens duráveis (móveis, imóveis, utensílios, máquinas, equipamentos, viaturas). Neste inventário é verificada a existência do bem, seu estado físico e seu valor de mercado. Um bem é tudo aquilo capaz de satisfazer uma necessidade humana. Ao conjunto de bens permutáveis denomina-se riqueza. O conceito de riqueza é, normalmente, confundido com abundância e fortuna, isto é, a antítese da pobreza.

Os bens, além de úteis, hão de ser escassos em face dos usos a que se destinam, para que possam ter preço. O ar atmosférico, por exemplo, embora indiscutivelmente útil para todo ser humano, não alcança preço, porque se acha livremente disponível. É útil mas não escasso. O ar, por exemplo, é considerado bem livre. A seguir, exemplos:

Controle do Bem Patrimonial				
Bem: Mesa de Reunião (0,90 × 1,80)				
Fabricante: Costa Ltda.				
Fornecedor: Móveis de Escritório Água Azul				
Registro: M – 101			**Ano de Aquisição:**	
Data	**Histórico**	**Valor Aquisitivo**	**N**	**Valor Atual**
15.01.XX	Aquisição	1.000,00	-	1.000,00
30.12.XX	Inventário	1.000,00	1	800,00
30.12.XX	Inventário	1.000,00	2	600,00

Planilha 13.14: Controle do Bem Patrimonial.

Controle Geral dos Bens Patrimoniais			
Data do Inventário:			
Descrição do Bem	**Registro**	**Valor**	**Valor Total**
Fogão de Alto Rendimento	F – 101	5.000,00	5.000,00
Bancada (2 × 3)	B – 102	500,00	5.500,00
Mesa de Reunião (0,9 × 1,80)	M – 101	1.500,00	7.000,00
Cadeira de Escritório	C – C11	80,00	7.080,00
Mesa de Escritório (0,80 × 1,20)	M – 102	150,00	7.230,00
-	-	-	-
			150.000,00

Planilha 13.15: Controle Geral dos Bens Patrimoniais.

Nota: O conceito de patrimônio foi abordado no Capítulo 5.

13.10 CONTROLE DA CONTA CAPITAL

O controle da conta capital é relativo ao capital investido de cada sócio, mostrando a participação no mesmo. Este controle é importante quando da distribuição do lucro.

Controle da Conta Capital		
Período:		
Capital Social: 60.000,00 (100%)		
Nome do Sócio	**Valor do Investimento**	**Participação (%)**
Fulano	15.000,00	25%
Beltrano	12.000,00	20%
Sicrano	33.000,00	55%

Planilha 13.16: Controle da Conta Capital.

13.11 CONTROLE DO FATURAMENTO

O controle do faturamento e seu desvio servem para acompanhar o desempenho da equipe e se a mesma está cumprindo as metas estabelecidas. Ele deve indicar o faturamento bruto diário e seu valor acumulado, num determinado período. A seguir, exemplos:

Controle do Desvio do Faturamento

Nº	Mês	Faturamento	Desvio Mês	Fat. AC.	Média	Desvio Ano	OBS.
1	mar/15	37.516,00	-	37.516,00	37.516,00		
2	Abr/15	35.759,00	-5%	73.275,00	36.637,50		
3	mai/15	45.720,00	28%	118.995,00	39.665,00		
4	Jun/15	102.799,00	125%	221.794,00	55.448,50		
5	jul/15	46.402,00	-55%	268.196,00	53.639,20		
6	Ago/15	67.901,00	46%	336.097,00	56.016,17		
7	Set/15	46.445,94	-32%	382.542,94	54.648,99		
8	Out/15	73.806,69	59%	456.349,63	57.043,70		
9	Nov/15	65.193,03	-12%	521.542,66	57.949,18		
10	Dez/15	76.758,09	18%	598.300,75	59.830,08		
11	Jan/16	54.157,10	-29%	652.457,85	59.314,35		
12	Fev/16	39.352,06	-27%	691.809,91	57.650,83	154%	
13	mar/16	51.212,38	30%	743.022,29	57.155,56		

Planilha 13.17: Controle do Desvio do Faturamento.

Controle do Desvio do Faturamento de Equilíbrio

Nº	Mês	GI	GD	GT	FE	ACFE	FMD	Desvio
1	Mar	30.000,00	35.620,00	65.620,00	65.620,00	65.620,00	65.620,00	1,00
2	Abr	30.000,00	42.584,00	72.584,00	72.584,00	138.204,00	69.102,00	1,05
3	Mai	30.000,00	31.168,00	61.168,00	61.168,00	199.372,00	66.457,33	0,92
4	Jun	35.346,00	40.000,00	75.346,00	75.346,00	274.718,00	68.679,50	1,10
5	Jul	27.214,00	25.964,00	53.178,00	53.178,00	327.896,00	65.579,20	0,81
6	Ago	26.509,00	26.689,00	53.198,00	53.198,00	381.094,00	63.515,67	0,84
7	Set	22.405,00	25.359,00	47.764,00	47.764,00	428.858,00	61.265,43	0,78
8	Out	24.116,00	41.653,00	65.769,00	65.769,00	494.627,00	61.828,38	1,06
9	Nov	22.310,00	43.295,00	65.605,00	65.605,00	560.232,00	62.248,00	1,05
10	Dez	23.721,00	54.157,00	77.878,00	77.878,00	638.110,00	63.811,00	1,22
11	Jan	15.598,00	41.092,00	56.690,00	56.690,00	694.800,00	63.163,64	0,90
12	Fev	15.161,88	22.069,00	37.230,88	37.230,88	732.030,88	61.002,57	0,61
13	Ma.	14.228,00	36.685,00	50.913,00	50.913,00	782.943,88	60.226,45	0,85

Planilha 13.18: Controle do Desvio do Faturamento de Equilíbrio.

Simbologia:

GI = Gasto Indireto
GD = Gasto Direto
GT = Gasto Total (GI + GD)
FE = Faturamento de Equilíbrio (GT)
ACFE = Acumulado do Faturamento de Equilíbrio

FMD = Média do Faturamento de Equilíbrio
Desvio = Desvio do Faturamento em Relação a Média (F/FMD)

Nota: Os conceitos de faturamento e faturamento de equilíbrio foram abordados no Capítulo 12.

13.12 CONTROLE DE INVENTÁRIO DO ESTOQUE

O controle do inventário serve para se fazer um levantamento individual e completo dos bens, valores e haveres, ativos e passivos, de uma organização.

Nota: No Capítulo 11, foram abordados dois exemplos de inventário.

A seguir, exemplos de controles de inventário do estoque de um pequeno restaurante:

Simbologia:

U. Arm = Unidade de Armazenamento
Q = Quantidade Existente
C = Custo de Aquisição (compra)
Valor = Valor do Estoque do Item (Q x C)
AC = Valor Acumulado

Nota: Os controles do inventário de Bebidas, Material Descartável e Material de Higiene e Limpeza seguem a mesma metodologia de cálculo.

Data do Inventário:

Material Seco	U.Arm.	Q	C	Valor	AC
Açafrão Kitano	45g	7	22,00	154,00	154,00
Açúcar Caravelas	Kg	7	1,59	11,13	165,13
Alho	Kg	3	9,00	27,00	192,13
Amaciante Kitano	Kg	1	8,90	7,12	199,25
Arroz Agulhinha Fantástico	Kg	50	1,85	92,50	291,75
Arroz Parbolizado	Kg	17	1,85	31,45	323,20
Azeite Quinta da Aldeia	500 ml	6	5,20	31,20	354,40
Batata Palha	Kg	3	16,62	49,86	404,23
Bicarbonato	500g	3	3,34	10,02	414,23
Brownie Unilever	800g	4	17,55	70,20	484,43
Café Pilão	500 g	1	7,68	7,68	492,16
Calda Chocolate	1,3 Kg	1	7,50	7,50	499,66
Caldo Carne Chinezinho	Kg	1	5,20	5,20	504,86
Carvão 6 kg	Saco	18	12,20	219,60	724,46
Champignon Fatiado	Kg	1	21,00	21,00	745,46
Conhaque Dreher	900ml	1	11,80	11,80	757,26

Creme Leite Glória	200 g	45	1,35	60,75	818,01
Creme Cebola Chinezinho	Kg	2	7,90	15,80	833,81
Ervilha Partida Pink	500 g	3	2,99	8,97	842,78
Espaguete n° 8 Adria	Kg	5	2,89	14,45	857,23
Extrato de Tomate Elefante	340g	10	3,35	33,50	890,73
Far. Mandioca Chinezinho	Kg	18	1,98	35,64	926,37
Farinha Rosca	Kg	3	4,50	13,50	939,87
Farinha Trigo Rosa Branca	Kg	16	1,75	28,00	967,87
Feijão Preto	Kg	34	2,75	93,50	1.061,37
Funghi Seco	Kg	0,5	140,00	70,00	1.131,37
Ketchup Ekma	1,16 kg	1	3,20	3,20	1.134,57
Leite Aurolat	L	14	2,39	33,46	1.168,03
Leite Condensado Italac	395 g	4	2,69	10,76	1.178,79
Leite de Coco Bom Coco	500ml	2	3,98	7,96	1.186,75
Maionese Helmans	3 Kg	1	18,90	18,90	1.205,65
Molho Pimenta Chinezinho	150 g	0	18,90	0,00	1.205,65
Molho de Alho Chinesinho	900 ml	1	5,80	5,80	1.211,45
Molho Inglês Cepara	L	1	4,30	4,30	1.215,75
Molho Madeira Knorr	1,10 Kg	0	51,25	0,00	1.215,75
Molho Madeira Predilecta	340 g	24	0,89	21,36	1.237,11
Mostarda Cepera	1,10 l	1	5,20	5,20	1.242,31
Óleo Composto Olinda	500 ml	11	3,49	38,39	1.280,70
Óleo de Soja	900 ml	40	2,65	106,00	1.386,70
Orégano Chinezinho	200 g	1	6,75	6,75	1.393,45
Pene Adria	500 g	5	1,89	9,45	1.402,90
Polvilho Azedo Chinezinho	500 g	1	3,25	3,25	1.406,15
Purê Batata Knorr	1,10 Kg	4	20,51	82,04	1.488,19
Sal Fino Lebre	Kg	6	0,97	5,82	1.494,01
Sal Grosso	Kg	2	1,10	2,20	1.496,21
Tempero Completo	Kg	1	6,90	6,90	1.503,11
Vinagre Branco Peixe	750 ml	6	0,99	5,94	1.509,05
Vinagre Escuro	750 ml	6	0,99	5,94	1.514,99
Vinho Branco Seco Galioto	4,6 L	1	36,00	36,00	1.550,99

Planilha 13.19: Controle do Inventário de Material Seco.

Data do Inventário:

Material Refrigerado	U. Arm.	Q	C	Valor	AC
Abacaxi	180g	8,00	0,90	7,20	7,20
Aipim Branco Desc. s/Pavio	Kg	47,00	4,20	197,40	204,60
Aipim p/ Fritar	Kg	7,27	4,20	30,53	235,13
Alface Crespa	Maço	2,00	1,99	3,98	239,11
Arroz de Brócolis	200g	5,00	5,70	28,50	267,61
Base Brócolis	Kg	0,50	5,05	2,53	270,14
Batata Frita Quality Fries	Kg	12,50	5,40	67,50	337,64
Batata Nozete Qualyt Fries	Kg	2,50	8,44	21,10	358,74
Bife Rolê	Kg	4,80	14,20	68,16	426,90
Bolinho Bacalhau (30g)	8	7,00	10,80	75,60	502,50
Bolinho de Carne Seca	20	54,00	0,55	29,70	532,20

Capítulo 13 CONTROLES CONTÁBEIS • 309

Bolinho de Feijoada	15	104,00	0,20	20,80	553,00
Cafta 90g Selada	Par	4,00	1,35	5,40	553,40
Caldinho de Camarão	Kg	0,25	10,60	2,65	561,05
Caldinho de Feijão	200g	1,00	0,58	0,58	561,63
Camarão Cinza Médio s/Casca	Kg	3,50	38,00	133,00	694,63
Camarão Empanado	300g	15,00	8,00	120,00	814,63
Carne Moída	Kg	0,50	13,50	6,75	821,38
Carne p/ Funghi	Kg	0,63	13,50	8,51	829,88
Carne p/ Strogonoff	Kg	3,00	13,50	40,50	870,38
Carne Seca Dianteiro Marba	Kg	8,36	17,50	146,30	1.016,68
Carré	Kg	4,00	7,90	31,60	1.048,28
Cebola	Kg	3,42	4,00	13,68	1.061,96
Cenoura	Kg	1,62	3,00	4,86	1.066,82
Champignon	Kg	0,40	20,00	8,00	1.074,82
Coentro	Maço	0,00	1,50	0,00	1.074,82
Copa Lombo Pif Paf	Kg	23,68	9,80	232,06	1.306,89
Copa Lombo Temperado	Kg	6,00	11,00	66,00	1.372,89
Coração Frango Pif Paf c/Tempero	Kg	0,00	14,00	0,00	1.372,89
Coração Frango Pif Paf s/Tempero	Kg	3,84	12,80	49,15	1.422,04
Costela de Porco Excelência	Kg	13,00	13,90	180,70	1.602,74
Couve	Maço	2,00	1,29	2,58	1.605,32
Coxa e Sobrecoxa Pif Paf	Kg	5,00	5,30	26,50	1.631,82
Creme Leite Fresco Bialini	440 ml	1,00	5,90	5,90	1.637,72
Espaguete Cozido	200g	7,00	0,22	1,54	1.639,26
Filé Coxa Temperado	Kg	6,00	8,00	48,00	1.687,26
Filé Peito Frango Pif Paf	Kg	9,00	7,69	69,21	1.756,47
Filé Peito Frango Temperado	Kg	0,50	8,00	4,00	1.760,47
File Peixe Panga s/Gordura	Kg	3,55	11,50	40,83	1.801,30
Laranja Pera	Saco	0,00	22,00	0,00	1.801,30
Limão	Kg	0,30	6,00	1,80	1.803,10
Linguiça Calabresa Pif Paf	Kg	2,56	8,80	22,53	1.825,62
Linguiça Toscana Cozida	Kg	0,50	12,00	6,00	1.831,62
Lombo Salgado	Kg	0,00	9,10	0,00	1.831,62
Lula em Anéis	Kg	6,00	3,30	19,80	1.851,42
Margarina Qualy	500 g	0,00	3,90	0,00	1.851,42
Massa Pastel Mezzani Médio	400 g	5,00	4,39	21,95	1.873,37
Milanesa de Carne	Kg	21,28	13,2	280,896	2.154,27
Milanesa Frango	Kg	7,23	8,20	59,29	2.213,56
Molho Bolonhesa	Kg	5,10	10,60	54,06	2.267,62
Molho Camarão c/Camarão	200g	1,00	5,00	5,00	2.272,62
Molho Funghi	200g	31,00	3,30	102,30	2.374,92

Planilha 13.20: Controle do Inventário do Material Refrigerado.

13.13 CONTROLE DA CONTA INVESTIMENTO

O controle da conta investimento é aquele onde são registrados todos os investimentos por data de lançamento.

Controle da Conta Investimento			
Projeto:			
Data	**Descrição**	**Valor**	**Acumulado**
	Compra de Máquinas	1.500,00	1.500,00
	Serviços de Instalação	500,00	2.000,00
	Compra de Câmara Frigorífica	2.000,00	4.000,00
	Compra de Insumos	800,00	4.800,00
	Compra de Equipamentos	1.000,00	5.800,00
	Compra de Móveis e Utensílios	1.500,00	7.300,00
	Compra de Material de Escritório	800,00	8.100,00
	Compra de Estantes	1.200,00	9.300,00
	Compra de Máquinas	1.000,00	10.300,00

Planilha 13.21: Controle da Conta Investimento.

13.14 BALANCETE DE VERIFICAÇÃO

O balancete de verificação é um relatório que lista todas as contas da empresa, colocando-as em colunas com seus respectivos valores. Estes balancetes podem ser construídos a qualquer tempo. A seguir, um exemplo:

Contas	Débitos	Créditos	Saldo Devedor	Saldo Credor
Banco conta Movimento	337,00	183,00	154,00	
Duplicatas a Receber	725,00	110,00	615,00	
Estoques	753,00	165,00	588,00	
Investimentos em Ações	95,00		95,00	
Imóveis	382,00		382,00	
Veículos	11,00		11,00	
Móveis e Utensílios	25,00		25,00	
Títulos a Pagar	20,00	118,00		98,00
Contas a Pagar		42,00		42,00

Fornecedores	79,00	310,00		231,00
Comissões a Pagar		20,00		20,00
Despesas Gerais a Pagar		2,00		2,00
Salários Administrativos		12,00		12,00
Imposto de Renda a Pagar		108,00		108,00
Participação de Empregados		20,00		20,00
Participação Direta a Pagar		9,00		9,00
Dividendos a Pagar		40,00		40,00
Capital		700,00		700,00
Reserva Capital		150,00		150,00
Reserva Legal		34,00		34,00
Reserva Estatutária		56,00		56,00
Lucros Acumulados	55,00	403,00		348,00
Totais	2.482,00	2.482,00	1.870,00	1.870,00

Planilha 13.22: Balancete de Verificação.

13.15 DEMONSTRATIVO DE RESULTADO

O demonstrativo de resultado nada mais é do que a exposição dos débitos e créditos que compõe os fluxos financeiros de um exercício de uma empresa (período, geralmente, de um ano). A seguir exemplos:

Nº	Histórico	Parcial	Parcial	Total
1	Receita Bruta de Vendas			2.000,00
2	Deduções (3 + 4 + 5)			200,00
3	Descontos Concedidos	10,00		
4	Impostos Faturados	168,00		
5	Devoluções	22,00		
6	Receita Operacional Líquida (1 - 2)			1.800,00
7	Custo de Mercadorias Vendidas			300,00
8	Resultado Operacional Bruto (6 - 7)			1.500,00
9	Despesas Oper. (10+14+15+24+25)			190,00

10	Engenharia (11 + 12 + 13)		40,00	
11	Projetos e Desenhos	15,00		
12	Testes	5,00		
13	Protótipos	20,00		
14	Produção		10,00	
15	Marketing (16+17+18+19+20+21+22+23)		100,00	
16	Lançamento	50,00		
17	Literatura	5,00		
18	Propaganda	5,00		
19	Exposições e Feiras	10,00		
20	Salários	10,00		
21	Viagens	6,00		
22	Amostras	4,00		
23	Pesquisas	10,00		
24	Gerais e Administrativas		30,00	
25	Financeiras		10,00	
26	Resultado Operacional Líquido (8 - 9)			1.310,00
27	Correção Monetária (+/-)			90,00
28	Resultado antes do I R (26+27)			1.400,00
29	Provisão para Imposto de Renda			400,00
30	Participações			300,00
31	Resultado [28 - (29 + 30)]			700,00

Planilha 13.23: Demonstrativo de Resultado.

Nº	Contas	Valor	%
	Entrada:		
1	Receita Restaurante	87.350,00	77,5%
2	Receita Não Operacional	3.560,00	3,2%
3	Receita Congelados	9.800,00	8,7%
4	Receita Bufê	12.000,00	10,6%
5	Receita Total (1+2+3+4)	112.710,00	100,0%
	Saída:		
6	Despesas Diretas	54.158,00	70%

7	Despesas Indiretas	23.721,00	30%
8	Despesa Total (6 + 7)	77.879,00	100%
	Pró-Labore:		
9	Pró-Labore A	5.000,00	
10	Pró-Labore B	4.000,00	
11	Total (9 + 10)	9.000,00	
	Provisão:		
12	Provisão para Imposto de Renda	1.500,00	
13	Provisão para Amortizações	10.000,00	
14	Provisão Total (12 + 13)	11.500,00	
	Resultado:		
15	Resultado Líquido [5 - (8+11)]	25.831,00	
16	Resultado Projetado (15 -14)	14.331,00	

Planilha 13.24: Demonstrativo de Resultado Simplificado.

13.16 BALANÇO PATRIMONIAL

O balanço patrimonial consiste na apresentação dos saldos respectivos de todas as contas de uma empresa em uma data qualquer, dispostos em forma relativamente padronizada, com a finalidade de permitir, a quem o analisa, uma visualização rápida da posição econômico-financeira da companhia, expressa em valores monetários.

Ativo		Passivo	
Ativo Circulante:		Passivo Circulante:	
Caixa e Bancos	154,00	Títulos a Pagar	98,00
Duplicatas a Receber	615,00	Contas a Pagar	42,00
Estoques	588,00	Fornecedores	231,00
Total	1.357,00	Comissões a Pagar	20,00
Ativo Permanente:		Despesas Gerais a Pagar	2,00
Investimentos	95,00	Salários Administrativos	12,00
Total	95,00	Imposto de Renda a Pagar	108,00
Ativo Imobilizado:		Participações Diretas e Indiretas	29,00
Imóveis	82,00	Dividendos a Pagar	40,00
Veículos	11,00	Total	528,00
Móveis e Utensílios	25,00	Patrimônio Líquido:	
Total	418,00	Capital	700,00
		Reservas:	
		De Capital	150,00
		Legal	34,00
		Estatutária	110,00
Total do Ativo	1.870,00	Lucros Acumulados	348,00
		Total	1.342,00
		Total do Passivo	1.870,00

Planilha 13.25: Balanço Patrimonial.

13.17 ANÁLISE HORIZONTAL DO RESULTADO

Resultado é o produto da saída de um sistema, um processo, uma atividade, uma operação ou uma ação. Assim, o resultado de uma loja é ter consumidores satisfeitos; de um hospital é ter pacientes curados e de uma escola é ter alunos mais bem preparados para enfrentar a vida. O resultado leva o indivíduo (organização) a avaliar se as decisões foram apropriadas, ou não, para continuar sobrevivendo e competindo no mercado. Há muita confusão entre os conceitos de resultado e resposta. Assim, vale esclarecer que a resposta é definida como uma reação necessária e suficiente, embora nem sempre solucione o problema.

Para o credor, certamente, sua principal preocupação será no sentido de receber aquilo que tem direito. Para o investidor, seu objetivo primeiro é ter um retorno sobre o seu investimento, mantendo certo grau de segurança. A análise horizontal permite o exame da evolução histórica de uma série de valores, podendo ser efetuada através do cálculo das variações em relação a uma determinada conta.

No exemplo, a seguir, a conta é receita com vendas:

Contas	Produto A	Produto B	Produto C	Total
1 – Receita com Vendas	50.000 (50%)	30.000 (30%)	20.000 (20%)	100.000(100%)
2 – Custos	20.000 (50%)	12.000 (30%)	8.000 (20%)	40.000 (100%)
3 – Lucro Bruto (1 – 2)	30.000 (50%)	18.000 (30%)	12.000 (20%)	60.000 (100%)
Despesas com:				
4 – Salários	4.000 (30%)	3.000 (40%)	5.000 (42%)	12.000 (100%)
5 – Comissões	7.500 (50%)	4.500 (30%)	3.000 (20%)	15.000 (100%)
6 – Viagens	1.500 (25%)	1.800 (30%)	2.700 (45%)	6.000 (100%)
7 – Diversas	6.000 (33%)	6.000 (33%)	6.000 (33%)	18.000 (100%)
8 – Total (4 a 7)	19.000 (37%)	15.300 (30%)	16.700 (33%)	51.000 (100%)
9 – Lucro Líquido (3 – 8)	11.000 (122%)	2.700(30%)	- 4.700(-52%)	9.000(100%)

Planilha 13.26: Análise Horizontal da Receita com Vendas.

13.18 ANÁLISE VERTICAL DO RESULTADO

A análise vertical é importante para mostrar a estrutura de composição dos itens e sua evolução no tempo. Ela tem como objetivo principal determinar a relevância de cada conta em relação a um valor total tomado como base. Assim, o percentual de cada conta mostra sua real importância no conjunto. A base é, geralmente, o total dos ativos no caso do balanço patrimonial e receita com vendas, no caso do demonstrativo de resultado.

A seguir, um exemplo:

Contas	Produto A	Produto B	Produto C	Total
1 – Receita c/ Vendas	50.000(100%)	30.000 (100%)	20.000 (100%)	100.000 (100%)
2 – Custos	20.000 (40%)	12.000 (40%)	8.000 (40%)	40.000 (40%)
3 – Lucro Bruto (1- 2)	30.000 (60%)	18.000 (60%)	12.000 (60%)	60.000 (60%)
Despesas com:				
4 – Salários	4.000 (8%)	3.000 (10%)	5.000 (25%)	12.000 (12%)
5 – Comissões	7.500 (15%)	4.500 (15%)	3.000 (15%)	15.000 (15%)

6 – Viagens	1.500 (3%)	1.800 (6%)	2.700 (13%)	6.000 (6%)
7 – Diversas	6.000 (12%)	6.000 (20%)	6.000 (30%)	18.000 (18%)
8 – Total (4- 7)	19.000 (38%)	15.300 (51%)	16.700 (83%)	5´.000 (51%)
9 – Lucro Líquido (3 - 8)	11.000 (22%)	2.700 (9%)	- 4.700 (-23%)	9.000 (9%)

Planilha 13. 27: Análise Vertical da Receita com Vendas.

Nota: Na análise de resultado, os percentuais são calculados em função das participações de cada produto nas contas da empresa.

14

INDICADORES de GESTÃO

"O administrador é uma pessoa capaz de fazer julgamentos críticos,
quando os dados disponíveis são conjunturais e presumidos."
Harry Maynard

OBJETIVOS DO CAPÍTULO

- Mostrar os mais importantes indicadores de gestão.
- Mostrar como as diversas contas de ativo e passivo influenciam nos resultados da organização.
- Mostrar, para cada item de avaliação, uma análise comparada com o mercado.

14.1 INDICADOR

Os indicadores representam um sistema peculiar de análise das empresas. Tal sistema consiste na comparação de dois ou mais elementos, de modo a se obter uma indicação (relação, medida) significativa da situação e, ao mesmo tempo, uma representação sintética da mesma. Um conjunto de indicadores bem estudado permite esclarecer a situação da empresa, através de elementos chaves.

Índices e indicadores são, muitas vezes, tomados como sinônimos por diversos autores. Porém, cada vez mais, estes conceitos se afastam um do outro. O índice tem um foco macroeconômico e o indicador microeconômico. Se verificarmos que nossa empresa apresenta um índice de liquidez igual a 2,5, como saberemos que este indicador é muito alto ou muito baixo? Ainda que não possamos chegar à conclusão alguma, é lícito afirmar que quanto mais um determinado indicador se afastar de certo padrão, tanto maior será a probabilidade da existência de uma variação anormal a exigir estudos mais acurados. Muitos índices e indicadores levam o nome de taxa pela sua resposta em valores percentuais.

Os problemas dos indicadores de gestão podem advir do próprio analista, isto é, qual ferramenta, padrão, modelo, fórmula, processo, gráfico ou matriz ele utilizará e qual comportamento, personalidade e características terá para uma análise mais próxima da realidade comum das empresas. Mas é bom que se diga, os indicadores de gestão são as melhores ferramentas para aferir o desempenho empresarial.

Nota: Conhecer taxas governamentais é muito importante no gerenciamento de qualquer negócio.

Nota: O conceito de índice foi abordado no Capítulo 10.

14.2 INDICADORES ECONÔMICOS

Os indicadores econômicos estão voltados a retratar o resultado de um capital investido num determinado negócio. Estes indicadores se fundamentam no lucro e no prejuízo. A seguir, os principais indicadores econômicos:

Margem de Lucro:

A margem de lucro (margem líquida) é dada pela fórmula:

Margem de Lucro = Lucro Líquido / Receita com Vendas

Onde:
Lucro Líquido = Lucro Bruto - Despesas com Vendas
Lucro Bruto = Receita com Vendas - Custos
Receita com Vendas = Somatório de todas as vendas faturadas e entregues

Exemplo:
Lucro Líquido = $ 500,00
Receita com Vendas = $ 2.000,00
Margem de Lucro = 500 / 2.000 = 0,25 = 25%

Análise:
Este indicador mostra que nem sempre vender muito é um bom negócio em termos de lucratividade. O que importa é o resultado operacional líquido (lucro líquido). Às vezes, um incremento em vendas trás uma série de despesas que não compensa o esforço, fazendo com que o resultado operacional líquido tenha uma variação menor do que a variação das vendas. Alguns autores chamam este indicador de margem de venda.

Lucratividade do Exercício:

A lucratividade do exercício é dada pela fórmula:

Lucratividade do Exercício = Resultado do Exercício / Receita Operacional Líquida

Onde:
Resultado do Exercício = Lucros ou Prejuízos Acumulados
Receita Operacional Líquida = Receita Bruta com Vendas - Deduções
Deduções = Descontos + Impostos + Devoluções

Exemplo:
Resultado do Exercício = $ 200,00
Receita Operacional Líquida = $ 1.800,00
Lucratividade Operacional Líquida = 200 / 1.800 = 0,11 = 11%

Análise:
A lucratividade do exercício será dependente da correção monetária (em função da inflação), da provisão para imposto de renda (em função da alíquota determinada pelo governo) e das participações em outras empresas (em função dos seus desempenhos).

Rentabilidade do Capital Próprio:

A rentabilidade do capital próprio é dada pela fórmula:

Rentabilidade do Capital Próprio = Resultado do Exercício / Patrimônio Líquido

Onde:
Patrimônio Líquido = Capital Social + Reservas + Lucros - Prejuízos
Capital Social = Capital Declarado
Reservas = Somatório de todas as reservas

Exemplo:
Resultado do Exercício = $ 500,00
Patrimônio Líquido = $ 5.000,00
Rentabilidade do Capital Próprio = 500 / 5.000 = 0,10 = 10%

Análise:
Este indicador mede a perspectiva de retorno do investimento dos proprietários. No exemplo acima, como a rentabilidade é de 10%, significa dizer que o capital próprio levará 10 anos para voltar a seus proprietários.

Taxa de Capitalização:

A taxa de capitalização é dada pela fórmula:

Taxa de Capitalização = Patrimônio Líquido / Ativo Total

Onde:
Ativo Total = Soma de todos os ativos

Exemplo:
Patrimônio Líquido = $ 4.500,00
Ativo Total = $ 10.000,00
Taxa de Capitalização = 4.500 / 10.000 = 0,45 = 45%

Análise:
Como o patrimônio líquido retrata as origens dos recursos financeiros (capital e reservas) e o ativo é, na realidade, o total das aplicações da empresa, o valor da taxa de capitalização dirá o percentual envolvido das origens de capital na composição do ativo total.

Taxa de Recuperação:

A taxa de recuperação (período de recuperação) é dada pela fórmula:

Taxa de Recuperação = Total dos Investimentos / (Lucro Líquido + Amortizações)

Onde:
Total dos Investimentos = Recursos aplicados em participações (empresas coligadas e/ou controladas) e em outras sociedades (direitos de qualquer natureza)
Amortizações = São pagamentos de ágios e juros relativos a empréstimos feitos a credores e bancos

Exemplo:
Investimentos = $ 50.000,00
Lucro Líquido = $ 15.000,00
Amortizações = $ 10.000,00
Taxa de Recuperação = 50.000 / (15.000 + 10.000) = 2

Análise:
A taxa de recuperação informa que levará dois anos para se ter o investimento de volta, no exemplo acima.

Taxa de Remuneração:

A taxa de remuneração é dada pela fórmula:

Taxa de Remuneração = Lucro Líquido / Capital Próprio

Exemplo:
Lucro Líquido = 22,40
Capital Próprio = 182,00
Taxa de Remuneração = 22,4 / 182 = 0,123 = 12,30%

Análise:
A taxa de remuneração terá um valor, em função da mudança da estrutura de capital da empresa. Nem sempre grandes somas de capital próprio garantirão uma taxa de remuneração alta. Por outro lado, tomar dinheiro emprestado para financiar capital de giro, sem ter estrutura de alavancagem, é um risco que a empresa não deve correr.

Taxa de Imobilização:

Nota: Assunto já abordado no Capítulo 5.

14.3 INDICADORES FINANCEIROS

Os indicadores financeiros objetivam mostrar o fluxo de dinheiro que corre na empresa e se ela terá condições de saldar compromissos assumidos. A seguir, os principais indicadores financeiros:

A – Solvência Geral:

A solvência geral é dada pela fórmula:

Solvência Geral = Ativo Real / Passivo Real

Onde:
Ativo Real = Ativo Total – Ativo Diferido
Passivo Real = Passivo Circulante + Exigível no longo prazo
Passivo Circulante = Somatório de todas as contas a pagar
Ativo Diferido = Aplicações de recursos em despesas (gastos com desenvolvimento de novos projetos) que contribuirão para a formação do resultado de mais de um exercício social.
Exemplo:
Ativo Real = $ 18.050,00
Passivo Real = $ 19.000,00
Solvência Geral = 18.050 / 19.000 = 0,95

Análise:
A solvência geral é um indicador de grande abrangência e somente merece maior atenção, quando o grau de endividamento da empresa é elevado ou os valores registrados, no ativo diferido, têm grande participação percentual em relação ao ativo total. Geralmente, este indicador se aproxima da unidade. Abaixo, ou muito abaixo de 1 (um), traduz um estado de insolvência, tendo a empresa de alienar ativos, renegociar suas dívidas, repensar seus objetivos e recursos, por exemplo.

Liquidez Corrente:

A liquidez corrente é dada pela fórmula:

Liquidez Corrente = Ativo Circulante / Passivo Circulante

Onde:
Ativo Circulante = Soma do disponível, realizado no curto prazo, duplicatas (valores) a receber, estoques e outros créditos; Capital de giro.

Exemplo:
Ativo Circulante = $ 2.000,00
Passivo Circulante = $ 1.500,00
Liquidez Corrente = 2.000 / 1.500 = 1,33

Análise:
Quanto mais alto este indicador, maior a capacidade da empresa para pagar suas contas, no curto prazo. O indicador em questão deverá ser considerado como medida bruta, já que não leva em conta a liquidez específica de cada um dos itens componentes do ativo circulante. Assim, uma empresa com ativo circulante composto de caixa, bancos e duplicatas a receber, provavelmente, possuirá maior liquidez, porque terá mais facilidades para obter dinheiro.

Liquidez Seca:

A liquidez seca é dada pela fórmula:

Liquidez Seca = (Ativo Circulante - Estoque) / Passivo Circulante

Onde:
Estoque = Somatório de matérias-primas, insumos, produtos semiacabados e produtos acabados

Exemplo:
Ativo Circulante = $ 2.000,00
Estoque = $ 500,00
Passivo Circulante = $ 1.500,00
Liquidez Seca = (2.000,00 – 500,00) / 1.500,00 = 1,0

Análise:
A comparação da liquidez seca com a liquidez corrente permite avaliar o quanto pesa o estoque na liquidez da empresa. Valores abaixo de 1 (um) devem preocupar a empresa.

Liquidez Imediata:

A liquidez imediata é dada pela fórmula:

Liquidez Imediata = Disponível / Passivo Circulante

Onde:
Disponível = Soma de valores monetários em caixa e bancos

Exemplo:
Disponível = $ 300,00
Passivo Circulante = $ 1.500,00
Liquidez Imediata = 300 / 1.500 = 0,20 = 20%

Análise:
Este cociente tem por objetivo medir o encaixe da empresa, ou seja, um volume mínimo de dinheiro para cobrir despesas não compromissadas e/ou de valores incertos.

Taxa de Endividamento:

A taxa de endividamento é dada pela fórmula:

Taxa de Endividamento = Passivo Real / Passivo Total

Onde:
Passivo Total = Valor atribuído ao passivo de uma empresa

Exemplo:
Passivo Real = $ 5.500,00
Passivo Total = $ 10.000,00
Endividamento = 5.500 / 10.000 = 0,55 = 55%

Análise:

Este indicador procura mostrar até que ponto a empresa é mais de seus proprietários do que de terceiros. É interessante observar que em muitos casos, o gerente financeiro deverá verificar a participação das dívidas (empréstimos) de curto prazo, que, além de normalmente onerosas, podem ser exigidas em prazo inferior àquelas na qual a empresa é capaz de gerar dinheiro para o referido pagamento, o que acarreta novas dívidas em condições adversas.

Nível de Desconto de Duplicatas:

O nível de desconto de duplicatas é dado pela fórmula:

Nível de Desconto de Duplicatas = Duplicatas Descontadas no Período / Receitas com Vendas

Onde:

Duplicata = Título de crédito emitido pelo vendedor de bens e serviços, correspondente a uma fatura de venda a prazo (da qual é cópia) e que, aceita pelo comprador, este se obriga a pagar dentro de certo prazo, e, em geral, descontada num banco comercial que efetua a cobrança.

Exemplo:

Duplicatas Descontadas no Período = $ 6.000,00
Receita com Vendas = $ 12.000,00
Nível de Desconto de Duplicatas = 6.000 / 12.000 = 0,5 = 50%

Análise:

Um nível elevado de descontos de duplicatas indica, normalmente, que a administração financeira da empresa se defronta com problemas de capital de giro, geralmente, por insuficiente autogeração de caixa.

Autonomia Financeira:

A autonomia financeira é dada pela fórmula:

Autonomia Financeira = Capital de Empréstimo / Capital Próprio

Onde:

Capital de Empréstimo = Capital tomado no mercado de recursos, sob a forma de dinheiro ou de material

Exemplo:

Capital de Empréstimo = $ 2.000,00
Capital Próprio = $ 8.000,00
Autonomia Financeira = 2.000 / 8.000 = 0,25

Análise:

O valor de 0,25 (25%) é razoável. O ideal é que seja próximo de zero. É mais um indicador que mostra a influência do capital de terceiros. Alguns autores dizem que a autonomia financeira é dada pela relação entre o patrimônio líquido e o passivo total.

324 • Gestão de Restaurante

Taxa de Depreciação:

Nota: Assunto já abordado no Capítulo 12.

Resultado Financeiro:

O resultado financeiro é dado pela fórmula:

Resultado Financeiro = Ativo Total / Patrimônio Líquido

Exemplo:
Ativo Total = $ 150.000,00
Patrimônio Líquido = $ 50.000,00
Resultado Financeiro = 150.000 / 50.000 = 3

Análise:
O resultado financeiro informa que a empresa conseguiu possuir em ativos o triplo do seu patrimônio líquido.

14.4 INDICADORES DE PERFORMANCE

Os indicadores de performance são aqueles voltados a retratar o progresso da empresa em busca da melhoria contínua, num determinado período. A seguir, os principais indicadores de performance:

Giro do Ativo Total:

O giro do ativo total é dado pela fórmula:

Giro do Ativo Total = Receita com Vendas / Ativo Total

Exemplo:
Receita com Vendas = $ 20.000,00
Ativo Total = $ 10.000,00
Giro do Ativo Total = 20.000 / 10.000 = 2,0

Análise:
O referido indicador procura mostrar quantas vezes a empresa consegue girar seu ativo total, em função de suas receitas. É medida básica para se calcular o retorno do investimento. Quanto mais elevado, revela maior eficiência operacional da empresa. No exemplo apresentado, o giro de 2,0 (dois) significa que a empresa movimenta seus ativos duas vezes por ano (exercício).

Giro do Estoque:

O giro (rotação) do estoque é dado pela fórmula:

Giro do Estoque = Custo de Mercadoria Vendida / Estoque Médio

Onde:
Custo de Mercadoria Vendida (CMV) = Estoque inicial + Compras + Despesas - Estoque final
Estoque Médio = Determinado por uma média entre os saldos no início e no final do exercício

Exemplo:
CMV = $ 6.500,00
Estoque Médio = $ 500,00
Giro do Estoque = 6.500 / 500 = 13

Análise:
O custo dos produtos vendidos (mercadoria vendida), incluído no numerador, corresponde ao período analisado. O índice de rotação de estoques nos mostra a rapidez com que os estoques são transformados, por vendas, em duplicatas a receber ou entradas no caixa. Em geral, quanto mais elevada for a rotação do estoque, mais eficiente é a administração da empresa, porque, cada vez que os produtos são distribuídos, há a possibilidade de venda e lucro. Entretanto, uma rotação relativamente alta poderá ser consequência de um nível de estoques excessivamente baixo e de frequentes faltas, com consequências negativas para os resultados da empresa. Quando a rotação de um item do estoque é baixa, causa a obsolescência do mesmo e retém dinheiro.

Giro do Capital:

O giro do capital é dado pela fórmula:

Giro do Capital = Capital de Giro Próprio / Capital de Movimento

Onde:
Capital de Giro Próprio = Diferença entre ativo circulante e passivo circulante
Capital de Movimento = Soma do capital próprio mais as exigibilidades correntes
Exigibilidades Correntes = Contas a pagar de curto prazo

Exemplo:
Capital de Giro Próprio = $ 12.000,00
Capital de Movimento = $ 20.000,00
Giro do Capital = 12.000 / 20.000 = 0,60 = 60%

Análise:
Este indicador diz que, se os compromissos de curto prazo forem liquidados, o capital de giro ficará reduzido a 60% do valor anterior. Quanto menor for a necessidade de capital de giro, tanto menor é o risco da empresa.

Retorno sobre Ativo:

O retorno sobre ativo é dado pela fórmula:

Retorno sobre Ativo = Lucro Líquido / Ativo Total

Exemplo:
Lucro Líquido = $ 500,00

Ativo Total = $ 5.000,00
Retorno sobre Ativo = 500 / 5.000 = 0,10 = 10%

Análise:
Este indicador dirá qual o valor do ativo a ser recuperado por ano (exercício). No exemplo acima, o retorno sobre ativo é de 10%, isto é, a empresa levará 10 anos para ter o valor do ativo de volta.

Retorno do Investimento:

Nota: Assunto já abordado no Capitulo 5.

Prazo Médio de Recebimento:

O prazo médio de recebimento é dado pela fórmula:

Prazo Médio de Recebimento = (Valores a Receber × 360 dias) / Receita Bruta

Onde:
Valores a Receber = Recebíveis
Receita Bruta = Total nominal das vendas, onde não são consideradas as deduções (descontos, impostos e devoluções)

Exemplo:
Valores a Receber = $ 1.000,00
Receita Bruta = $ 12.000,00
Prazo Médio de Recebimento = (1.000 × 360 dias) / 12.000 = 0,083 × 360 dias = ± 30 dias

Análise:
O prazo médio de recebimento indica o número médio de dias necessários para a cobrança de uma conta. Comparando-se o prazo normalmente concedido pela empresa com os eventuais prazos de recebimento, teremos indícios de problemas (ou não) na cobrança. A liquidez dos valores a receber dependerá da sua velocidade de cobrança.

Prazo Médio de Pagamento:

O prazo médio de pagamento é dado pela fórmula:

Prazo Médio de Pagamento = (Valores a Pagar × 360 dias) / Compras Efetuadas

Onde:
Valores a Pagar = Contas a Pagar = Levantamento que se faz, numa data qualquer, para determinar quanto, em dinheiro, a empresa terá de pagar aos seus credores e fornecedores

Exemplo:
Valores a Pagar = $ 2.000,00
Compras Efetuadas = $ 8.000,00

Prazo Médio de Pagamento = (2.000 × 360 dias) / 8.000 = 0,25 × 360 dias = 90 dias

Análise:

Este indicador objetiva mostrar o período médio que a empresa leva para saldar seus compromissos com fornecedores. Esta medida, para efeito de análise, tem importância se comparada com o prazo médio de recebimento. Se prazo médio de pagamento é menor que prazo médio de recebimento, a situação financeira, normalmente apertada, exige maior quantidade de capital de giro próprio. Se prazo médio de pagamento é maior que prazo médio de recebimento, a situação financeira é mais tranquila, haja vista que se está trabalhando com capital de terceiros.

Índice de Desvio:

O índice de desvio é dado pela fórmula:

Desvio = (Valor / Média da Série) - 1

Exemplo:

Tomem-se os valores vendidos por uma empresa (em milhares de reais), durante os meses de janeiro até junho, conforme mostrado no quadro abaixo:

N	Período de Tempo	Valor	Valor Acumulado	Média	Desvio (%)
1	Janeiro	100,00	100,00	100,00	0,00
2	Fevereiro	120,00	220,00	110,00	+ 9,00
3	Março	150,00	370,00	123,30	+ 21,65
4	Abril	110,00	480,00	120,00	- 8,30
5	Maio	130,00	610,00	122,00	+ 6,55
6	Junho	200,00	810,00	135,00	+ 48,15

Quadro 14.1: Índices de Desvio.

Onde:

N = Número de avaliações

Período de Tempo = Dia, Quinzena, Mês, Ano

Valor = Quantidade, Dinheiro, Tempo

Valor Acumulado = Soma dos valores lançados

Média = Valor Acumulado / Número de Avaliações

Exemplo:

Desvio do mês de marco = (150,00 / 123,30) − 1 = 1,2165 − 1 = 0,2165 = 21,65%

Análise:

O índice de desvio serve para controlar o comportamento da empresa para qualquer indicador que seja. No mês de abril, o desvio apresentou um resultado negativo e no mês de junho mostrou um desvio bastante elevado. Este índice é tão importante que determina sintomas de mudança, sazonalidade, decisões (certas ou erradas), bem como estratégias, táticas e políticas apropriadas.

Índice de Distorção:

O índice de distorção é dado pela fórmula:

Índice de Distorção = 1 - (Média Corrigida / Média Simples)

Exemplo:
Uma empresa possui vendedores que apresentaram os seguintes resultados em vendas: $ 20.100,00; $ 22.000,00; $ 19.000,00; $ 19.500,00; $ 21.000,00; $ 5.000,00 e $ 21.500,00.
Total de Vendas = $ 128.100,00
Média Simples = $ 128.100,00 / 7 = $ 18.300,00

Se o valor $ 5.000,00 for excluído da série por ser muito baixo, vem:

Média Corrigida = (128.100 - 5.000) / 6 = 20.517,00
Índice de Distorção = 1 - (20.517 / 18.300) = 1 - 1,12 = - 0,12 = - 12%

Análise:
O valor de $ 5.000,00 (muito abaixo da média) mascara o resultado, causando uma distorção negativa de 12%. Para uma série em que seja excluído um valor muito acima da média, o resultado da distorção será positivo.

Pay Back:

Nota: Assunto já abordado no Capítulo 5.

Taxa de Cronometragem:

A cronometragem é importante para se saber o tempo gasto num determinado trabalho, visando, principalmente, o custo desta mão de obra ou do processo. Para facilitar a avaliação da regularidade de um tempo de trabalho, utiliza-se o cálculo da taxa de variabilidade do elemento cronometrado. Fundamentalmente, para efeito de um racional exame dos tempos, é necessário realizar uma prévia repartição do trabalho a medir, em elementos de fácil individualização, e determinar os momentos de início e fim de cada estudo.

A cronometragem deve levar ao cálculo de um tempo que sirva de modelo para a determinação dos tempos de execução do trabalho, isto é, o tempo em que a atividade deve ser executada. Tempo padrão é o tempo necessário para ser executada uma operação de acordo com um método estabelecido, em condições determinadas, por um operador apto e treinado, possuindo habilidade média, trabalhando com esforço médio, durante as horas de serviço.

A taxa de cronometragem é dada pela fórmula:

$$T = (A - B) / M$$

Onde:
T = Taxa de variabilidade do elemento cronometrado

A = Maior dos tempos levantados na série observada
B = Menor dos tempos levantados na série observada
M = Média aritmética dos tempos observados

Exemplo:
Série Observada de uma Tarefa: 10 s, 12 s, 14 s, 15 s, 13 s, 8 s, 12 s, 11 s.
M = (10 + 12 + 14 + 15 + 13 + 8 + 12 + 11) / 8 = 12 (aproximadamente)
T = (15 − 8) / 12 = 0,58 = 58%

Análise:
Evidentemente que, à medida que mais se eleva a taxa de variabilidade do elemento cronometrado (T), maiores são as irregularidades. É comum estimar os seguintes valores:

T = 15%: Reflete uma regularidade muito boa.
T = 30%: Regularidade aceitável.
T = 60%: Trabalho não organizado racionalmente.

A cronometragem se torna delicada, difícil e, às vezes, impossível, quando o trabalho a ser pesquisado é instável, tem duração aleatória, tem uma participação mental preponderante ou é perigoso.

14.5 INDICADORES DE MÃO DE OBRA

Os indicadores de mão de obra objetivam mostrar, principalmente, o comportamento dos recursos humanos na empresa. A seguir, os principais indicadores de mão de obra:

Taxa de Turnover:

Nota: Assunto já abordado no Capítulo 6.

Taxa de Absenteismo:

Nota: Assunto já abordado no Capítulo 6.

Taxa de Acidentados:

Nota: Assunto já abordado no Capítulo 9.

Número de Vendedores por Visita:

O número de vendedores, em função das visitas, é dado pela fórmula:

N = (T × V) / P

Onde:
N = Número de vendedores
T = Total de clientes

330 • Gestão de Restaurante

V = Número de visitas ao cliente por ano
P = Número de visitas por ano por vendedor

Exemplo:
Número de clientes = 1.000
Número de visitas anuais por cliente = 6
Número de visitas/ano por vendedor = 200

N = (1.000 × 6) / 200 = 30

Análise:
A empresa deve manter uma média de 30 vendedores, durante o ano, para atingir seus objetivos de venda, levando em consideração o número de visitas traçado pela estratégia de relacionamento com o cliente (CRM). Não esquecer que um novo vendedor não trará, de antemão, mais vendas.

Número de Vendedores por Turnover:

O número de vendedores, em função do turnover, é dado pela fórmula:

N = (V / P) (1 + T)

Onde:
N = Número de vendedores
V = Volume de vendas previsto
P = Média de vendas por vendedor
T = Taxa de turnover de vendedores

Exemplo:
Volume de Vendas Previsto = $ 1.000,00
Produtividade Média / Vendedor = $ 100,00
Taxa de Turnover = 40%

N = (1.000 ÷ 100) (1 + 0,40) = 10 × 1,40 = 14

Análise:
A taxa de turnover determinará a quantidade de vendedores para atender as metas de venda da empresa. Se a taxa de turnover de vendedores for elevada, será necessário reunir a equipe para saber se o problema está no: produto, preço, mercado, empresa, distribuidor, consumidor e/ou vendedores.

Taxa de Encargos Sociais:

A taxa de encargos sociais é dada pela fórmula:

Taxa de Encargos Sociais = Encargos Sociais / Passivo Circulante

Onde:

Encargo Social = Acréscimo à remuneração direta, por força de Lei

Exemplo:
Encargos Sociais = $ 1.200,00
Passivo Circulante = $ 5.000,00
Taxa de Encargos Sociais = 1.200 / 5.000 = 0,24 = 24%

Análise:
Os encargos sociais, cada vez mais, adquirem um percentual maior em relação às exigibilidades correntes, levando a empresa a cada vez menos contratar mão de obra.

Taxa de Afastamento:

A taxa de afastamento é dada pela fórmula:

Taxa de Afastamento = Empregados Afastados do Trabalho / Número de Empregados

Onde:
Empregados Afastados do Trabalho = Licenciados + Acidentados + Férias

Exemplo:
Empregados Afastados do Trabalho = 80
Total de Empregados = 800
Taxa de Afastamento = 80 / 800 = 0,10 = 10%

Análise:
Normalmente o acompanhamento desta taxa é desdobrado para funcionários licenciados, funcionários acidentados e funcionário em férias.

14.6 INDICADORES DE VENDAS

Os indicadores de vendas retratam as relações entre: vendedores, atendentes, consumidores, usuários, pacientes, funcionários de apoio, produtos, marcas, preços, receitas com vendas, por exemplo. A seguir, os principais indicadores de vendas:

Taxa de Perda de Consumidores:

A taxa de perda de consumidores é dada pela seguinte fórmula:

Taxa de Perda de Consumidores = Consumidores Perdidos / Total de Consumidores

Onde:
Consumidores Perdidos = Diferença entre o número de consumidores do ano anterior e o número de consumidores do ano em curso

Exemplo:

332 • Gestão de Restaurante

Consumidores Perdidos = 3.000
Total de Consumidores = 60.000
Taxa de Perda de Consumidores = 3.000 / 60.000 = 0,05 = 5%

Análise:
Esta taxa não é muito fácil de aferir devido à dificuldade de cadastrar todos os clientes consumidores e controlar quantas vezes eles voltaram a comprar. Para uma fábrica este controle é bastante factível, mas para um grande varejo, onde parte dos consumidores paga em dinheiro é muito difícil. Para a perda de consumidores, vale lembrar o seguinte questionamento: A taxa de perda de consumidores varia durante o ano? A taxa varia de lugar, vendedor ou intermediário? A taxa varia em função do preço de venda? Para onde vão os consumidores perdidos? Qual a estratégia dos concorrentes para manter os consumidores?

Eficiência em Vendas:

A eficiência em venda é dada pela fórmula:

Eficiência em Venda = Receita com Vendas / Despesa de Vendas

Exemplo:
Receita com Vendas = R$ 500.000,00
Despesa de Vendas = R$ 5.000,00
Eficiência em Venda = 500.000 / 5.000 = 100

Análise:
No exemplo acima, para cada real gasto com vendas, a empresa fatura cem reais. Porém, todo esforço para aumentar a receita com vendas pode acabar, se as despesas também aumentarem.

Eficácia da Propaganda:

Como é difícil saber quão eficaz é a propaganda, a não ser nos casos mais óbvios e tendo em vista a dificuldade de se fazer uma boa coleta de dados, a seguir, um exemplo:

Anos	Gastos Propaganda	Valor Relativo	Fatia do Mercado	Eficácia da Propaganda
1	3.000,00	43%	40%	0,93
2	2.000,00	28%	20%	0,71
3	1.500,00	21%	25%	1,19
4	500,00	8%	15%	1,87
Totais	7.000,00	100%	100%	

Quadro 14.2: Eficácia da Propaganda.

Resposta – Há uma convenção internacional que considera:

Taxa abaixo de 1,00 significa que a propaganda é ineficaz.
Taxa acima de 1,00 significa que a propaganda é eficaz.

No caso acima, temos:

Ano 1: Relativamente ineficaz (40% / 43% = 0,93).
Ano 2: Ineficaz (20% / 28% = 0,71).
Ano 3: Relativamente eficaz (25% / 21% = 1,19).
Ano 4: Muito eficaz (15% / 8% = 1,87).

Análise:
A eficácia da propaganda será maior quando: O conhecimento do comprador for mínimo; As vendas da indústria, como um todo, crescerem; A propaganda apresente aspectos do produto, normalmente, não observados pelo comprador; As oportunidades de diferenciação ficarem bem claras; As rendas discriminatórias dos consumidores forem altas.

Fator de Desconto:

Nota: Assunto já abordado no Capítulo 12.

Taxa Individual de Vendas:

A taxa individual de vendas é dada pela fórmula:

Taxa Individual de Vendas = Vendas do Vendedor / Total de Vendas

Exemplo:
Vendas do Vendedor A = $ 5.000,00
Total de Vendas = $ 80.000,00
Taxa Individual de Vendas = 5.000 / 80.000 = 0,0625 = 6,25%

Vendas do Vendedor B = $ 20.000,00
Total de Vendas = $ 80.000,00
Taxa Individual de Vendas = 20.000 / 80.000 = 0,25 = 25%

Análise:
Esta taxa mostra a participação do vendedor no montante de vendas e ajuda a premiar os melhores com incentivos. No caso acima, o vendedor B vendeu 4 vezes mais que o vendedor A (25 / 6,25). Fato que deve ser verificado.

Taxa de Cancelamento:

A taxa de cancelamento é dada pela fórmula:

Taxa de Cancelamento = Pedidos Cancelados / Total de Pedidos

Exemplo:
Pedidos Cancelados = 20
Total de Pedidos = 240
Taxa de Cancelamento = 20 / 240 = 0,083 = 8,3%

Análise:
Uma taxa de cancelamento acima de 5% deve começar a preocupar a empresa. Portanto, deve-se procurar verificar se Vendas não está dando prazos incompatíveis com a capacidade de entrega.

Nível de Tributação – O nível de tributação é dado pela fórmula:

Nível de Tributação = Tributos Pagos / Total do Faturamento

Onde:
Tributos Pagos = Soma dos tributos que incidem nos produtos (bens e serviços) vendidos num determinado período

Exemplo:
Tributos Pagos = $ 500,00
Total do Faturamento = $ 3.000,00
Nível de Tributação = 500,00 / 3.000,00 = 0,166 ≈ 17%

Análise:
O nível de tributação elevado inviabiliza qualquer negócio, levando a empresa a trabalhar na informalidade. A carga tributária no Brasil é alta, pois chega a 36% do PIB. A média dos países em desenvolvimento é da ordem de 20% a 24% do PIB.

Prazo Médio de Vendas:

O prazo médio de vendas (PMV) é dado pela fórmula:

Prazo Médio de Vendas = Somatório Ponderado das Vendas em Dias / Total de Vendas

Exemplo:

Meses	A Vista	30 Dias	45 Dias	60 Dias	Total
Janeiro	1.800,00	3.200,00	2.800,00	500,00	8.300,00
Fevereiro	1.400,00	2.000,00	1.900,00	700,00	6.000,00
Março	2.000,00	2.200,00	1.500,00	900,00	6.600,00
Total	5.200,00	7.400,00	6.200,00	2.100,00	20.900,00

Quadro 14.3: Vendas de Determinado Período.

Avaliando pelo método da ponderação, temos:

Prazos	Valor de Vendas	Fator da Ponderação	Total
A Vista	5.200,00	0	0,00
30 Dias	7400,00	30	222.000,00
45 Dias	6.200,00	45	279.000,00
60 Dias	2.100,00	60	126.000,00
Total	20.900,00	-	627.000,00

Quadro 14.4: Fator de Ponderação nos Valores de Vendas, em Função do Prazo.

PMV = 627.000,00 / 20.900,00 = 30 dias

Análise:
Um prazo médio de vendas de 30 dias é muito bom, indicando que os produtos da empresa têm alta liquidez no mercado.

14.7 INDICADORES DE PRODUÇÃO

Os indicadores de produção são aqueles voltados a retratar os principais aspectos da produção, produto e produtividade das máquinas e dos recursos humanos. A seguir, os principais indicadores de produção:

Índice de Produtividade:

Nota: Assunto abordado no Capítulo 9.

Taxa de Comprometimento Industrial:

Nota: Assunto abordado no Capítulo 9.

Taxa de Obsolescência:

A taxa de obsolescência é dada pela fórmula:

Taxa de Obsolescência = Produtos Descontinuados / Total de Produtos

Exemplo:
Produtos Descontinuados = 36
Total de Produtos = 180
Taxa de Obsolescência = 36 / 180 = 0,2 = 20%

Análise:
O valor acima só poderá ser analisado, se confrontado com padrões de mercado para: produto, setor da economia e público-alvo.

Rendimento da Máquina:

O rendimento (eficiência) da máquina é dado pela fórmula:

Rendimento da Máquina = Uso Real da Máquina / Capacidade da Máquina

Exemplo:

Uso Real da Máquina / dia = 200 peças

Capacidade da Máquina / dia = 300 peças

Rendimento da Máquina = 200 ÷ 300 = 0,67 = 67%

Análise:

No exemplo acima a máquina apresenta uma capacidade ociosa de 33% (100 - 67). Mas, também, só se deve forçar a máquina a dar tudo que tem nos casos de picos de venda. O uso continuado da máquina causa fadiga do material. Por outro lado, é preciso levar em consideração o avanço tecnológico que é exponencial e, desta forma, a empresa não deve comprar muitas máquinas do mesmo modelo, porque, logo se tornarão obsoletas.

Taxa de Inatividade das Máquinas:

A taxa de inatividade das máquinas é dada pela fórmula:

Taxa de Inatividade = (Máquinas Paradas + Máquinas Defeituosas) / Total de Máquinas

Exemplo:

Máquinas Paradas = 10

Máquinas Defeituosas = 2

Total de Máquinas = 50

Taxa de Inatividade = (10 + 2) / 50 = 0,24 = 24%

Análise:

Quando esta taxa permanece alta por muito tempo, isto demonstra uma grande ociosidade e que, talvez, a fábrica não precise de tantas máquinas. É aconselhável alienar algumas máquinas velhas, isto é, fazer dinheiro e aplicar o mesmo até em novos equipamentos. Uma taxa de inatividade máxima deve ser de 8%.

Taxa de Defeitos:

A taxa de defeitos é dada pela fórmula:

Taxa de Defeitos = (Produtos Defeituosos − Produtos Recuperados) / Total de Produção

Exemplo:

Produtos Defeituosos = 20

Produtos Recuperados = 5

Total de Produção = 500

Taxa de Defeitos = (20 - 5) / 500 = 0,03 = 3%

Capítulo 14 INDICADORES de GESTÃO • 337

Análise:

Uma empresa deseja taxas de defeitos muito baixas. Para tal, precisa implantar um programa "Zero Defeito", para motivar a não fabricação de produtos defeituosos. Deve haver premiações para os empregados que apresentarem qualidade, sob todos os aspectos.

Taxa de Refugo

A taxa de refugo é dada pela fórmula:

Taxa de Refugo = Material Inaproveitável / Material de Produção

Exemplo:
Material Inaproveitável = 15 t
Material de Produção = 200 t
Taxa de Refugo = 15 / 200 = 0,075 = 7,5%

Análise:

A taxa de refugo, se for alta, mostra que a empresa pode estar cometendo equívocos, tais como: erros de projeto do produto; falhas no controle de qualidade; falhas no controle de produção; baixo nível de educação; mau uso das funções administrativas, principalmente, a função organização; armazenagem incorreta; falta de treinamento.

Taxa de Duração do Processo:

Nota: Assunto Abordado no Capítulo 9.

Taxa de Devolução:

A taxa de devolução é dada pela fórmula:

Taxa de Devolução = Mercadorias Devolvidas / Mercadorias Vendidas

Exemplo:
Mercadorias Devolvidas = 300 peças
Mercadorias Vendidas = 50.000 peças
Taxa de Devolução = 300 / 50.000 = 0,006 = 0,6%

Análise:

A taxa de devolução mede o controle de qualidade da empresa. Uma taxa de devolução de 0,6% é excelente.

Índice de inovação:

O índice de inovação é dado pela fórmula:

Índice de Inovação = Inovações / Total de Produtos

Onde:

Inovações = Novos Produtos; Produtos Modificados; Imitações.
Total de Produtos = Produtos Ofertados ao Mercado

Exemplo:
Inovações = 20
Total de Produtos = 500
Índice de Inovação = 20 / 500 = 0,04 = 4%

Análise:
O valor de 4% para um período de um ano é baixo, mas também é preciso considerar que um índice alto de inovação é um risco a ser observado. Deve haver um equilíbrio nas inovações de uma empresa, tendo em vista a necessidade de se considerar o mercado, o público-alvo, o custo da incrementação e a implementação.

Prazo Médio de Compras:

O prazo médio de compras (PMC) é dado pela fórmula:

Prazo Médio de Compras = Somatório Ponderado das Compras em Dias / Total de Compras

Exemplo:

Meses	A Vista	30 Dias	50 Dias	90 Dias	Total
Janeiro	900,00	2.100,00	1.600,00	1.500,00	6.100,00
Fevereiro	700,00	1.500,00	1.300,00	1.700,00	5.200,00
Março	1.000,00	1.700,00	1.900,00	1.600,00	6.200,00
Total	2.600,00	5.300,00	4.800,00	4.800,00	17.500,00

Quadro 14.5: Compras de um Determinado Período.

Avaliando pelo método da ponderação, temos:

Prazos	Valor de Compras	Fator da Ponderação	Total
A Vista	2.600,00	0	0,00
30 Dias	5.300,00	30	159.000,00
45 Dias	4.800,00	45	288.000,00
90 Dias	4.800,00	90	432.000,00
Total	17.500,00	-	879.000,00

Quadro 14.6: Fator de Ponderação nos Valores de Compras, em Função do Prazo.

PMC = 879.000,00 / 17.500,00 = 50 dias

Análise:

Um prazo médio de compras da ordem de 50 dias é razoável, pois indica que o capital imobilizado em matérias-primas e insumos é de curto prazo.

14.8 RELATÓRIO ECONÔMICO-FINANCEIRO

A seguir, um exemplo de relatório de avaliação sob o aspecto econômico-financeiro:

Relatório Econômico-Financeiro

A – Introdução

Objeto de Estudo: Análise econômico-financeira do mês de _____, do Bar e Restaurante João e Maria.

Autor do Relatório: Professor Nelson Pereira da Costa, mestre em Administração e autor de diversos livros didáticos de Administração & Negócios.

B – Dos Resultados

Fluxo de Caixa: O saldo real de caixa foi negativo em R$ 518,00. Como houve um aporte de capital próprio de R$ 6.558,00, para compatibilizar o saldo do caixa do Restaurante com o saldo da conta bancária da empresa. O saldo do caixa passou a ser de R$ 6.040,00 (abertura do caixa do mês seguinte).

Movimento do Mês: O saldo do movimento do mês foi negativo em R$ 1.121,00, porque, novamente, as saídas de caixa (R$ 77.879,14) foram maiores do que as entradas de caixa (R$ 76.758,09). Há que se destacar o valor de R$ 4.413,63 (Força e Luz) que foi pago com atraso, sendo uma conta do mês de novembro, além, é claro, do décimo terceiro salário dos funcionários e contabilista.

Desvio do Faturamento: O faturamento aumentou em 18%, em relação ao mês anterior. Novamente os bufês alavancaram o faturamento, como no mês anterior.

Gastos Diretos: Os gastos diretos aumentaram em 25%, em relação ao mês anterior. Também, em relação à média histórica, o desvio foi positivo em 6%.

Participação MO x MP:

Matéria-Prima = R$ 30.866,00 (57%)
Mão de Obra = R$ 23.291,00 (43%)

A participação da mão de obra foi muito elevada, para um valor ideal de 40%, devido, provavelmente, aos pagamentos de 13º salário e caras diárias pagas aos atendentes de bufê. Vale ressaltar que os bufês ficaram aquém das expectativas.

Gastos Indiretos: Os gastos indiretos (R$ 23.721,00) tiveram um aumento de 6%. Este aumento poderia ter sido maior, se as amortizações de dezembro (promissórias em atraso) do Sr. Nelson (R$ 1.055,00) e da Sra. Maria do Carmo (R$ 1.290,00) tivessem sido pagas em dia. Outro fator a acrescentar é o ressarcimento em atraso do Sr. Davio, que não sei o valor exato.

Participação na Receita:

Restaurante = R$ 42.222,00 (55%)
Congelados = R$ 4.167,00 (5%)
Bufês = R$ 24.217,00 (32%)
Recebíveis (Cartões) = R$ 6.151,00 (8%)

As receitas com bufês salvaram a liquidez da empresa. O que põe em dúvida se somente a receita com Restaurante é suficiente para cobrir o gasto total da empresa.

Base de Rateio: O cálculo da base de rateio vem, mês a mês, diminuindo. A base de rateio, agora, é de 0,44 (44%). O fator multiplicar é de 1,44. Esta performance se deve a diminuição dos gastos indiretos em relação aos diretos, ajudando a minimizar o custo total de cada produto.

Desvio do Gasto Total: O gasto total teve um aumento de 18%, provavelmente, devido aos gastos diretos com mão de obra e compras de materiais que deram suporte aos bufês.

Controle de Estoque: Não foi feito um inventário programado para a data 02/12/2015. Em janeiro do próximo ano, deve ser feito um inventário sobre: Material Seco; Material Refrigerado; Bebidas; Material de Higiene e Limpeza; Material Descartável. É importante assinalar que este controle, além de demonstrar dinheiro, ajuda a empresa a trabalhar com a política do *Just-in-Time*.

Contas a Receber: Não foram computadas por falta de controle.

Contas a Pagar: Não foram computadas por falta de controle.

Balanço Patrimonial: Documento de grade valor, que, até agora, não foi desenvolvido por falta de dados e informações atualizadas e fidedignas.

Demonstrativo de Resultado: O resultado líquido do mês apresentou, devido aos elementos já explicitados anteriormente, um valor negativo de R$ 1.121,00. Não foi possível fazer projeções para os próximos 30 dias, devido à falta de dados de contas a receber e a pagar.

Faturamento de Equilíbrio:

Faturamento de Equilíbrio = R$ 77.878,00
Faturamento Médio de Equilíbrio (março/dezembro/2015) = R$ 62.248,00
Faturamento do Mês = R$ 76.758,00

O faturamento de equilíbrio (Lucro Zero) está maior do que a faturamento mensal, o que denota Passivo a

Descoberto. Por outro lado, a receita líquida do Restaurante (R$ 43.883,00) não cobre, atualmente, os gastos totais. É preciso incrementar consumidores de congelados e bufês, como alternativa de sobrevivência no próximo ano, que será mais difícil do que o atual.

Despesa de Instalação: As despesas de instalação bancadas pelo Sr. Nelson somaram, até o final do ano, a quantia de R$ 10.000,00.

Faturamento no Fim de Semana: Considerando o fim de semana como um conjunto dos dias sexta, sábado e domingo, temos, para o mês em curso, os seguintes valores médios:

Sexta = R$ 3.968,00 (46%)
Sábado = R$ 2.742,00 (32%)
Domingo = R$ 1.921,00 (22%)

Tais valores levam a deduzir que o Serviço de Bar pesa muito no faturamento do Restaurante. Portanto, não pode ser negligenciado no atendimento e recreação (música ao vivo).

C – Das Observações

Preços: Os preços dos produtos vendidos precisam ser majorados em 15%, para fazer frente a inflação real. O fator multiplicativo deve ser de 1,15. Assim, se um prato é, hoje, vendido por R$ 16,90, passará a ter o seguinte valor:

16,90 x 1,15 = 19,43 ou 19,90

SIG: O Sistema de Informações Gerenciais, infelizmente, é subutilizado, porque só controla o Ativo Circulante, quando poderia avaliar diversas outras contas e indicadores de gestão.

Bufês e Congelados: É sempre bom observar aos sócios que bufê e congelados são atividades acessórios e não principais. Então, toda a "artilharia" deve estar voltada para o Restaurante, objeto do negócio. A performance do Restaurante virá da otimização dos recursos, racionalização de processo, aumento da produtividade, comunicação de políticas de eficiência e treinamento de pessoas e, principalmente, a implementação dos meios de divulgação dos serviços prestados pelo Restaurante.

Sócio: Uma alteração contratual para repartir a Conta Capital e para a admissão de novos sócios, só deve acontecer quando os atuais sócios tiverem saneado o passivo a descoberto, bem como poderem usufruir de pró-labores e retiradas semestrais de lucro. Uma alteração contratual é cara e duvidosa. O ambiente falimentar da empresa não permite tal acontecimento. Os sócios devem aguardar com prudência e inteligência, fatores que fazem o sucesso de qualquer negócio.

Decoração do Prato: Os pratos precisam ser mais bem enfeitados com folhas e legumes, porque agradam aos olhos do consumidor. Pode ser veneno, mas se o prato estiver bonito, o cliente agrega um valor nutricional inexistente à refeição. O ser humano come com os olhos.

Delivery: É preciso saber quanto é a receita com as entregas em domicílio. O monitoramento da participação percentual dessa atividade mostrará a sua tendência. Com a inauguração dos condomínios residenciais, no entorno do Restaurante, há a possibilidade de que a demanda aumente. É bom estar preparado para divulgar pratos, preços e condições de pagamento, por meio de prospectos e folders.

Funcionamento: Os dias em que o Restaurante esteve aberto foram:

Setembro = 26 dias
Outubro = 27 dias
Novembro = 24 dias
Dezembro = 25 dias
Média/ Mês = 25,5 dias
Perda/Mês = 4,5 dias

Acredito que um restaurante deve funcionar de segunda a domingo. Se considerarmos que o Restaurante funciona desde março (10 meses), houve uma perda de 45 dias (4,5 x 10). Quando o Restaurante fecha, há a chance do consumidor "cativo" ir à concorrência, para comparar, preço, qualidade, ambiente e atendimento. Penso que o Restaurante, a partir de 15/02/2016, depois do carnaval, deve funcionar de segunda a domingo. Ação que deve ser divulgada com antecedência.

D – Da Conclusão

Embora já tenha, verbalmente, expressado minhas expectativas para o ano seguinte, é importante, em minha opinião, alavancar as Carteiras de Congelados e Delivery. Para tal, basta fazer uma pesquisa de mercado. Existe capacidade instalada e os recursos humanos já foram treinados. Talvez, seja preciso melhorar um pouco os recursos físicos e tecnológicos de comunicação (divulgação) com consumidores.

Rio de Janeiro,

_____

(Nelson Pereira da Costa)

Anexos:

Demonstrativo de Resultado
Controle do Fluxo de Caixa
Controle dos Gastos Diretos
Controle dos Gastos Indiretos
Controle da Participação das Contas no Gasto Indireto
Controle da Base de Rateio
Controle do Desvio do Faturamento
Controle do Faturamento de Equilíbrio
Controle do Desvio do Gasto Total
Controle do Desvio do Gasto Direto
Controle do Desvio do Gasto Indireto
Controle da Sustentabilidade do Restaurante no Mês
Controle da Sustentabilidade do Restaurante (Série Histórica)
Controle do Desvio da Produtividade

Referências Bibliográficas

ALBRECHT, Karl. *Revolução nos serviços*. São Paulo: Pioneira, 1992.

ARAÚJO, Jorge Serqueira. *Administração de materiais*. São Paulo: Atlas, 1990.

ASSEF, Roberto. *Manual de Gerência de Preços*. Rio de Janeiro: Campus, 2002.

BALLOU, Ronald H. *Logística Empresarial*. São Paulo: Atlas, 1993.

BARBARÁ, Hani R. E R. Simões. *Administração de vendas*. São Paulo: Atlas, 1975.

BARROS, Benedito Ferri. *Mercado de capitais e investimentos*. São Paulo: Atlas, 1970.

BERRY, Leonard L. *Descobrindo a essência do serviço*. Rio de Janeiro: Qualitymark, 2001.

BOTTINI, Renata Lucia. *Chef profissional*. São Paulo: SENAC, 2009.

BRAGA, Roberto M.M. *Gestão da gastronomia: custos, formação de preço, gerenciamento e planejamento do lucro*. São Paulo: SENAC, 2008.

BRUNI, Adriano L. e Rubens Famá. *Gestão de custos e formação de preços*. São Paulo: Atlas, 2002.

BURBIDGE, John L. *Planejamento e controle da produção*. São Paulo: Atlas, 1991.

CHAPMAN, Elwood N. *Relações humanas na pequena empresa*. Rio de Janeiro: Qualitymark, 1996.

CHIAVENATO, Idalberto. *Administração de recursos humanos*. São Paulo: Atlas, 1999.

CHIAVENATO, Idalberto. *Administração: teoria, processo e prática*. São Paulo: Makron Books, 1987.

CHIAVENATO, Idalberto. *Iniciação à organização e técnica comercial*. São Paulo: McGraw Hill, 1989.

CHIAVENATO, Idalberto. *Planejamento, recrutamento e seleção de pessoal*. São Paulo: Atlas, 1999.

COGAN, Samuel. *Custos e preços*. São Paulo: Pioneira, 1999.

CONWAY, William E. *Caçadores de desperdícios*. Rio de Janeiro: Qualitymark, 1996.

COSTA, Nelson Pereira. *Análise do resultado empresarial*. Rio de Janeiro: Ciência Moderna, 2010.

COSTA, Nelson Pereira. *Básico de administração*. Rio de Janeiro: Pecos, 2005.

COSTA, Nelson Pereira. *Comunicação empresarial*. Rio de Janeiro; Ciência Moderna, 2008.

COSTA, Nelson Pereira. *Documentos empresariais*. Rio de Janeiro: Ciência Moderna, 2012.

COSTA, Nelson Pereira. *Marketing para empreendedores*. Rio de Janeiro: Qualitymark, 2003.

COSTA, Nelson Pereira. *Tempo: aprenda a administrar*. Rio de Janeiro: Ciência Moderna, 2008.

COSTA, Nelson Pereira. *Alimentos congelados: um projeto para empreendedores*. Livro editado.

COSTA, Nelson Pereira. *Administração para empreendedores*. Livro editado em e-book gratuito.

COSTA, Nelson Pereira. *Gestão do empreendimento*. Livro editado em e-book gratuito.

COSTA, Nelson Pereira. *Administração de vendas no empreendimento*. Livro editado em e-book gratuito.

COSTA, Nelson Pereira. Antologia do empreendedor Vol. I, II, III. Livros editados em e-book gratuito.

COSTA, Nelson Pereira. *Problemas do empreendedor*. Livro editado em e-book gratuito.

COSTA, Nelson Pereira. *Sistema de informações do empreendimento*. Livro editado em e-book gratuito.

CURY, Antonio. *Organização e métodos: uma visão holística*. São Paulo: Atlas, 2000.

DENTON, D. Keith. *Qualidade em serviço*. São Paulo: McGraw Hill, 1991.

DRUCKER, Peter F. *Administração: Tarefas, responsabilidades e práticas*, São Paulo: Pioneira, 1975.

DRUCKER, Peter F. *Inovação e espírito empreendedor*. São Paulo: Pioneira, 1990.

DRUCKER, Peter F. *Introdução á administração*. São Paulo: Pioneira, 1991.

DRUCKER, Peter F. *O gerente eficaz*. Rio de Janeiro: Zahar, 1981.

FONSECA, Adriana Lara. *Treinamento de manipuladores de alimentos*. Viçosa: Centro de Produções Técnicas, 2006.

FONSECA, José Ismar. *Curso de contabilidade gerencial*. São Paulo: Atlas, 1993.

GHEMAWAT, Pankart. *A estratégia e o cenário de negócios*. Porto Alegra: Bookman, 2000.

GITMAN, Lawrence J. *Princípios de administração financeira*. São Paulo: Harbra, 1997.

GOUVEIA, Nelson. *Contabilidade*. São Paulo: McGraw Hill, 1984.

GUERREIRO, Bruno. *Administração mercadológica*. Rio de Janeiro: FGV, 1993.

HAMPTON, David R. *Administração contemporânea*. São Paulo: McGraw Hill, 1983.

HARDING, H. A. *Administração da produção*. São Paulo: Atlas, 1989.

HORNGREN, Charles T. *Contabilidade gerencial*. São Paulo: Pearson, 2004.

IUDICIBUS, Sergio. *Contabilidade gerencial*. São Paulo: Atlas, 1987.

JOÃO, Belmiro N. *Metodologia de desenvolvimento de sistemas*. São Paulo: Érica, 1993.

KNIGHT, John B. e Lendal H. Kopschevar. *Gestão, planejamento e operação de restaurantes*. São Paulo: Roca, 2005.

KOONTZ, Harold e Cyril O'Donnel. *Princípios de administração*. São Paulo: Pioneira, 1974.

KOTLER, John e James Heskett. *A cultura corporativa e o desempenho empresarial*. São Paulo: McGraw Hill, 1993.

KOTLER, Philip. *Administração de marketing*. São Paulo: Atlas, 1998.

KOTLER, Philip. *Administração de marketing*. São Paulo: Prentice Hall, 2000.

KOTLER, Philip. *Marketing*. São Paulo: Atlas, 1992.

LASCASAS, Alexandre L.. *Marketing de varejo*. São Paulo: Atlas, 2000.

LEITE, Helio de Paula. *Contabilidade para administradores*. São Paulo: Atlas, 1997.

LEONE, George S. Guerra. *Custos – um enfoque administrativo*. São Paulo: Atlas, 1983.

MACHADO, Jose Roberto. *Administração de finanças empresariais*. Rio de Janeiro; Qualitymark, 2002.

MANDARINO, Domenico. *Noções básicas de estatística*. São Paulo: Atlas, 1968.

MARCONI, Marina de Andrade. *Técnicas de pesquisa*. São Paulo: Atlas, 1985.

MARION, José Carlos. *Contabilidade empresarial*. São Paulo: Atlas, 2003.

MAYER, Raymond R. *Administração da produção*. São Paulo: Atlas, 1992.

MINTZBERG, Henry. *Criando organizações eficazes*. São Paulo: Atlas, 1995.

MORAIS, Carmem. *Atitudes de empreendedores*. Rio de Janeiro: Qualitymark, 2000.

MOTTA, Paulo R. *Gestão contemporânea: a ciência e a arte de ser dirigente*. Rio de Janeiro: Record, 1991.

OUCHI, Willian. *Teoria Z*. São Paulo: Nobel, 1988.

PASCHOAL, Luiz. *Administração de cargos e salários*. Rio de Janeiro: Qualitymark, 2001.

PORTER, Michael. *Estratégia competitiva e vantagem competitiva*. São Paulo: Campus, 1990.

PRADO, Darci. *Planejamento e controle de projetos*. Belo Horizonte: DG, 2001.

RESNIK, Paul. *A bíblia da pequena empresa*. São Paulo: McGraw Hill, 1991.

SAMPAIO, Dalton. *Pesquisa de mercado*. Rio de Janeiro: FGV, 1984.

SCHLESINGER, Higo. *Preparação profissional do vendedor*. São Paulo: Atlas, 1986.

SEBESS, Marina. *Técnicas de cozinha profissional*. Rio de Janeiro: SENAC, 2009.

SETZER, Valdemar W. *Banco de dados*. Rio de Janeiro: Edgar Blucher, 1988.

SHETH, Jagdish N. et alli. *Marketing na internet*. Porto Alegre: Bookman, 2002.

SHIMIZU, Tamio. *Processamento de dados: conceitos básicos*. São Paulo: Atlas, 1988.

SILVA, Adelphino Teixeira. *Administração básica*. São Paulo: Atlas, 2000.

SMITH, Adam. *A riqueza das nações: investigação sobre sua natureza e suas causas*. São Paulo: Nova Cultura, 1985.

SPIEGEL, Murray R. *Estatística*. Rio de Janeiro: Livro Técnico, 1971.

STEWART, Thomas A. *Capital intelectual: a vantagem competitiva das empresas*. Rio de Janeiro: Campus, 1998.

STOFFEL, Inácio. *Administração do desempenho*. Rio de Janeiro: Qualitymark, 2000.

THIRY-CHERQUES, Hermano Roberto. *Modelagem de projetos*. São Paulo: Atlas, 2001.

TOMIMATSU, Eiji. *Cozinha profissional*. Viçosa: Centro de Produções técnicas, 2008.

TZU, Sun. *A arte da guerra*. São Paulo: Record, 1990.

VARGAS, R. *Gerenciamento de projetos*. Rio de Janeiro: Brasport, 2003.

WARREN, Carl S. *Contabilidade gerencial*. São Paulo: Pioneira, 2001.

WATSON, Gregory H. *Benchmarking estratégico*. São Paulo: Makron Books, 1994.

ZACARELI, Sergio B. *Programação e controle da produção*. São Paulo: McGraw Hill, 1988.

Índice Remissivo

A

Abastecimento de Água 219
Abatimento – Conceito 270
ABNT 204, 226
Acidente – Conceito 204
Acidente de Trabalho 203
Acidentes – Consequências 204
Administração – Conceito 59
Administração da Produção 180
Administração de Pessoal 118
Administração de Recursos Humanos 118
Administração de Salário 136
Administração Financeira – Função 297
Administrador – Papel 57
Agência Nacional de Vigilância Sanitária 63
Agências do Governo 93
Agrotóxico 206
Alienação Fiduciária 96
Alimentação – Conceito 63
Alimentação Saudável 63
Alimento – Classificação 64
Alimento – Conceito 63
Alimento – Contaminação 206
Alimento Congelado 65
Alimento Contaminado 64
Alimento Industrializado 65
Alimento Perecível 66
Alimentos – Fatores de Apodrecimento 206
Alimentos – Não Contaminação 207
Alimentos de Baixa Acidez 205
Alimentos Detergentes 64
Alimentos Funcionais 64
Alimentos Preparados 64
Alíquotas de Recolhimento 163
Almoxarifado 246
Ambiente 219
Ambiente Físico da Cozinha 219
Ambiente Interno da Cozinha 221
Amortizações 320

Amostragem 199
Analisar 60
Análise 57
Análise de Risco 203
Análise de Valor – Conceito 58, 153
Análise de Valor do Produto 152
Análise do Cenário 58
Análise do Negócio 7
Análise do Novo Produto 153
Análise Horizontal do Resultado 314
Análise Preliminar do Empreendimento 57
Análise Vertical do Resultado 314
ANVISA 63
Aquisição 240
Área da Administração 231
Área de Armazenagem 231
Área de Estocagem 230
Área de Higienização dos Utensílios 231
Área de Preparação 231
Área do Posto de Trabalho 234
Área para Cocção 231
Área para Material de Limpeza 232
Área para Sanitários e Vestuários 231
Áreas de Recepção de Consumidores 230
Áreas de Trabalho 230
Armazenagem da Matéria-Prima 174
Armazenagem de Alimentos 231
Armazenagem Pós-Manipulação 174
Armazenamento – Conceito 173, 246
Arquivar – Meios 11
Arquivo – Conceito 11
Arquivo – Elementos 11
Arquivo – Tipos 12
Arranjo Físico – Conceito 232
Arranjo Físico – Metodologia 234
Arranjo Físico – Objetivos 232
Arranjo Físico – Princípios 233
Arranjo Físico – Questionamento 233
Asseio e Aparência 227
Associação Brasileira de Normas Técnicas 226

Ata de Reunião 98
Atividade Empreendedora 49
Ativo 89
Ativo Circulante 90, 321
Ativo Diferido 321
Ativo Real 321
Ativo Total 319
Atuação da Equipe 116
Automação 280
Autonomia Financeira 323
Avaliação do Produto – Conceito 154
Avaliação do Produto – Metodologia 154
Avaliar 61

B

Balancete de Verificação 310
Balanço Patrimonial 313
Banco – Capacidade de Câmbio 93
Banco – Conceito 93
Banco de Dados – Conceito 13
Banco de Dados – Construção 14
Banco de Dados – Tipos 14
Banco de Dados de Atacadistas 15
Banco de Dados de Candidatos 14
Banco de Dados de Clientes 14
Banco de Dados de Custeio 14
Banco de Dados de Distribuidores 14
Banco de Dados de Empregados 15
Banco de Dados de Fornecedores 14
Banco de Dados de Marketing 15
Banco de Dados de Reparadores 15
Banco de Dados de Varejistas 15
Banco de Dados de Vendedores 15
Banco de Dados Estatísticos 15
Banco de Dados On-line 15
Banner 72
Base de Dados 14
Base de Rateio – Cálculo 267
Base de Rateio – Conceito 266
Bem – Conceito 304
Benefícios Sociais 160
Bens Patrimoniais 304
Bouquet Garni 210
Branquear 210

C

Cadastro 15
Caixa – Controle 294
Caixa – Desequilíbrio 59
Caixa – Fluxo 50
Cálculo do Fator de Correção 214
Câmaras Frias 109
Canal de Distribuição – Conceito 255
Canal de Distribuição – Fatores 255
Canal de Distribuição – Premissas 256
Canal de Distribuição – Tipos 256
Candidato – Inscrição 126
Capacidade de Produção 191
Capacidade Instalada 191
Capacidade Ociosa 191
Capital – Conceito 102
Capital – Fontes 77
Capital – Tipos 102
Capital a Integralizar 102
Capital a Realizar 102
Capital da Marca 103
Capital de Empréstimo 102
Capital de Giro – Conceito 103
Capital de Giro – Fluxo 104
Capital de Giro – Fontes e Aplicações 103
Capital de Giro – Necessidade 103
Capital de Giro Líquido 103
Capital de Giro Próprio – Cálculo 104
Capital de Giro Próprio – Conceito 102, 325
Capital de Giro Próprio – Fórmula 104
Capital de Movimento 103
Capital de Terceiros 102
Capital Declarado 103
Capital Efetivo 103
Capital Financeiro 103
Capital Humano 103
Capital Imobilizado 103
Capital Intelectual 102
Capital Próprio 102
Capital Realizado 103
Capital Social 102
Capital Subscrito 102
Capitalização 93
Captação de Recursos Financeiros 74
Cardápio 72

Índice Remissivo • 347

Cargo – Análise 124
Cargo – Aspectos 125
Cargo – Avaliação 125
Cargo – Características 122
Cargo – Classificação 125
Cargo – Conceito 62, 122
Cargo – Criação 122
Cargo – Descrição 122
Cargo – Desenho 125
Cargo – Elementos 122
Cargo – Enriquecimento 125
Cargo – Posição 126
Cargo de Comprador 239
Carnes – Higiene 228
Cartão de Conta Corrente 92
Caução – Conceito 96
Caução de Duplicatas 97
CDI 280
Cebola Brulée 210
Cebola Piquet 210
Ciclo de Vida do Produto 146
Ciclo do Pedido 253
Ciclo Mercadológico do Produto 146
Cliente – Conceito 67
CLT 234
Cocção 210
Codificação – Conceito 150
Codificação – Vantagens 150
Código de Barras 150
Coleta de Dados – Conceito 13
Coleta de Dados – Instrumento 13
Coleta de Dados – Motivos 13
Coleta de Dados – Técnicas 13
Comandar 60
Comercialização – Conceito 155
Comercialização – Serviços 155
Comercialização Direta 155
Comercialização Indireta 155
Comércio – Conceito 155
Comportamento Empreendedor 53
Compra – Conceito 239
Compra – Elementos 242
Compra – Inflação 239
Compra – Modalidade 239
Compra – Processo 239
Compra – Questões 249

Compra – Tipos 241
Compra Centralizada 241
Compra Descentralizada 241
Compra Eletrônica 241
Compra Governamental 241
Compra Industrial 241
Compra Organizacional 241
Compra Virtual 241
Comprador – Conceito 240
Comprador – Problemas 240
Comprador Industrial 240
Comunicação – Conceito 71
Comunicação – Critérios dos Objetivos 71
Comunicação – Objetivo 71
Comunicação Deficiente 71
Comunicação do Produto 157
Comunicar 60
Concorrência de Mercado 30
Configuração Geométrica 71
Conforto Térmico 222
Congelados – Demanda 31
Congelamento – Conceito 247
Congelamento – Processo 248
Congelamento de Alimentos 247
Consumidor – Comunicação 157
Consumidor – Conceito 67
Consumidor – Localização 156
Consumidor – Tipos 67
Consumidor Apático 68
Consumidor Atento 68
Consumidor Cativo 68
Consumidor Consciente 67
Consumidor Despreocupado 68
Consumidor Emergente 69
Consumidor Final 67
Consumidor Globalizado 68
Consumidor Hostil 68
Consumidor Idoso 69
Consumidor Indeciso 69
Consumidor Indiferente 68
Consumidor Interativo 69
Consumidor Leal 69
Consumidor Malcriado 68
Consumidor Nervoso 68
Consumidor Orgulhoso 68
Consumidor Potencial 67

Consumidor Procrastinador 68
Consumidor Reclamão 68
Consumidor Sabichão 68
Consumidor Silencioso 68
Consumidor Sofisticado 69
Consumidor Taciturno 68
Consumidor Vaidoso 68
Consumidor Vigilante 69
Consumidores Perdidos 331
Consumo – Conceito 66
Consumo de Alimentos 66
Conta – Conceito 59, 293
Conta Capital 305
Conta Investimento 310
Contabilidade 50
Contabilidade Gerencial 293
Contabilista – Atribuições 50, 163
Contabilista – Conceito 50
Contaminação – Riscos 206
Contaminação – Tipos 206
Contaminação – Transmissão 206
Contaminação – Vias 64
Contaminação de Alimentos 64
Contas a Pagar 303, 326
Contas a Receber 302
Contracheque 138
Contratação 138
Contrato 79
Contrato de Constituição de Sociedade por Cotas de Responsabilidade Limitada 99
Contrato de Locação – Conceito 80
Contrato de Locação Comercial 85
Contrato de Locação de Armazém 86
Contrato de Locação Não Residencial 82
Contrato de Locação de Imóvel Residencial 80
Contrato de Locação de Máquina 87
Contrato de Trabalho – Conceito 139
Contrato de Trabalho – Exemplo 140
Contrato Público de Comodato 88
Contrato Social – Conceito 99
Contrato Social – Exemplo 99
Contrato Verbal 79
Controlar 60
Controle das Despesas de Instalação 297
Controle de Bens Patrimoniais 304
Controle de Contas a Pagar 303

Controle de Contas a Receber 302
Controle de Estoque – Conceito 250
Controle de Estoque – Exemplos 250
Controle de Estoque – Objetivos 250
Controle de Estoque por Produto 251
Controle de Fatura a Pagar 303
Controle de Gastos 298
Controle de Inventário do Estoque 307
Controle de Produção 186
Controle de Qualidade 199
Controle Diário do Estoque 186
Controle do Caixa 294
Controle dos Gastos Indiretos 299
Controle Geral de Estoque de Produtos Acabados 251
Controle Geral do Patrimônio 305
Controles Contábeis 293
Conversão de Unidades de Medidas 210
Coordenar 60
Cor 224
Cores – Classificação 224
Cores – Efeitos Psicológicos 224
Cozinha – Áreas Previstas 234
Cozinha Central 209
Cozinha Industrial – Conceito 209
Cozinha Industrial – Funções 209
Cozinha Profissional 211
Crédito – Conceito 91
Crédito – Considerações 91
Crédito ao Consumidor – Conceito 92
Crédito ao Consumidor – Desvantagens 93
Crédito ao Consumidor – Modelo 92
Crédito ao Consumidor – Vantagens 92
Crédito Comercial 92
Crédito Mercantil – Conceito 91
Crédito Mercantil – Utilização 92
Credor 314
Criogenia 248
Cronometragem 328
Custeio – Sistemas 264
Custeio por Absorção 265
Custeio por Apropriação 264
Custeio por Atividade 264
Custeio por Consumo 265
Custeio por Ordem de Serviço 264
Custeio por Processo 264
Custeio Standard 265

Custo – Conceito 259
Custo – Importância 259
Custo – Objetivo 259
Custo – Redução 260
Custo – Tipos 261
Custo Administrativo 262
Custo Ambiental 262
Custo da Mão de Obra de Fabricação 263
Custo da Qualidade 262
Custo de Aquisição 262
Custo de Manutenção 262
Custo de Mão de Obra 263
Custo de Mercadoria Vendida 262, 325
Custo de Oportunidade 262
Custo de Produção 262
Custo Direto 262
Custo do Canal de Comunicação 262
Custo do Comprador 262
Custo do Controle 262
Custo do Pedido 263
Custo do Produto 259
Custo do Transporte 262
Custo Fixo 261
Custo Indireto 262
Custo Indireto de Fabricação 262
Custo Logístico 253
Custo Marginal 262
Custo Médio 261
Custo Padrão 263
Custo País 262
Custo Previsto 263
Custo Real 263
Custo Total 261
Custo Unitário do Produto 260
Custo Variável 261
Custos – Dados Analíticos 259
Custos – Responsabilidade 261

D

Dado – Conceito 12
Dados – Administração 12
Dados – Características 13
Decidir 60
Decisão de Investir 74

Dedução – Conceito 270
Deduções 318
Déficit 297
Delegar 60
Delivery 256
Demanda de Mercado 29
Demonstrativo de Resultado 311
Departamento de Crédito e Cobrança 92
Departamento de Recursos Humanos 125
Depósito – Ambiente 219
Depósito – Conceito 246
Depósito de Lixo 232
Depreciação – Conceito 269
Descongelamento 175
Desconto – Conceito 270
Desempenho do Produto 145
Desenho Organizacional 122
Desenvolvimento do Produto 145
Desperdício – Causas 114
Desperdício – Conceito 114
Desperdício – Tipos 114
Desperdício de Água 115
Desperdício de Alimentos 114
Desperdício de Dinheiro 114
Desperdício de Energia Elétrica 114
Desperdício de Espaço Físico 115
Desperdício de Gás 114
Desperdício de Mão de Obra 115
Desperdício de Material 115
Desperdício de Tempo 116
Desperdício no Escritório 116
Despesa – Conceito 267
Despesa – Tipos 268
Despesas de Instalação 297
Despesas Financeiras 96
Desvio do Faturamento 306
Desvio do Faturamento de Equilíbrio 306
Desvio do Gasto Direto 301
Desvio do Gasto Indireto 301
Desvio do Gasto Total 299
Diagrama das Funções Administrativas 61
Diagrama de Trocas Empresas/Consumidores 67
Diagrama do Sistema Aberto 24
Dias e Horas Trabalhadas por Ano 138
Dimensionamento do Equipamento – Conceito 192
Dimensionamento do Equipamento – Exemplos 192

350 • Gestão de Restaurante

Direção da Produção 185
Dirigir 60
Disponível 322
Disponível Circulante 304
Distribuição – Tipos 254
Distribuição Direta 254
Distribuição Exclusiva 254
Distribuição Física 253
Distribuição Geral 254
Distribuição Indireta 254
Distribuição Integrada 254
Distribuição Intensiva 254
Distribuição Reversa 254
Distribuição Seletiva 254
Distribuidor 254
Divulgação – Meios 71
Documentos Fiscais 162
Doenças de Origem Alimentar 207
Dourar 210
Duplicata 323
Duplicatas a Receber 96, 302

E

Economia de Escala 261
Educação 131
Efetividade 117
Eficácia 116
Eficácia de Propaganda 332
Eficiência 116
Eficiência em Vendas 332
Elasticidade do Produto 30
Embalagem – Conceito 148
Embalagem – Criação 148
Embalagem – Objetivos 149
Empanar 210
Empreendedor – Capacidade Administrativa 53
Empreendedor – Capacidade de Comunicação 53
Empreendedor – Capacidade Empresarial 53
Empreendedor – Características 51
Empreendedor – Comportamento 53
Empreendedor – Conceito 51
Empreendedor – Espírito 53
Empreendedor – Perfil 52
Empreendedor – Personalidade 53
Empreendedor – Problemas 52

Empreendedor – Visão do Negócio 53
Empreendedor – Visão Estratégica 53
Empreendedor – Visão Generalista 53
Empreendedor – Visão Holística 53
Empreendedorismo 49
Empreendimento – Ambiente 50
Empreendimento – Análise 49
Empreendimento – Análise de Valor 58
Empreendimento – Análise Preliminar 57
Empreendimento – Cenário 58
Empreendimento – Conceito 49
Empreendimento – Considerações 49
Empreendimento – Controle Financeiro 50
Empreendimento – Empréstimo 50
Empreendimento – Finanças 59
Empreendimento – Fluxo de Caixa 50
Empreendimento – Fracasso e Sucesso 51
Empreendimento – Interesse 58
Empreendimento – Justificativa 58
Empreendimento – Momento 58
Empreendimento – Motivo 58
Empreendimento – Otimismo 50
Empreendimento – Planejamento 58
Empreendimento – Premissas 52
Empreendimento – Relevância 58
Empreendimento – Risco 59
Empreendimento – Situação 58
Empreendimento – Sócio 49
Empregados Afastados do Trabalho 331
Emprego – Criação 160
Empresa – Conceito 23
Empresa – Criação 23
Empresa – Objetivo 23
Empresário – Conceito 57
Empresário – Fatores de Fracasso 57
Empresário – Fatores de Sucesso 57
Empresário e Empreendedor 51
Empréstimo – Conceito 93
Empréstimo – Evolução das Contas 94
Empréstimo – Informações Básicas 93
Empréstimo – Liquidação 95
Empréstimo – Motivos de Recusa 93
Empréstimo – Recessão 95
Empréstimo Bancário 93
Empréstimo Particular 94
Encargos Financeiros 95

Encargos Sociais 160, 330
Entrevista – Conceito 129
Entrevista de Desligamento 130
Entrevista de Seleção 129
Entrevista Final 128
Entrevista Preliminar 128
Entrevistador 129, 130
Envelopes e Bolsas 71
Equação do Lucro 273
Equação Patrimonial 90
Equipamento – Conceito 109
Equipamento de Cozinha 109
Equipamento de Refrigeração 109
Equipamentos de Armazenamento e Logística 110
Equipamentos de Cocção 110
Equipamentos de Limpeza 230
Equipamentos de Preparação 110
Equipamentos de Preservação Ambiental 110
Equipe – Conceito 117
Equipe – Questões de Construção 129
Esgoto 221
Espaço – Distribuição 236
Estatuto de Micro e Pequena Empresa 166
Estimativa 157
Estocagem de Bens 246
Estoque – Classificação 249
Estoque – Conceito 249
Estoque – Controle 250
Estoque Máximo 250
Estoque Médio 325
Estoque Mínimo 249
Estratégia – Conceito 188
Estratégia da Qualidade 188
Estratégia de Diversificação 189
Estratégia de Fabricação 188
Estratégia de Redução do Custo 188
Estratégia de Tecnologia 188
Estratégias de Produção 188
Estrutura – Conceito 120
Estrutura – Objetivo 120
Estrutura – Tipos 121
Estrutura Organizacional – Conceito 121
Estrutura Organizacional do Restaurante 121
Estrutura Preliminar do Varejo de Alimentos 121
Estruturação – Objetivos 120
Evento Promocional 72

Exaustão 223
Exigibilidades Correntes 325
Expedição – Conceito 177
Experimentação 2

F

Fabricação – Ambiente 219
Fabricação – Conceito 181
Factoring 97
Faixa Salarial 136
Fator de Correção 212
Fator de Correção do Alimento 212
Fator de Correção Total de Aves e Peixes 219
Fator de Correção Total de Carnes, Miúdos e Ovos 218
Fator de Correção Total de Legumes e Verduras 217
Fator de Correção Total do Alimento 215
Fator de Desconto 270
Faturamento – Conceito 267
Faturamento – Controle 305
Faturamento no Ponto de Equilíbrio 284
Faturas a Pagar 303
Ferimento no Trabalho 204
Ficha de Cadastro do Candidato 19
Ficha de Cadastro Simplificado 18
Ficha de Contato 20
Ficha de Descrição de Cargo 16
Ficha de Funcionário 17
Ficha do Cliente Consumidor 17
Ficha do Fornecedor 18
Ficha Técnica do Produto – Conceito 286
Ficha Técnica do Produto – Exemplos 286
Finanças 59
Financiamento – Conceito 95
Financiamento – Cuidados Básicos 95
Financiamento – Figuras 95
Firma de Sociedade 99
Firma Individual 99
Fluxo de Caixa 297
Fluxo de Produção do Alimento 187
Fluxo de Produção do Restaurante 236
Fluxo Produtivo 232
Fluxograma – Conceito 8
Fluxograma – Funções 8
Fluxograma – Vantagens 8

352 • Gestão de Restaurante

Fluxograma da Recepção de Materiais 173
Fluxograma de Expedição de Materiais 178
Fluxograma de Implantação do Projeto 8, 10
Fluxos de Informação 32
Foco Luminoso 221
Folder 72
Folha de Autoavaliação 38
Folha de Observações Diretas 36
Folha de Observações Instantâneas 37
Folha de Pagamento 137
Formulário – Conceito 35
Formulário – Desvantagens 35
Formulário – Vantagens 35
Formulário de Pesquisa – Premissas 35
Fornecedor – Conceito 108
Fornecedor – Perfil 109
Fornecedor – Tipos 108
Franqueado 161
Franqueador 161
Freezeres 109
Fritar 210
Função – Conceito 62
Função Desenvolvimento 63
Função Econômica 62
Função Financeira 62
Função Logística 63
Função Marketing 62
Função Organizacional Qualidade 196
Função Pessoal 63
Função Produção 62
Função Pública 63
Função Qualidade 63, 196
Função Serviço 63
Função Sistema 63
Função Social 62
Funcionalidade 70
Funções Administrativas – Conceito 59
Funções Administrativas – Diagrama 61
Funções Organizacionais 62
Funções Organizacionais Primárias 62
Funções Organizacionais Secundárias 62
Funções Organizacionais Terciárias 63
Fundo de Prato 210

G

Garantia de Pagamento 95
Gasto – Conceito 268
Gastos – Controle 298
Gastos Diretos com Mão de Obra 268
Gastos Diretos com Matéria-Prima 268
Gastos Indiretos – Conceito 269
Gastos Indiretos – Controle 299
Gastos Indiretos – Participação 300
Geladeiras 109
Gerência – Conceito 2
Gerência da Empresa 2
Gerência do Lucro 280
Gerente – Grau de Autoridade 2
Gerente – Questionamento 2
Gerente de Produção 183
Gerente de Projeto – Conceito 2
Gerente de Projeto – Papel 2
Gerente de Projeto – Qualidades 2
Gerente do Produto 145
Gerente Otimista 50
Gestão de Pessoas 118
Giro do Ativo Total 324
Giro do Capital 325
Giro do Estoque 324
Grandes Varejos 239
Gratinar 210
Grife 147
Grupo 116
Grupo de Trabalho 116

H

Higiene – Conceito 226
Higiene – Plano 226
Higiene do Trabalho 226
Higienização – Normas Básicas 227

I

Ideia – Conceito 1
Ideia – Questões 2
Ideia – Utilização 1
Ideia – Validade Econômica 1
Ideia do Negócio 7

Ideia Inicial 1
Iluminação 221
Iluminação Artificial 222
Iluminamento – Níveis 222
Imagem – Conceito 1
Imobilização 78
Imposto Simples Nacional 162
Incentivo – Conceito 136
Incentivo – Tipos 136
Indicador – Conceito 317
Indicadores de Mão de Obra 329
Indicadores de Performance 324
Indicadores de Produção 335
Indicadores de Vendas 331
Indicadores Econômicos 318
Indicadores Financeiros 320
Índice – Conceito 214, 317
Índice de Acidez 205
Índice de Alcalinidade 205
Índice de Cocção 214
Índice de Cocção dos Alimentos 214
Índice de Desvio 327
Índice de Distorção 328
Índice de Fracasso 74
Índice de Inovação 337
Índice de Produtividade 189
Indústria – Conceito 182
Indústria de Alimentos 65
Informação – Ambiente 21
Informação – Aplicação 22
Informação – Arquivamento 21
Informação – Classificação 21
Informação – Conceito 20
Informação – Finalidade 22
Informação – Utilidade 20, 22
Infraestrutura 70
Inovação 2
Inovar 2
INPI 147
Insegurança 202
Inspeção 199
Instalações – Higiene 228
Insumo 66
Intermediário – Tipos 254
Inventário – Controle 307
Inventário de Material Refrigerado 309

Inventário de Material Seco 308
Investimento – Análise 73
Investimento – Conceito 73
Investimento – Controle 310
Investimento – Elementos 74
Investimento – Retorno 74
Investimento – Tipos 75
Investimento em Tecnologia 75
Investimento Estratégico 75
Investimento Imobilizado 75
Investimento Inicial 75
Investimento Permanente 78
Investimentos Empresariais 73
Investir – Decisão 74

J

Janela de Oportunidade 3
Jornada de Trabalho 139
Just-in-Time – Conceito 190
Just-in-Time – Desvantagens 191
Just-in-Time – Premissas 191
Just-in-Time – Vantagens 191

L

Lançamento de Novo Produto – Conceito 151
Lançamento de Novo Produto – Programa 151
Lavatórios 220
Leasing 78, 96
Legislação – Conceito 159
Legislação – Tipos 159
Legislação Ambiental 160
Legislação Comercial 159
Legislação de Franquia 161
Legislação Protecionista 160
Legislação Trabalhista 160
Legislação Tributária 161
Lei – Conceito 159
Lei – Funções 159
Lei – Premissas 159
Lei de Kelvin 195
Lei de Parkinson 114
Lei dos Rendimentos Decrescentes 26
Lei Natural 159
Letreiro 71

354 • Gestão de Restaurante

Licença – Tipos 165
Licença Ambiental 166
Licença de Funcionamento 165
Licença Tecnológica 165
Licenciamento – Conceito 165
Limpeza – Áreas de Manipulação 229
Limpeza – Conceito 228
Limpeza – Etapas 228
Limpeza – Períodos 228
Limpeza – Recomendações 229
Limpeza – Tipos 229
Limpeza – Tipos de Produtos 229
Linha de Produtos – Análise 150
Linha de Produtos – Conceito 150
Linha de Produtos – Extensões 150
Linha de Produtos – Gerente 150
Linha de Produtos – Planejamento 150
Linhas de Financiamento 96
Liquidez Corrente 321
Liquidez Imediata 322
Liquidez Seca 321
Lista de Compras – Conceito 242
Lista de Compras – Exemplo 243
Listagem 14
Lixeiras 220
Locação – Conceito 78
Locação por Tempo Determinado 79
Locador 78, 79
Local de Fabricação – Ambiente 219
Local de Trabalho – Higiene 228
Local do Restaurante 70
Locatário 78, 79
Logística – Âmbito 253
Logística – Atividades 252
Logística – Conceito 252
Logística – Elementos 252
Logística – Objetivos 253
Logística – Posição 253
Logística – Problemas 253
Logística – Visão Sistêmica 253
Logomarca 147
Logotipo 147
Loja 69
Lote Econômico 249
Lucratividade 23, 49, 102
Lucratividade do Exercício 318

Lucro – Apuração 277
Lucro – Conceito 277
Lucro – Destinação 278
Lucro – Problemas 278
Lucro – Problemas Resolvidos 278
Lucro Bruto 318
Lucro Líquido 318
Lucro Máximo 281
Luz Incidente 221
Luz Solar 221

M

Mail-Listing 14
Mala Direta 71
Manipulador de Alimentos 219, 226
Manual de Procedimentos 171
Manutenção – Conceito 194
Manutenção – Eventos 195
Manutenção – Premissas 194
Manutenção – Requisitos 195
Manutenção – Tipos 194
Manutenção dos Equipamentos 195
Mão de Obra 66
Mão de Obra Direta 66
Mão de Obra Indireta 66
Marca – Conceito 147
Marca – Criação 148
Marca – Decisões 148
Marca – Importância 147
Marca – Papel 148
Marca – Valor 148
Marca Registrada 147
Margem de Contribuição 284
Margem de Lucro 318
Marinar 210
Material 245
Material de Limpeza 173
Material Descartável 173
Matéria-Prima 66
Maximização do Lucro 281
Média Corrigida 328
Média Simples 328
Medidas – Conversão 211
Meios de Divulgação 71
Meios de Transporte 245, 254

Mercado – Atividades 30
Mercado – Classificação 30
Mercado – Conceito 29
Mercado – Elementos 29
Mercado – Estudo 29
Mercado – Pesquisa 33
Mercado – Segmentação 30
Mercado Consumidor 30
Mercado de Alimentos 30
Mercado de Congelados 31, 65
Mercado de Recursos 30
Mercado Governamental 30
Mercado Intermediário 30
Mercado Potencial 30
Mercado Produtor 30
Meta – Conceito 6
Método da Comunicação 34
Método da Observação 34
Método de Pesquisa 34
Metodologia 54
Metodologia do Empreendimento 54
Métodos de Aceitação 199
Microrganismo 205
Mirepoix 210
Modelo Holístico da Produção 181
Modelo Simplificado da Produção 180
Montante – Conceito 102
Móveis de Cozinha 111
Móveis e Utensílios 110
Móveis e Utensílios de Escritório 110
Móveis e Utensílios do Salão de Atendimento 110
Movimentação de Materiais 245

N

Negociar 61
Negócio – Avaliação 7
Negócio – Clareza 77
Negócio – Conceito 7, 76
Negócio – Problemas 7
Nível de Desconto de Duplicatas 323
Nível de Estoque 249
Nível de Previsão 157
Nível de Tributação 334
Novo Produto – Conceito 151
Novo Produto – Decisão de Lançar 151

Novo Produto – Lançamento 151
Novo Produto – Questões 151
Número de Vendedores por Turnover 330
Número de Vendedores por Visita 329

O

Objetivo – Conceito 6
Obsolescência do Produto 146
OMS 207
Oportunidade – Avaliação 4
Oportunidade – Busca 4
Oportunidade – Conceito 3
Oportunidade – Premissas 3
Orçamento – Conceito 77
Orçamento – Estrutura 244
Orçamento – Processo 244
Orçamento da Produção 185
Orçamento de Compras 244
Orçamento de Investimento – Conceito 77
Orçamento de Investimento – Informações 77
Orçamento de Investimento – Objetivos 77
Ordem de Serviço 36
Organismos de Padronização 198
Organização – Conceito 62
Organizar 60
Organograma – Conceito 121
Organograma – Desvantagens 122
Organograma – Objetivo 122
Organograma – Vantagens 122
Organograma de Cargos do Restaurante 124
Organograma Funcional do Restaurante 123
Otimismo 50
Otimização do Lucro 281
Otimizar – Conceito 281

P

Padrões – Aspectos 147
Padronização – Conceito 146
Padronização do Produto 146
Padronizar 60
Paredes 220
Partidas Dobradas 293
Passivo 89
Passivo Circulante 90, 321

Passivo Real 321
Passivo Total 322
Patrimônio – Conceito 89
Patrimônio – Resultado 91
Patrimônio Líquido – Cálculo 90
Patrimônio Líquido – Conceito 89, 319
Patrimônio Líquido – Equação 90
Pay Back 74
Pedido de Compra 242
Perdas 115
Personalidade do Empreendedor 53
Peso Bruto 212
Peso Final do Produto 215
Peso Limpo 212
Pesquisa – Conceito 32
Pesquisa – Métodos 34
Pesquisa – Objetivo 32
Pesquisa – Problema 32
Pesquisa – Processo 33
Pesquisa – Técnicas 33
Pesquisa de Imagem – Questionário 42
Pesquisa de Mercado – Conceito 33
Pesquisa de Mercado – Questionário 41
Pesquisa de Mercado – Razões 34
Pesquisador 36
Pesquisar 60
Ph dos Alimentos 205
Pintura 225
Pintura de Máquinas 225
Pintura de Paredes e Forros 225
Pintura de Pisos 225
Piso do Restaurante 219
Piso Salarial 137
Planejamento da Produção 185
Planejamento do Produto – Conceito 152
Planejamento do Produto – Fases 152
Planejamento do Produto – Questões 152
Planejamento Tributário 161
Planejamento Urbano 70
Planejamento Viário 70
Planejar 59
Plano de Distribuição 256
Plano de Investimento – Conceito 76
Plano de Investimento – Razões 76
Plano de Negócio 76
Plano de Produção – Aspectos 187

Plano de Produção – Etapas 187
Plano de Produção – Questões 187
Plano de Treinamento para Congelados 134
Planos do Investidor 76
Planos Empresariais 181
Planta Baixa do Restaurante 237
Política – Classificação 168
Política – Conceito 167
Política – Construção 167
Política de Fabricação 182
Política de Preço 273
Política de Prevenção de Acidentes 203
Política de Prevenção de Incêndio 202
Política de Prevenção de Roubo 202
Política de Recursos Humanos 119
Política de Treinamento 130
Política Industrial 182
Politicamente Correto 167
Políticas de Compra 170
Políticas de Pessoal 168
Políticas de Preço 170
Políticas de Produção 169
Políticas de Vendas 169
Políticas Empresariais 168
Ponto de Equilíbrio – Conceito 283
Ponto de Equilíbrio – Diagrama 284
Ponto de Equilíbrio – Problemas Resolvidos 285
Portas e Janelas 220
Pós-Venda 156
Potencial de Mercado 30, 70
Prazo de Validade 246
Prazo Médio de Compras 338
Prazo Médio de Pagamento 326
Prazo Médio de Recebimento 326
Prazo Médio de Vendas 334
Precificação do Produto 273
Preço – Conceito 270
Preço – Tipos 271
Preço Concorrente 271
Preço de Markup 274
Preço de Mercado 271
Preço de Penetração 271
Preço de Tabela 271
Preço de Venda – Cálculo 273
Preço de Venda – Conceito 270
Preço de Venda – Determinação 273

Índice Remissivo • 357

Preço de Venda – Diagrama de Risco 272
Preço de Venda – Método Prático de Cálculo 274
Preço de Venda – Objetivos 273
Preço de Venda do Produto 270
Preço Diferenciado 271
Preço do Valor Percebido 271
Preço Geográfico 271
Preço Isca 271
Preço Justo 271
Preço Promocional 271
Preço Unitário de Venda 273
Predição 157
Pregão Eletrônico 241
Preparação na Produção 183
Pré-Seleção 128
Prevenção de Acidentes 203
Prever 60
Previsão – Conceito 157
Previsão – Erro 157
Previsão de Vendas 157
Previsão para Compras 242
Principal – Conceito 95
Problemas Financeiros 59
Procedimento – Conceito 171
Procedimento – Papel 171
Procedimentos de Armazenagem 173
Procedimentos de Congelamento 175
Procedimentos de Distribuição 177
Procedimentos de Espera 176
Procedimentos de Expedição 177
Procedimentos de Porcionamento 176
Procedimentos de Pós-Cocção 177
Procedimentos de Recepção 172
Procedimentos de Refrigeração 175
Procedimentos em Restaurante 172
Procedimentos na Utilização de Sobras 177
Procedimentos para a Preparação 175
Procedimentos para Cocção e Reaquecimento 176
Procedimentos para Descongelamento 175
Procedimentos para o Pré-Preparo 175
Processamento do Pedido 242
Processo 184
Processo de Pesquisa – Conceito 33
Processo de Pesquisa – Etapas 33
Produção – Alternativas 182
Produção – Conceito 179

Produção – Elementos 182
Produção – Erros 179
Produção – Funções 179
Produção – Objetivo 179
Produção – Preparação 183
Produção – Processo 184
Produção – Tipos 183
Produtividade – Conceito 189
Produtividade – Desvio 190
Produtividade – Exemplos 190
Produtividade – Índice 189
Produtividade – Melhoria 189
Produtividade – Obstáculos 189
Produto – Acompanhamento 154
Produto – Adoção 144
Produto – Análise de Valor 152
Produto – Apresentação 156
Produto – Avaliação 154
Produto – Características 143
Produto – Ciclo de Vida 146
Produto – Ciclo Mercadológico 145
Produto – Comercialização 155
Produto – Composição 146
Produto – Conceito 143
Produto – Cor 144
Produto – Descontinuidade 146
Produto – Desempenho 145
Produto – Desenvolvimento 145
Produto – Diversificação 144
Produto – Elementos 144
Produto – Expectativa 143
Produto – Extensão de Vida 145
Produto – Gerente 145
Produto – Modificações 144
Produto – Nível de Qualidade 144
Produto – Nome 144
Produto – Obsolescência 146
Produto – Padronização 146
Produto – Planejamento 152
Produto – Premissas 144
Produto – Registro 145
Produto – Retirada 146
Produto – Risco 147
Produto – Seleção 145
Produto – Valor 145
Produto – Valor Agregado 145

358 • Gestão de Restaurante

Produto – Valor Empresarial 145
Produto – Valor Percebido 145
Produto – Viabilidade 151
Produto Estocável 173
Produtos de Limpeza – Armazenamento 230
Produtos de Limpeza – Conceito 229
Produtos de Limpeza – Precauções 230
Produtos Industrializados 65
Profissional de Cozinha 31
Prognóstico 157
Programa de Pessoal 119
Programação Matemática 282
Projeção 157
Projeto – Aspectos 5
Projeto – Conceito 4
Projeto – Estudo Preliminar 4
Projeto – Fatores 5
Projeto – Inviabilização 5
Projeto – Metas 7
Projeto – Objetivos 6
Projeto – Tempos 5
Projeto – Viabilidade 4
Projeto de Alimentos 58
Pró-Labore 136
Promoção 135
Prospecto 72
Público-Alvo 70

B

Quadro de Funcionários – Varejo de Alimentos 137
Qualidade – Administração 197
Qualidade – Análise 198
Qualidade – Avaliação 198
Qualidade – Características 199
Qualidade – Conceito 196
Qualidade – Consciência 197
Qualidade – Controle 199
Qualidade – Cultura 198
Qualidade – Custo 198
Qualidade – Elementos 197
Qualidade – Especificações 199
Qualidade – Filosofia 198
Qualidade – Finalidade 197
Qualidade – História 197
Qualidade – Melhoria 198

Qualidade – Nível 197
Qualidade – Padrões 198
Qualidade – Planejamento 199
Qualidade – Programa 199
Qualidade – Regularidade 198
Qualidade – Responsabilidade 199
Qualidade – Tipos 200
Qualidade – Valor 198
Qualidade Assegurada 200
Qualidade de Desempenho 200
Qualidade do Alimento 200
Qualidade do Produto 200
Qualidade do Projeto 201
Qualidade do Serviço 201
Qualidade do Sistema de Informação 201
Qualidade Industrial 200
Qualidade Organizacional 200
Qualidade Pessoal 200
Qualidade Tecnológica 201
Qualidade Total 200
Quantidade de Equilíbrio 283
Questionário – Conceito 39
Questionário – Desenho 40
Questionário – Enfoque 40
Questionário – Formato 40
Questionário – Limitações 40
Questionário – Ordem 40
Questionário – Projeto 39
Questionário de Pesquisa 39
Questões – Considerações 40

R

Rateio – Base 266
Rateio – Conceito 266
Rateio – Critérios 266
Rateio do Custo Fixo 266
Recebimento – Carnes 172
Recebimento – Estocáveis 173
Recebimento – Hortifrutigranjeiros 172
Recebimento de Mercadorias 172
Recebíveis 326
Receita – Conceito 267
Receita – Tipos 267
Receita Bruta 267, 326
Receita com Vendas 267, 318

Receita Líquida 267
Receita Marginal 267
Receita Não Operacional 267
Receita Operacional 267
Receita Operacional Líquida 318
Receita Social 267
Receita Tributária 267
Recepção 172
Recompensa 135
Recrutamento – Conceito 125
Recrutamento – Divulgação 126
Recrutamento – Fontes 126
Recrutamento – Implementação 126
Recrutamento – Planejamento 126
Recrutamento – Procedimento 126
Recrutamento – Processo 126
Recrutamento – Técnicas 127
Recrutamento – Tipos 127
Recrutamento de Pessoas 125
Recrutamento Externo 127
Recrutamento Interno 127
Recrutar 61
Recurso – Conceito 107
Recurso – Premissas 108
Recurso – Tipos 107
Recursos Administrativos 108
Recursos de Apoio 107
Recursos de Restaurante 66
Recursos Financeiros 107
Recursos Físicos 107
Recursos Físicos do Restaurante 113
Recursos Humanos – Conceito 107, 111
Recursos Humanos – Gestão 111
Recursos Humanos – Premissas 111
Recursos Humanos do Restaurante 111
Recursos Instrucionais 133
Recursos Materiais 107
Recursos Mercadológicos 108
Recursos Naturais 70
Recursos Sistêmicos 108
Recursos Tecnológicos 108
Refogar 210
Refrigeração 175
Refugo 115
Registro – Conceito 11
Registro – Organização 12

Regulamentação – Conceito 164
Regulamentação – História 165
Regulamentação – Tipos 165
Regulamentação da Indústria 165
Regulamentação das Comunicações 165
Regulamentação do Armazenamento 165
Regulamentação do Comércio 165
Regulamentação do Preço 165
Regulamentação do Seguro 165
Regulamentação do Transporte 165
Regulamentação Econômica 165
Regulamentação Tributária 165
Relações Humanas – Ciências de Apoio 119
Relações Humanas – Conceito 119
Relações Humanas – Objetivos 119
Relações Humanas – Problemas 119
Relações Humanas – Sucesso 119
Relações Humanas no Trabalho 119
Relações Públicas – Conceito 158
Relações Públicas – Pessoal 158
Relatório – Autor 43
Relatório – Conceito 42
Relatório – Editoração 43
Relatório – Partes 43
Relatório de Pesquisa – Conceito 42
Relatório de Pesquisa – Função 43
Relatório de Pesquisa de Mercado 43
Relatório de Visita 46
Relatório Econômico-Financeiro 339
Relatório Financeiro 96
Remuneração – Conceito 135
Remuneração – Tipos 135
Remuneração Direta 135
Remuneração Indireta 135
Rendimento da Máquina 335
Rentabilidade do Capital Próprio 319
Requisição de Compra 242
Reservas – Conceito 278, 319
Resposta – Conceito 314
Restaurante – Arquitetura 69
Restaurante – Arranjo Físico 70
Restaurante – Conceito 69
Restaurante – Iluminação 70
Restaurante – Local 70
Restaurante – Segurança 70
Restaurante – Sinalização 70

360 • Gestão de Restaurante

Restaurante – Tarefas 112
Restos – Conceito 177
Restrições Ambientais 195
Restrições Legais 70
Resultado – Conceito 314
Resultado do Exercício 318
Resultado Financeiro 324
Retorno do Investimento 74
Retorno sobre Ativo 325
Reunião – Itens de Abordagem 98
Risco – Conceito 59, 75
Risco do Produto 147
Rotina – Análise 171
Rotina – Conceito 171
Rotina – Simplificação 171
Rotulagem – Conceito 149
Rotulagem – Exigências 149
Rotulagem – Legislação 149
Rotulagem – Tipos 149
Rótulo – Conceito 149
Rótulo – Funções 149
Roux 210
Ruído – Conceito 223
Ruído – Efeitos 223, 224

S

Sachê 210
Salário 135
Saldo de Conta 59, 293
Saltear 210
Sanitários 220
SCPC 202
Segurança – Conceito 201
Segurança – Problemas 201
Segurança – Senso 202
Segurança Alimentar 205
Segurança da Informação 203
Segurança de Pagamento 202
Segurança do Trabalho 203
Segurança do Varejo 203
Segurança na Internet 202
Segurança Patrimonial 202
Seleção – Conceito 127
Seleção – Etapas 128
Seleção – Objetivos 127

Seleção – Procedimentos 129
Seleção de Pessoas 127
Selecionar 61
Serviço de Delivery 256
Serviço de Distribuição 253
Simples Nacional – Conceito 162
Simples Nacional – Considerações 163
Simples Nacional – Recolhimento 163
Sinalização 225
Sistema 22
Sistema Aberto 23
Sistema de Distribuição 254
Sistema de Informações – Aspectos 27
Sistema de Informações – Benefícios 27
Sistema de Informações – Conceito 25
Sistema de Informações – Construção 27
Sistema de Informações da Produção 182
Sistema de Informações Gerenciais 26
Sistema de Produção 180
Sistema de Ventilação 223
Sistema Empresa 22
Sistema Integrado de Gestão – Conceito 25
Sistema Integrado de Gestão – Elementos 26
Sistema Internacional de Unidades 210
Sistema Just-in-Time 190
Sistemas de Custeio 264
Site 72
Sobras 177
Sociedade – Conceito 97
Sociedade – Constituição 99
Sociedade – Escolha 98
Sociedade Comercial – Conceito 98
Sociedade Comercial – Problemas 97
Sociedade de Capital e Indústria 98
Sociedade Industrial 182
Sociedade por Cota de Participação 98
Sociedade por Cotas de Responsabilidade Limitada 98
Sociedade por Firma 98
Sócio – Conceito 97
Solicitação ao Fornecedor 242
Solo – Tipo 70
Solucionar 61
Solvência Geral 320
Superávit 297
Suprimento 242

T

Tabela de Preços 276
Tabela do Fator de Correção 213
Tabela do Índice de Cocção 215
Taxa de Absenteismo 118
Taxa de Acidentados 205
Taxa de Afastamento 331
Taxa de Cancelamento 333
Taxa de Capitalização 319
Taxa de Comprometimento Industrial 191
Taxa de Cronometragem 328
Taxa de Defeitos 336
Taxa de Depreciação 269
Taxa de Devolução 337
Taxa de Duração do Processo 184
Taxa de Encargos Sociais 330
Taxa de Endividamento 322
Taxa de Imobilização 79
Taxa de Inatividade das Máquinas 336
Taxa de Obsolescência 335
Taxa de Perda de Consumidores 331
Taxa de Recuperação 319
Taxa de Refugo 337
Taxa de Remuneração 320
Taxa de Turnover 117
Taxa Individual de Vendas 333
Taxa Interna de Retorno 281
Taxa Selic 280
Taxas de Juros de Mercado 74
Tecnologia 21
Tecnologia da Informação – Conceito 21
Tecnologia da Informação – Uso 3
Temperatura 222
Temperatura Ambiental 222
Tempo – Conceito 5
Tempo – Tipos 5
Tempo – Uso 5
Tempo de Armazenagem 247
Tempo de Entrega 257
Tempo de Execução 6
Tempo de Mercado 5
Tempo de Resposta 6
Tempo Padrão 5
Tempo Produtivo 5
Tempos do Projeto 5

Teoria Econômica 270
Terceirização 256
Terminologia 209
Terminologia de Cozinha 209
Teste de Avaliação 154
Teste de Seleção 128
Teste de Venda 154
Teste Piloto 154
Teto 220
Topografia 71
Total de Vendas 267
Total dos Investimentos 320
Trabalho – Conceito 117
Trabalho em Equipe 117
Transparência – Conceito 278
Transporte – Eficiência 254
Transporte – Escolha 255
Transporte – Premissas 255
Transporte de Alimentos 177, 255
Transporte Interno 245
Treinamento – Análise 132
Treinamento – Avaliação 132
Treinamento – Conceito 130
Treinamento – Elementos 131
Treinamento – Execução 132
Treinamento – Funções 132
Treinamento – Gastos 133
Treinamento – Metodologia 133
Treinamento – Necessidade 131
Treinamento – Objetivo 130
Treinamento – Participante 132
Treinamento – Plano 134
Treinamento – Premissas 131
Treinamento – Processo 131
Treinamento – Programa 132
Treinamento – Questões 132
Treinamento – Resultado 133
Treinar – Conceito 61, 131
Tubulações 220
Túnel de Congelamento 248

U

Umidade Relativa do Ar 223
Unidades de Medida 210
Uso dos Equipamentos 227
Utensílios de Cozinha 110

V

Valor Agregado 145
Valores a Pagar 326
Valores a Receber 326
Varejista – Conceito 15
Varejo – Conceito 15, 69
Varejo de Alimentos 69
Varejo Eletrônico 252
Vegetais – Higiene 227
Venda – Conceito 155
Venda – Fases 156
Venda – Previsão 157
Vendas – Objeções 156
Vendas de Varejo 69
Vender – Conceito 156
Ventilação 223
Vestiário 220
Vestuário – Higiene 227
Vida Útil do Equipamento 195
Visão do Negócio 53
Visão Estratégica 53
Visão Generalista 53
Visão Holística 32, 53
Visibilidade 70

Impressão e acabamento
Gráfica da Editora Ciência Moderna Ltda.
Tel: (21) 2201-6662